谢辰生口述

新中国文物事业重大决策纪事

谢辰生 口述
姚远 撰写

生活·讀書·新知 三联书店

图书在版编目（CIP）数据

谢辰生口述：新中国文物事业重大决策纪事 / 谢辰生口述；姚远撰写. —北京：生活 · 读书 · 新知三联书店，2018.4
ISBN 978－7－108－06103－4

Ⅰ. ①谢…　Ⅱ. ①谢… ②姚…　Ⅲ. ①文物工作－工作概况－中国
Ⅳ. ① K87

中国版本图书馆 CIP 数据核字（2017）第 214046 号

责任编辑　唐明星
装帧设计　康　健
责任校对　常高峰
责任印制　宋　家
出版发行　生活 · 讀書 · 新知 三联书店
（北京市东城区美术馆东街 22 号 100010）
网　　址　www.sdxjpc.com
经　　销　新华书店
印　　刷　北京隆昌伟业印刷有限公司
版　　次　2018 年 4 月北京第 1 版
2018 年 4 月北京第 1 次印刷
开　　本　635 毫米 × 965 毫米　1/16　印张 29
字　　数　347 千字　图 34 幅
印　　数　00,001－10,000 册
定　　价　59.00 元
（印装查询：01064002715；邮购查询：01084010542）

目　录

序

金冲及

我怀着激动的心情，读完了《谢辰生口述：新中国文物事业重大决策纪事》。这是一个祖国文物守护人本着对祖先负责、对子孙后代负责的赤子之心倾吐的肺腑之言。

我与辰生同志相知相交已超过半个世纪。特别是“文化大革命”中期后，我到文物出版社工作十年，先后担任副总编辑和总编辑，彼此成为无话不谈的知己。20 世纪 80 年代初，我调中共中央文献研究室工作，这种友谊和交往依然历久弥新。他常在晚上十时半打电话给我，谈的都是文物保护工作中遇到的甘苦，有时十分兴奋，得意之情溢于言表，有时又义愤填膺，对那些破坏文物事件蔓延感到深深的痛心和忧虑。他写给中央领导人的长信常常复印了寄给我，让我分享他的喜怒哀乐。因此，这本书中讲到的不少事，我是熟悉的。他的话从来是非爱憎分明、一针见血，没有那种常见的含糊其词、模棱两可的地方，而又思维缜密、有理有据，话说在点子上，富有说服力量。这本《谢辰生口述：新中国文物事业重大决策纪事》整理得很好。我读的时候，常有“如闻其声”“如见其人”的感觉。对辰生同志，我是衷心尊敬和钦佩的。

在郑振铎、王冶秋两位前辈之后，人们称辰生同志为“祖国文物的守护人”，他当之无愧。要承受得起这个称号极不容易，至少需要有几个条件。

首先，他必须真正懂得祖国文物的巨大而不可替代的文化、历史和科学价值，而且在这方面有着广博而扎实的知识。否则，就不可能有为此献身的强烈使命感，也不可能在提出意见时把话说在点子上，富有说服力。书中讲到“文化大革命”时保护北京建国门观象台的事，我当时就知道。那是为了兴建中国第一条地下铁道——北京地铁一期工程。这条东西向的地铁线正好要穿过建国门观象台底下，施工单位准备把观象台拆掉，也考虑到把台上的古代天文仪器移放到他处保存。修建中国第一条地铁是何等的大事，我国那时的经济力量又十分有限，施工单位又已经考虑到台上古代天文仪器的保存办法，一般人就不便再提什么意见了。辰生同志和罗哲文等三个同志在“文革”那样的混乱时刻却给周恩来总理上书，说这不仅是天文仪器的保存问题，更重要的是同一个点上有连续数百年的天文记录在全世界只有这一处，如果一移就完了。周总理看后，决定地铁在这里绕道过去，还亲自批了绕道所需的一大笔经费。观象台至今还保存着。书中还讲到一件我当时就知道并且十分钦佩的事情：20 世纪 80 年代，中央有关部门决定将故宫午门前的广场作为冬天迎接外国首脑的仪式场所。辰生同志提出这是清代举行献俘大典的场所，不宜用来迎接外国首脑，这会被对方认为是有侮辱性的。文化部主要负责人说：这件事中央书记处已经进行过讨论和同意，不要再提意见了。辰生同志仍单独向中央上书，最后中央接受了他的意见，改变了原有决定。这件事，我当时听了就肃然起敬。会这样做的能有几人？如果没有那种强烈的使命感和广博知识，是绝不可能做到的。

其次，必须对祖国文物的全局情况和国家对文物工作的方针政策十分了解和熟悉。如果只是对祖国文物的某一方面有深入的研究，可以成为这方面的优秀专家，却难以称作“祖国文物的守护人”。辰生同志亲历了新中国文物工作的全过程，七十多年的岁月中始终处在文物工作的关键岗位上，奔走在文物工作的第一线。新中国第一批保护文物的法规、第一部《文物保护管理暂行条例》、第一部《中华人民共和国文物保护法》，以至改革开放以来许多文物工作的法令条例几乎都是辰生同志参加起草或主要起草的。由他经手处理的保护文物工作的难题更多。辰生同志今年已是95岁高寿。他自己说：“我一辈子都在从事文物工作，可以说一辈子就做这一件事。”能有这样经历的，今天无第二人。他的丰富经验和深刻识见，是我国文物工作的一笔重要财富。这绝非夸张之词。

也许最重要的，他将文物工作，特别是文物保护工作看得比自己的生命更重要。为了它，他可以丝毫不顾个人的任何利害得失。大约两年前，有一次他刚做完化疗就参加一次会议，我看他会间神情十分疲惫，午饭时一口饭也吃不下。过了半个多月，我打电话去，他说刚从杭州回来，我说你是该休养一下的。他说：“不，我是到杭州郊区去看明清民居。”这真使我大吃一惊。年过80后，他写过两首诗，也曾抄了送给我。一首是七绝：“革命何妨与世争，平生从未竞峥嵘。惯迎风暴难偕俗，垂老犹能作壮兵。”一首是七律：“而今垂老尚何求？维护原则敢碰头。污吏奸商榨民脂，精英文痞泛浊流。群邪肆虐犹梼杌，正气驱霾贯头牛。蒿目层楼忧社稷，坚持信念度春秋。”他忧什么？大概是爱得愈深，就忧得愈切，犹如范仲淹所说：“先天下之忧而忧，后天下之乐而乐。”现实生活永远在矛盾中发展，这是辩证法的精髓。旧的问题解决了，新的问题又会接踵而来。辰生同志在书中痛心地说：“前30年的破坏，可以说主要是由于认识问题，但是在今天，主要是利益问题。”这些直率的话，不能不发人深思。

当然我不敢说他说的每句话和做的每件事都对。这是任何人都不可能达到的，除非他不做事和不说话。但他的信念是真诚而执着的，有如他诗中所说："坚持信念度春秋。"

姚远同志做了一件很好的事。这本书忠实而生动地再现了辰生同志的所思和所行。还做了详细的按语和注释，帮助读者更好地理解。

我们不是常说"实践是检验真理的唯一标准"吗？这本书主要不是一般的说理（编者把辰生同志为中国大百科全书所撰长编词条"文物"列为本书的附录，是从另一角度所做的重要补充了），它可以说是辰生同志在七十多年漫长岁月中、处于文物工作全面性岗位上摸索和思考的忠实记录。只有实践才能出真知。希望年轻一些的文物工作者，能够在工作之余认真地读一读这本书，一定可以从中获得不少在其他地方难以得到的教益。

2017 年 5 月 6 日　时年八十有七

第一章　平生只做一件事

一　到延安去

编《中国甲午以后流入日本之文物目录》这本书，是我进入文物工作的开始。从那时起，我一辈子都在从事文物工作，可以说一辈子就做这一件事。这本《目录》本来是抗战胜利后，1946 年国民政府教育部清理战时文物损失委员会组织编写的，我参与了编撰。编这本书的目的，是用来向日本索还甲午以来日本掠夺的中国文物，但是后来一直没有出版。到了最近几年，中西书局知道了这个事儿，找到了我，才在前几年正式出版。这都过了六十多年了。[1]为什么说这是我进入文物工作的开始呢？这得从我在 1942 年想投奔延安参加革命的事儿说起。

---

〔1〕徐森玉主编，顾廷龙、谢辰生、吴静安、程天赋编著的《中国甲午以后流入日本之文物目录》，2012 年由上海中西书局出版。《目录》是在抗战胜利后为向日本追讨自甲午（1894 年）以来被劫夺珍稀文物和要求战争赔偿，于 1946 年由国民政府教育部清理战时文物损失委员会京沪区办事处组织编制的。由徐森玉主编，上海合众图书馆馆长顾廷龙具体负责组织实施，承担编纂任务的则是谢辰生、吴静安、程天赋。编纂者倾注巨大心力，多方收集日本公、私博物馆所藏中国文物图谱和目录以及张政烺等中国学者的研究著作共 122 种，收录甲午以后至 1945 年抗战胜利前夕被日本劫夺的中国甲骨、石器、铜器、刻石、陶瓷、古玉、丝绣、书画、写经、拓本、杂物、古籍等类中国文物 15245 件，大部分器物标出了高度、重量、口径尺寸、藏处以及所依据图谱的书名简称、页码等资料，编制了详细索引，方便各界读者使用。

我祖籍武进，落户安阳，生在北京。祖籍地是常州武进罗墅湾，我祖父谢愃（字仲琴）是武进县罗墅湾人。谢家是罗墅湾的大家，“洪杨之乱”，就是太平天国运动的时候，江南折腾得厉害，谢家有点儿钱的都跑了。一拨上南方，一拨去北方。上南方的到了广州。商务印书馆的董事长张元济（字菊生），他母亲是我们谢家人，所以我管他叫表伯。张菊生是广东那一支的，所以他满口广东话。

我祖父谢仲琴这拨儿就来了北方，到了河南商丘。祖父认识了袁世凯，成了袁世凯的把兄弟，关系好得不得了。后来祖父做了官，当了袁世凯的幕僚，小站练兵，去朝鲜，都跟着袁世凯。〔2〕后来袁世凯退隐到安阳，谢家也跟着到了安阳。袁世凯隐居在洹上村，可他在城里还有一处房子，我们家的房子和袁家的房子在安阳城里就挨着。〔3〕袁世凯后来又出山了，他要当皇上，我祖父不大赞成，觉得不合适，你把皇上推翻了自己当皇上，这哪儿行啊！你还别说，这袁世凯还真是够意思，你不愿意来辅佐我，那你就在家养老吧。袁世凯就给了他十万两银子。我祖父拿了这十万两银子，一部分用来盖房子，在家休养；其他的钱全用来搞水利了，用这笔钱在河南浚县给老百姓开了一

---

〔2〕据中国第一历史档案馆藏清代官员履历档案，谢愃，河南商丘县人，祖籍江苏武进县，历任新城县知县、平乡县知县（署理）、雄县知县、宣化县知县、蔚州知州，1907年直隶总督袁世凯委充天津地方审判厅刑事部长。[《清代官员履历档案全编》(7)，上海：华东师范大学出版社，1997年，第748—749页。] 甲午战争爆发前，1894年6月3日清政府驻朝鲜釜山商务委员李应畹请假就医，袁世凯遣差以谢愃代理。["中央研究院"近代史研究所编：《清季中日韩关系史料》(11)，台北："中央研究院"近代史研究所，1972年，第71页。]

〔3〕袁世凯隐居河南时，常与谢愃等宾僚酬唱。据《清稗类钞》载：（袁世凯）常乘小舟，清泉披蓑垂纶，自持篙，立船尾，宾僚皆从游，赋诗为乐。次子克文曾梓《圭塘酬唱集》一卷。所与酬唱者，贵阳陈夔龙、永城丁象震、汲县王锡彤、商邱谢愃、庐江吴保初、合肥朱家盘、汉阳田文烈、宜宾董士佐、番禺凌福彭、元和徐沅、吴江费树蔚、甘泉闵尔昌、桐乡严震、山阴沈祖宪，又女弟子二人，一静海权静泉，一江都史济道。[徐珂编撰：《清稗类钞》(第八册)，北京：中华书局，1986年，第3972页。]

个天赉渠，到现在还在用。

我父亲谢宗陶，字菊农，也生在河南。我父亲兄弟四个，大伯父就是谢国桢的父亲谢宗夏（字锡成），二伯父谢宗华（字翊周），二伯父谢宗汾（字仰怡），我父亲行四。父亲京师大学堂毕业，也就是最早的北大毕业生，学的经济，他英文很好。[4] 父亲走的是仕途，先后给北洋政府的总统徐世昌当过秘书，办过四存学校，后来当过吴佩孚政府的财务处处长，给河北省主席当过秘书。实际上我是大地主、又是大官僚的家庭出身。生我的时候，父亲在吴佩孚手下做官，大概人在洛阳。[5]

1922 年，我生在北京南锣鼓巷前圆恩寺。我名字本来叫国愈，辰生是我的字，小时候觉得笔画太多，写字儿费劲，后来就用辰生了。我们家的兄弟是父亲下一代人的大排行。老大就是谢国桢（字刚主），老二谢国栋（字虚中），老三谢国樑（字历生），老四死得早。老五是谢国彦（字午生），是金石学家陆和九的得意门生，甲骨什么的收藏了很多。老六谢国捷（字戌生），后来是河北大学新闻学的教授。老七是谢国振（字雷生），燕京大学毕业的。我行八，国愈，字辰生。老九谢国权（字甲生），就是新华社的言彪，著名记者。老十谢国祥，就是后

〔4〕谢宗陶 1913 年毕业于北京大学法科政治门，1918 年任北京大学法科研究所经济学门研究员（财政学专业），是北大最早的一批经济学专业研究生。[《北京大学史料》（第二卷上），北京：北京大学出版社，1993 年，第 705 页；孙家红：《通往经世济民之路——北京大学经济学科发展史（1898—1949）》，北京：北京大学出版社，2012 年，第 59-60 页。]

〔5〕谢宗陶先任徐世昌总统府秘书，他回忆“余家在豫时，与徐为通家至好，余又曾任其总统府秘书，与其亲信左右素稔，并曾为之创立四存学会及四存中学”。后任吴佩孚讨逆军军事参议处财政组主任参议、洛阳巡署财政科科长，为吴佩孚筹款。[谢宗陶：《徐世昌出任总统之前前后后》，《天津文史资料选辑》（第 3 辑），天津：天津人民出版社，1979 年；谢宗陶：《第二次直奉战争随军见闻》，《文史资料选辑》（第 41 辑），北京：中华书局，1963 年；谢宗陶：《吴佩孚在洛阳之财政临时筹措》，《天津文史资料选辑》（第 41 辑），天津：天津人民出版社，1987 年。]

来搞过京剧音配像的天津市委宣传部部长。我亲兄弟四个，大排行的老六谢国捷，是我们家的老大，老七谢国振是我们家的老二，老十谢国祥是老四，我是老三。国祥是我亲弟弟，小我七八岁。他在天津参加的地下党，解放后当过天津市的团委书记，后来是天津市的宣传部长，很受李瑞环的信任，就是他搞的京剧音配像工程。兄弟之中，老八、老九、老十跟了共产党走，老六、老七曾是共青团员。老二谢国栋曾任国民政府外交部驻苏联海参崴领事，后来跟着国民党去了台湾，死在了台湾。

父亲在我出生之后没几天，请在天津的三伯父谢宗汾照顾我，我就被带到了天津，住在意租界北东马路，后来回的北京。我的小学一共上了好几段，北京上的培根小学、四存小学，高小时候我十二岁，又到了天津，在天津秀山小学毕业。秀山小学是北洋时期江苏督军李纯（字秀

谢辰生兄弟姐妹合影。从右至左依次为：谢国祥、谢辰生、谢絮清、谢国振、谢国捷

山）办的私立小学，所以校名叫秀山。那时候我父亲在天津先后做河北省两任主席于学忠和商震的秘书，就把我接了过去。1936 年从天津回来，我又在北京四存学校上中学，从初一上到高二。抗战爆发后，北平沦陷，我父亲去了后方，我哥谢刚主是北京图书馆金石部主任，也去了后方了，因此家里经济困难，休学了一年。1942 年想投奔延安，高中二年级肄业，我的学历就到这儿了。

四存学校是徐世昌办的，我父亲参加了创办。四存学校的中学、小学都在府右街，就在中南海西门。原来中南海的红墙在里头，学校在外头，现在红墙扩了，把学校包在了里头。原来从灵境胡同到太仆寺街，这一大段儿都是四存学校。四存学校的小学是西式小学，但是《论语》《诗经》《左传》都是非学不可的。四存小学在北京很独特，“四存”得名自徐世昌倡导的颜李学《四存篇》，颜李学重实践，反对空谈。这个学校特色一是国学，这个小学出来的人国学底子都好；特色二是劳动，农业劳动也得参加。〔6〕四存出了不少人才，邓稼先跟我是同学。我的诗词底子都是那时候打下的。大多数旧体诗词都是在

〔6〕四存者，存人、存性、存礼、存治。徐世昌创立四存学校，谢宗陶任四存学校总干事，并参与创办四存学校。谢宗陶回忆：“徐生长中州，原服膺程朱之学，入仕后即觉理学空虚，无补实际，渐向往于北方苦学派颜元、李塨躬行实践之说。及任总统后，首先明令崇褒颜李，奉其入孔庙陪祀，继而编印颜李学说书籍行世，终则创立四存学会（四存者存人、存性、存礼、存治）于京师太仆寺旧址，标榜‘倡导笃实学术，端正风会’。四存学会原聘赵衡为会长，赵不就，改聘张凤台（鸣岐），又以李见荃（备聪）为副会长，徐居名誉会长，其总干事一职即由余兼任。附设四存中学，校长为齐树楷，后又增设四存小学。”“民国八年（1919）创立之四存学会附设之四存中学，在府右街，以齐树楷任校长”，“严明校规，精研国故，督饬学生专心读书，厉禁予闻外事，徐盖欲以所办之学校实现其教育理想”，“四存中学开办之初，齐树楷与余诣徐请示科目，徐意在国文课而外，必须注重历史课程，并畅论汉、唐、明、清统一寰宇之为盛世，指东周列国、五胡十六国、五代十国分裂局面为乱世，谓：‘中国如为四分五裂之局面，则早被东西列强所蚕食鲸吞以尽。今所以犹屹然不被瓜分者，正赖于此统一国家耳！’”［谢宗陶：《徐世昌出任总统之前前后后》，《天津文史资料选辑》（第 3 辑），天津：天津人民出版社，1979 年。］

二十来岁时候写的，后来就没怎么写。我最得意的一首词，是抗战胜利前夕写的《满庭芳》：

一霎西风，暗消残暑，小庭悄酿秋寒。星河低转，人静夜初阑。身似浮萍断梗，把归思，付泪轻弹。空怅望，一弯新月，无寐忆江南。

天涯，伤迢递，聊凭尺素，强破愁颜。飘零后，赢得金缕衣宽。惆怅付于一醉，任韶华，随意阑珊。但频愿，早息烽火，人伴凯歌还。

2002年，四存学校校友返校聚会，我离开四存学校六十年了。我写了一首《浪淘沙》，作为纪念：

屈指六十年，过眼云烟。重逢旧雨话先贤。回首前尘伤往事，喜又团圆。

故旧半凋残，多少辛酸。新枝老树竞争妍。锦绣河山惊巨变，换了人间。

我读中学时，我大哥还没在北京买房子，我们家兄弟几个都住在太仆寺街的公寓。后来我住在白塔寺锦什坊街的小水车胡同1号，是谢国桢家的房子。大哥谢国桢是著名的明史专家、大学者。他比我大二十多岁，来往的都是像唐兰、容庚这样的名流，还有像梁启超的弟子刘盼遂、甲骨文专家孙海波等人。我从小在他身边，跟着他学了不少文史方面的知识，耳濡目染，就喜欢上文史、喜欢上文物了。其实，小水车胡同的房子是样式雷家的，特别好，可惜后来都拆光了，地方用来盖金融街大楼了。一进门是一个院子，绕过去又是一个院子，然后是垂花门，又有一个院子。前后三进，东西两个跨院，有厨房、厕所，总共三十几间房。院里有丁香、藤萝架，住着真舒服。我要是留恋旧社会，可有的留恋的，但是我还是向往革命。

我的亲哥哥，六哥谢国捷和七哥谢国振，1932 年参加过地下党组织，在北平大学附中参加了青年团。他们刷传单、刷标语“红军万岁”什么的，我都知道。我这俩哥哥，结果被抓人抓得厉害的第三宪兵队给抓了起来。我父亲毕竟上层熟人多，终于在被抓了一年多以后把他们保了出来。他们出来以后也就没再参加革命了。父亲对他们严加管束，后来谢国捷在辅仁大学毕业，谢国振在燕京大学毕业。中学时候老师教书，说新闻，说国际国内发生的事件，传播爱国思想，日本人也控制不住。那时候抗日青年还是多，我在中学时候开始看艾思奇的《大众哲学》等书籍，读进步书刊，觉得很有意思，慢慢思想就进步了，就想上延安参加革命去。我当时选择共产党，是经过慎重思考的。我在四存学校上学的时候，背的都是“大道之行也，天下为公，选贤与能，讲信修睦。故人不独亲其亲，不独子其子，使老有所终，壮有所用，幼有所长，矜寡孤独废疾者皆有所养……故外户而不闭，是谓大同”。从小学历史，学会的是忧国忧民，想怎么样天下大同，人人都过得好。后来听说有共产党，看了进步书刊，了解共产主义理想，我想这不就是为人民服务吗！我们难道不应该为这个理想而奋斗终身吗！

1942 年夏天，我正在四存学校读高中二年级，该上高三了。我跟我弟弟谢国权及侄女谢莹——就是谢国桢的女儿——都很向往延安，想投奔延安去，可是家里不让走，害怕小孩子跑远了。我们就秘密进行，可是没路费，这怎么办呢？那时候正是暑假，我们仨都有学费，我们就把学费凑起来，又卖了自己的自行车，就凑上了路费。我们走的时候家里都不知道。那时候走，并没有跟中共地下党有什么联系，完全是瞎撞，也不知道国共关系怎么样。我们就想，先到了西安，到了陕西，不就能到延安了吗？那时候我们中学都还没毕业，脑子想得简单。我九弟谢国权、我侄女谢莹和她同学解华芳（解冰），还有鲍文生，他们几个先走。他们到了西安以后，有认识的同学在那儿，就赶上了，最后谢国权过到延安那边去了。他们去了晋西南隰县的第二战区剧宣二队。剧宣二队实际上是我们的人在控制，是共产党的地下秘密组织领导。谢国权一开始也在剧宣二队，然后去的延安。他后来改名言彪，成为新华社著名记者。谢莹和解冰就留在了剧宣二队，她俩都是北师大女附中的学生。谢莹后来改名谢纪青，先在人民日报社当记者，后来在复旦大学教书。[7]

我留在北平，打算后走。谢国权、谢莹他们走了以后，我家里闹翻天了，就找到我，“这是什么意思？他们去哪儿了？你们成天在一块儿，你肯定知道他们去哪儿了”。我没法子，只好说实话了，说我们打算去延安，他们先走，我后走。结果怎么着？我家里说：“你走吧，走吧！得了，我们给你钱，你走吧！”这样子耽误了一

〔7〕剧宣二队，即“军委会政治部抗敌演剧宣传第二队”，实际上是共产党领导的艺术组织。据田汉在《转战西北的剧宣二队》（原载1946年9月《新民报》）一文中介绍：“‘剧宣二队’为1937年在武汉成立的‘拓荒剧团’所改编。1941年5月他们以‘抗敌演剧宣传队第二队’的旗帜在兴集各地演出《月亮上升》《一心堂》《演戏》《败家子》《反攻》《国家至上》《狂欢的夜》《祖国》及三幕歌剧《农村曲》等，给沉寂的吕梁山剧运放射出活跃的朝光。他们搜集了五百多首民歌，他们用地方话地方的习惯演着农村的戏剧，他们把艺术的理论与革命的实践联系得紧紧的。”山西省政协文史委员会编的《山西文史资料》第50辑（太原：山西人民出版社，1987年）为“剧宣二队在山西专辑”，内载“鲍文生，1942年同参加二队的谢莹、解华芳一同从北平沦陷区来山西，原想投奔延安，因交通不便，留在二战区政治部工作”（第108页），“这年秋天，北平师大女附中的学生谢莹、解华芳，在爱国思想的促使下，从敌占区来到晋西，想到延安去，我们吸收他们二人到队工作”（第84页）。

两个月。这一次跟我一起出发去延安的，还有谢莹在北师大女附中的同学张洁璇、李寄松。张洁璇是彭真的小姨子，她现在还在。李寄松是1927年牺牲的革命烈士、女共产党员张挹兰的女儿。路上很曲折，等我们到了西安，正好是胡宗南封锁边区，国共矛盾起来了，我找人也找不着了，没法子，只好在西安等着。在西安的时候，我写过几首诗词，那时候想的都是“几时光复旧河山”。有一首《七律》：

经年羁旅客长安，远隔重关人未还。
落叶凋零秋渐老，孤灯萧瑟夜初阑。
乡心已碎何由补，归梦犹浓且自宽。
极目京华云烟渺，几时光复旧河山。

还有一首《调笑令》：

红叶红叶，寄来纸儿上贴，何如折赠枝春，聊慰他乡远人。人远人远，又是天寒岁晚。

红叶红叶，寄来纸儿上贴，遥忆旧院清秋，千里飘零客愁。愁客愁客，两地相思系着。

在西安，我不认识地下党，光有对延安的向往也没有办法，只好想到回去。但是不敢回北平，你跑了那日本人知道啊！那上哪儿去呢？想了想，上安阳吧，然后走太行山，也可以到延安去。我就和张洁璇、李寄松一块儿到了安阳。可是山西也在打仗，通往解放区的道路匪患严重，从太行山过不去。我和她们二人商议后，决定我先回北平“找路子”，她们二人在原地等候，等我找到路子以后再回安阳找她们。我回北平后，遇到张洁璇她爸，他和我姐夫是熟人。他见到我说：“我支持你们上延安，你们要走，我送你们。”他愿意去安阳资助我们，然后领着我们一起去延安。不料，等到了安阳以后，张洁璇的父亲突然变卦，将张洁璇和李寄松二人都拉回北京了。她俩这一走，就剩我光杆儿司令了。到 1944 年，战局混乱，洛阳沦陷，几条铁路线都断了，原来从洛阳是可以去西安的，这时候也走不通了。我没辙了，走不了，就在安阳留了下来，先在安阳当地的一家平价商店做小伙计，然后在安阳县立一小当小学老师，教小学生，就等着。其间旅途往返大约两三个月时间，滞留安阳一年多时间。在河南的时候，一直想着去解放区，还写过一首《七律》：

如烟往事已蹉跎，久客归来恨更多。
父老天涯犹作客，弟兄几度赋骊歌。
三年奔走多荆棘，万里风尘尽坎坷。
烽火南迁伤半壁，满怀壮志渡黄河。

1945 年抗战胜利了。光复以后，我父亲到了河南开封，就把我叫去了。那时候抗战刚胜利，他给我临时找了个地儿工作，在郑州的救济总署叫“义民站”，接待那些打仗时候流亡现在要回家的人。这时候我大伯父本来也要去开封看我父亲，结果在安阳去世，我大哥谢国桢就奔丧到了安阳。但是谢国桢要到安阳，就得经过解放区。光复以后，谢国桢的女儿谢莹跟着地下党领导的剧宣二队的人，又回到了北平。后来周扬他们来到北京都住到我们家，就是小水车胡同的房子。我大伯去世后，大哥谢国桢通过周扬的介绍，经过解放区去安阳。大哥经过邯郸，在共产党领导的北方大学见到了范文澜。谢国桢和范文澜都是史学界的熟人，谢国桢就在解放区住了几天。范文澜对他说："我们北方大学没书，你到上海去的时候帮我们买点书。"谢国桢答应了，他到了河南奔丧时候就跟我说："你什么也甭干了，就跟我去上海买书去吧！"这样，谢国桢和我一起奔完丧事，就一起去上海买书，去上海还是给共产党办事。

二　在郑振铎身边

1946 年春夏之交的时候，我跟着谢国桢到了上海。到上海的第三天，徐森玉请我们吃饭，郑振铎作陪，他们都是老朋友，多少年没见了。郑先生是大学者，我那时高中还没毕业呢，对他很崇拜。吃饭的时候大家聊天，郑振铎说他现在太辛苦了，又要接收文物，那时国民政府教育部清理战时文物损失委员会委托他接收敌伪的文物；又要搞民主运动，搞上海的进步杂志《民主》，很需要人来帮忙。徐森玉说："谢辰生刚到，他一年轻人什么事儿也没有，又是刚主的弟弟。这个年轻人给你帮帮忙不是正好吗？"我说："那太好了，我太赞成了，那不等于给您当学生吗？"郑振铎说："那好啊，就这样吧。"接着徐森玉跟我说："不过，最近一段时间，你还不能老在郑家。因为现在教育部清理战时文物损失委员会要搞一个甲午以后流入日本文物的目录，拿这个目录追索、讨要文物。"这是徐森玉接的活儿，他对我说："我也需要你这个年轻人。"郑先生就说："那你明天就到我家来吧。"我那会儿没事儿，就上半天在徐家，下半天在郑家，一半儿一半儿。这是第一次见到郑先生，他谈笑风生，说话很痛快。那时候他名气很大，他能要我，我说："那我一定干啊，我就是给您当小学生，帮您忙。"

这就开始编《中国甲午以后流入日本之文物目录》。怎么编呢？就把所有出版的目录，日本出版的书，中国出版的书，只要知道在哪儿的，都编一个目录。一开始有三个人，我、吴静安、程天赋，他俩干了一个来月，觉得这个活儿太累，另外也没太大兴趣，就走人了。但我有兴趣，毕竟过去在家里知道些文物知识，字画也好、善本书也好，都明白点儿。我觉得这挺有意思，就留下来了，一个月以后就剩我一个光杆儿司令了。谁来管我呢？是顾廷龙，合众图书馆馆长，他来主持。我们就找各种书，除了合众图书馆，北京图书馆也找，上海四马路的书铺也找，私人收藏也找，弄了很多书。结果在这些书里面把这目录誊下来，注明哪年哪月哪本书出的。怎么写呢？就是写复写纸，因为人家要好几份，一次写四篇，得写两次。〔8〕那时候真是累得够呛，天天吭哧吭哧地写。可也有好处，对文物知识熟悉多了，目录里各种文物、善本书什么的都有。书完成后交给教育部，留下了几本。这部书前后搞了九个多月才完成。〔9〕当时做完就完了，我也没觉得怎么样。完了以后就在郑先生那儿管郑先生的事儿了。目录编好以

---

〔8〕1981年2月21日，顾廷龙在为《中国甲午以后流入日本之文物目录》所作的跋中回忆："此目成，目录复写九份，森玉先生携往南京，计送教育部二份、张道藩一份、傅斯年一份、李济二份、森老自留一份、合众图书馆留一份、余亦留一份。余所留者，即刻印此书之底本。"（顾廷龙：《中国甲午以后流入日本之文物目录跋》，《顾廷龙文集》，上海：上海科学技术文献出版社，2002年，第164页。）

〔9〕顾廷龙回忆：（徐森玉）先生乃延聘吴静安、程天赋、谢辰生诸君草拟体例，从事编纂，九阅月而蒇事。吴、程二君因事先去，编录校订则谢君之力为多。（顾廷龙：《中国甲午以后流入日本之文物目录跋》，《顾廷龙文集》，上海：上海科学技术文献出版社，2002年，第164页。）顾廷龙之子顾诵芬撰文回忆：当时徐森玉先生的办公地点就在富民路裕华新村，离合众图书馆仅百米之遥。因此徐老先生和我父亲商量编目的场地就在合众的阅览室，他们又聘请了一些大学教授，如王以中、沈文倬等，具体组织工作都是谢辰生先生做的。经过9个月的努力终于编出了《中国甲午以后流入日本之文物目录》。（顾诵芬：《纪念父亲诞辰110周年》，《顾廷龙先生纪念集》，上海：上海科学技术文献出版社，2014年，第4页。）

后，交到教育部，最后文物索讨也没索讨成。[10]

合众图书馆保存有一本目录，是复写的。到了 1981 年，顾廷龙给我写了封信："这书在我手里就这么两本了，能不能想办法油印一下，留个东西，要不然都找不着了。你是不是跟文物局说说，搞一下。"他手上仅有的一份《目录》，因为是复写的，字迹日益模糊不清，难以保存。我说可以啊，我就找到文物局局长任质斌，他说："这很重要啊，我支持，那就油印一百部。"结果用了两年多时间，重新油印了一百部，分发给各个地方的省博物馆、图书馆，还有些设有文博专业的大学，这就散出去了。那是 1981 年，这到现在又是三十多年了。

前几年，突然间上海的中西书局知道了这事儿，觉得这太有意思了，应该出版啊，不然等于白扔了。他们就来找我，我就剩一部油印的，中西书局以此出了书，三大本儿。我请启功题的签儿，我写了前言，顾廷龙写了个跋。我进入文物工作的开始，就是在徐森玉手下编这部《中国甲午以后流入日本之文物目录》开始的，而且在 65 年后又经我的手把它出版了，这也太难得了。我是一走上社会就进入文物界了，打这本书开始，从 1946 年到现在，一直没有离开文物界，七十多年了。

完成编《中国甲午以后流入日本之文物目录》的任务后，我就一直帮郑先生做事，就住在他家，在静安寺庙弄。1947 年，郑振铎让我和孙家晋，还有个中央图书馆的人，一起去迎接王世襄从日本押运回

〔10〕顾廷龙回忆："傅斯年盛赞此目不仅在外交上可供依据，而在学术价值上亦为重要贡献。后李济与盟军接洽，而盟军则以需要提供时间地点却之。"（顾廷龙：《中国甲午以后流入日本之文物目录跋》，《顾廷龙文集》，上海：上海科学技术文献出版社，2002 年，第 165 页。）

国的善本古籍，一共107箱。后来这些书大部分被国民党运到台湾去了，剩下的几百本留在上海。[11]那几年，郑振铎太忙，有很多书和资料需要整理，就让我先帮忙把他的书都整理好，编成目录，他需要什么材料的时候再查一查，帮他找出来。他出书要下厂，我就去下厂。那时也没有什么薪金不薪金，就在他家吃饭，每个月给我点零花钱，我已经很满足了。我还零零星星地在他家里干点杂事，后来他小孩郑尔康上学，还兼职给他孩子补些课。

在这阶段我学到了很多东西。郑振铎在政治上是反对国民党胡作非为的。他家是一个小楼，有个客厅，我就在客厅办公，来来往往的人都见过。郑振铎发起的民主促进会，就是在我待的那个客厅成立的，他是民进的发起人，后来倒是不怎么参加了。他搞民主运动，民进在家开会都在那个小客厅，我都在旁边听着，听他们讨论怎么实现和平，怎么搞建设。民进里面我最熟悉的就是周煦良，他是周叔弢的侄子、周学熙的孙子。政治倾向方面我受郑振铎影响很深，因为我想参加革命，在政治上我跟他是一致的。郑振铎来往的人全是郭沫若、翦伯赞等名家，我也经常给他们送信。我知道郑先生跟共产党有联系，好多往来的人我也叫不出来名字，那时候他们名字都是假的。所以，那时候我就是给郑振铎的民主事业工作，我过去一直没有强调这些经历，其实我参加革命工作从那时候就开始了。

那几年，我在郑振铎身边耳濡目染，加上我哥哥谢国桢是搞历史的，也喜欢字画什么的，在家读书时他也时不时地跟我说些相关知

---

〔11〕王世襄回忆："日寇投降后，我任教育部清理战时文物损失委员会平津区助理代表，一九四六年冬去日本，次年年初把日寇从香港掠夺去的善本书一百零七箱押运回上海，受命交给西谛先生。他派谢辰生、孙家晋两位到码头接收。"（王世襄：《与西谛先生一夕谈》，上海鲁迅纪念馆编：《郑振铎纪念集》，上海：上海社会科学院出版社，2008年，第518页。）

识，我就开始对文物感兴趣了。郑振铎的那些资料都让我保存整理，由上海出版公司给他出书。我帮郑振铎编辑出版了张珩藏品所集成的《韫辉斋藏唐宋以来名画集》和《域外所藏中国古画集》。他编这两部名画集，都是因为中国文物大量外流，想通过出版图集作为我国文物被掠夺、盗卖的历史记录，激发国人的爱国情怀。郑先生天天跟我说中国文物流失海外的事情。别看他年纪很大了，但天真得很，激动起来非常生气、非常痛心。他写了很多文章，抨击文物走私外流。当时很多文物从北方出土，从上海流出国外，让他生气极了。他是国民政府接收文物委员会的委员，接收的时候他发现有些文物没了。到哪儿去了？就是被国民党很多高官拿走了！所以他就写了文章追问：这些东西都跑到哪里去了？他写文章向国民政府要求他们赶快归还，但最后还是没有办法。

到 1948 年，中共中央通知郑振铎去北平参加新政协会议，当然这是极端的秘密，我一直知道他要走，但具体的时间一直不知道。一直到走之前三天他才说："我就要走了，这是绝密，你不仅不能跟别人说，即使对你哥哥也不能说。"他给了我一个秘密通信方式，跟他联系。他的老母亲、夫人和孩子都在上海，他关照我说，他走后给他照顾一下家，同时让我帮他继续把一些资料搞好。这段时间，他编写的很多书中最重要的一本是《中国历史参考图谱》，是我在上海帮他弄完的。〔12〕这本书是中国第一部历史参考图谱，用文物说话，来说明我们的历史。他说："这事还没有完成，你以后把这个书继续完成，

〔12〕1951 年 5 月 11 日，郑振铎在《中国历史参考图谱》跋中写道："方行同志和刘哲民先生却大力的鼓励我动手做这个工作。由他们邀集了十多个朋友们，各出资金，组织了一个《中国历史参考图谱》刊行会，立刻开始工作。谢辰生同志帮助我工作了一个时期。"（郑振铎：《〈中国历史参考图谱〉跋》，《郑振铎艺术考古文集》，北京：文物出版社，1988 年，第 436 页。）

整理好将来好再出书。”《中国历史参考图谱》一共24辑，直到1951年才全部出齐。

1949年5月，上海解放了。我在上海继续给郑振铎搞《中国历史参考图谱》，在上海出版公司出。上海出版公司总经理刘哲民看我干得不错，就想留我干脆在他那儿干。后来郑先生给我来了封信，一方面让我继续搞《中国历史参考图谱》，同时叫我早点来北平，说北平还有事情，有什么安排来了再说。他也写信给刘哲民，意思是叫我来北平，不太想让我在他那儿干。这样就把我调到北平去了。[13]因为他挺喜欢他外甥女，就让我把这小孩也带上了。到了北平以后，他告诉我，新中国要成立文物局，以后他就要搬到北京了，叫我也跟他去文物局工作。我是9月份到的北平，还没开全国政协会议。政协开会后的第二天还是第三天，郑振铎的女儿打电话让我过去，说是赶快去报到。那时候还是北平市军事管制委员会文化接管委员会文物部，正在筹备建立文物局，王冶秋正在负责筹备的事。郑振铎就给王冶秋打电话，介绍说是有这么个人，是他带过来工作的。王冶秋同意了，郑先生就让我跟王冶秋接洽。那时候他们在中国大学的军管会那儿筹备，就是现在的教育部那儿。我去军管会报到的时候是9月，具体办事的是罗歌，他告诉我文物局是要成立，但是现在还没成立，得等到新中国成立以后。我说：“那我得先回家。”罗歌说：“没关系，我们十一以后才能成立，那时候我们也搬家了。你的情况都是郑先生电话

---

〔13〕1949年8月30日，郑振铎致信刘哲民、康嗣群、李健吾、唐弢、柯灵、靳以诸友，商调谢辰生到北京工作：“最好在北平能有一位办事的人，以便联络奔走。谢辰生兄不知已进公司否？如未进，可否调他到北平来？每月薪水约四五百斤小米左右即可，如为三百斤，则不过六万元左右耳，谢君如不能来，则不能不在此找人了。诸兄以为如何？”［郑振铎：《郑振铎全集》（16），石家庄：花山文艺出版社，1998年，第266页。］

通知的，你回去以后可不可以让郑先生给我们写封信，说明个情况。”回来我就跟郑先生说了，郑先生后来写没写我就不知道了。这都是新中国成立前的事情，所以我离休的时候，就是从报到的 1949 年 9 月算起。

到军管会文物部报到之后，郑先生叫我赶快回去，把上海家里的事情弄一弄，准备搬家。我就又回上海搬家，过了一个多月回来。回上海搬家时，周作人托我带过一封信，给周总理的。周作人从监狱出来后，住在上海他的学生家。我认识他的那几个学生，也结识了周作人。11 月，我已经在北京上班了，周作人给我写信，附上一封给周总理的信，请郑振铎转给总理，我记得信的最后写的是“附致吾家某公函，恳请西谛先生代转为感”。我就给了郑振铎，但是郑振铎第二天带着信上上海出差了，还没来得及给总理。郑振铎到了上海，把信给方行看了，方行当即

2014 年 7 月 22 日，谢辰生先生在北京安贞里家中（姚远　摄）

就抄下来，然后就被人转抄散了出去，大家都知道了。郑振铎回到北京之后，才把这封信上交的。

从此以后，一直到现在，除了抗美援朝，我没有离开过文物局。我的历史比较简单，就那段时间漂泊，然后就一辈子做文物工作。从 1949 年到现在，在一个国家机关、一个部委没动过的人，恐怕不多。像我这样干文物干一辈子的，太少了。我们家墙上挂着一面写着“平生只做一件事，热血丹心护古城”的锦旗，88 岁生日时，曾一智代表全国文保志愿者送我的。我对这个“平生只做一件事”还是很认可的。

第二章　新中国成立初期的文物事业

一　文物局草创

1949年11月1日，中央人民政府成立文化部，设立文化部文物局。当时文化部下面设一厅六局，文物局是其中之一，主管业务有文物、博物馆事业，还有图书馆事业。文物局局长为郑振铎，副局长为王冶秋。郑振铎是著名的党外民主人士、大文化人，除了担任文物局局长，还兼任中国科学院考古研究所所长、中国文学研究所所长、人民政协文教组组长等职。王冶秋是1925年入党的老党员，是鲁迅的晚年挚友，跟鲁迅有过很多通信往来。他做过冯玉祥的秘书，在周恩来直接领导下做情报和统战工作，为革命出生入死。

新中国成立前，郑振铎曾经征求过我的意见，准备去哪儿干。他说："我把你带过来，是准备让你到文物局去的，但你自己有什么想法，愿意搞什么？"因为我家里头都是搞学问的人，我也觉得应该搞学问，做研究。所以他把我调到文物局之前，我就讲了我的想法。我说："我跟你在一起这么久，您是大学者，我也想当个学者，也想搞点学问，跟您学习。您不是搞学问嘛，是不是我可以到研究所去？文学研究所我也可以去，考古研究所也可以，都可以啊。”他说：“你哪儿都别去，你就在文物局。”我问：“怎么啦？”他说：“现在文物局里完全懂行的人还不多，你就在这儿搞。”那时候，文物局刚刚筹建，总共没几个人。他对我说：“文物的保护是第一位的，没有保护就没有研究。你搞文物的保护也是个重要的事，就在这儿干着吧，现在也缺人。文物保护很重要，你不要认为这不是学问。”他说的这些对我很有启发，给我定了终生。我一辈子都牢记并坚持郑振铎对我说过的话，“保护是第一位的”，“没有保护就没有研究”。

1949 年 11 月，我按照郑振铎的意见，把家从上海搬到北京，去新成立的文物局上班，担任文物处业务秘书。我刚到文物局的时候，人还很少，大家都还没来呢。只有从解放区来的五六个人，于坚、王毅、李枫、罗歌、王宏钧等，就这么几个人。文物局一开始分为文物处、博物馆处、图书馆处、资料室、办公室。文物处就我和林开建，后来林开建调走了，王宏钧在图书馆处，于坚在博物馆处。那时候各个处还没有处长，后来陆续开始找处长。郑振铎曾经设想过文物局人事安排谋划，图书馆处由向达负责，博物馆处由裴文中负责，古物处由夏鼐负责，但他这个设想后来并没有完全实现。

在文物局刚刚建立的时候，文物处一开始叫古物处，后来考虑到古物无法涵盖革命文物，就改名为文物处。古物处处长，其实最早想让徐森老（徐森玉）来，但他在上海，来不了。后来又考虑夏鼐，但夏鼐去了中国科学院考古研究所当副所长，也来不了。[1]因此文物处处长暂时空缺，只任命书画鉴定专家、张静江的侄孙张珩（字葱玉）任副处长，大概是1950年才来的。1950年以后陆续来了些人。古物处来了罗哲文、陈明达、徐邦达，还有傅熹年的父亲傅忠谟、罗振玉的儿子罗福颐、王冶秋的学生谢元璐，都是后来一个个陆续来的。还有一位女同志臧华云，是桐城派后人吴闿生的学生，跟齐燕铭是同学。后来在50年代中期，老干部陈滋德从西南大区调到北京，任文物局的文物处处长，此后一直由他担任。业务处长职务中，只有他一人是行政干部任处长。像后来成为著名专家的罗福颐、徐邦达、傅忠谟、陈明达、罗哲文、顾铁符、马耕渔等，当时都只是文物处的业务秘书。谢元璐在文物处当行政秘书，因为他比我大，所以我被称为“小谢”。罗哲文为什么叫“小罗”呢，因为罗福颐比他大。

各处的处长和主要业务干部，几乎都是根据郑振铎建议安排选用的，可谓汇集了全国的文物专家，学术气氛很浓。但郑振铎先生最初设想的处长，只有裴文中一人到文物局任博物馆处处长。他是国际上有名的考古学家，主持发掘过周口店北京猿人头盖骨。我去的时候，

---

〔1〕郑振铎在1949年曾多次致信夏鼐，力邀其任文物局文物处处长，从其信札中可见新中国成立初期该处的名称变化。10月30日，致信夏鼐：“我很盼望兄能即日北上，主持‘古物处’，为考古发掘工作的领导者。（文物局分三处：一、图书馆处，二、博物馆处，三、古物处。）古物处的设立，主持者固然免不了有些日常行政的事，但大体上，希望兄来任处长，再找一个副处长帮你忙，你就可以不必多管行政的事，并不妨碍兄的研究工作也。只要主持大体就可以了。”11月5日，致信夏鼐：“在这几年之内，关于考古事业，恐怕是要由我们负起责任来。兄能放弃了考古的事业吗？古物处的组织分五科，登记、接收、古建、发掘及档案。每科均有科长及干事若干人。处里并有副处长及秘书各一人帮你的忙，你不必事事管理。尽有自己研究及出外发掘的工夫。”12月27日，致信夏鼐：“地下的宝藏，实在太多，太好了；前途是希望无穷的。兄如能主持‘文物处’，对于这方面可以有一个通盘的筹划，岂不甚好。秉琦兄是可以帮助兄的。在局里，也当然可以通力合作。而将来科学院的研究员的名义，兄仍可以兼任的。行政的事务并不多，总望以大部分的力量来做研究工作也。”[郑振铎：《郑振铎全集》（16），石家庄：花山文艺出版社，1998年，第225、226、228页。]

裴文中已经到了。后来的博物馆处副处长是博物馆学和古代科技史学家王振铎（字天木），博物馆处后来还有佟柱臣，是搞考古的。1954年，裴文中到中国科学院古脊椎动物研究室任职后，由王振铎任博物馆处处长。王振铎是国际上有名的科技史学家，英国学者李约瑟很佩服他。图书馆处想请向达来，向达因任北京大学图书馆馆长来不了，于是请了万斯年任副处长。办公室主任是贺泳（字孔才），是个学问家、收藏家，是吴闿生的弟子。后来来了孙家晋，孙家晋半道到办公室当秘书去了，写文件。资料室的负责人一开始是王冶秋的爱人高履方。大体就是这些人。

文物局主管全国文博事业，专业性很强，用的都是这样一批具有相当专业水平的业务骨干，担任业务处的正、副处长。新中国成立初的文物局很有特色，除了王冶秋，处长以上（包括办公室主任）没有一个是党员，而且很注意对专家学者的统战，一点儿都不含糊。直到后来，办考古工作培训班的时候，调了庄敏到文物局来，他是党员。郑振铎不是党员，是党外人士，可他是有职有权的，业务上大的事情都是他做主。当时党外人士当部长的好多，现在你不可想象。王冶秋是1925年老党员，但是他不摆老资格，很尊重郑振铎，大政方针都听郑振铎的。他们俩都是文人，关系非常融洽，观点很一致。文物局在北海团城办公的时候已经逐渐发展到一百二十人左右，仅文物处就有二十多人，大多数是专业人员，副研以上八九人，专业水平相当高。1956年文物局搬到文化部之后，人员减到五十多人。这个局面一直持续到“大跃进”，那时候压缩编制，文物局只剩下18个人，其他人都“下放”到北京市的其他单位了，专家这么被“下放”后，就没回文物局。50年代新中国刚成立的时候，整个社会风气的确令人心情舒畅，实在难忘，我们这社会风气若能回到50年代就好了。

新中国成立之初，文物局的名称发生过几次变化。一是1951年10月1日，文化部文物局与科学普及局合并，成立文化部社会文化事业管理局，局长、副局长还是郑振铎、王冶秋。在主管文物、博物馆、图书馆事业之外，增加了文化馆和电化教育。由彭道真任增设的文化馆处处长。二是1955年1月15日，文化部成立文物管理局，主管文物、博物馆事业，划出图书馆、文化馆事业，仍然由社会文化事业管理局管理。1955年8月，王冶秋任文物局局长；郑振铎升任文化部副部长，但还是直管文物局。三是1965年8月23日，文化部再次将图书馆事业划到文物管理局，改为文化部图博文物事业管理局。这已经是"文革"前夕了，第二年"文革"就开始了。一开始，文物局在北海团城办公，后来搬到东四头条5号文化部大院，后来地址叫朝内大街203号，在那里一直待到"文革"开始。办公地点用的是一所美国人办的学校的旧址，现在是区级文物保护单位。房子太棒了，结实极了，旧金山大地震之后盖的，特别注意防震，唐山地震时纹丝不动。"文革"期间，文物局才搬到老北大的红楼。文物局在团城的时候，我住故宫筒子河的单身宿舍，后来到了黄化门大街文物局宿舍，原来的莲子库，然后搬到朝内大街203号文化部大院。

1949年我刚到文物局的时候，郑振铎交给我的第一个任务就是起草文件，起草保护文物的政令法规。一是关于禁止文物出口的《禁止珍贵文物图书出口暂行办法》，二是关于保护古建筑和考古调查的《关于保护古文物建筑的指示》《古文化遗址及古墓葬之调查发掘暂行办法》。郑振铎明确提出来，先搞禁止文物出口、考古调查这几个单项的文件。他说："现在最要紧的问题是斩断魔爪，不能再让文物大量外流，所以头一个要做的事是起草禁止文物出口令，同时草拟关于考古发掘的办法、古建筑保护的办法。"

郑振铎自己带头身体力行。他担任局长后不久，就给周恩来写了封信，把他收藏的几百件汉魏六朝隋唐的陶俑都捐给了国家，这些文物都是他在上海倾其所有买的。他还跟王冶秋共同倡议，从事文物工作的人，都不要去购买和收藏文物。文物系统工作人员自己不收藏文物的传统从新中国成立之初就形成了。1981 年国家文物局颁发《文物工作人员守则》规定，文物工作者严禁利用职权，为自己收购文物，禁止买卖文物从中得利。这就是坚持了从新中国成立之初以来形成的规矩。“文化大革命”抄家，王冶秋家里一件文物也没抄出来啊！那是真正的共产党人啊！现在呢？多少人往自己兜里揣！

从 1840 年以来，我国文物大量地被掠夺到国外，各种手段，巧取豪夺。有的是战争的掠夺，像前些年拍卖的圆明园兽首；有的是外国人以文化的名义，实质是施行掠夺行径的所谓“考古”活动；有的是与古玩商勾结，导致大量文物悄悄地流出国境。因为当时海关不在我们手上，所以好多珍贵文物都流出去了。中国自 1840 年之后逐渐成为半殖民地半封建社会，成为被压迫被欺负的民族，我们国家命运是很悲惨的。中国一百多年来深受列强的欺负和压迫，帝国主义侵略我们，逼迫我们割地赔款，我们中国文物的命运跟自己的国家有着共同的遭遇，也都是被大量地掠夺。帝国主义对中国文物的掠夺，是物质上的掠夺、金钱上的掠夺、财富上的掠夺，更是精神上的掠夺。文物是我们的精神财富，盗掘盗运文物出境就是掠夺精神财富！我们国家是这样的被掠夺的命运，我们的文物、我们的精神财富也是这样。这是非常令人痛心的事情。

我在上海帮郑振铎做事的时候，他面对大量文物不断外流的情况，就感到特别愤慨。他在 1947 年写过一篇文章《保存古物刍议》，猛烈抨击那些把重要文物私运出国的人，“简直是卖国行为，而应该处以叛逆的罪名”，“其行为可恶、可恨，其居心更可诛！”“我们应以全力来打击那些盗卖古物的不肖子孙们！”。他还驳斥卖文物换外汇的说法，认为那些人盲目无知，没有常识。所以新中国成立以后，郑先生马上就提出来要搞《禁止珍贵文物图书出口暂行办法》，他对我说：“马上要堵住文物外流的口子，文物局的第一个任务就是堵住口子，不能让文物继续外流了！”这个《办法》的草稿是我起草的，后来文件上报政务院的时候，我已经去革命大学学习了，我只是写了初稿。

一开始，我对文物法规也是一无所知，是郑振铎把他收集的国民党政府颁布的法律法规，比如《古物保存法》，还有外国的一些法规材料，等等，给我做参考。如果不是郑振铎的具体指导，我也写不出初稿。虽然是我在起草，但是实际上郑振铎是“头儿”，言传身授。他是大人物，事情很多，他不光是文物局局长，还是中国科学院考古所所长、文学所所长，所以他特别忙。他把起草文物法令的具体事项落实交给了我，后来亲自改了几次，又让王冶秋、裴文中他们俩来指导我，直到完成。起草过程中，每次讨论都是王冶秋主持，定稿之后送给郑振铎审定。[2]文件初稿弄完以后，我就去革命大学学习去了。当时，文物局人员逐渐多起来，所以到1950年，要求我们这些没经过训练的人下到革命大学学习。我去的是华北人民革命大学二部，在北京西郊的西苑，孙家晋跟我一块儿去的。关于文物的几个政务院的

〔2〕王冶秋之子王可回忆：郑振铎和王冶秋两人处世修身的价值观一致，对事业尽心尽力，处事中相互尊重，强调发挥专家作用，对青年人鼓励栽培。例如，现在仍活跃于文化界的文博名人谢辰生先生，那时还是涉世未深、颇具个性的党外青年学子，由于勤奋向学而得到他们的调教和大胆使用，在以后的数十年里，一直被他们称为“小谢”的谢辰生，几乎参与了所有重要文博文件的起草，以及重要文物保护工程的实施，为文物事业做出重要贡献。（王可：《他们为文博事业奠基——记郑振铎与王冶秋》，《中国文物报》2006年7月5日。）

政令最后出来的时候，我正在革命大学学习。[3]

1950年5月24日，中央人民政府政务院颁布了第一批保护文物的法规，像关于文物出口的《禁止珍贵文物图书出口暂行办法》、关于考古调查的《古文化遗址及古墓葬之调查发掘暂行办法》、关于古建筑保护的《关于保护古文物建筑的指示》等。这几个文件的文号是政文董字，董是董必武签发的意思。可以说，从50年代新中国颁布《禁止珍贵文物图书出口暂行办法》等第一批文物保护的法令之后，文物大规模外流的情况很快就被制止了，那时外国人还想往外带珍贵文物，就不行了。这标志了过去听任中国珍贵文物大量外流的时代的结束，近代以来中国文物被破坏、被盗掘、被走私的历史的结束，在一定意义上也标志着中国人民在帝国主义面前站起来了！就跟卖淫嫖娼、吸毒等丑恶现象一样，全没了。三年就一点都没了。可以说从50年代起，文物走私、盗窃等文物犯罪基本杜绝了，一直到80年代中期以后才又沉渣泛起。到90年代更不得了，一直持续到现在，而且现在这个问题越来越严重，一直没得到解决。

按：由谢辰生先生起草，1950年5月24日中央人民政府政务院颁布的《禁止珍贵文物图书出口暂行办法》（政文董字十二号），全文如下：

第一条　为保护我国文化遗产，防止有关革命的、历史的、

---

〔3〕史树青回忆过与谢辰生一起在革命大学学习的经历：“革大”就是华北人民革命大学，当时在西苑，现在已经没了。解放后，共产党认为我们这些旧社会的留用人员改造后还可以继续为人民服务，就把我们集中到“革大”进行思想改造。当时谢辰生、沈从文、王世襄等都在“革大”学习，我们上的是本科班。这回念的是革命的本科。我还记得入学试题是：《论为人民服务》。（梅辰：《史海寻珍一帜独树——访著名文物鉴定家史树青先生》，《鉴赏大家：文物鉴赏大家访谈录》，北京：文化艺术出版社，2004年，第94页。）

文化的、艺术的珍贵文物及图书流出国外，特制定本办法。

第二条　下列各种类之文物图书一律禁止出口：

（一）革命文献及实物。

（二）古生物：古代动植物之遗迹、遗骸及化石等。

（三）史前遗物：史前人类之遗物、遗迹及化石等。

（四）建筑物：建筑物及建筑模型及其附属品。

（五）绘画：前代画家之各种作品，宫殿、寺庙、冢墓之古壁画，以及前代具有高度美术价值之绣绘、织绘、漆绘等。

（六）雕塑：具有高度艺术价值之浮雕、雕刻，宗教的、礼俗的雕像，以及前代金、石、玉、竹、木、骨、角、牙、陶瓷等美术雕刻。

（七）铭刻：甲骨刻辞、玺印、符契、书板之雕刻等，及古代金、石、玉、竹、木、砖、瓦等之有铭记者。

（八）图书：具有历史价值之简牍、图书、档案、名人书法、墨迹及珍贵之金石拓本等。

（九）货币：古贝、古钱币（如刀、布、钱、锭、交钞、票钞等）

（十）舆服：具有历史价值之车、舆、船舰、马具、冠履、衣裳、带佩、饰物及织物等。

（十一）器具：古代生产工具、兵器、礼乐器、法器、明器、仪器、家具、日用品、文具、娱乐用品等。

第三条　凡属上述范围之文物图书，经由中央人民政府政务院核准运往国外展览、交换、赠予，并发给准许执照者，准许出口。

第四条　凡无革命、历史、文化价值之文物图书，或有革命、历史、文化价值之文物图书的复制品及影印本，均可准许出口。

第五条　凡准许出口之文物图书，其出口地点以天津海关、上海海关、广州海关三处为限。但属于第三条所指情形者，不在此限。

第六条　凡报运出口文物图书，均须于起运或邮寄前，逐件详细开列种类、名称、大小、重量、年代之清单及装箱单，向各准许出口地点之对外贸易管理局报告，由对外贸易管理局交当地文物出口鉴定委员会，按照报运人所报清单与报运出口之文物图书逐件核对、鉴定之。各地对外贸易管理局可凭当地文物出口鉴定委员会之鉴定证明，予以发给出口许可证。海关或邮局凭证放行。

第七条　文物出口鉴定委员会分设于天津（包括北京）、上海、广州，由中央人民政府文化部在各该地区邀请专家若干人，对外贸易管理局、海关及邮局报派若干人为委员组成之。

第八条　凡已经各地文物出口鉴定委员会鉴定证明，并经各地发给出口许可证之文物图书，应由各地海关或邮局人员监视装箱，与报运人会同加封，以防暗中调换。

第九条　凡有违反本办法之规定，企图盗运上列禁运出口之文物而经海关或邮局查获者，除没收其物品外，得按情节之轻重予以惩处。

第十条　本办法自公布之日起实行。

从中央政府颁布的这一批文件开始，直到今天，我们都沿用了“文物”一词。我国使用文物的概念，是一个发展的过程，也是历史的选择。民国时期主要是用“古物”的概念，像1930年国民政府颁布的《古物保存法》用的是“古物”，但是“文物”的概念也有使用，像北京负责保护修缮古代建筑的“北平文物整理委员会”。新中国成立以后，文物局文物处一开始也叫古物处，后来我们考虑工作还应包括近现代的革命文物，就改名叫文物处，这样涵盖的范围就全面了。新中国颁布的一系列文物法令，都沿用了“文物”一词，到了1982年《中华人民共和国文物保护法》，才把“文物”一词及其包括的内容用法律的形式固定下来。我在《中国大百科全书·文物卷》的前言里，给文物做了定义：“文物是人类社会历史发展进程中遗留下来的、由人类创造或者与人类活动有关的一切有价值的物质遗存的总称。”这个定义很清楚地表明，文物是具体的物质遗存，它有两个基本特征：一是必须由人类创造，或者与人类活动有关；二是必须是已经成为历史的过去，不可能再重新创造。所以，文物的范围，实际上包括了可移动的和不可移动的一切历史文化遗存，在年代上包括古代、近现代，也包括当代。

我在文物局建立之初办的第二件事，是跟王世襄、史树青一起到山东省、平原省[4]、河南省考察文物保护情况，同时为刚刚建立的历史博物馆选调文物，搞些文物到北京来。主要是在三省跑了一圈，重点调查了济宁的东汉武梁祠。当时，大家担心武梁祠到底存在不存在啊，保护情况如何啊？我们在现场看到现状，跟日本出版的有关武梁祠的书一对照，情况还是不错的。郑振铎原来说，如果

〔4〕平原省在中国中部偏北，河南省、山东省、河北省间。1949年8月在原冀鲁豫、太行、太岳解放区基础上设置，由当年的河南省新乡、安阳等20县市和山东省聊城、菏泽等45县及河北省南乐、清丰等5县合置。全省辖新乡、安阳、聊城、濮阳、菏泽、湖西等6专区、56县和新乡、安阳2市及焦作矿区。省会新乡市。1952年11月撤销平原省，分别划归河南、山东两省。

保护得不好，干脆迁到北京来。我们一看，保护得挺好，根本用不着迁。[5]我和王世襄、史树青看了济宁武梁祠，我们一路都很高兴，还联句做了一阕《虞美人》。此外，我们仨还联了一阕《浪淘沙》、一阕《临江仙》。

虞美人

俊游不负平生意（青），石室探奇趣（襄）。武祠重见汉衣冠（辰），点点苔花欲上石斑斓（襄）。征尘暂扑残阳路（青），小向任城住（辰）。任城何处最难忘？水市斜桥相对是茶廊（襄）。

浪淘沙

最爱济宁桥，流水如潮（辰）。市楼灯火影摇摇（青），一尺河鲂才出水，网内鳞跳（襄）。暑意已全消（辰），纨扇轻抛（青）。小壶初瀹碧螺娇。好借新词添别意（襄），行也明朝（辰）。

临江仙

见说历城风物好，垂杨低罨湖亭。四围蒲苇向人青（襄）。归云收宿雨，画舫荡新晴（辰）。荷褪红衣初结子，

---

〔5〕武梁祠是山东省济宁市嘉祥县东汉武氏家族墓室的石祠（俗称梁祠），其画像简洁明快，细腻传神，在汉代石刻中是一组有很高的历史艺术价值，在国内外素负盛名的重要石刻。据史树青回忆：1950年文化部文物局郑振铎局长商得周总理同意，决定将武氏祠石刻全部运京建立专馆，使国内外观众能见到这组石刻。指派谢辰生、王世襄和我持文化部介绍信到嘉祥调查、接洽。当时嘉祥属平原省，省会在新乡。我们首先见到平原省省长晁哲甫，文教厅长王震华，文管会主任裴毓明，他们对文物局的意见均表赞同。我们便绕道郑州、徐州、兖州到嘉祥，见武氏祠石刻都嵌在墙壁上，一部分纹饰已有剥落，我们认为当时运到北京运输条件有限，怕有损伤，损失太大不如就地保管。后向郑振铎汇报，郑表示同意。（史树青：《郑振铎的宏愿》，《中国文物报》2000年10月15日。）

剩来齿颊芳生。百花洲外是归程（青）。前街堪话古，车过不辞停（襄）。

那时候，我们从北京出去调查，郑振铎都一一写信给省主席，所以我们都见到了省主席。我们到河南省，政府副主席嵇文甫也是历史学家，他见了我们。我们就告诉嵇主席河南文物盗掘情况很严重，请他想法子制止。我们走了一圈，要了些文物，就回来了。我回北京后写了个《赴平原、河南、山东提选及考查文物工作报告》，发表在

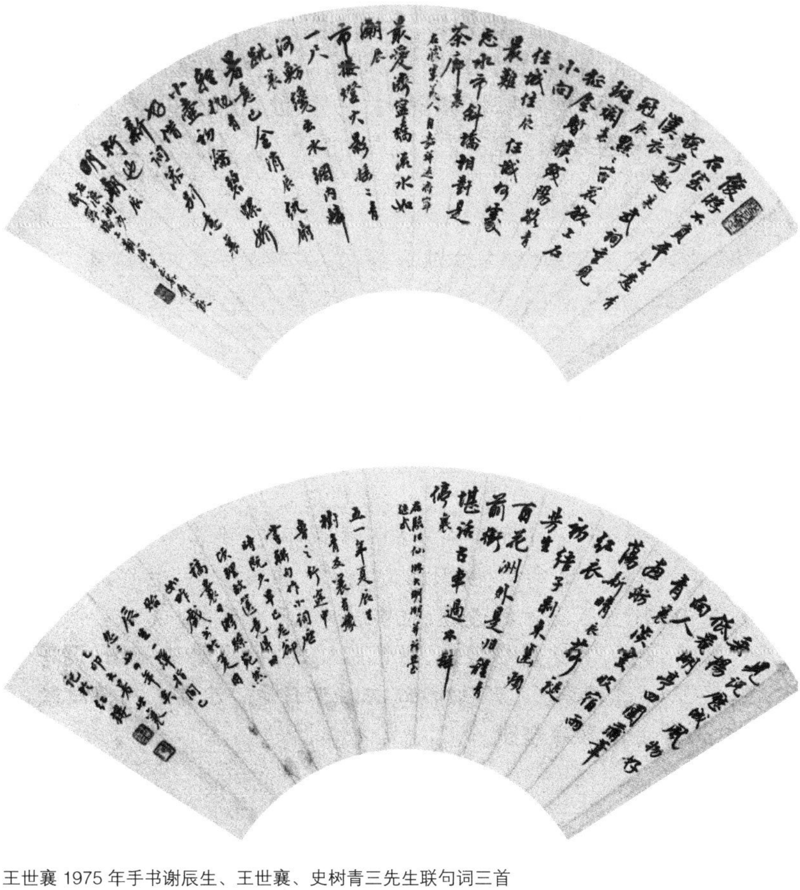

王世襄 1975 年手书谢辰生、王世襄、史树青三先生联句词三首

1950 年冬，文化部文物局欢送抗美援朝六位同志的合影，胸前戴红花者左起第三为谢辰生先生

1950 年第 12 期的《文物参考资料》上。这一趟，是我在革命大学学习期间走的。回来后，我接着就参加抗美援朝了，直接去了朝鲜，一去三年。从到文物局直到去朝鲜的那个阶段，我主要就办了两件事，起草文物法令是第一件，到山东、河南考察文物保护是第二件。

1950 年 10 月，抗美援朝战争爆发了。大家都报名参加，我也报名了。那时候我充满热情啊，因为心想上延安没去成，这回我非得去朝鲜不可。我是文物局派出去的，那时候真是志愿军，不是假的，真是自己报名去，各个行业都有人报名去。我是从革命大学走的，都没回文物局，1950 年 11 月到了朝鲜。我在志愿军后勤二分部政治部当宣传干事，在后方管过油印宣传小报。当然，打仗我不会，但还可以在部队搞宣传工作、政治工作。我在朝鲜拍过一张照

1952年10月20日，谢辰生先生（右）与赴朝慰问团靳以在朝鲜阳德志愿军驻地

片，是跟作家靳以的合影，当时他跟着慰问团来到朝鲜，在朝鲜阳德我们一块儿照的相。[6]

我在朝鲜还参加文物保护了。有一次路过一个朝鲜古代的文物建筑，曾经是朝鲜李氏国王住过的地方，是一个博物馆。我们路过的时候，它被美国飞机轰炸了，我就去抢救了一些文物。我们看到

〔6〕1952年10月20日，参加第二届赴朝慰问团的作家靳以在朝鲜阳德志愿军部队，巧遇故友谢辰生，两人合影留念。靳以在日记中写道："10月20日早晨起来之后，想不到遇见谢辰生，他做文教科干事。上午九时早饭之后，拟定三日工作计划。十一时余，到文工队谈话……下午四时欢迎聚餐……晚五时余，有敌机来，高射炮机枪大发。很好看，可惜没有打下来。"[靳以：《1952，赴朝慰问》，《民间影像》（第3辑），上海：同济大学出版社，2014年，第102页。]《靳以影像》一书收录了靳以与谢辰生的合影，并加以说明"在朝鲜，与志愿军战士，老友郑振铎部下谢辰生合影留念"。（靳以：《靳以影像》，上海：上海文化出版社，2009年，第94页。）

美国飞机跑了，就去灭火，抢出来不少东西。当时在博物馆里有个朝鲜人特别有意思，还拿了本书叫《乐浪》。我说你有这本书太好了，这本书很罕见，他说你怎么懂啊？我说我也是做文物工作的。他说，你们真是了不起，什么人都来支援我们。这个事情我在一篇通讯《在朝鲜前线寄给祖国人民的一封信》里写过，在《人民日报》上发表了。文章总体谈的是抗美援朝，但其中有个插曲，写了我们几个志愿军抢救文物的事。1953 年，抗美援朝结束，我回到文物局，就一直没有离开过。一个人能在一个单位待 60 年，也很难得。我人一直在文物局，但是还参加其他一些运动，比如说我参加抗美援朝，到朝鲜待了差不多三年，1964 年社会主义教育运动，1969 年下放五七干校，我都参加了。那时候，共产党号召的任何事情我都是积极参加的。

按：谢辰生先生在 1951 年 3 月 19 日《人民日报》发表的《在朝鲜前线寄给祖国人民的一封信》，节录如下：

> 今天是旧历上元节，前方还在飘着雪。我们正在积雪未消的森林里坚持着战斗。我现在是在可以听得见我们攻击敌人的炮声的小后方休息。趁这个空隙，倚着一株古老的苍松，坐在铺着草的雪地上，呵冻给你们写这封信。倒的确是怪冷的，但是当我们想起了你们，你们的每一件慰问品，你们慰问信上的每一句话，和报上登载着你们每一个行动的消息，我们就感到无限的温暖。你们的千万封慰问信，千万个慰问袋，一批批地涌向了前方！你们用“珍贵”“巨星”等美好的辞句来称赞我们。可是我们知道，亲爱的同志们，前方的胜利和后方的支援

是不可分的。我们赢得的每一个胜利，又怎能须臾离得开你们？我们也正为你们在生产、文化及各个不同战线上所获得的光辉胜利而欢欣鼓舞。我们谨以你们慰问我们的同样心情来慰问你们！光荣应该属于包括你们和我们都在内的一切爱好和平的人们！光荣应该属于指示着历史方向的人民领袖和导师！

抗美援朝前线的情形，从许多的报道中，你们会早就很熟悉了。现在我们除了向你们答谢以外，能更多告诉你们些什么呢？想一下，还是有的说。就是我们这一个小部分所遭遇的一些事情，一时也说不完。

我们这一小部分，也像整个人民志愿军一样，是来自各方聚在一起的。有新闻工作者，财经工作者，文艺工作者……；我自己则原是一个文物工作者。我们有着一个共同点，那就是我们过去都没有参加过军队。但是我们在这新的生活中却过得很紧张，很愉快。……

我离开祖国的时候，很多朋友在为我参加志愿军的决心而鼓励我。但也总或多或少地为我从来就羸弱的身子担忧。但是我现在可以愉快地告诉他们，我很健康，我已经很快地就习惯了我所不习惯的一切。我们都在战斗中成长得更坚强了。

不久以前我路过朝鲜李王曾经住过的遗址。那里现在是一个国立的历史博物馆，里边有一些明代的建筑。可惜这具有历史和艺术价值的文化遗产，就在我们到达的那天下午被敌机炸毁了！这一次轰炸，有九十六位和平居民牺牲了，六十多名受了伤。在火还燃烧的时候，我们几个同志冒火抢救出来一百多轴字画和一些陶瓷器。在那儿我偶然遇见了一个在博物馆里工作的朝鲜青年金增林。在他的屋子里，我发现了一本很难得的考古书——《乐浪》。我写汉字告诉他，这本书在中国是很珍贵的。他很惊讶我也懂得这些！当他获悉了我也是他的“同行”时，他又惊讶中国人民志愿军的组成是这样广泛，真是什么样儿的人都来支援他们哩！……

前线传来的炮声响得更密了。这是历史的声音！它震撼了侵略者的心，它标志着千百万爱好和平人民的意志。我话说得不少了，但我们想向你们说的话说不完也写不完。其实不说也不要紧，正如你们的一封慰问信上所说的：“咱们谁也清楚谁，咱们努力的是一件事！”我们不会辜负朝鲜人民和你们的期望与鼓励！我们将会前进更前进！严寒与最艰苦的时候已经过去了。我们正以更坚强的信心和斗志，在迎接更伟大，更辉煌的新胜利，迎接即将到来的温暖的春天！

二 “后勤论”

是郑振铎先生给我这辈子定在了文物事业上。他交给我的第一个任务，就是起草新中国最早的一批文物保护法令。我一开始是想去搞学问的，结果郑振铎让我搞文物保护管理，搞政策法规，我就一直搞下来了。一开始起草禁止文物出口的那批法令，其实是他手把手带着我弄的。那时候我确实不懂法律，完全是郑振铎给我找的材料，有外国的材料，还有国民党时期的材料，还有从法国、日本翻译过来的材料。有些没翻译的，他就给我讲大体情况什么样，法律的精神什么样子，告诉我应该怎么办。他说先弄几个单独的文件，解决实际问题，比如古建筑不能拆、地下文物不能随便考古发掘，先弄这几个。我写完，他就改，改完以后，大家再讨论。像1953年《关于在基本建设工程中保护历史及革命文物的指示》是郑振铎亲自起草的，不是我起草的。他自己先起草，起草完了"会"文物处，你说现在有这样的首长吗？所以我在回忆他的文章，把这段历史写上去了。我在纪念他的文章里面写："在文物局他主要是参与确定大政方针，人事安排和处理重大问题，由冶秋同志负责主持处理日常的具体事务。但是对方针政策等带全局性的问题以及一些重大的业务性工作，则往往事必躬亲，而且还一抓到底。"好多文件的底子是局长起草的，然后由底下人加工的。故宫改革方案，也是他亲自起草的。局长起草完了"会"博物馆处、文物处，请底下人提意见，提完了再改，现在哪儿有啊？我对此印象特别深刻。

刚开始的时候，我心里还是老想找机会去搞学问，但后来在工作过程中越来越感觉到现在更重要的问题是保护。我在文物处工作，文物处的王是非是大家，徐邦达、陈明达、罗哲文都是搞专业的，我不是搞专业的。郑振铎就让我搞文物保护的政策法规，起草法规文件。后来到"向科学进军"的时候，大家都攻专，要又红又专。他们搞考古的搞考古，搞古建的搞古建，搞这儿搞那儿都有专门的学问，但我不搞这些，我就搞保护的政策法规，这是给具体的文物工作做好后勤——这就是我提出的"后勤论"。那时候我们处里有很多刚毕业的年轻大学生，老强调要搞学术，于是内部就发生了一些争论。他们说："没有学问怎么管理啊？没学问怎么去指导人家啊？"后来我思考了一下，跟他们说："我们要有学问，但在这个时候最重要的不是搞具体的学问，因为我们做的是行政管理。如果要搞具体的学问，那么你可以去写作去，我们既然在文物局了，你要有兴趣你可以搞，但不能以此为主。"我自己下定了决心，不再搞具体学问，就搞文物保护管理。我要是学点专门的学问去，我也能学出点东西，我不比别人差，但是我没搞，我专门搞宏观的政策法规。我要是玩命儿搞学问那也可以写几本书，但是搞学问可能是个人的学问，但搞好了保护则是国家的事业、民族的事业，这不一样。

“保护是第一位的”，“没有保护就没有研究”，这是我刚进门时候郑先生说的话，我是牢牢记住了。到现在为止，我也是在执行他交给我的任务。我当时提出“后勤论”，就是因为通过那些年的工作，越来越看到保护的重要性。你首先要认识什么是文物，掌握保护的政策法规，这样，具体的保护工作才能做好，才能有考古学、历史学的研究。文物到底是什么？认识文物的价值是有规律性的，怎样保护文物，怎样管理文物事业也是有规律性的。文物管理也是科学。为什么要管理？怎么才能管理好？你得说出个一二三来。你不光要懂一座古建筑、一幅字画、一个古董该怎么修复，还要懂它为什么重要。要懂得文物的价值有一般的规律，要掌握基本的规律。比如古建筑怎么才能算修好，怎么样保护文物的原状，这很重要。保护文物的原状，不只是技术问题，更是原则问题。比如考古发掘，哪些重要，哪些不重要，不懂一点规律性的文物知识，那也不行。所以，我需要知道最基本的东西、宏观的东西，然后才知道应该怎么保护。几十年来，我一直坚持正确的原则，通过政策法规，通过加强法制，进行文物保护管理。我认为我在理论上也是正确的。我有几十年的心得啊，心里有底，跟谁争论都不怕。比如说旧城该怎么保护，这有很多争论，但我就敢跟那些主张拆的人吵架。你得说出点门道来呀，这些门道就是我刚才说宏观的问题，它不是具体的，但又不能脱离具体。

我在起草 1987 年《国务院关于进一步加强文物工作的通知》时提出：“要加强对文物的科学研究工作，为各个学科的学术研究提供资料。文物是实物史料，对于历史研究起着证史、补史和纠正文献谬误的作用。文物的内容非常广泛，涉及社会科学、自然科学、文化艺术等各个领域。只有通过科学研究，不断深化对文物本身固有的历史、艺术、科学价值的认识，才能更好地发挥文物的作用。”直到现在，我们也没有完全弄明白文物建筑的全部价值，古建筑里到底蕴含着多少历史信息，还是个未知数。比如 2012 年 7 月北京那场大雨，全城都淹了，可是，故宫雨停当天就没有积水了。北京崇文门草厂头条有一个晋商的四合院，在主人房间里，外面的人说什么里面听得清清楚楚，可是里面的声音外面却一点也听不到。有的人说，北京四合院都是碎砖砌的墙，破破烂烂的，说这话的人不懂，这是一种做法。碎砖垒墙，既冬暖夏凉，又废物利用，是很节约很环保的。再比如，四川汶川地震震倒了很多房子，好些新建的楼都震塌了，可是清朝的四合院就掉了几片瓦，一点儿事也没有。为什么老房子、古建筑反而有这么强的抗震能力？这样的例子太多了。古建筑有很多绝妙之处，我们老祖宗在历史长河中积累了非常丰富非常了不起的经验，古建筑是这些经验的载体。古建筑在技术上，还有许多奥秘有待我们破解，很多蕴藏着的历史信息，我们还不清楚。我们祖先大量的智慧都凝聚在这些文物上面，这些文物承载着珍贵的历史信息，一旦被毁就不可挽回了。

我们为什么要保护文物？文物是民族文化的载体，一个国家、一个民族，历史是根，文化是魂。如果一个国家、一个民族断了根、丢了魂，这个民族就不存在了。我们不能让我们民族断了根、丢了魂！著名历史学家陈寅恪先生在《唐代政治史述论稿》里有个非常精辟的论点，他说判断一个人的族别，并不是看他的血统，而是看他的文化。他说北魏的高欢，本是渤海望族，是地道的汉人，可是他胡化了，他的后代都认为自己是鲜卑人。他的后人高洋当上了北齐皇帝，召见高欢的旧部杜弼，问安邦治国该用哪些人？杜弼回答说："鲜卑车马客，会须用中国人。"意思说鲜卑人没文化，只会赶马拉车，治国安邦还是要用中国人。高洋以为"车马客"是讽刺他这个鲜卑人，因此怀恨在心，其实他是汉人，后来竟借故把杜弼杀了。[7]这说明一个人的文化观念和整个传统都没有了，结果到底自己是哪国人都不知道了，这个问题是很严重的，就有亡国灭种的危险。所以说，古今中外一个民族要生存，就必须保存它自己的民族文化传统。把保护文物的意义提高到这么一个高度来认识，就有说服力了。这些认识还是能够说服人的。

几十年来，我重点研究这些问题，如果说用个什么学来命名这些学问，我觉得"文物学"就可以。当然，"文物学"是一个体系，我在《中国大百科全书·文物卷》前言里，比较系统地对文物保护与科学研究的历史发展进行了阐述。因为文物的保护管理，涉及社会不同职能的各个部门；文物的科学研究，涉及社会科学、自然科学、工程技术科学等领域的多种学科。保护管理和科学研究是相互联系、相互促进、相辅相成的。因此，文物的保护管理和科学研究，是一项系统的综合性科学，这就是"文物学"。《中国大百科全书》为什么会有"文物"这一卷？本来是没有的，要放到考古卷去，是胡乔木支持了我们的意见，单独作为一卷。"文物"卷不能放到考古，是文物管了考古，不是考古管了文物，文物学本身就是一个学科体系，所以我们

---

〔7〕陈寅恪在《唐代政治史述论稿》中认为：汉人与胡人之分别，在北朝时代文化较血统尤为重要。凡汉化之人即目为汉人，胡化之人即目为胡人，其血统如何，在所不论。显祖（高洋）尝问弼云："治国当用何人？"对曰："鲜卑车马客，会须用中国人。"显祖以为讥己。夫高齐无论其母系血统属于何种，但其自称及同时之人均以为其家世出自渤海蓨县，固当日华夏之高门也。至于其所渐染者则为胡化，而非汉化。杜弼斥鲜卑，而高洋以为讥己，是汉人之受胡化者，即自命为胡人也。（陈寅恪：《唐代政治史述论稿》，上海：上海古籍出版社，1997年，第16—17页。）

就顶回去了。[8]我那篇前言是放在《中国大百科全书》里的，所以现在国内很多人没看过我这篇前言。实际上现在国际上提的好多东西，我们早就有了，像20世纪遗产，我们早就有了近现代史迹。我们在文物的理念上是先进的，像我在前言里给文物的定义："文物是人类社会历史发展进程中遗留下来的、由人类创造或者与人类活动有关的一切有价值的物质遗存的总称。"这个定义是非常准确的，一个字也不能增加，一个字也不能取消，这不是我吹牛。如果要增补，我想在最后加上一句："它是珍贵的物质文化遗产。"这就是说文物本身就是物质文化遗产，不是现在从文物发展到文化遗产。

有些搞具体研究的人也不一定能从这些角度想到保护文物的意义，但是我不这样想问题，我就没法保护文物啊！实际上后来我们说的"保护为主，抢救第一"的意思最早是郑振铎先生提出的，他在新中国成立之初的时候就说"保护是第一位的"，"没有保护就没有研究"，但他没有形成特别明晰的论述。可是他对我总是谆谆教导，"要把保护搞好，把政策搞好，否则一切都没有"，我一辈子都记住他这些话了。我一直从事的工作，基本上是制定法令，起草报告，像1961年的国务院《文物保护管理暂行条例》、1982年的《中华人民共和国文物保护法》，

[8]《中国大百科全书·文物卷》出版于1993年。其中文物卷在谢辰生主持下，由文物界著名专家学者组成"文物编辑委员会"，主任谢辰生，副主任沈竹、罗哲文、俞伟超。全书共232.5万字，其中正文约216万字。文物卷有条目1469条，其中参见条目18条；博物馆卷有条目428条，其中参见条目20条。卷首有总揽全局的学科概观性文章。书中编排彩色图片352幅，黑白图片780多幅，包括古建筑群、古园林、古城址等平面图，古建筑立体图、剖面图，古器物线图和文物拓片等。文物卷与博物馆卷各包括9个分支学科。文物卷的9个分支是：文物概论、文物保护史、文物管理、全国重点文物保护单位、古器物、古书画、古文献、文物保护技术、外国文物。文物卷较全面地概述了文物的基本概念、理论、研究成果、保护技术和管理方法，介绍了文物的历史、艺术和科学价值及文物知识，从而反映了当时文物保护、研究的最新成果和面貌，代表了当时我国文物保护、研究和学科建设的最新水平。

还有好些个中共中央、国务院发的文件都是我写的，但那都不能写我的名字。我始终抓住"保护为主，抢救第一"，六十几年如一日，一以贯之。可以说，从新中国成立到现在，我们文物保护的方针，排除了来自各方面的干扰，在党和国家的层面、在中央的层面，指导思想始终坚持了正确的方向，坚持把保护放在第一位，坚持保护为主从来没有动摇，依靠群众来保护文物，依靠法制来保护文物。我们今天在文物事业上取得成绩的一个原因，是我们始终坚持了正确的方向，即使来自各方面的冲击很大，但是仍然取得了重大的成绩。对此，我是很感到骄傲的，不是我个人的骄傲，是对文物工作的骄傲，六十年文物工作正确的方针没有变过，始终是对的，这多不容易啊！

三 "两重两利"方针

新中国成立后的前三年，文物事业的基本工作是颁布法令，设立机构，培养干部，对外是禁止盗运，对内是严防破坏。恢复时期首先是做这些工作，在整顿旧中国留下来的极为薄弱的文物事业的基础上，开创新中国的文物事业。国民政府在 1930 年公布过《古物保存法》，这是中国历史上第一个文物保护的法律。1928 年成立中央古物保管委员会，这是中国历史上第一个由国家设立的文物保护管理机构，但这个机构并没有形成一个长期稳定的管理实体，地方上也没有配套的机构，文物实际上仍处于无人管理的状态，文物外流现象非常严重。[9]《古

---

〔9〕台湾学者庄芳荣认为：1930 年 6 月国民政府于南京制定的《古物保存法》条文仅 14 条，大多为原则性规定，对于违反规定者如何处理少有明文，因而执行的成效不彰。（庄芳荣：《古迹管理与维护》，台北：台湾学生书局，1983 年，第 78 页。）台湾学者黄翔瑜认为：《古物保存法》真正发挥作用的时间不过年余。其后，历经主管机关——中央古物保管委员会降编改隶之波折，最后终止会务，致《古物保存法》法制结构缺乏主管机关进行维护，致相关法制效能渐次递减，甚至沦落制度失能之局。［黄翔瑜：《古物保存法的制定及其施行困境（1930—1949）》，《"国史馆"丛刊》2012 年第 32 期。］

物保存法》跟我们保护文物的理想实际上是一致的，只是国民党时期想弄没弄成。新中国成立后，我们于 1950 年在禁止珍贵文物出口、保护古建筑、考古发掘等方面颁布了一系列政令，从中央到地方都建立了文物保护行政机构。中央人民政府有文化部文物局，中国科学院有考古研究所，都是郑振铎管的，地方上也有各级文化局。新中国成立初期在省一级建立了很多由省政府副主席或者省政协副主席兼任主任的省文物管理委员会，下设办事机构，一些文物丰富的城市也建立了文管会。这样，从中央到地方有系统地建立了文物保护管理的机构，这是近代以来中国从来没有过的。在郑振铎、王冶秋、梁思永、夏鼐等人的主持下，中国历史上从未有过的由国家进行的大规模文物保护管理和考古发掘工作开始展开了。

1953 年，中国开始进行第一个五年计划，苏联援建的 156 项重点工程在全国铺开。当时的中国是一个一穷二白的国家，但又是历史悠久的国家，从物质财富来说是不行，但精神财富是丰富得不得了。这种精神财富包括了文物，文物本身是物质的，但文物不是作为物质本身值钱，而是它反映了精神的财富。在我们这样一个拥有几千年历史的国家里，马上要进行大规模的经济建设，肯定会涉及文物保护问题，所以必须要想办法，未雨绸缪，事先要有所准备。郑振铎、王冶秋知道要搞五年计划，就想到要搞一个保护的文件。他们说，在中国这么大一个从未经开发的土地上搞建设，肯定跟地上地下文物有矛盾，必须要政务院出一个文件，来解决这个问题。可见这两个领导人是很有远见的。

这段时期，我们确定了以配合基本建设进行考古发掘为中心的全面文物保护管理工作。1953 年春，西安灞桥火力发电厂施工现场发现了半坡遗址，中国科学院考古研究所同陕西省文物部门一块儿发掘的，成为基本建设中的一个大发现。1956 年，郑振铎到西安考察，陈

1953 年春，文化部文物局文物处同志与郑振铎局长于北海团城合影。前排右起为姚寿璋、罗哲文、陈明达、张珩、郑振铎、谢元璐、丁燕贞，后排右起为臧华云、徐邦达、谢辰生、张金铭、罗福颐、郑云回、傅忠谟、张良竹

毅也路过西安，他们参观了半坡的发掘现场，还有其他一些遗址。陈老总在西安当即做了两个决定：一、在半坡建一个遗址博物馆，国家拨款 30 万元；二、丰镐遗址上的砖窑厂要限期迁出去。可以说，是陈老总拍的板，在半坡遗址建设了中国第一个遗址原址上的博物馆，这是很了不起的！1953 年 10 月，为了配合基本建设，政务院下发《关于在基本建设工程中保护历史及革命文物的指示》，是郑振铎亲自起草的。新中国成立初，很多文件都是郑振铎亲自起草，起草完了再"会"有关处室。这真是大学者的风度，也是对事业极度负责的态度。

这个文件是政务院秘书长习仲勋签的，文号叫"政文习字第 24 号"。文件一开始，就提出文物工作和建设工作要紧密结合在一起，做好文物保护工作是文化部门和基本建设部门共同的重要任务。《指示》对基建工程中怎样保护文物提出了具体明确的规定：在较大规模的基本建设工程确定施工路线、施工地区之前，要和文化部门联系；对于地面古迹及革命建筑物，除非确实有必要，不得任意拆除，拆除要经文化部门批准；对于地下文物，发现大量地下文物或古墓葬、古遗址时，应立即停工，报文化部门处理，有重要的发现，还要报中央文化部。在重要古遗址地区，如西安、咸阳、洛阳、龙门、安阳、云岗等地进行基本建设，主管部门要会同中央文化部与中国科学院研究保护、保存或清理的办法。这些原则今天来看也是正确的。这个文件发得很及时，说明了郑振铎、王冶秋很有远见，预见到了基本建设中必然会在地上、地下遇到文物保护的问题。

这个阶段的重点是处理好文物保护与基本建设的关系。在建设中怎么保护文物？郑振铎和王冶秋就考虑，在保护中要解决两个重要问题，一个是政策问题，一个是干部问题。政策问题，1953 年的“政文习字第 24 号”文件解决了，下面就是干部问题。我们在新中国成立初的时候，搞考古的人没几个，搞文物的人也没几个，现在文物界的那些大名家那时候还不是老头儿，还是年轻人。现在我们国家面临这么大规模的基本建设，考古工作该怎么办？郑振铎就想，在大规模基本建设开展之前，成立一个考古人员的短期培训班，用三个月时间训练。从旧中国留下的考古专家人数很不够，现在大规模基本建设，光靠这些屈指可数的专家根本不可能。但是他们可以当老师，在短期内培训一些人，来适应形势。在这个问题上，当时产生了分歧，夏鼐认为，考古学是科学，不可能在短期内培养这么多符合考古学要求的专业人才，对能不能办好培训班表示怀疑。郑振铎说，不指望三个月能解决那么多的大问题。因为考古是系统的，有技术问题，要学怎么考古，就要学绘图、懂测绘、会照相，在发掘的时候应该怎样把这些东西都记录下来，这都是技术问题，先把技术问题解决了。王冶秋说，现在情况紧迫，你不这么办，就解决不了矛盾，必然会造成损失。最后大家达成了共识。

短期考古人员培训班一共办了四期，文化部、中国科学院、北京大学三家联合办学，培养了341人，是从全国来的学员。培训班请了郭沫若、夏鼐、裴文中等一批名家给学员讲课，裴文中是培训班主任，重点训练田野考古发掘的技术，都是在工作中可以操作的实用技术。学员在三个月之内先把这些技术掌握了，然后就可以去工作了。在做具体工作中边做边学，慢慢体验，现在只要你能把考古现场客观地记录下来，考古做了，记录也有了，就已经算是跑步前进了。我们也不要求你在这个培训班上就能成为学者，现在主要是把技术熟练，把考古发现客观地老老实实地记下来。以后集中力量推进基本建设的考古文物工作，就是依靠这支队伍。短期考古人员培训班在很短的时间内取得了很大的成绩，有人把他们称为“黄埔四期”。这是件了不起的事情。

到1954年，《关于在基本建设工程中保护历史及革命文物的指示》发了一年多，全国已经有很大的收获，到处都发现文物，像旧石器资阳人等都是这时候发现的，非常了不起。郑振铎一直非常注重文物的宣传工作。1950年，经他的倡议，文物局资料室创办了《文物参考资料》，就是后来《文物》杂志的前身。他亲自主持在午门办了一系列的展览，像《伟大祖国艺术展览》《伟大祖国建筑展览》《敦煌展览》等。有时候，郑振铎会办小型展览，像1950年在团城办了表彰刘铭传后人刘肃曾捐赠的虢季子白盘特展，董必武、郭沫若、茅盾、马叙伦等领导人和文化界名流都来看了。故宫博物院院长马衡也来看了展览，我跟他说虢季子白盘出土地为“郿县宝鸡”有误，应该是“宝鸡虢川司”。后来马衡给我写了封信，表示赞同我的看法。马衡在信中说：“辰生先生大鉴：顷假得刘氏所刻《盘亭小录》，载吴云考释，言是盘道光年间常州徐傅兼宰郿时所得，后载归其家。云盘出宝鸡虢川司地，则盘之出土实为宝鸡，且地名虢川司；而罗福颐《金文著录表》谓出郿县宝鸡，尤不可通。虢川司之名，当以西虢得名，俟假《宝鸡县志》一考之。此颂台祺。马衡上言二月廿四日。”

对于重要的反映全局的文物工作成果，郑振铎则会安排在故宫或历史博物馆举办大型文物展览。所以在1954年，他就下决心把一年来配合基本建设出土的文物集中在北京展览。展览就在故宫午门城楼上，叫作“全国基本建设工程中出土文物展览”。这个展览一出来就取得很大的轰动。[10] 首先是轰动了社会，很多历史学家都来看，很多东西过去没有啊。出土文物改写历史了，为中国的历史研究以及其他学科提供了许多过去从未见过的新资料。因此展览震动了史学界，也震动了社会各界。范文澜看过这次展览，就写了篇文章，谈过文物对历史研究的三个作用。[11] 文物对于历史研究的作用，

---

〔10〕《中华人民共和国文物博物馆事业纪事》载：1954年5月17日，毛泽东登上故宫神武门城楼，视察故宫博物院全貌，然后沿城墙向东，经东北角楼、东华门直到午门参观“全国基本建设工程中出土文物展览”。19日，毛泽东又到故宫博物院，继续参观“出土文物展览”。20日，毛泽东第三次到故宫，由神武门登上城楼，沿城墙西行，经西北角楼、西华门、西南角楼，到达午门返回。视察期间，详细询问了院内机构设置、分工和职工文化水平，并勉励大家要好好学习文化。21日，由文化部社会文化事业管理局主持、北京历史博物馆与中国科学院考古研究所联合举办的“全国基本建设工程中出土文物展览”在故宫午门城楼开幕。展出各地基建出土文物3760件。这批展品是从6年来全国基本建设中出土的13.1万余件文物中选出的。展出近半年，观众达17万余人次。由郑振铎主持编辑的《全国基本建设工程中出土文物展览图录》，由中国古典艺术出版社出版。这是新中国第一本全国性出土文物图集。（国家文物局编：《中华人民共和国文物博物馆事业纪事》，北京：文物出版社，2002年，第74页。）

〔11〕范文澜在《保护历史文物的意义》一文中认为：历史文物对历史研究至少有三种特殊的贡献：创史、补史、证史。第一是创史。例如周口店发掘，使中国历史上推到四五十万年前。第二是补史。例如殷墟发掘，大大丰富了商史，以王国维为代表的商史研究，其成就远胜史记殷本纪。第三是证史。例如古史有虞夏尚黑白的记载。白陶证明商尚白是可信的。墨翟行夏道，衣服用黑色；韩非子所说夏祭器，有似于黑陶器的“亮黑红”。如果今后获得更多的物证，很可能证明虞夏尚黑说的真伪。（范文澜：《保护历史文物的意义》，《文物参考资料》1954年第4期。）与范文澜“创史、补史、证史”的看法略有区别，谢辰生提出文物对历史研究的作用为“证史、正史、补史”，这一观点广为文物工作者所接受。

一个叫“证史”，“证明”的“证”，是证明历史；一个叫作“正史”，“纠正”的“正”，有些历史记载说的是这么回事，文物出来后表明却不是这么回事，文物纠正了历史记载；第三个叫作“补史”，因为历史上有空白，根本不知道有这么回事，结果文物出来了，补充了我们对历史的认识。所以文物证史、正史、补史的作用，对历史研究是非常重要的。这个展览出来以后，几乎所有专家都看了，很受震动。很多出土文物过去没见过，历史上、文字上都没有过记载，现在文物出现了，所以专家们就写文章，看看这些文物对研究历史有什么作用。

展览也引起了中央领导人的重视。很多中央领导人都去看了展览，从毛主席到刘少奇都去了，中宣部部长陆定一也看了。毛主席亲自来看了两次。他就在故宫城墙上遛弯儿，说午门这有展览就来看，那时已经下午四点了，没有电灯，就打手电看。后来没看完，天太黑了，就说再来吧，后来又来一次，看了第二次。他在看的时候，指着文物展品跟随行的人员说：“这就是历史，要好好学习。”这是他的原话。这次展览以后，过了两年，我们又搞了“五省出土文物展览”，都是陕西、江苏、安徽、山西、热河五省在配合基本建设和农业生产中出土的。〔12〕一边出土，一边就展，这是新中国成立初期的一个很大的特色，宣传的效果很好。

那时候只要办展览，一定要搞图录。搞配合基本建设的文物保护的时候，我没有参加配合基建工作，主要在文物局机关工作，负责搞《全国基本建设工程中出土文物展览图录》。郑振铎委托我去上海，搞

---

〔12〕热河省在中国北部，河北省、辽宁省和内蒙古自治区间。1914 年所设热河特别行政区于 1928 年改设省。简称热。省会承德市。1955 年 7 月撤销热河省，分别划归河北省、辽宁省和内蒙古自治区。

这个《图录》的制版和印刷。这边办展览，同时那边就出版图录，这都是郑振铎的高招。书非常好，珂罗版的，郑振铎写了篇长序，可惜现在这书都找不着了。〔13〕当时北京的印刷水平还不行，我在上海前前后后忙了一年多，专门找了鹿文波的做铜版的开文制版所制版，“申记”和“安定”两家珂罗版的印刷厂印刷，书印出来以后非常精美。

---

〔13〕美国哈佛燕京图书馆现藏有《全国基本建设工程中出土文物展览图录》。该书由全国基本建设工程中出土文物展览会工作委员会编，北京中国古典艺术出版社于1955年出版。印刷者为申记柯罗版印刷厂、安定珂罗版社，为五尺来宣开本，两册一函，定价三十八元，共印1000册。郑振铎撰写序言《在基本建设工程中保护地下文物的意义与作用》，他在序言中写道：

中国正在走向国家的社会主义工业化的光明大道。空前的规模宏伟的大工厂，逐渐的在全国各地建立着。如林的高耸入云的烟囱，处处可以见到。铁路、公路的交通干线也随之而繁密起来；水库、水渠工程的进行，保证了自然灾害的不再为患。随着这些大工厂的建立，这些铁路、公路的延伸，这些水利工程的发展，不可避免的都要翻动地面，把埋藏在地下的古墓葬、古文化遗址重新暴露在光天化日之下。有的地下埋藏，像安阳小屯的殷代遗址，西安附近的西周时代的丰镐二京，洛阳的周代王城、汉城，西安的汉城，都是不能有二的极重要的古代和中古的文化遗址，可以提供出不少历史上重要的实物资料，而且必须坚决的加以保存、保护，即使在发掘了之后，——需要极精心在意的发掘清理工作——也还需要把这些地区保留下来，像保护意大利的庞贝古城似的保护他们；他们的本身就是重要的古史，就是古代和中古的计划都市的生动的具体的例证。但像这样的地区，在全国范围内并不很多。大多数的建厂、动工的地方，都是若干古墓葬所在地，只需要考古工作者们加以发掘清理，取出地下埋藏的历史文物之后，就可以填平了开始施工的。四年多来，在全国各地因为以上的基本建设工程而出土了的历代文物，在数量、质量上都是极为惊人的。但这才不过是一个开端，却已是一个不平凡的开端了！随着大规模的国家的社会主义工业化的进展，随着全国各地的各项基本建设工程的以飞快的速度发展着，将会有更多和更惊人的发现的。

今年五月间在北京历史博物馆的午门大殿里开幕的“全国基本建设工程中出土文物展览”，就是我们初步的收获的生动具体的例证。看了这个展览，就明白考古工作和基本建设工程之间，有如何密切的关系；同时也说明了考古工作者们和历史学家们，艺术工作者们，以及许多部门的科学工作者们有如何的千丝万缕的联系。

这个展览，包括除了少数地区之外的全国各地在四年多来的在基本建设工程中出土的历代文物。根据不完全的统计，全国出土文物在十四万件以上。这里陈列出来的，只是千百中之一，只不过是经过初步选择，认为较精的三千七百六十件。但即就这三千七百六十件的历史文物而论，也已足够使我们感到兴奋，感到惊奇，感到光荣。这些重要的历代文物的重见天日，为人民所享有，所应用，并且公开的供给今天和明天的科学工作者们以那么多的研究的资料，供给今天和明天的艺术工作者们以那么多的“推陈出新”的资料，绝不是一件小事。

后来我把鹿文波的开文制版所和申记印刷所，包括设备和技工，全部搬到故宫去了，给故宫印。后来成立文物出版社，又划为文物出版社的印刷厂。鹿文波的制版技术非常高，文物出版社出的一些图录，印刷质量达到了国际先进水平。〔14〕

“两利”就是陆定一看基本建设工程中出土文物展览时候题词中提出来的，“既对文物保护有利，又对基本建设有利”。后来又加上“重点保护，重点发掘”，就是“两重两利”方针，这是周总理归纳出来的。不过，值得注意的是，这个“两重两利”不是我国文物工作的全面方针，而是在第一个五年计划的背景下，配合基本建设时期提出来的方针，后来有人认为这个是文物工作的全面方针，这是不对的。我们提出来重点保护、重点发掘，是根据当时人力物力的实际情况考虑的，因为全面发掘不现实。我们在提出“两重两利”方针之后又进而确定，在国家基本经济建设时期，考古工作必须以配合基本建设为主的具体工作方针。为什么要强调配合基本建设？新中国成立以来很多非常重要的考古发现都是在基本建设中偶然发现的，你主动发掘的，反而毫无收获，可能也就妇好墓算是例外。像满城汉墓、马王堆、秦俑坑，哪一个不是在基建中发现的？哪一个是我们先订的计划？当时的实践证明了这个方针是正确的，现在回头看也是正确的，今后我们也应该坚持。

为什么想起“两重两利”这个问题来呢？当时洛阳一开始没做好文物与基建互相配合的时候，有人没有经过文物部门偷偷地盖房子，

〔14〕时任故宫博物院院长郑欣淼介绍：五十年代初，谢辰生先生奉文物局长郑振铎之命到上海将鹿文波开文制版所和戴圣保申记印刷所的职员与设备全部迁入京城，成立故宫博物院印刷所，使故宫拥有了高水平的彩色铜版与珂罗版印刷设备，后来在故宫印刷所基础上组建了文物出版社印刷厂。（郑欣淼：《祝贺谢辰生先生两本著作的出版》，《中国文物报》2010年9月17日第3版。）

没几天发现盖房子盖在墓葬上，房子盖歪了，建筑出问题了。后来觉得这不行，不弄清楚地下文物的情况没法弄。“两利”就是从这儿出来的。后来工厂的建设方，特别让文物部门用洛阳铲勘探，不勘探他不敢盖了，因为洛阳到处都是古墓葬。可见你不弄，你也倒霉，弄好了，文物也能保护，你房子也能安全。这是很具体的东西，也没什么高深的理论，就是实践当中发现问题而提出来的。这是大家的亲身体会，他们愿意，我们也愿意，“两利”嘛。

后来，我们一直采取这个“两重两利”的方针。在这个基础上，我们又提出整个文物方针，是以配合基本建设，进行考古发掘工作为中心的全面的文物保护管理工作。郑振铎和王冶秋从 1952 年开始，就考虑确定以配合基本建设工程，进行考古发掘为中心的全面的文物保护。那时候我不在文物局，是后来他们告诉我的。郑振铎和王冶秋既是“两重两利”决策的参与者，也是积极的执行者。王冶秋反对没有区别的“凡古皆保”“全面发掘”，也反对不愿配合基本建设而主动发掘大墓的单纯“挖宝”思想，他主张要重点保护、重点发掘。

“两重两利”的方针，经过实践证明是行之有效的。我举两个例子。第一个例子是 1953 年，北京打算建宽马路，拆四牌楼，拆许多街上的牌楼，像女三中（历代帝王庙）前的牌楼也要拆。有些东西，像东四、西四牌楼，已经不是历史上真的原物了，是国民党时代改建的，已经是钢筋水泥建造物了。在政务院会议上张奚若提意见，说牌楼不能拆，都哭了。也有人主张全部拆掉。总理在会上就讲了，交通问题还是要解决。总理引用了李商隐的诗“夕阳无限好，只是近黄昏”，意思是你们也不要太过分，你们这样搞的话，什么都要保，是一种“黄昏”思想。他提出来，好的牌楼可以挪一挪，挪到陶然亭去。拆东四、西四牌楼的时候总理是主张拆的。[15]

没多久，北京市长彭真要拆北海团城修路，副市长吴晗也是赞成的。北京市政府的秘书长薛子正也赞成拆，我还跟他吵过架。当时的计划是，要么团城全拆掉，要么拆掉一半，可是团城是圆的，拆一半不成月牙形了吗？郑振铎听说北京市要拆团城，急了，他坚决反对拆。翦伯赞不同意，梁思成也写信给总理表示反对。1954 年夏天，有一天下午三点来钟，总理亲自来团城考察。总理亲自来调查研究，这是多好的作风啊！他在团城这儿坐了两钟头，在这里来回转圈。当时，团城是文物局的办公地点，正巧局长郑振铎、副局长王冶秋都不在，工作人员想打电话找他们，总理说："你千万不要打电话，我就是来看的，用不着他们来。"正副局长都没见到总理，总理也没进屋，就在院里。有工作人员过来，总理就问问，该不该拆，就这样进行调查研究。总理来了两个小时，最后说："团城不能

〔15〕1953 年 12 月 24 日，周恩来在政务院第一百九十九次政务会议上讨论《文化部一九五三年工作的报告》时发表谈话："我对文物问题很感兴趣。文化部的总结工作报告关于这一部分写得不够，有个主导思想问题没解决。北京市的市政建设方针要作决定，假使在保存历史文物问题上主导思想不一致，北京的都市规划就会遇到问题。现在有人强调保护民族文化遗产，苏联和东欧人民民主国家也赞扬东方文化，给我们打气。奚老说：'拆风甚盛'。我不大同意，并没有拆很多。三座门当初我也不主张拆，后来看还是觉得拆了好。我们有保存历史文物这方面强调得很多，'取消一切'，倒没有听到。东四牌楼我下过命令要拆，但彭市长为照顾'保存派'的意见，只好暂缓执行了。""保存文物和民族文化遗产，就要使其发扬光大。我不是说我们要前进，要发展文化，就不保存文物，不要民族文化遗产。不是的，我是强调要推陈出新。""如果只是把它当作古董看待，那就是'夕阳无限好，只是近黄昏'了。可惜今天梁思成先生不在，请奚老把这个意思转告给他。""北京市对保存文物问题争了四年多，还没有解决，这里有一个主导思想问题。在学习总路线中，我建议把这个问题也放进去，研究一下如何使古代遗产传之久远，发扬光大。我们要有新生气，对古代文化遗产要发扬光大，不是不加分析、不加选择地保存。谁不从长远利益、人民利益出发，迟早还是要睡不着觉，对人对己都不利。对民族文化遗产我们要保存最好的，要不断前进，推陈出新，发扬光大。"[周恩来：《保存文物一定要同发展结合起来》（一九五三年十二月二十四日），《周恩来文化文选》，北京：中央文献出版社，1998 年，第 330—331 页。]

拆。要下决心，拓宽马路是可以的，但是不能拆团城。”他决定把国务院的墙向南退了二十米，也就是拆了国务院的墙开马路，但不能拆团城。总理下决心把团城保下来，自己模范地遵守了自己提出来的“重点保护、重点发掘”，该保的我非保不可。这个团城就是重点保护，非保护不可，四牌楼拆了就拆了吧。拆牌楼他批评了民主人士和专家，但要拆团城他就批评北京市了。这两个例子，相距不远，是说明“重点保护、重点发掘”的具体例子。

周总理是一直非常关心文物工作的。解放前夕，他指示解放军，要注意保护全国各地的重要古建筑，并且编印了梁思成的《全国古建筑文物简目》，分发给解放军各部队，请他们注意保护。50年代长陵祾恩殿被雷击起火，周总理正在国务院开会，听说后立即派郑振铎、梁思成去现场调查，并且做出指示，全国重要的古建筑都要安装避雷针。郑振铎参加中国文化代表团出国访问，经过香港时听说王献之的《中秋帖》、王珣的《伯远帖》正在银行抵押期满，收藏家无力赎回，打算出售。他当即要徐伯郊立即告诉徐森玉，请文物局迅速想办法收购。1951年，经过周总理指示，王冶秋、徐森玉和马衡赴香港，重金从香港收购回《中秋帖》和《伯远帖》。[16]那个时候我们经济还很困难，我们想了办法，花了48万港币，才从香港通过关系秘密地买了回来。在总理的支持下，郑振铎决定在香港设立了一个收购小组，陆

---

〔16〕1951年11月5日，周恩来批示：“马副主任并王冶秋副局长、马衡院长并告薄副主任、南行长：同意购回王献之《中秋帖》及王珣《伯远帖》，惟须派负责人员及识者前往鉴别真伪，并须经过我方现在香港的可靠银行，查明物主郭昭俊有无讹骗或高抬押价之事，以保证两帖顺利购回。所需价款确数，可由我方在香港银行与中南胡惠春及物主郭昭俊当面商定，并电京得批准后垫付，待中秋及伯远帖运入国境后拨还。以上处理手续，请与薄、南两同志接洽。”马副主任指教育部部长马叙伦、薄副主任指政务院财政经济委员会副主任兼财政部部长薄一波、南行长指中国人民银行行长南汉宸、马衡为故宫博物院院长。[周恩来：《同意购回〈中秋帖〉〈伯远帖〉——致马叙伦并王冶秋等》(一九五一年十一月五日)，《周恩来书信选集》，北京：中央文献出版社，1988年，第460页。]

续收购了许多珍贵文物，像韩滉《五牛图》、董源《潇湘图》、顾闳中《韩熙载夜宴图》、宋徽宗《祥龙石图》、马远《踏歌图》等，还有在1955年收购了大藏书家陈澄中的藏书，像南宋世彩堂《昌黎先生集》《河东先生集》等宋元善本、明抄黄跋等。

共产党一进城，先不让出口文物，解决问题了。然后在1953年第一个五年计划时候，出了这个基本建设中保护文物的指示。接着确定了“两重两利”的方针，提出全面的方针，即配合基本建设，进行考古发掘为中心的全面文物保护管理工作，并在全国范围内开展了保护工作。新中国的前几年，基本就是这个情况。

四　第一次文物普查

可是到1955年，坏了，全国掀起了农业合作化高潮，各地都在平整土地，搞农田水利设施建设，热火朝天地干。当时就感觉到基本建设是点的问题、线的问题。像开马路、修铁路、建工厂等基本建设中发现文物，都是点上、线上的。洛阳、西安等地是点，铁路、公路是线，比如长安人就是修成渝路时发现的。配合基本建设时期，重大建设是在点上、线上遇到文物保护的问题。可是农业合作化高潮是全面的，全国辽阔的农村都在开展，所以还得适应这一新形势发展出一个文件。1956年国务院颁发了“国二文习字第6号”文件，就是《关于在农业生产建设中保护文物的通知》。1953年那个基本建设中保护文物的文件是郑振铎亲自起草的，这个农业生产建设中的文件就是我起草的了。我起草完了后，请示郑振铎、王冶秋批准后上报国务院，是习仲勋批的。习仲勋对文物保护真是有突出贡献的。

这个文件第一条就是强调群众路线。因为这么大规模搞建设，不能仅仅依靠政府，也绝对不能靠几个专业人员，而且那时候我们队伍很小，没法干，因此必须得发动群众。文件一开始提出来，“必须发挥广大群众所固有的爱护乡土革命遗址和历史文物的积极性，加强领导和宣传，使保护文物成为广泛的群众性工作”，提出来发展业余的群众性文物保护小组。现在提倡全社会参与、公众参与，其实那时候就提出来了，你看看文件，是你提得早，还是我们提得早？文件还第一次提出来进行全国文物普查和建立文物保护单位制度，这是中国文物保护史上前所未有的大事，是我们进行文物工作最基本的基础性措施。根据文件的要求，全国各省很快就公布了第一批文物保护单位。文件要求当地政府把对这些文物的保护，纳入各地的建设规划，从而加强了文物的保护管理工作。这个通知提出的建立文物保护单位制度、开展全国文物普查、强调群众参与等非常重要的内容，都是中国文物保护史上的第一次。这是一个极其重要的大转折。

按：由谢辰生先生起草，1956 年 4 月 2 日国务院颁布的《关于在农业生产建设中保护文物的通知》（国二文习字第 6 号），全文如下：

各省、自治区、直辖市人民委员会：

在全国农业生产的高潮中，打井、开渠、挖塘、修坝、开荒、筑路、平整土地等各项农业建设，正在迅速而广泛地进行。由于我们历史悠久，被保存在地上地下的革命遗迹、古代文化遗址、古墓葬、古建筑、碑碣、古生物化石遍布全国。其中有许多是非常珍贵的，是对我国历史和文化进行科学研究最宝贵的资料，也是向广大人民进行爱国主义教育最有力的实物例证。但是目前有些地区在上述建设过程中已经发生了破坏文物的严重情况。地方各级人民委员会必须在既不影响生产建设、又使文物得到保护的原则下，采取紧急措施，大力宣传，在农业生产建设中开展群众性的文物保护工作。为此，特作如下通知：

一、由于农业生产建设范围空前广阔，农村的文物保护工作已绝非少数文化工作干部所能胜任，因而必须发挥广大群众所固有的爱护乡土革命遗址和历史文物的积极性，加强领导和宣传，使保护文物成为广泛的群众性工作。只有这样做，才能适应今天的新情况，才能真正达到保护文物的目的。各级文化部门应该大力开展宣传工作，通过农村中各种基层文化组织和各种文化活动，特别是通过农村中的积极分子，应用广播、幻灯、黑板报等形式宣传文物保护政策和法令，普及文物知识，并且在发现文物地区，就地举办临时性的展览。可以根据各地不同情况，在群众自觉自愿的原则下，把其中积极分子组成群众性保护文物的小组，同文化部门密切联系，进行经常的保护工作；在农业生产中发现古文化遗址、古墓葬的时候，应该随时报告文化部门处理。

二、地方各级人民委员会在进行农村建设全面规划中，必须注意到文物保护工作，并且把这项工作纳入规划之中。

（一）一切已知的革命遗迹、古代文化遗址、古墓葬、古建筑、碑碣，如果同生产建设没有妨碍，就应该坚决保存。如果有碍生产建设，但是本身价值重大，应该尽可能纳入农村绿化或其他建设的规划加以保存和利用。

（二）全国有很多地区已经确定是革命遗迹和重要的古代文化遗址，例如：河南省安阳殷墟、新郑郑韩故城、洛阳汉魏故城，陕西省西安市丰镐遗址、汉城，山东省临淄县齐国故城、曲阜县鲁国故城，河北省邯郸赵王城、易县燕下都，湖北省江陵楚郢都、纪南城，云南省大理县南诏故城，内蒙古自治区宁城县辽大名城，新疆维吾尔自治区哈拉和卓高昌故城、雅尔湖故城以及历次革命战争中有重要纪念价值的地点。在上述地址进行农业生产基本建设规划的时候，必须征得文化部同意，以避免遗址的破坏。

（三）各省、自治区、直辖市文化局对于农业生产建设中确实有妨碍的一般性的古代文化遗址、古墓葬、古建筑、碑碣，应该准备一定人力，随时进行紧急性的清理、发掘工作或拆除、迁移工作。对于具有重大价值的文物，应该报请文化部处理。

三、必须在全国范围内对历史和革命文物遗迹进行普查调查工作。各省、自治区、直辖市文化局应该首先就已知的重要古文化遗址、古墓葬地区和重要革命遗迹、纪念建筑物、古建筑、碑碣等，在本通知到达后两个月内提出保护单位名单，报省（市）人民委员会批准先行公布，并且通知县、乡，做出标志，加以保护。然后将名单上报文化部汇总审核，并且在普查过程中逐步补充，分批分期地由文化部报告国务院批准，置于国家保护之列。被确定的文物保护单位，由文化部进行登记，颁发执照，交由当地人民委员会负责保管。各地农业生产合作社对本社范围内的文物保护单位负有保护责任。

四、凡进行大规模水利工程、工业基本建设工程和军事工程都应该按照前政务院［53］政文习字第24号“关于在基本建设工程中保护历史及革命文物的指示”贯彻执行。

五、广西、贵州、云南地区，分布有丰富的第四纪中期的古生物化石，在石灰岩山洞的堆积层中，已发现有人类化石。广东、湖南、四川、江西、福建、浙江等省，也都有类似的山洞。这些化石，对于研究人类的起源和发展，以及研究地质，都是极为重要的科学研究资料，应该坚决保护。特别是广西、贵州、云南三省，必须禁止挖掘石灰岩山洞中的“岩泥”，以免科学研究的资料遭到损失。山西、陕西两省和内蒙古自治区等地第三纪、第四纪的古生物化石，也是科学研究上的重要资料，应该适当地保护，如果在生产建设的挖掘中发现大量龙骨，应该报告县或自治县人民委员会研究处理。

六、地下蕴藏的文物，都是国家的文化遗产，为全民所共有。在农业生产建设中，如果有所发现，应该立即报告当地文化部门并且把出土文物移交文化部门保管。各级国家机关工作人员、各地农业生产组织和农民由于及时报告情况或其他努力因而使重要的文化遗迹或文物得以保护、保存者，应该由文化部门予以表扬或奖励；对于文化遗迹和文物采取粗暴态度，以致造成不可弥补的损失者，应该由当地文化部门提请监察部门予以适当的处分，情节重大者，依法移送人民法院判处。

我国文物保护单位制度的建立，在一定程度上借鉴了苏联的经验。新中国刚成立的时候，文物局没有苏联专家顾问，苏联专家是在苏联提供156项援助项目的时候来的。文物局来了一位苏联女专家，作为顾问跟我们谈了谈，待了很短的一段时间就走了。苏联援助主要是经济建设的，重点不在文化建设。经济方面受到苏联影响大，但是在文物工作中没有那么大的影响，我们有中国自己的传承。我们建立自己的法规制度，有的是总结中国自己的经验，像国民政府时代的《古物保存法》是我们重要的参考，有的是学苏联的，也有的是借鉴西方的经验。郑振铎对西方了解得多，他也让我们参考了翻译过来的欧洲文物保护法规。苏联对我们影响还是有的。王冶秋去苏联考察，主要是考察博物馆工作，同时也了解了苏联的文物保护的经验。像文物保护单位制度，是从苏联学习过来的，但是具体的保护措施，像“四有”是我们自己摸索出来的，是我们自己的创造。我觉得苏联专家没起特别大的作用，总体上还是干我们自己的，确定到底怎样保护文物，怎么建立一套中国的文物保护制度，都是我们结合中国实际逐步摸索出来的。

按：谢辰生先生在《文物参考资料》1957 年第 11 期发表的《学习苏联，使文物事业更好地为社会主义建设服务》一文中，介绍了苏联经验对中国文物工作的影响，如开展文物普查和注意近现代文物保护等方面。

> 1956 年随着全国农业合作化高潮的到来，我们根据苏联经验开展了文物普查的工作，并且把建立“文物保护单位”工作作为我们的中心任务。目前，全国文物普查已初步完成，全国除北京市，26 个省、市和自治区已经批准和公布了第一批文物保护单位，共达 5593 处。其中有很多重要的发现。第二次文物复查也即将开始。这就为文物工作从被动转入主动提供了有利条件……苏联的经验告诉我们，保护历史文物，要特别注意表现人民生活、生产力和生产关系的文物。同时，不仅要注意对古代文物的保护、整理和研究，而且还要特别注意革命时期的革命文物和今天的文物的收集、整理和研究。这样就使我们对文物的概念有了新的认识，因而突破了对文物认识的旧观点，扩大了文物保护的范围。大家知道，文物是物质文化遗存，是反映历史面貌的重要的科学资料之一。因此，注意对近代和现代文物的保护、整理和研究，对历史研究有着重大的意义。

新中国成立初期，山西省是保护文物最好的省。1956 年开始的文物普查就以山西晋南地区为试点。当时管文物工作的山西省文教厅副厅长崔斗辰，是老教师、老资格，很多山西省的干部都是他的学生。我们管他叫崔老斗，他保护文物特别积极，有的官比他大的也是他学生，所以崔老斗保护文物很厉害。崔老斗没事儿就上团城（文物局）了，带了点陈醋，每人给一瓶，好玩儿极了，那会儿真有意思。现在山西有那么多全国重点文物保护单位，跟那时候打的基础有关系。我们根据山西试点总结出好的经验，推广到全国，要求文物普查和公布文物保护单位同时进行。一方面要求省级政府在两个月内将已知的重要文物公布为文物保护单位，县、乡政府要树立保护标志。另一方面在全国范围内进行文物调查，最后编印了一本各省、自治区、直辖市文物保护单位名单。[17] 到“文革”前，全国一

---

〔17〕1958 年文化部文物管理局编印的《全国各省、自治区、直辖市第一批文物保护单位名单汇编（内部资料）》共收录全国各省、自治区、直辖市初步公布的第一批文物保护单位名单，共计 5572 处。该书《前言》指出：一九五六年随着我国农业合作化的高潮，在全国范围内掀起了农业生产建设的高潮。为配合农业生产建设，做好文物保护工作，国务院颁发了国二文习字第六号“关于在农业生产建设中保护文物的通知”。通知规定：“必须在全国范围内对历史和革命文物遗迹进行普查调查工作。各省、自治区、直辖市文化局应该首先就已知的重要古文化遗址、古墓葬地区和重要革命遗迹、纪念建筑物、古建筑、碑碣等，在本通知到达后两个月内提出保护单位名单，报省（市）人民委员会批准先行公布，并且通知县、乡，做出标志，加以保护。”这是文物工作中的一项根本性措施。将使文物工作逐步地走上计划化的道路。使应该保护的文物单位，得到国家法令上的固定，并有了具体的保护办法。现在全国各省、自治区、直辖市，都已经初步公布了第一批“文物保护单位名单”，共计 5,572 处。我们现在把这一批名单编排付印，在内部发行，提供各有关部门和文物工作者参考，期能使各有关部门在制定城市建设、基本建设及农业生产建设各项规划时，事先考虑到与这些“文物保护单位”所可能产生的矛盾，根据国务院指示精神，在既不影响各项建设，又使文物得到保护的原则下，采取必要的措施，在事先得到安排，避免破坏和损失。同时，这批名单有一些是在普查中发现的新资料，也可作为提供历史、考古、文物工作者进行科学研究的参考。这里汇印的第一批名单，还没有全部经过复查、核对，错误的地方一定还有不少，将在今后普查过程中，随着第二批、第三批保护名单的不断公布而得到补充修正。并且希望了解名单中各保护单位现存情况的同志予以核正并提出意见。[《全国各省、自治区、直辖市第一批文物保护单位名单汇编（内部资料）》，北京：文物出版社，1958 年，第 1 页。] 此后，各省、（转下页）

共七千多处省级文物，下面还有市、县级的文物保护单位。国务院公布的第一批全国重点文物保护单位，主要就是从这个名单中挑选出来的。

在贯彻《关于在农业生产建设中保护文物的通知》的过程中，我们已经提出保护大遗址了。现在有人说，大遗址保护是80年代以后才提出来的，包括有些搞考古的人也这么说，其实这是不符合事实的。你看这个《通知》，里面提出河南省的安阳殷墟、新郑郑韩故城、洛阳汉魏故城，陕西省的西安丰镐遗址和汉长安城，山东省的临淄齐国故城、曲阜鲁国故城，河北省的邯郸赵王城、易县燕下都，湖北省的江陵楚郢都、纪南城，云南省的大理南诏故城，内蒙古自治区的宁城县辽大名城，新疆的哈拉和卓高昌故城和雅尔湖故城等十多处重要的古代城址，在进行农业生产基本建设规划的时候，必须征得文化部同意，以避免遗址的破坏。这些都是对大遗址的保护要求啊！

我们抓了河北省易县的燕下都作为古代城址和大遗址保护的典型，黄景略去的。1958年，燕下都搞农业建设，兴修水利时候发现了很多文物。王冶秋提出来，“大遗址保护，我们以燕下都为试验田”。我们就把燕下都作为大遗址保护的试点，文物局主持，集中很多人搞会战，光河北省不够，就从各地调人，全国支援。我们把全国最好的探工都集中起来，通过勘探搞清楚整个遗址的地下平面布局。这是个了不起的事儿。1956年发《通知》，1958年抓试点就抓燕下都，到1960年用几年时间把燕下都基本搞清楚了。燕下都的基本经验有两

（接上页）自治区、直辖市公布文物保护单位的工作继续进行，也做过调整。如山西省在1957年公布第一批省级文物保护单位838处，1959年又公布第二批883项，共计1721处，在1965年山西省人民委员会为加强重点保护，遴选其中124处作为省级第一批（调整）文物保护单位重新公布，其余下放为县级文物保护单位。（《山西通志·文物志》，北京：中华书局，2001年，第998页。）

条。第一是通过勘探弄清楚了地下遗存的布局，作为今后保护的基础。在燕下都，集中了全国最好的探工，他们都是行业内的翘楚。他们认土，一铲子下去，通过带出来的土就知道地下的情况。我记得当时最好的探工叫马尚柱，比北大出来的还强。他们在考古人员的指导下，主要对地下遗存搞勘探，不发掘，必要时搞探沟，分块儿勘探，宫殿等遗址都有了非常好、非常清楚的图。这就搞清楚了地下遗存的平面布局。第二，也是根据《通知》的“使文物保护成为广泛的群众性工作”的要求，发展群众文物保护小组，让当地人承担保护责任，责任落实到人，落实到小组，有什么发现马上要上报。这些经验应该很好地总结和推广，到现在也还是不错的。燕下都一直保护得都很好，是一个很好的例子。

到 1964 年，文化部在河北易县召开“大型古遗址保护工作座谈会”，来自河北、河南、山东等地文物部门和中国科学院考古研究所等单位的二十多位代表参会。这是我国第一次明确组织的关于大型古遗址保护的专题会议。这次会议向全国总结推广燕下都的经验，怎么组建群众性的保护组织，怎么贯彻“四有”（有保护范围、有标志说明、有专人管理、有科学记录档案），等等。现在全国有那么多的大遗址要保护，你不可能把居民都迁出去，所以应该学习借鉴燕下都的经验：一是要探明地下遗存的平面布局，以此作为制定保护规划的主要依据；二是发动群众，建立群众性的保护小组，是落实保护规划的重要保证。现在搞大遗址保护，花几百万搞规划，那时候没花那么多钱，效果就很好。现在底下的人还抱怨，考古勘探都是搞考古的人弄的，现在去一批搞规划的人画画图，就拿几百万元。搞规划的基础材料都是考古人的材料，规划的人拿钱，人家有意见。你说你“科学”了，但你用了人家的劳动力，只有你拿钱儿，这不合适。你做规划，如果对过去的历史不了解，可以让考古工作者也来参加，大家是一个团队来做。

这个《关于在农业生产建设中保护文物的通知》下发得非常及时，进行文物普查，公布文物保护单位，大遗址保护重点抓典型，都是非常基础、非常重要的工作。这个文件发下去以后，全国各地都在认真地执行，但是也出现过个别破坏文物的事，比如浙江省龙泉县政府拆了五代和北宋的三座古塔。在习仲勋的支持下，国务院下发了文件，严查了龙泉县拆塔事件，后来县长也被免职了。〔18〕

五　发掘定陵与城墙存废之争

发掘明代帝陵是吴晗提出来的，他是明史专家，又是北京市的副市长，他主张挖，想从明陵里找点儿资料，所以是有点儿私心。一开始他们想挖的是永乐皇帝的长陵，郭沫若也赞成。1955 年，中国科学院院长郭沫若、文化部部长沈雁冰、北京市副市长吴晗、人民日报社社长邓拓、历史学家范文澜，一共五个人，联名给国务院打了个《关于发掘明长陵的请示报告》。总理批了，原则上同意了。郑振铎、王冶秋、夏鼐听说以后，都表示坚决反对，认为我们没这个技术水平保存文物，文物局不能同意。吴晗他们就说，现在人力物力技术上都具备条件了。后来总理来了个折中主义，说那挖个小一点的、次要一点的试试看。经过协商，后来决定挖万历皇帝的定陵作为试点。1956 年

〔18〕1957 年 2 月 14 日，针对 1955 年浙江省龙泉县拆毁五代金沙寺塔和北宋崇因寺双塔取砖铺路、1955—1956 年湖北省均县以收集“废铜”为名打毁武当山宫观神像两起破坏文物的事件，国务院发出《关于浙江省龙泉县和湖北省均县破坏文物事件的通报》（文习字第 15 号）指出：“这两起事件，都是严重违反国家的宗教政策、文物的政策、法令，乱干一气，致使祖国重要的历史文化遗产遭到不可补偿的损失，而且在群众中造成不良的政治影响。此事，务希浙江、湖北两省人民委员会迅予彻查并严肃处理，将结果报院；并希各地切实检查，吸取教训，将上述事件通报到各县、镇，防止类似事件再次上演。”

试掘定陵，当然也发现很多文物，也取得成绩。打开万历皇帝棺木的时候，郑振铎就在现场，他在现场亲眼看到这么多精美的出土文物，当然是非常震撼。[19]但是他又非常担心，这些文物出来之后该怎么保护？结果定陵里面出土的大量的珍贵文物，特别是丝织品根本无法保存下来，很快就碳化了，技术上根本不够。他们偏要挖，结果挖出来坏了，很多文物，像龙袍等丝织品都毁了。

过了几年，陕西省文化部门向中央递交了唐太宗乾陵的发掘计划。郑振铎、夏鼐给周恩来写信，说不能继续再发掘帝王陵了，周恩来明确说："十年之内不开挖帝王陵。"后来，郭沫若再次提议发掘乾陵，他想活着看看武则天墓里到底有什么东西，王羲之的字什么的。周总理批示，我们不能把好事做完，这件事留给后人来完成。定陵就是一个教训。现在还有一些地方，出于旅游的考虑、政绩的考虑，省委书记、省长这个那个的，还是想挖帝王陵，说我要发展旅游什么的，像陕西就有人一直想挖乾陵，这是根本不行的。[20]前两年南京擅自挖了疑似陈文帝陵，我都是坚决反对的。你是什么理由要非挖

〔19〕1957年9月6日，新华社发出电讯《明十三陵中的定陵将被建成一座地下博物馆》，记录了定陵刚打开时的情况："在后殿里放着三口差不多有一人高的朱红色的棺材，朱翊钧和他的两个后妃的尸体放在里面。尸体只剩个骨头架子了，但头发还软而有光。朱翊钧头上梳着髻，上面插着五个金簪。头发旁边放着一顶用比头发粗不了多少的金丝编成的皇冠"，"尸体周围塞满了许多金子和玉石做的刻有纤细花纹的日用品，这些器物都做得很精致"，"尸体的周围都堆着成匹成匹的罗的、纱的织锦……图案很漂亮，大多是用金线织的，时间经过了三百多年，有的还金光闪闪"。

〔20〕据《南方周末》2000年6月30日报道：1998年12月28日，陕西省旅游集团成立后，乾陵开始受旅游局和文物局的双重领导。乾陵博物馆副馆长樊英峰说："省里提出建立周秦汉唐四大文化景区，其中唐文化景区的重心就在乾陵。乾陵不挖，仅依靠现在的地面文物，实现这个目标难度较大。"2000年4月28日，陕西省政府向国务院呈报了《关于抢救性发掘乾陵的请示》。陕西省送给国家文物局的《关于申请抢救性发掘唐乾陵的汇报提纲》，列举了若干原因以证明"抢救发掘是保护乾陵地下文物的最有效手段"，提出"它的发掘和开发，必将引起国内外的广泛关注，是进一步发展我省乃至全国旅游业的最好契机，可以有利推动西部大开发战略的实施，带动陕西以及整个西北地区的经济、社会更快地发展。"（朱强：《乾陵，挖还是不挖？》，《南方周末》2000年6月30日第2版。）

不可？你说理由是要建设六朝石刻博物馆，那根本是胡闹，完全不成立。考古发掘一般都是配合工程的抢救性发掘，不能主动发掘，这个陵又没碍你事，好好的你挖它干吗？商周时代青铜器上写着“子子孙孙永保用也”，文物的“用”是永久的“用”，不是一锤子买卖、拿挖帝陵做试验。不能急功近利，竭泽而渔。

不挖帝王陵，国务院对这个问题的态度很明确。1987 年国务院《关于进一步加强文物工作的通知》，提出“考古发掘工作必须严格履行报批手续。对不妨碍基建的重要古墓葬、古遗址，在当前出土文物保护技术还没有完全过关的情况下，一般不进行发掘”。1997 年国务院《关于加强和改善文物工作的通知》，重申“由于文物保护方面的科学技术、手段等条件尚不具备，对大型帝王陵寝暂不进行主动发掘”。我们的技术现在也没有过关，不动帝王陵这一条政策今后还必须长期坚持，不管是谁的都不能挖，疑似的也不能挖。打开和没打开的帝王陵都一样是民族文化的重要标志，是证明中华民族历史文化世代相传的物证。我们这代人不要把事情做绝了，留点东西给子孙后代。

定陵出土的龙袍等丝织品，刚挖出来的时候鲜艳夺目，跟新的一样，但很快就变色了，碳化了，现在陈列的都是复制品。1979 年，我们找了南京云锦研究所复制龙袍，经过几年的研究终于复制成功，在故宫邀请专家看看，大家都很高兴。[21] 启功听说龙袍复制成功，给我

[21]《夏鼐日记》有关于复制定陵龙袍的记载：1984 年 7 月 4 日星期三，上午赴所，谢辰生同志送来明天参加定陵出土丝织品复制研究讨论会的请柬，并谓近日将随廖井丹顾问赴晋视察。7 月 5 日，上午赴故宫漱芳斋，是文物局召开的南京云锦研究所复制定陵出土蟒袍（二件系红色云罗，一件系黄缎，织锦花纹的织法，他们称之为“织成”，即小纬线断纬织成）。观后大家发言，12 时始散会。要我们留字，王天木题“巧夺天工”，我题“云锦如花，花如锦”。这会由该所汪所长，文物局吕济民局长、谢辰生顾问、国家科委协调攻关局某同志、中宣部王树人局长等参加。[夏鼐：《夏鼐日记》（卷九），上海：华东师范大学出版社，2011 年，第 373 页。]

写信说，“我公绣龙袍一定大胜利，敬贺”。1988 年 9 月 21 日，我带着南京复制的马王堆素纱蝉衣和万历龙袍，送到原国家主席李先念家里，请他看看。李先念很高兴，他听我说定陵发掘的万历龙袍已经全部碳化，感到非常可惜。他说：“我历来反对主动挖大墓，挖出来保护不好，就毁掉了。你们应当重点搞好配合基建的考古发掘，不要随便挖帝陵、大墓。”我从李先念家回来之后，给文物局局长张德勤写了封信，请他把李先念的意见转告文化部领导。后来我们把南京云锦研究所作为国家文物局古代丝绸复制研究基地。我费了老大劲儿，从国家文物局拨了文物保护经费，每年 50 万元，给南京云锦研究所用于文物的研究复制工作。50 万元在当时是好大一笔钱。最近，我从江苏的文物干部那里听说，南京云锦研究所已经改制为私人控股的企业，最近又整体卖给了另一家私企。我对此感到极为气愤，一个全民所有的研

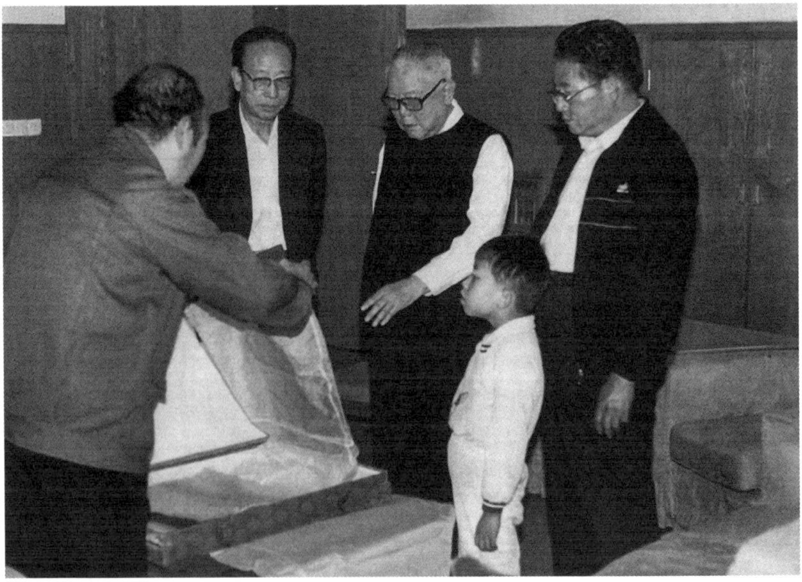

1988 年 9 月 21 日，原国家主席李先念（左三）在国家文物局顾问谢辰生先生（左二）陪同下观看复制成功的马王堆素纱禅衣

究所，几代人为保护文化遗产在这里奉献付出，最后怎么能成私人的产业？你非要改制，也得先把我们给你的经费退回文物局来！

1956年，北京市决定拆朝阳门。吴晗是主张拆的，还有北京市的秘书长薛子正。北京城墙的拆除有一个过程，最先拆的是城门楼子，然后才是城墙。当时社会各界对拆城墙有很多争论，许多专家坚决反对拆，文物局的很多人，包括很多群众，都是要求保护城墙的。像梁思成说：拆掉北京的一座城楼，就像割掉我的一块肉；扒掉北京的一段城墙，就像剥掉我的一层皮。文物局也不同意北京市这么干，郑振铎坚决反对拆。吴晗就说我们文物局思想太保守，这也不让动，那也不让拆，都是公开说的。吴晗对拆牌楼、拆城墙都很积极，彭真是市长，吴晗是副市长，跟彭真跟得很紧。[22]吴晗给郑振铎写信，一开始称“西谛吾师”，后来吴晗官越做越大，就改口叫“西谛吾兄”了。

那时候，北京城墙不是文物保护单位，文物局没法直接管。文物局在朝阳门内大街的文化部大楼办公，我从窗户就能看到朝阳门的城楼，

---

〔22〕1959年，吴晗曾在《两个朋友》一文中不点名地评价了梁思成要求保护城墙等古建筑的意见：这两个朋友，年纪都比我大，当我在大学念书时，他们已当了多年教授了。两个人都是留学生，洋气很重，一个学哲学，教逻辑，也写过讲逻辑的书，外号就叫逻辑。一个学建筑，一辈子研究中国古建筑，谈起什么五台山有一千年历史的木结构，李诫的营造法式等等，便眉飞色舞，说个没完。虽然他在这一行是个权威，但似乎在旧时代没盖过什么大房子，大概是一来那时代根本没有什么大房子盖，二来他要讲民族形式，人家不喜欢这一套，因之，他的理论也终于只是理论而已，虽然文章写得很多，房子却盖得极少。他的古建筑研究成了包袱，他对古建筑太热爱了，照他的意见，为了保存北京城的古老风格和结构体系，新的建筑、新的中心应该摆在西郊，复兴门以外地区，将来新旧并存，互相联系。从此，展开了热烈的争论。他喜爱古老的牌坊，他喜爱古老的城墙。他认为马路太长了，有了路中心的牌坊，会使人在精神上得到舒适的感觉。他建议在城墙上建环城公园，种些花草之类，供人游览，等等。总之，在拆除牌坊和城墙的讨论中，他坚持已见，列举种种理由，大有和牌坊、城墙共存亡的决心。吵了几年，问题解决了。北京在原有基础上改建，主要干线的牌坊都拆掉了，城墙也开了许多缺口，便利了城内外的交通。（吴晗：《两个朋友》，《人民日报》1959年9月26日第12版。）

要是真拆了，太让人心疼了。我和罗哲文都坚决反对拆城墙，和主张拆的人辩论，所以我们被大家称作“城墙派”。我就给中央文教小组副组长、管文物工作的康生写了封信，呼吁不要拆这个朝阳门，北京的城门城墙要保护。康生于1956年9月27日给我回了封信，“谢辰生同志：尊函已读，所见甚是，昨日已面交彭真同志。此复。康生九月廿七日”。这封回信很有意思，他说我“所见甚是”，看起来是同意我要保朝阳门的意见，而且他还转给了北京市长彭真。

到了1957年“整风”的时候，不少专家在座谈会上呼吁，要保护北京城墙。郑振铎、王冶秋同意专家的意见，文物局就想设法制止。这年夏天，郑振铎还写了篇文章《拆除城墙问题》，发表在《政协会刊》上，表示反对拆城墙，说你拆了古物，是糟蹋全民族的古老遗产。[23]他说得很尖锐，“城墙是不是非拆不可的一类东西呢？是不是

---

〔23〕郑振铎在1957年6月3日的日记中载：八时，到部办公。谈北京市拆除外城事，即派人去调查。下午，写《拆除城墙问题》《配合得更紧密、更和谐些》《良药苦口良于病》等数篇。（郑振铎：《郑振铎日记全编》，太原：山西古籍出版社，2006年，第527页。）郑振铎《拆除城墙问题》（载于《政协会刊》1957年第3期）全文如下：

古老的城墙在古代是发挥了它的保卫人民生命、财产的作用的。在现代的战争里，城墙是没有什么用处了，于是有人主张拆除。也还有人举出几十条理由来助长拆除之风的。我不是一个保守主义者。该拆除的东西，非拆不可的东西，那一定得拆，而且应该毫不犹豫的主张拆。可是城墙是不是非拆不可的一类东西呢？是不是今天就要拆除干净了呢？我主张：凡是可拆可不拆、或非在今天就拆不可的东西，应该“刀下留人”，多征求意见，多展开讨论，甚至多留几天、或几年再动手。举一个例。北海前面的团城，是北京城里最古老的古迹名胜之一。当决定要改宽金鳌玉蛛桥的时候，有好些人主张拆除团城，连根铲平，否则，这道桥就没法修宽。但经过专家们的仔细研究的结果，团城是保留下来了，金鳌玉蛛桥的工程也按照计划完成了。这不仅不矛盾，而且还相得益彰，为北京市维护了这个十分美好的风景地，同时，也绝对没有影响交通。

许多名胜古迹或风景区，都应该照此例加以十分的周到的考虑，予以同情的保护，万万不可人云亦云，大刀阔斧地加以铲除，像对付最凶狠的敌人似的，非使之从地图上消灭掉不可。要知道古迹名胜是不可移动的，都市计划是由专家们设计施工的，是可以千变万化，因地、因时、因人制宜的。最高明的城市计划的专家们是会好好地把当地的名胜古迹和风景区组织在整个都市范围之内，只显得其风景美妙，历史久长，激发人民爱国爱乡之念。只有好处，没有任何坏处。不善于设计的，不懂得文化、历史、艺术的人，则往往认为有碍建设计划，非加以毁坏不可。（转下页）

今天就要拆除干净了呢？我主张：凡是可拆可不拆、或非在今天就拆不可的东西，应该‘刀下留人’，多征求意见，多展开讨论，甚至多留几天、或几年再动手”。这话是公开登出来的，他就敢跟彭真碰。彭真赞成拆，他是政治局委员啊，官儿比郑振铎的文化部副部长大多了，那没法比啊。郑振铎还找了毛主席，他在汇报文物工作的时候，当面建议毛主席不要拆城墙。毛主席问他："全国重要的文物你要多少处啊，一千处行不行啊？"郑振铎没有表态。郑振铎又跟毛主席说，能不能尽量不要拆城墙。毛主席同意了，说"那中央政府给北京

（接上页）小孩们走路跌倒，往往归咎于路石，而加以咒骂踢打。仰面向天、大摇大摆的行者，撞到牌坊的柱子上了，就以为那柱子该死，为何不让路给他。古迹名胜或风景区是不会说话的，但人是会动脑筋的。如何技巧地和艺术地处理一个城市的整个发展的计划是需要很大的辛勤的研究，仔细的考虑，广泛的讨论，而决不应该由几个人的主观主义的决定，就操之过急地判决某某古迹名胜的死刑的。人死不可复生，古迹名胜消灭了岂可照样复建！在下笔判决之前，要怎样地谨慎小心，多方取证啊。城墙也便是属于风景线的一类。"绿杨城郭是扬州"。（如今扬州是没有城的了！）城墙虽失去了"防御"的作用，却仍有添加风景的意义。今天拆除城墙的风气流行各地。千万要再加考虑，再加研究一番才是。除了那个都市发展到非拆除城墙不可的程度，绝对不可任意地乱拆乱动。三五百年以上的城砖，拿来铺马路，是绝对经不起重载高压的。徒毁古物，无补实用。何苦求一时的快意，而糟踏全民的古老的遗产呢？［郑振铎：《郑振铎全集》（3），石家庄：花山文艺出版社，1998年，第366—367页。］

郑振铎在1957年六七月间召开的第一届全国人民代表大会第四次会议上发言，再次提出要保护重要的古代城墙。他说："八年来基本上保护了古代重要的寺庙、宫殿、城墙、桥梁、石阙、砖塔、木塔等。像长城，山西五台寺的唐代建筑南禅寺和佛光寺，河北赵州的大石桥，河北正定的隆兴寺，曲阜的孔庙、孔林，北京的故宫，苏州的好些园林，南京和其他地方的太平天国遗址等等，不仅予以坚决的保护，妥善的保管，而且加以必要的修缮。"（郑振铎：《党和政府是怎样保护文物的？》，《人民日报》1957年7月22日第8版。）

但到了9月16日，郭沫若在"文物界反右派分子座谈会"上则提出很多城墙不必保存。他说："解放八年来，中央和地方都做了许多保护文物的工作。中国地方大，文物多，保护起来，很有困难。而且是否一切古物都碰不得，也值得研究。譬如城墙，在中国几乎到处都有，往往一个小市镇也有城寨。除了必须保存、可以保存者外，我看有很多城墙是可以不必保存的。凡是古物一律都动不得的思想，是一种封建的拜物狂，偶像崇拜的思想。"（郭沫若：《我们坚持文物事业的正确方向——在文物界反右派分子座谈会上的发言纪录》，《人民日报》1957年9月30日第7版。）

市发文件，让他们不要拆。”郑振铎才同意，连忙点头。[24]

1957年夏天，文化部给国务院打了报告要求停止拆除北京城墙，国务院给北京市转过一个文件，要求北京市和文化部征求各方意见再处理，城墙先暂缓拆除。文物局以文化部名义给国务院打的这个报告，是我起草的，郑振铎、王冶秋在文件上都签了字。但是报告要报国务院，需要文化部领导签字同意。我拿着文件，前前后后找了三个人请他们签，钱俊瑞、刘芝明两个副部长都不敢签，因为北京市市长彭真是政治局委员啊，他们怕得罪人，不敢签，最后是部长沈雁冰（茅盾）签的。我先找的新来的副部长刘芝明，他不敢签，让我找党组书记、副部长钱俊瑞。我到了钱俊瑞家找他，带着文件让他看，他也不敢签，又推给了部长沈雁冰。我又找了沈雁冰，在他家的小楼，他琢磨了半个钟头，结果还是签了。沈雁冰在文化部差不多是个摆设，从来不签字、不批文件的，这次签公文的事儿大概是第一次。后来文件送到了国务院，习仲勋当即做了批示，并于1957年6月11日签发了国务院文件，由国务院通知北京市停止拆城墙，要求："俟文化部和你市在广泛征求各方面意见，并加以综合研究后，再作处理。”所以北京市在拆了朝阳门之后，拆城墙停下来过一段时间。当时大家都很高兴，以为城墙保住了。但是后来因为“大跃进”还有其他一些原因，北京的城墙还是没有保住。不过，当时的拆除还没牵涉城市里的胡同、四合院等，通俗来说，只是“扒了层皮”。北京城真正的大拆大建，胡同成片地拆除，那是90年代以后的事。

---

〔24〕郑振铎之子郑尔康回忆：“在距他牺牲之前不久的日子里，郑振铎还曾专门就在基本建设中如何保护古迹名胜与保护北京的城墙等问题，向毛泽东主席做了详细的陈述。毛主席听后，当即笑着对他伸出了一个手指头，表示可以让他在全国列出一千个重点文物保护单位，问他是否满意？郑振铎当时并未点头，这表示了他觉得‘一千’太少了的意思。当毛主席表示支持他尽可能不拆北京城墙的意见，并表示要以中央人民政府的名义将此精神下达给北京市时，郑振铎欣然地点了头。”（郑尔康：《郑振铎》，北京：文物出版社，2007年，第175页。）

按：1957年6月11日国务院向北京市发出《关于转发文化部请转令你市暂停拆除城墙的报告的通知》（文习字第69号），转发了由谢辰生起草的文化部报告《为请转令北京市人民委员会停止拆除北京城墙》[（57）文沈物办字第528号]。[25]文化部报告如下：

国务院：

我部最近获悉北京市决定将北京城墙陆续拆除，外城城墙已基本拆毁。查北京城墙始建于明代，已有五百年的历史，是驰名世界的古城，各国建筑专家都予以很高的评价。因此，对于北京城墙的存废不仅影响国内，而且有国际影响，必须慎重考虑。根据国务院（56）国二文习字第六号通知及前政务院政文习字第24号的指示，明确规定在建设中不得任意拆除古建筑，如必须拆除应经文化部门同意或文化部批准。最近我部在召开的整风座谈会中很多文物专家向我部提出意见，认为对北京市古建筑保护不力，特别指出北京城墙应予保护。现在我们

[25] 1957年6月3日，郑振铎派人调查北京市拆除外城事。（郑振铎：《郑振铎日记全编》，太原：山西古籍出版社，2006年，第527页。）6月5日，文化部向国务院提交《为请转令北京市人民委员会停止拆除北京城墙》的报告。6月11日，国务院向北京市发出《关于转发文化部请转令你市暂停拆除城墙的报告的通知》（文习字第69号），指出：据文化部六月五日报告：北京城墙始建于明代，已有五百年的历史，是驰名世界的古城，对于它的存废问题，必须慎重考虑；但该部最近获悉，你市决定将北京城墙陆续拆除，外城城墙现已基本拆毁。最近在该部召开的整风座谈会上，很多文物专家对此都提出意见。因此，建议国务院通知你市暂停拆除城墙的工作。国务院同意文化部的意见，希你市对北京城墙暂缓拆除，俟文化部和你市广泛征求各方面意见，并加以综合研究后，再作处理。（《中华人民共和国国务院关于转发文化部请转令你市暂停拆除城墙的报告的通知》，档案号2-9-156，北京市档案馆藏。）6月19日，北京市人民委员会接到国务院通知后，发出《北京市人民委员会关于暂缓拆除城墙和收集有关城墙资料的通知》，内称：为执行国务院以上通知，对本市城墙凡目前不致倒塌的，必须报经本会考虑决定。[《北京市人民委员会关于暂缓拆除城墙和收集有关城墙资料的通知》，《北京市重要文献选编（9）》，北京：中国档案出版社，2003年，第334—335页。]

建议，由国务院通知北京市人民委员会暂时停止拆除城墙工作，以便广泛征求多方面的意见，以至展开公开讨论，然后综合研究，由国务院批准妥善地加以处理。特此报请核示。

中华人民共和国文化部

1957 年 6 月 5 日

那时，社会上有文物“保存什么、如何保存”的争论，有人说我们是“多保”了，是复古主义的“多保思想”。当时文物局有两个建筑师，一位是罗哲文，主张保护城墙；另一位是陈明达，认为可以拆了城墙用资料来保存。陈明达认为保护古建筑，应该重点是调查、测绘，保存资料就可以了，有的拆了也无所谓，朝阳门就是这样，为建设需要可以拆，他这是纯技术观点。罗哲文和他辩论，认为保存资料，是古城墙损坏后不得已的措施，应该保护本体。两人争论得很厉害，引发了文物局一场“保存什么、如何保存”的争论。他们在文物局的机关刊物《文物参考资料》上发表文章，陈明达先写文章，提出城墙可以拆，认为有照片资料等，许多文物都可以得到保存。[26] 罗哲文马上写文章对此表示反对，我是支持罗哲文的。

---

〔26〕陈明达赞成拆除北京朝阳门、南京石头城等古城墙。对于北京朝阳门，他认为，“北京市拆除朝阳门是没有必要吗？我认为：为了解决北京市东西交通的问题，这里要拓宽干道，增加高速车辆通过量，如何解决拦阻在马路中心的朝阳门呢？第一是拆除它，第二是开辟广场，把朝阳门位置在广场中心。我的认识是：开辟广场必须有足够的直径，否则就不能起应有的作用，为此要拆除周围住房，朝阳门外那个火车站也要搬家，要付出居民搬运费，要为搬迁的人建新房，新建火车站，又要有多少技术人员、工人、管理人员去做这些事，又要消费多少建筑材料，并且必须延长建设时间。拆除朝阳门如何呢！仅需付出拆除的工资、旧料运输费而已。这笔账很清楚，从经济出发，我们以拆朝阳门为是。”“这样的建筑多的是，只要保留一定数量就够了，不必全部保存”。对于南京石头城，他认为：“这类遗迹在正当的理由下是可以拆的。”“事实上要保存它，只不过因为它有名气，所以我主张补充一条：反对有名气就必保存的倾向。”（陈明达：《再论“保存什么，如何保存”》，《文物参考资料》1957 年第 4 期。）

陈明达这是研究问题的思路，不是保护文物的思路，我认为没有了实物，谈何保护？像北京市对待古建筑，那时候不是多保，是不加分析地乱拆，拆朝阳门和双塔寺就是典型。我在《文物参考资料》上写过一篇文章《关于“保存什么，如何保存”的争论》，就是跟陈明达辩论，跟说我们“多保”的人辩论。我在文章里批了北京市拆朝阳门城楼。我提出，“宁可多保存一个，不使错误地拆除一个”，道理是这样，你多保了，随时可以纠正，拆错了就不能纠正了。这就是“宁可多保，不使错拆”。我这篇文章还明确反对南京乱拆城墙，批评南京市不能未经文化部门批准擅自拆，而且拆也没有正当的理由，岂能为了用石料就拆了城墙。文化部给南京市专门发过文，要求保护几段代表性的城墙，最后南京城墙大部分保了下来。[27]

按：谢辰生先生在《文物参考资料》1957年第7期上发表《关于“保存什么，如何保存”的争论》一文。针对陈明达赞成北京市拆除朝阳门的意见，他说：

朝阳门该拆吗？我的回答是：不该拆，也可以拆。决定

〔27〕南京城墙最终大部得以保存，一方面有江苏省文化局副局长朱偰等南京各界人士的呼吁，另一方面也有郑振铎领导的文化部文物局的及时干预。1956年8月，南京市开始大规模拆城，中华门瓮城和石头城遗迹等面临拆除威胁。9月15日，文化部电示南京市停拆城墙。9月23日，朱偰在《新华日报》撰文《南京市建设部门不应该任意拆除城墙》，呼吁按政务院及文化部指示，保护台城、石头城、中华门及玄武湖西南两面城墙。10月18日，中华门和石头城分别被江苏省人民委员会公布为江苏省文物保护单位。11月14日，文化部副部长郑振铎视察南京被拆城墙。1957年1月，南京市建设部门修复部分被“误拆”的城墙。（杨国庆：《南京城墙》，南京：江苏人民出版社，2014年，第140页；国家文物局编《郑振铎文博文集》，北京：文物出版社，1998年，第539页。）郑振铎在1956年11月14日的日记中写道：“八时半，到香铺营找朱偰，同去石头城，察看拆下去的城垣。形势雄伟极了！不知为何拆之？”（郑振铎：《郑振铎日记全编》，太原：山西古籍出版社，2006年，第464页。）

在条件，在某些条件下可以拆，在有些条件下就不应该拆。我很同意陈明达同志的意见，为了解决北京东西交通量问题，目前陷于经费又不能开辟广场，在建设急需而只能以拆除的办法来解决的条件下，是可以拆除的。但这是想象的假设条件，事实却不是这样。朝阳门楼虽然拆除了，可是城基还巍然矗立在东西干道的当中。显然，门楼在空中是不会阻碍交通的。众所周知，北京市拆除朝阳门的理由，并不是为了解决交通量，而是因为它要倒塌。可是也有很多人认为，朝阳门并没有到行将倒塌的危险程度，拆除是不必要的，因而也是应该加以反对的。我们不能把假设的条件代替现实的条件，把想象的问题代替实际的问题，从而得出结论说：今天拆除朝阳门完全是必要的。也许有人说，既然你赞成在有些条件下可以拆，反正将来北京市要发展，东西交通量的问题总要解决，早拆晚不拆，还不都一样？不，一点也不一样。事物是发展的，条件是变化的。当将来都市发展需要解决交通问题的时候，开辟广场的条件也可能成熟了，那时并不一定是非拆除不可的。因此，在今天还不必要拆除的条件下，是不应该拆除的。

针对陈明达赞同南京市拆除石头城的意见，他说：

根据陈明达同志的考证，石头城并非三国时代遗物，但它也有数百年历史，名气却是大的。我的理解，所谓有名气绝不是只一两个人知道，一定是大家知道才算有名。因此，有名气的古迹不管是从学术角度来看它有无价值，但在群众中总有一定的地位，群众喜爱它。根据陈明达同志所说为人民所爱好的建筑物也可以保存的原则，还是可以保存的，并不是非拆不可。我也完全同意陈明达同志的另一个意见，即“在正当的理由下是可以拆的”。但是南京建设部门的理由是不正当的。首先是没有根据法令规定，报经文化部门同意和批准即行拆除，同时他们拆除的原因主要是用石料，并非因为有倒塌伤人危险。近据报载，石头城已在群众要求下恢复了。这即表明，它是群众爱好的，拆除理由是不正当的，因而也是应该加以反对的。

谢辰生提出文物工作应该“宁可多保存一个，不使错误的拆除一个”：

全国各地大部分地区的调查工作，只不过刚刚开始。除了一些已知的著名古建筑以外，全国究竟有多少，我们还心中无数，更谈不上很好的管理。因此，在破除迷信和废物利用的借口下，乱拆古建筑的情况迭有发生。如果不及时有效地予以制止，这种情况必然在今后还会继续发生。这就是我们目前的基本情况。如果我们承认上述情况是符合客观实际的，那么，我们就完全有理由说，目前我们工作的主要方面应该着重在反对乱拆倾向。因为乱拆现象是较多的，随时还可能继续发生的，是主要的；多保现象是个别的、暂时的、是次要的。同时，在这里我们还必须充分注意到文物工作的特点，多保存了一个不必保存的“古建筑”，可以随时再拆除，但是错拆了一个古建筑却不能或很难修复。如果说多保和错拆都是错误，而多保的错误是随时可以纠正的，错拆的错误却是不能或很难纠正的。我们工作中不可能百分之百的恰如其分，必然会发生一些错误，但是为了不使我们犯不可挽回的错误，就完全有理由说，应该有条件的“宁可多保存一个，不使错误的拆除一个”。……

关于保存的范围和标准，我认为凡是具有历史、艺术价值的古建筑都应列入保护范围，总的来说“多保”“少保”的问题是不存在的。我们不能单纯地从科学研究的学术需要出发，而且要从群众喜爱、丰富人民文化生活出发，仅仅掌握资料或是保存一个标本是不够的。我们要看到今天，也要看到明天，为子孙多保存些有价值的古建筑实物是我们的责任。我们根据今天的条件给现存古建筑排排队，确定哪些主要或次要，只是为了在与建设矛盾时或者因经济条件的限制以致不能完全保存时，确定一个哪些必须坚决保存、哪些可以不必坚决保存的暂时标准。绝不能以此为据，对今天认为不必坚决保存的就听任毁损。我认为在与建设矛盾不大的条件下，应该尽可能地使具有历史、艺术价值的古建筑保存下来。当然，保存就要修缮保养，需要经费，对国家来说是个负担。但是我不相信，几百年乃至几千年的建设一直没有倒，而今天忽然会不约而同地摇摇欲坠。很显然，古建筑要修缮保养的程度是不同的。我们可以分批、分期的进行，这对国家不会有太大的负担。

我们就保护文物有过争论，但是1957年反右的时候，文物局没有一个“右派”。文物局没有说是谁保护文物而成为“右派”，一个也没有。[28]文物局没有划一个"右派"，全靠王冶秋硬顶住了，要有，那我头一个。反右的时候，我是有惊无险。我写文章批评局长王冶秋，说他是家长式领导，有国民党军阀作风。那时候有人就说，"右派"要有就得有一个，就谢辰生了，支部都讨论了。王冶秋说"谢辰生给我提意见，这是我的事儿，跟右派有什么关系啊？他越这样我越不能打他右派"，这样就保了我。这真是难得的、正直的好人啊！所以一报还一报，他保了我没被打成"右派"，"文革"时候他被打成"死不改悔走资派"，我又保他。王冶秋一辈子为人正派，实事求是。1971年他开会时候说"文物工作十七年是红线不是黑线"，后来还多次讲，结果1974年被"四人帮"的人批成是"黑线回潮"。[29]到1977年，开全国文博图工作学大庆座谈会，他又说"建国以来文物工作不是黑线，而且文艺和其他工作统统不是黑线"。那时候是十一届三中全会之前，我们一听这话可不得了，赶紧悄悄

〔28〕据王冶秋之子王可所著《王冶秋传》，文物局在反右中没有定一个"右派"分子：在1957年的鸣放中，谢辰生、陈明达等同志对文物局党的工作提出尖锐批评，并且有很多是针对冶秋个人的，如说他"实行家长制，在冯玉祥处沾染上军阀作风"等等，有些话说过了头，按照当时定的标准已经超出了范围。在反右运动时，文化部给文物局定的指标是三名"右派"分子，局党支部委员开始整理谢、陈的材料。那时还有一位顾铁符，在河南信阳发掘楚墓时鸣放了不少犯禁的话，当地党组织将其"右派言论"寄到文物局，这样正好凑够三人指标。但是作为文物局反右运动负责人的冶秋却不同意这样做，他说："这些说了过头话的同志，目的还是为了帮助党，小谢（即谢辰生）是好人说错话；至于对我个人的批评更是有则改之无则加勉，不必计较。"文化部负责反右运动的副部长陈克寒对此甚为不满，将冶秋训斥一通，说："你不定右派，文化部交不了账。"冶秋回应说没有就是没有，冒着被打成右倾分子或"右派"同路人的政治风险，一直顶着压力保护这些同志。（王可：《王冶秋传：一个传奇人物的一生》，北京：文物出版社，2007年，第180页。）

〔29〕王冶秋于1977年8月8日在全国文物、博物馆、图书馆工作学大庆座谈会上说："1971年底一次座谈会上，我们提出了建国以来文物工作红线是主导，黑线是干扰的看法，却戳痛了祸国殃民的'四人帮'，他们的余党和亲信恶毒攻击这是'黑线回潮'，是'为十七年翻案'，猖狂叫嚷'一定要追查'，并且从北京到上海都布置了专人大整文博战线十七年的黑材料。"（王冶秋：《在全国文物、博物馆、图书馆工作学大庆座谈会上的讲话》，《王冶秋文博文集》，北京：文物出版社，1997年，第162页。）

地把“文艺和其他工作统统不是黑线”这句话从录音带上给洗掉了。在那个时候，敢于说前十七年工作不是黑线是红线，要有多大的勇气啊！

郑振铎同样是一生光明磊落，刚直不阿，从不随波逐流、见风使舵。1958年郑振铎是文化部副部长，在他出国访问之前，已经开始了“拔白旗”运动。郑振铎已成为被批判的对象，批他“厚古薄今”。[30]有人找过他谈话，他对自己的处境很清楚，但是他坚持自己认为正确的观点，所以谈话并不愉快。当时已经有很多报刊发表文章，批判郑振铎，但他不幸飞机失事遇难，只好又撤下原来准备好的批判稿，换成了悼念文章。《文物参考资料》转载了文化部部长沈雁冰，副部长钱俊瑞、夏衍、刘芝明，文物局局长王冶秋等人在《新文化报》上的悼念文章，其中钱俊瑞仍然点名批评郑振铎有“厚古薄今”的问题。[31]王冶秋写信给沈雁冰，请他写篇文章发在《文物参考资料》上，

〔30〕据《王冶秋传》载，王冶秋拒绝批判郑振铎：“郑先生在听完沈雁冰传达毛泽东的颐年堂会议讲话后，谨言慎行，谨守分际，但最终还是没有逃过‘左派’的追击，在拔白旗的浪潮中他成了批判对象，‘厚古薄今’是批判的内容之一。王冶秋对这种妄加罪名的做法十分反感，因为解放后他们一直在一起共事，深知郑先生光明磊落，热爱新中国，拥护共产党领导，怎么会‘薄今’呢？因此，他不但回绝了当时中宣部一位领导要他揭批郑先生的提示，还向郑先生多年的老朋友沈雁冰部长写信，请他写一篇有分量的文章登在《文物参考资料》上，为他的老友正名。”（王可：《他们为文博事业奠基——记郑振铎与王冶秋》，《中国文物报》2006年7月5日。）钱锺书夫人杨绛在《我们仨》中写道：“郑振铎先生原是大白旗，但他因公遇难，就不再‘拔’了。”（杨绛：《我们仨》，北京：生活·读书·新知三联书店，2003年，第136页。）

〔31〕钱俊瑞在悼念郑振铎的文章中写道：“特别值得提出的，他从去年起参加了反右派斗争和整风运动之后，表现得更加关心政治，更加不隐蔽自己的观点，表示真诚地接受许多同志对他的批评。他也很赞许很多青年同志最近在报刊上对他的学术思想的批判，他说这些批判不仅对他个人很有帮助，对整个文艺界、学术界有很大的好处。他最近特别在努力改正自己的厚古薄今的观点，他表示愿意用很大力量来检查过去的著述，并且做彻底的更正。他还表示愿意把他的极为丰富的藏书，编出书目，公诸同好。他热情地参加体力劳动和各种群众性的活动。振铎同志这种坦率的勇于改正错误，不断要求进步的精神，是值得人们学习的。”（钱俊瑞：《学习他坦率和不断要求进步的精神——悼郑振铎同志》，《文物参考资料》1958年第12期。）

给郑振铎做一个全面评价，但他拒绝了。沈雁冰回信说："若以四十年之故交，作盖棺之论定，则我非其人，抑亦今非其时也。"可想而知，郑振铎去世之前的处境已经比较艰难了，但是他没有屈从压力，还是坚持文物工作的正确方针。

第三章 文物法制的初步建立

一 “大跃进”的波折

1958年“大跃进”，我们也有问题，也跟着“大跃进”的风气干。文化部党组书记钱俊瑞说“九个人人”，人人会写诗，人人会画画，人人会唱歌，还有些个什么“人人”，都是些文化活动，文化部还要求每个县都出个郭沫若。现在看起来可笑，但确实表现了那时候我们的思想状态。可你别说，“九个人人”还真出了些好诗，很有气派。我还记得一两句话，大家认为真了不起。安徽巢湖一个农民写了首诗，里头有两句太有意思了，“端起巢湖当水瓢”，“哪方干旱哪方浇”。你说这多大的气派，多浪漫主义，这是什么劲头儿？这反映了人民战天斗地的朝气。那时候的人是有这种精神，一个人没精神不行，所以有这个精神还是很重要的。那时候“大跃进”，人人积极，我也很积极。1958年我下放到河北省丰润县唐坊村，参加农业生产劳动。我一边参加劳动，一边还写了诗词，一首《菩萨蛮》：

开渠打井勤芟刈，农村处处添生意。百计更千方，要能多打粮。

当年盐碱地，渠水穿流急。人力可回天，荒田变稻田。

还有一首《调笑令》：

插柳插柳，老少一齐伸手，插遍海角天涯，真个村村绿化。绿化绿化，装点江山如画。

“大跃进”是过了，但马上纠正了。有人说毛主席这个那个的，但毛主席搞“大跃进”就搞了一年啊，而且也不是全年都搞“大跃进”，没多久就收了。有错了就赶快改，首先提出纠正“左”的错误的还是毛主席，他马上发下来指示说这不行。他亲自写信给各生产队，说这指标这么高不行了，他自己承认错误。一个人哪能不犯错误？

我们也搞博物馆跃进，提出来“县县办博物馆，社社办展览”，甚至还有“一车黄土一头牛，就办一个博物馆”，很荒唐了。考古工作还提了“群众搞发掘”“群众写报告”，考古搞“边发掘、边整理、边写报告”的“三边”。结果当然是不行了，哪儿来那么多文物啊！依靠群众保护可以，但是群众搞发掘，这哪可能呢？我们提的目标虽然不符合实际情况，但是做的事情还是好的，像发动群众保护文物，普及文物知识，公布文物保护单位，等等。我们按照1956年“国二文习字第6号”文件，《关于在农业生产建设中保护文物的通知》的要求，广泛开展群众性的文物工作，搞群众性业余的保护文物组织，还是起到积极作用的，像燕下都的发动群众保护的经验，也是那时候形成的。[1]文物保护工程按照《通知》的要求，也取得了不少成绩。比如永乐宫搬迁工程，不仅实现了这处元代古建筑群的整体搬迁，而且成功进行了壁画的揭取和复原。“大跃进”时候是急着想把事情办好，这是认识上的错误，后来觉得过分了，要纠正。但是那时候是好心的，所以我说有时候不能够彻底否认那个阶段。

按：谢辰生先生1960年3月7日为《人民日报》撰写的社论《坚持政治挂帅，积极发展文物、博物馆事业》，对“大跃进”以来的文物工作有这样的表述：

> 1958年以来在党的社会主义建设总路线的光辉照耀下，在各地党委的领导下，坚持政治挂帅，大搞群众运动，出现了一个蓬勃发展的新局面。主要表现在，各地博物馆打破陈规，上山、下乡、下厂矿，大办流动展览，向广大群众进行爱国主义、社会主义、共产主义教育。在宣传总路线、生产大跃进和人民公社化的过程中，群众自办了成千上万的展览会。这是一种完全新型的具有鲜明政治方向和现实内容的小型博物馆、展

---

〔1〕1958年3月6日，王冶秋在全国文物、博物馆工作会议上作题为《反浪费，反保守，思想大跃进，工作大跃进！》的发言，提出32字口号，即“重点发掘，重点保护；打破常规，整理仓库；面向群众，陈列展览；勤艰苦干，又红又专”。他指出：文物保护方面存在“‘文物保护单位’的普查公布工作保守，不敢放手进行，以致应该保护的‘文物单位’也未及早公布，列为国家保护的历史文化遗产”等问题，提出了“文物保护坚决贯彻配合国家经济建设，重点保护，重点发掘，既对国家建设有利，又对文物保护工作有利的两利方针。文物复查工作，要在今年内把已公布的单位，全部复查完毕”，“古建修缮，要以‘保养维护为主，重点修缮即将倒塌的重要古建筑为辅’。能缓修的不要急修，能小修的不要大修，能局部修的不要全部落架修”等建议。（王冶秋：《反浪费，反保守，思想大跃进，工作大跃进！》，国家文物局编：《王冶秋文博文集》，北京：文物出版社，1997年，第55—64页。）

览馆。这些馆的特点是内容广泛，形式多样，生动灵活，效果显著。如大量的“今昔对比”“十年成就”“技术革新”“三个十年”等展览，都能够及时配合中心任务，密切结合政治、结合生产，提高了人民思想觉悟，鼓舞了人民劳动热情，推广了先进技术和经验。群众说它是一个“指方向、学技术、表扬成绩、歌颂光明的重要场所”。在文物工作方面，两年来广泛开展了群众性的文物工作，解放思想、破除迷信，全国各地大办训练班，普及文物知识，广泛征集革命文物，涌现出大量群众性业余的保护文物组织和保护文物的积极分子，并且在有些地区还组织了群众业余文物发掘队。这些活生生的事实，有力地驳斥了有些资产阶级专家认为文物、博物馆事业只能搞古，不能搞今，只能专家办，不能群众办，只能慢办，不能快办，只能小办，不能大办的谬论。从而使文物、博物馆事业成为广大人民群众自己的事业，并为今后的发展开拓了崭新的道路。目前各地主要是公社和生产队，还办了不少宣传科学技术性质的展览室，有的叫作农业技术博物馆，群众有的说：“要学多面手，博物馆里走一走”。这种展览对于促进工农业生产、促进技术革新技术革命将起巨大的作用。

也是在1958年，根据中央北戴河会议在天安门建立中国革命博物馆和中国历史博物馆的决定，王冶秋暂时离开文物局，任两馆建馆领导小组成员和两馆筹建办公室主任。中国革命博物馆和中国历史博物馆的筹建，是中国博物馆事业发展的一件大事。新中国成立前，中国只有24个博物馆，所以在新中国成立初主要是对旧中国留下来的博物馆进行接管、整顿和改造。到了1951年10月27日，文化部颁发《对地方博物馆的方针、任务、性质及发展方向的意见》，提出“博物馆事业的总任务是进行革命的爱国主义教育，通过博物馆使人民大众正确认识历史、认识自然、热爱祖国，提高政治觉悟与生产热情”。这是郑振铎、王冶秋参考了苏联的经验提出来的。在改造旧馆的同时，各地建立了一批省级综合性的地志博物馆，主要分为自然之部、历史之部、社建之部，分别反映地方的自然资源、历史发展（包括革命史）和社会主义建设。

1956 年，中央提出“向科学进军”，周恩来在关于知识分子问题的会议上提出，为了实现向科学进军的计划，我们必须为发展科学研究准备一切必要的条件，必须加强图书馆、档案馆、博物馆工作。在此背景下，1956 年 5 月 21 日，文化部召开了新中国第一次全国博物馆工作会议。王冶秋做了《发展博物馆事业，为科学研究服务，为广大人民群众服务》的报告，提出中国博物馆的基本性质是：“科学研究机关”“文化教育机关”和“物质文化和精神文化遗存与自然标本的主要收藏所”，基本任务是“为科学研究服务、为广大人民群众服务”，简称“三性二务”。为了宣传博物馆事业，1956 年 6 月 4 日《人民日报》发表社论《发展博物馆事业，为科学研究和广大人民群众服务》，是我和上海博物馆沈之瑜、南京博物院曾昭燏共同起草的。[2] 我们写的这个社论强调科学研究是第一位的，提出来“首先应该认真地进行博物馆本身的科学研究工作，这是提高博物馆工作质量的主要关

---

〔2〕曾昭燏在日记中记载：1956 年 5 月 26 日星期六，夜同沈之瑜、谢辰生等写《人民日报》社论，至十一时。（曾昭燏：《曾昭燏文集：日记书信卷》，北京：文物出版社，第 264 页。）《文博先驱沈之瑜传》载：1956 年 6 月 4 日，为了贯彻第一次全国博物馆会议精神，《人民日报》发表社论《发展博物馆事业，为科学研究和广大人民群众服务》，此文由沈之瑜与谢辰生等执笔起草。（陈志强：《文博先驱沈之瑜传》，上海：上海文化出版社，2011 年，第 320 页。）

键，也是博物馆为科学研究服务的基础”。

1958年筹建的这两个馆是国庆十周年献礼工程，是党中央直接抓的，很多中央领导都直接过问了，陈列品都是经过周恩来、彭真、陆定一、杨尚昆等中央领导审查的。两大馆的陈列品既没有照搬苏联，也没有模仿西方，而是从中国的实际情况出发，集中了全国的文物精华，贯穿唯物史观，办了“中国通史”和“中共党史”两个展览。两大馆根据中国保存文物特别丰富的特点，以史释物，以物证史，史物结合，用博物馆语言来展现中华民族的历史、中国革命的历史。像中国通史陈列，我们中国有这么丰富的文物，又有二十四史等历史文献，还有野史，哪个国家能像我们这样做一个通史陈列？现在回头看，陈列品当然是有历史局限性的，也有不太妥当的地方，但是它的内容和形式都是创造性的，是具有中国特色的，在思想性、科学性和艺术性上达到了很高的水平。所以，在“大跃进”期间筹建的中国革命博物馆和中国历史博物馆，也是中国文博事业的一个重要里程碑，王冶秋在筹建过程中功不可没。

“两馆”办的“中国通史”和“中共党史”两个展览，是真正的中国自己办博物馆展览的重要探索，是很有我们自己特色的，不能随随便便给否定掉。中国人对文物的认识自古就有自己的特点。与西方人首先着眼于文物的艺术价值不同，中国人不仅重视艺术价值，更重视文物的历史价值。我在《中国大百科全书·文物卷》前言里说过，“奕世相承的敬天法祖思想和推重史学的学术传统相结合，形成了中国古代社会中普遍存在的历史意识。中国古代对文物的保护和研究，从多方面反映了这种意识”。现代中国的很多博物馆首先是历史博物馆，美国的很多博物馆其实首先是艺术馆、美术馆。而且中国是文明古国，我们的历史博物馆具有办通史展览的条件，美国自身的历史也不具备我们这样办上下几千年的通史展览的条件。所以现在有人认为当时的通史陈列是落后的，好像西方那种一种艺术品一个展厅的做法才是先进的，这想法是不对的。我建议现在国家博物馆应该按照“以史释物，以物证史，史物结合，用博物馆语言来展现中华民族的历史、中国革命的历史”的原则，还是应该有这两个通史展览，作为主要的基本陈列，以通史的基本陈列为主，再搞其他的展览。

在“大跃进”的热烈气氛中，王冶秋能冷静对待工作，这是很不容易的。有一次在江西，召开革命纪念馆馆长会议，王冶秋提出来对待革命遗址、革命纪念建筑的保护和恢复工作，要保护原状和环境。对领袖故居和革命活动的问题上，他说：“要特别注意到革命活动是在党中央的集体领导下进行的，是同革命干部和广大群众血肉相连的，是同革命大事件联系在一起的。”他这是比较含蓄地表达了不要过度突出个人的做法。王冶秋对工作一直是实事求是，抵制极左的那一套。“文革”期间，中国历史博物馆搞通史陈列，学部历史研究所的那批“左派”说要打破“王朝体系”，陈列以“农民起义打头”，王冶秋就不同意。他找了周总理说了这个事，总理不同意。周总理说：“那岂不是成了农民起义失败史了吗？”这样就没有用“农民起义打头”的展览方案。

1958 年，中央提出来精简机构，下放干部，把故宫博物院、历史博物馆等几个单位的管理权，从文化部下放到北京市。文物局下放干部以后，就剩下 18 个人了，原来文物局的老人、老专家都下放了，就我跟罗哲文几个小年轻没下放。故宫博物院管理权从文化部下放到北京市文化局，过了不久又收回文化部。故宫博物院下放到北京市管理以后，就胡来了，竟然卖了故宫的文物。邓拓有一天在外面看见故宫的东西拿出来卖，他急了，就亲自去收，把东西买了下来还给了故宫，说“这是文物，你们不能卖”。这是邓拓保护文物的事。故宫面临更严重的问题，是北京市还在1958年提出了一个“改造故宫”的方案，大概是彭真的意思。北京市的理由有两点，一个是“地广人稀”，一个是“封建落后”，所以必须改革。他们计划在故宫里面修一条马路，东西向穿过故宫，把故宫一分为二。文华殿、武英殿也要改造，作为娱乐场所。

1959年，中宣部部长陆定一就故宫改造问题召集中宣部、北京市、文物局一块儿开会。王冶秋一听通知，听说开会是讨论改造故宫的，就拒绝出席会议。他后来见到我，说后悔了，那会应该参加的。他原来以为，中宣部开会是已经定下调子的，结果没想到开成了一个保护故宫的会，陆定一把方案给否掉了。王冶秋对我说，陆定一在会上说他自己是“保皇派”，要维护紫禁城的完整和统一，保护好故宫的建筑和文物，故宫的陈列方针第一是保持宫廷史迹，第二才是文化艺术的陈列。陆定一提出：“故宫博物院就是要保留宫廷史迹的陈列为主以古为今用，不能搞成娱乐场所”，“故宫就是故宫，就是封建落后，就是地广人稀。故宫就是封建，不封建就不是故宫，在这个闹市里有个这么空旷的地方大家来游玩，不是很好吗？”“故宫不能搞现代化，一万年也不能点电灯”。[3]陆定一说得可厉害了，整个儿跟彭真的意见对着干，跟北京市提出的“地广人稀”“封建落后”完全是

〔3〕谢荫明、瞿宛林撰文引用相关档案，披露了1959年6月22日陆定一在中宣部部长办公会议对故宫博物院改革方案提出的意见：“我们对故宫应采取谨慎的方针，原状不应该轻易动，改了的还应恢复一部分。”“故宫的性质，主要应该表现宫廷生活，附带可搞些古代文化艺术的陈列，以保持宫廷史迹。”“故宫就是要封建落后，古色古香。”“搞故宫的目的就是为了保留一个落后的地方，对观众进行教育，这就是古为今用，这点不适用于其他各方面的工作。”（谢荫明、瞿宛林：《谁保护了故宫》，《党的文献》2006年第5期。）

针锋相对。彭真是大人物，北京市市长、政治局委员啊，官儿比陆定一大。陆定一了不起，敢跟彭真碰。彭真听了陆定一的话就笑了，说“百家争鸣吧！”，就把方案撤了。陆定一向彭真力陈保护文物的重要性，彭真也能接受。所以开完会以后王冶秋才明白，本来陆定一叫他开会，是想得到他支持的，是要保故宫的，因此他连连后悔应该去开会的。

1964年，我参加故宫复原陈列的讨论，才第一次看到了陆定一的讲话记录，我在日记里写：“如果不是这次定一同志顶住，故宫真不知如何得了。可能现在已是面目全非了。有些人是好心办坏事。好事过了头就会走向它的反面，这就是辩证法。”前几年，我在无锡说了陆定一保故宫的事情。当时无锡讨论要不要保护陆定一故居，我就跟媒体讲了：陆定一的故居本身就是古宅，代表了无锡的建筑风格和特点，本身就应该保护；更重要的是，陆定一当年挺身而出保护故宫，反对北京市拆故宫修马路，就凭这一点，无锡的陆定一故居就应该保护。〔4〕陆定一的儿子陆德看到了这个报道很感动，多方打听找到我，还请我吃了一顿饭。

也是在1958年，西安市想把城墙都拆了，留几个城门楼子就够了。到了1959年夏天，习仲勋接到报告说西安城墙要拆，他半夜两点钟打电话给钱俊瑞说：“看来北京城墙恐怕是保不住了。如果北京城墙拆了，可能会影响全国，听说西安也要拆，西安城墙一定要保下来。你们赶快给我写个报告来！”习仲勋没说毛主席有什么意见，也没说

---

〔4〕政协无锡市崇安区委员会，无锡市崇安区档案局编的《崇安名胜史话》记载，2001年6月，文物及古建筑专家罗哲文、谢辰生、刘叙杰等来无锡，对无锡陆定一故居做了考察，认为它既有建筑上的研究价值，又有名人纪念价值，2002年10月被列为江苏省文物保护单位。(《崇安名胜史话》，济南：山东画报出版社，2006年，第296页。)

为什么北京城墙保不住。钱俊瑞连夜找到文物局副局长王书庄，王书庄又找到我说了这个事情，传达了习仲勋对文化部的指示。当时我跟王书庄住在一个院子里。第二天早上一起来，我就去找罗哲文，我俩是文物局业务秘书，还有文物局的古建工程师陈明达，跟罗哲文都是搞古建筑的。我们紧急整理出了一个材料，赶紧交给了钱俊瑞，建议西安城墙不能拆。然后文化部就给国务院打了个报告，要求保护西安城墙，绝对不能拆，报给了习仲勋。习仲勋马上就批了，国务院急电陕西省不能拆，要保护西安城墙。到了 1961 年，国务院公布第一批全国重点文物保护单位名单中，就有西安城墙。

陆定一保了北京故宫，习仲勋保了西安城墙，都是立了大功。习仲勋大概是发现了毛主席倾向于拆城墙，所以他后来就说，“北京城墙可能保不住了，所以得保西安城墙”。可能是毛主席在哪次会议上说了一句，城墙可以拆，习仲勋参加了，知道了毛主席有这个意思。〔5〕但是毛主席没下要拆城墙的命令，我后来问别人，没有下过命令，但他是有这个意思。我们都不知道毛主席有拆城墙的想法，要不

〔5〕 1953 年 8 月 12 日，毛泽东在全国财经工作会议上说：“在天安门建立人民英雄纪念碑，拆除北京城墙这些大问题，就是经中央决定，由政府执行的。”[《反对党内的资产阶级思想（一九五三年八月十二日）》，《毛泽东选集》第五卷，北京：人民出版社，1977 年，第 95—96 页。]

1958 年 1 月 28 日，毛泽东在中南海颐年堂主持召开最高国务会议第十四次会议，并讲话。毛泽东说：“对于过去就是不能过于重视，我也不是赞成根本不要历史，历史是要的。中国的古代房子，我看了几个城市，比如开封、北京，我很不高兴，我看青岛、长春的建筑好。我这个人是有一点崇拜外国吧。外国的好东西，为什么我们不搬来呢？外国的长处，用得着的东西，我们要搬来。我是在某种意义上说要轻视过去，要重视现在。”[中共中央文献研究室编：《毛泽东年谱（1949—1976）》第 3 卷，北京：中央文献出版社，2013 年，第 291 页。]

1958 年 3 月 5 日下午，毛泽东乘汽车参观成都市容。汽车沿城墙走了一段时间后，毛泽东说：“这个城墙为什么还不拆除？既不好看又妨碍交通。”[中共中央文献研究室编：《毛泽东年谱（1949—1976）》第 3 卷，北京：中央文献出版社，2013 年，第 308 页。]

我就没法写保护北京城墙的报告了啊！文化部部长、副部长都不知道毛主席有这个话，他们要是知道了，就算我们文物局就是有保护城墙的意见，他们也不敢批啊！在整个这个过程中，毛主席“城墙可以拆”这个话，在文化部门从来没有传达过，我们从来没有见过毛主席下令一定要拆城墙的文件。1958 年的所谓“拆”，也没有马上下指令，我们从没有见过文字的东西。大概是毛主席跟大家谈的时候有这些意见，一会儿这儿，一会儿那儿，这都很难说的。除了西安城墙保下来了，南京城墙大部分不也保下来了吗？[6]我记得当时有个说法，原来毛主席主张拆是真的，可是后来到 60 年代初，有的地方因为水灾，城墙给挡住大水了。毛主席在这个前提下改嘴了，说城墙过去有打仗的作用，现在还有挡水的作用，有防洪的作用，不能随便拆，不是非拆不可。[7]毛主席 60 年代初就这么说不要拆城墙了，后来继续拆，

---

〔6〕1958 年，南京许多地段的城墙和城门、城楼被拆除，其中包括明代的“国门”光华门（原名正阳门）、“船型”的通济门等。1959 年 5 月，南京市委第一书记彭冲指示，“拆城工作立即停止”。自此，南京城墙的大规模拆除得到一定的遏制。南京城墙被大规模拆除主要集中于 1956—1959 年，拆除长度约占原始长度的三分之一，尚存 20 余公里的城墙。（杨国庆：《南京城墙》，南京：江苏人民出版社，2014 年，第 141—142 页。）2006 年彭冲曾经回忆，南京的城墙是老文物、大文物，墙砖上都刻有文字且各体兼备，标明了制造墙砖的人，珍贵得很。那个年代全国各地掀起一股拆城墙之风，南京也被波及，很多人认为古城墙限制了城市发展，给他写信要求拆除城墙为发展让路。当时他的压力很大，开了好几次会研究，最后决定停止拆除城墙，对部分已拆除的城墙予以修复。（中共中央党史研究室编：《彭冲纪念文集》，北京：中共党史出版社，2015 年，第 24—25 页。）2010 年 10 月 27 日新华社播发的《彭冲同志生平》介绍，“他坚韧不拔，力排众议，为保护历史文物古迹、保存南京的历史文化古城风貌建立了功绩”。

〔7〕1963 年 10 月 11 日下午，毛泽东在邯郸听取中共河北省委及部分地委的负责人林铁、刘子厚、李悦农、康修民、刘琦、庞均、刘英汇报河北水灾情况。当了解到有些县城由于有城墙群众没有受更大损失时，毛泽东指出：“城墙现在不是对付敌人而是对付水，我看还得搞。大村庄也要有个地方呆嘛，要把城墙和护村堤埝看成是生产资料，没有它，耕牛、犁、耙等都要被冲跑。现在是两个问题：一是大城市，如邯郸、石家庄、邢台，要不要修城墙；一是大村庄修大围子。”当林铁谈到正定县群众反对扒城墙时，毛泽东说：“我们没知识，不能再扒了，城墙是为了对付水，不是对付敌人。”[中共中央文献研究室编：《毛泽东年谱（1949—1976）》第 5 卷，北京：中央文献出版社，2013 年，第 268—269 页。]（转下页）

那都是谁呀？现在有意见认为，是毛主席让彭真去拆城墙，也有意见可能是彭真想拆，他说服了毛主席同意他拆，看来后一种说法也有这个可能。

按：1959年7月22日国务院下发《关于保护西安城墙的通知》（直秘齐字189号），转发了由谢辰生等整理起草的《文化部关于建议保护西安城墙的报告》，内容如下：

据我部了解，在西安城市建设过程中，西安城墙已有部分拆除。西安城墙具有悠久的历史，宋、金、元各代均因隋唐旧城故址筑城，据志书记载："隆庆二年巡抚张祉甃以砖""崇祯末巡抚孙传庭筑四郭城"。城墙东西长七里余，南北长五里，周二十五里，高三丈四尺，基厚六丈，顶宽三丈，旧有四门，并保存有城楼、箭楼、角楼等。建筑雄伟，规模宏大，是我国现存保存最完整而规模较大的一座封建社会城市的城墙，也是研究封建社会城市规划、军事历史的实物例证和研究古代建筑工程、建筑艺术的重要参考资料。据了解，西安城墙在现在都市规划中，可以不妨碍工业建设的发展。因此我部认为应该保存，

（接上页）1963年11月12日上午，毛泽东在天津听取中共河北省委负责人汇报工作。谈到防汛措施时，毛泽东说："河、水库要修，还要修村城（防洪堤）、镇城墙、县城墙，邯郸市那样的城墙，城墙要普遍地修。城墙是个防卫武器，这种生产资料比牛、比人、比土地都重要，因为堤一溃，粮食被淹了，人、牛都没得吃了。"［中共中央文献研究室编：《毛泽东年谱（1949—1976）》第5卷，北京：中央文献出版社，2013年，第279页。］

1964年3月29日，毛泽东在听取林铁、刘子厚、陶鲁笳等汇报工作时插话时，又说："围子、城墙就是防水堤，是生产资料，你拆它干什么，过去拆城墙是做了蠢事。"（顾龙生：《毛泽东经济年谱》，北京：中共中央党校出版社，1993年，第592页。）

并加以保护。特报请批示。如同意，请转知陕西省人民委员会。

如果当时不是习仲勋的干预，恐怕我们今天就看不到西安城墙了。习仲勋对文物保护真是做了很大贡献的。1953年，习仲勋任政务院秘书长，后来是国务院秘书长、副总理，分管文化工作，那会儿我们递交上去的关于文物保护的文件，多数都是他批的。1953年政务院《关于在基本建设工程中保护历史及革命文物的指示》，就是习仲勋批的。1956年，为了配合农业合作化高潮，国务院发的《关于在农业生产建设中保护文物的通知》也是习仲勋批的，文号是“国二文习字第6号”，国务院第二办公室习仲勋的意思。第二办公室是文教办公室，分管文物工作。〔8〕

拆城墙的问题上，毛主席是犯了错误。人都会犯错误，这是难免的，但毛主席在原则上是赞成保护文物的。解放军要进城的时候，给军队打的保护北京城、保护名胜古迹、保护清华大学的电报，就是毛主席亲自起草的啊！〔9〕新中国成立之初，北京市考虑把袁崇焕的墓从

---

〔8〕习仲勋在任政务院秘书长、国务院秘书长、国务院副总理兼秘书长期间，先后签发有1953年《中央人民政府政务院关于在基本建设工程中保护历史及革命文物的指示》（政文习字第24号）、1956年《国务院关于在农业生产建设中保护文物的通知》（国二文习字第6号）、1956年《国务院关于贯彻在工农业建设中保护文物指示的通知》（国二办习字第16号）、1957年《国务院关于浙江省龙泉县和湖北省均县破坏文物事件的通报》（文习字第15号）、1957年《国务院关于转发文化部请转令你市暂停拆除城墙的报告的通知》（文习字第69号）、1961年《国务院关于进一步加强文物保护和管理工作的指示》（国文习字39号）、1961年《国务院关于公布第一批全国重点文物保护单位名单的通知》（国文习字40号）等多个关于文物保护的文件。

〔9〕1948年12月15日，毛泽东在给林彪、罗荣桓、刘亚楼等的电报中指出：“请你们通知部队，注意保护清华、燕京等学校及名胜古迹等。”17日，毛泽东又指示给林彪、罗荣桓、刘亚楼等：“沙河、清河、海淀、西山系重要文化古迹区，对一切原来管理人员亦是原封不动，我军只派兵保护、派人联系，尤其注意与清华、燕京等大学教职员、学生联系，和他们共同商量，如何在作战时减少损失。”［中共中央文献研究室编：《毛泽东年谱（1893—1949）》（下），北京：中央文献研究室，2013年，第421、423页。］（转下页）

城里迁出去，叶恭绰、柳亚子等几位民主人士联名给毛主席写信，毛主席批示同意，要保护袁崇焕祠堂。〔10〕1954年，毛主席去午门看基本建设中出土文物的展览，不是说过“这就是历史，你们要好好学习”吗？1958年，毛主席去安徽，参观安徽省博物馆时说：“一个省的主要城市都应该有这样的博物馆。人民认识自己的历史和创造的力量是一件很要紧的事。”这些指示，当时就在文物系统传达的，我们文物局的同志都非常激动。毛主席是爱护文物的，是支持保护的。

二 《文物保护管理暂行条例》

“大跃进”高潮过去以后，毛主席纠正错误，我们也要纠正，胡来没有规矩了。大炼钢铁，砸了不少文物去炼钢，这都不行的。在这个基础上，1959年开始，文物局开务虚会议，总结1958年的错误。

（接上页）1949年1月16日，毛泽东在给林彪、罗荣桓、聂荣臻的电报中指出：“积极准备攻城。此次攻城，必须做出精密计划，力求避免破坏故宫、大学及其他著名而有重大价值的文化古迹。你们务必使各纵队首长明了，并确守这一点。让敌人去占据这些文化机关，但是我们不要攻击它，我们将其他广大城区占领之后，对于占据这些文化机关的敌人再用谈判及瓦解的方法，使其缴械。即使占领北平延长许多时间，也要耐心地这样做。为此，你们对于城区各部分要有精密的调查，要使每一部队的首长完全明了，哪些地方可以攻击，哪些地方不能攻击，绘图立说，人手一份，当作一项纪律去执行。为此，你们必须召集各攻城部队的首长开会，给以精确的指示。为此，你们指挥所要和每一个攻城部队均有准确的电话联系。战斗中每一个进展均须放在你们的指挥和监督之下。”[《中央军委关于保护北平文化古城问题的指示电》（1949年1月16日），北京市档案馆、中共北京市委党史研究室编：《北京市重要文献选编1948—1949》，北京：中国档案出版社，2001年，第88页。]

〔10〕1952年5月14日，叶恭绰、柳亚子、李济深和章士钊四人致信毛泽东，提出保全北京城内袁崇焕祠墓。5月16日毛泽东批示：“请彭真同志查明处理，我意如无大碍，袁崇焕祠墓应予保存。”5月25日，他给叶恭绰回信：“誉虎先生：数月前接读惠书，并附萨镇冰先生所作诗一首，不久又接读大作二首，均极感谢。萨先生现已作古，其所作诗已成纪念品，兹付还，请予保存。近日又接先生等四人来信，说明爱国领袖人物袁崇焕先生祠庙事，已告彭真市长，如无大碍，应予保存。此事嗣后请与彭真市长接洽为荷。顺致敬意。毛泽东五月二十五日。”[毛泽东：《对叶恭绰等要求保全袁崇焕祠墓的信的批语和复信》（一九五二年五月十六日、二十五日），《建国以来毛泽东文稿》（第3册），北京：中央文献出版社，1989年，第448—449页。]

中央提出“调整、巩固、充实、提高”八字方针，我们根据这个方针，感到文物工作也要进行调整，进行改进，必须得有规矩。当时大家总结了一下，这事情到底怎么办，为什么会犯这种错误？就是因为不承认文物工作本身的规律，没有正确的认识规律，没有规章制度，没有做到有章可循，想怎么来就怎么来。这不行，解放思想不能胡乱解放，所以大家赶快回头，认真总结 1958 年的错误。我们就觉得非得有一个全面系统的法律不可，所以提出来搞《文物保护管理暂行条例》(以下简称《条例》)。

为了纠正 1958 年的失误，贯彻中央“调整、巩固、充实、提高”的方针，我们从 1959 年就开始进行总结，总结新中国成立以后的一些进展，把行之有效的做法以及原来文件规定的要求，综合起来形成这个《文物保护管理暂行条例》。新中国成立以后，我们立即拟过禁止文物出口等第一批文物法令，1953 年有《关于在基本建设工程中保护历史及革命文物的指示》，1956 年发了《关于在农业生产建设中保护文物的通知》。基本建设的《指示》，是解决了基本建设当中文物保护的问题；农业生产建设的《通知》，提出来进行文物普查和建立文物保护单位两个重要的基础性措施，解决了农业合作化当中文物保护的问题。但是，为什么到了 1958 年还是犯了错误？我们觉得之前的那些文件都是针对单个问题的，分别对文物出口、基本建设、农业生产等，现在还是得搞一个综合的、全面的法规，做到有规律可循，有规章可循，以后就好办了。所以我们总结，要建立一套法律制度，这就从 1959 年开始起草《条例》，到 1960 年起草完成。历时一年多完成，主要是我一人弄的，前前后后搞了 11 稿。

最后，《条例》是 1960 年 11 月 17 日召开的国务院 105 次全体会议讨论通过，同时还通过了第一批全国重点文物保护单位。通过的时候是陈毅副总理主持，周总理不在家。陈老总很热爱文物，他在会场上还有些插曲，很有意思。陈毅到了会场，拿着文件看着看着，突然站起来说："这个会议，我不能主持。"国务院副秘书长、文化部党组书记齐燕铭一听急了，因为这些事情是他抓的，于是赶紧说："陈老总我们有什么错啊，为什么啊？"陈毅说："我们是五千年的文明古国，那么多文物，你们提出才保护180处文物。如果我主持通过了，后代子孙知道这事儿，我陈毅是要挨骂的，这不行。"齐燕铭赶快告诉他："不只是180处，180处是第一批的全国重点文物保护单位，以后还有第二批、第三批，要继续公布下去。还有省级文物保护单位，还有县级文物保护单位，多了去了。"陈毅一听，说"这可以可以"，才坐下来。陈毅接着主持，他讲："《条例》很多地方有漏洞，有些地方太松了，为什么开这么些口子？一定都要严格。"其实不是我们开口子，最初我们的稿子是严格的，因为《条例》出台前国务院各部门都得征求意见，他们不同意就上报不了。各个部门都说好了，磨合好了，才能上国务院的会，要是有一个部门反对，有不同意见，就没法上会。所以很多问题不得已，有些地方留一点余地。现在也是如此，制定一个法律，得把所有的部门都走到，大家同意了才能上报，才能上会。这一条陈毅不了解，他坚决说："不行，漏洞得堵住，不能留，你们必须要修改。"他这么说，底下就没词儿了。

陈老总接着批北京，批得很厉害："你们北京市为什么把西单两个金塔给拆了？京剧《四进士》里面就唱'双塔寺前分别后'，就是说这个双塔，你们知道不知道？你们把它拆了是很错误的！"双塔是金代为两位高僧建的，就在电报大楼前面。元世祖忽必烈建元大都城墙，金代的双塔正好挡了南城墙的路，忽必烈没有下令拆掉双塔寺，反而让城墙避开双塔寺，在它边上往南绕了个弯儿，把双塔留在了城墙以内。结果北京市拓宽长安街，把金代的双塔都给拆了。陈毅提出一个重要的观点："在文物保护问题上，'宁可保守，不要粗暴'。你错保了一个，如果也算是错误，随时可以纠正；你错拆了一个，永远改正不了。所以'宁可保守，不要粗暴'。"这都是很有道理的。他还说："修缮古建筑，一定要保持它的古趣和野趣，绝对不允许对文物本身进行社会主义改造。"这都是陈毅的名言，到现在都有现实的指导意义。最后他说："就这么通过了，全国重点文物保护单位以后一批一批再说。"

通过的时候周总理不在家，陈老总说，还是要等总理回来，还要再请报总理批，最后是总理签的，所以文件 1960 年就通过了，到 1961 年才颁发。这儿有一个故事，很有意思。总理对修改过的《条例》和全国重点文物保护单位名单全都同意，但提了一条意见："全国文物重点保护单位里，有八一南昌起义的指挥部，这个可以不要。"他为什么不要？因为总理是这样的，只要涉及跟他有关的他一律避免。他绝对不抢尖、不出头、不争荣誉，现在搞形象工程的官员与总理相比真是不可同日而语。当时大家就提出来说："这不行啊，现在解放军帽徽上是'八一'，建军节也是'八一'，八一南昌起义不是你个人的事儿。"周总理觉得有道理，就同意留下来，但是他说："南昌起义向国民党反动派打响了第一枪，大方向是正确的，但路线是错误的，还是想夺取城市。真正正确的路线，是毛主席在文家市领导的秋收起义，确定了农村包围城市的路线。"总理说，必须把毛主席领导秋收起义的革命旧址放进名单里去。实际上秋收起义文家市会师旧址还是在这个名单里面。总理还提出意见，说文物保护单位一定要做到两点——有物可看，有事可讲。这就形成了第一批全国重点文物保护单位，后来文物局拟的第二批全国重点文物保护单位名单没报成，因为1964年想报第二批的时候，“文化大革命”的前期已经开始了，已经开始批文化部是“老爷部”“帝王将相部”了，就搁置下来了。要是早点报第二批可能就报成了。

1961年3月4日，国务院正式发出《关于进一步加强文物保护和管理工作的通知》《关于发布文物保护管理暂行条例的通知》《关于公布第一批全国重点文物保护单位的通知》，三个文件同时发下去。第一批全国重点文物保护单位的选择，是从1956年开始，根据国务院《关于农业生产建设中保护文物的通知》，从各地公布的省级文物保护单位中选择的，同时参考了梁思成的《全国重要建筑文物简目》。跟后来确定全国重点文物保护单位的过程中就文物历史、艺术、科学价值上的争议相比，这180处完全没有任何异议，都是全国最顶尖最棒的。发下去的《关于进一步加强文物保护和管理工作的指示》，也是我起草的。这个《指示》按照《条例》的精神，强调四个方面的问题：一是凡是具有历史、艺术、科学价值的文物都要保护，贯彻“两重两利”方针；二是文物修缮，尽可能保持文物古迹工作的原状，不应当大拆大改或者将附近环境大加改变；三是继续文物普查，公布各级文物保护单位；四是向群众加强宣传，使文物保护成为广泛的群众性的工作。陈毅在国务院常务会议上说：“修缮古建筑，一定要保持它的古趣和野趣，绝对不允许对文物本身进行社会主义改造”，所以我们在《指示》里特别强调：“保护文物古迹工作的本身，也是一件文化艺术工作，必须注意尽可能保持文物古迹工作的原状，不应当大拆大改或者将附近环境大加改变，那样做既浪费了人力、物力，又改变了文物的历史原貌，甚至弄得面目全非，实际上是对文物古迹的破坏。”这些精神，到现在看也没有过时。

按：由谢辰生先生起草，1961年3月4日国务院颁布的《关于进一步加强文物保护和管理工作的通知》(国文习字39号)，提出四点指示如下：

一、文物保护工作是一项重要工作。我国丰富的革命文物和历史文物，是世界人类进步文化的宝贵遗产。切实保护这些文物，对于促进我国的科学研究和社会主义文化建设，以及向广大人民进行革命传统教育和爱国主义教育，起着重要的作用。因此，各级人民委员会必须认真贯彻执行"文物保护管理暂行条例"，凡是具有历史、艺术、科学价值的文物，都应当妥善保护，不使遭受破坏和损失。文化部和各省、自治区、直辖市人民委员会还应当本着重点保护、重点发掘，既对基本建设有利，又对文物保护有利的方针，根据当地具体情况采取有效措施，进一步加强对文物保护工作的领导。

二、文物保护工作必须坚持勤俭办事业的原则，对于革命纪念建筑和古建筑，主要是保护原状，防止破坏，除少数即将倒塌的需要加以保固修缮以外，一般以维持不塌不漏为原则，不要大兴土木。保护文物古迹工作的本身，也是一件文化艺术工作，必须注意尽可能保持文物古迹工作的原状，不应当大拆大改或者将附近环境大加改变，那样做既浪费了人力、物力，又改变了文物的历史原貌，甚至弄得面目全非，实际上是对文物古迹的破坏。

三、各级人民委员会对于这次公布的第一批全国重点文物保护单位和地方原来公布的各级文物保护单位，必须做好保护和管理工作。此外，还应当继续通过调查了解，对于尚未经公布的革命遗址、纪念建筑物、古建筑、石窟寺、石刻、古文化遗址、古墓葬，特别是关系中国共产党党史、革命史的遗址、遗迹，加以适当选择，公布为省（自治区、直辖市）级或县（市）级文物保护单位，加强保护工作。

文化部应当继续选择其中价值重大者作为全国重点文物保护单位，陆续报经国务院核定公布。

四、做好文物保护工作，不仅是文化行政部门的一项重要任务，也是各有关部门的共同责任，特别是基本建设部门必须严格遵守条例的各项有关规定，使祖国文物不致遭到破坏和损失。各级人民委员会和文化行政部门还必须采取适当方式向广大人民群众宣传保护文物的政策、法令，教育群众爱护祖国文物，使文物保护成为广泛的群众性的工作。

可以说《文物保护管理暂行条例》是对1958年错误的拨乱反正，1982年的《文物保护法》是对“文化大革命”期间法制不健全的改正。《条例》是新中国文物法制的重要基石，它提出的很多重要原则后来被《文物保护法》沿用至今，而且其主要规定跟世界上通行的文物保护的原则也是一致的。《条例》的颁布实施是一个十分重要的划时代的基础性工作，提出了很具体的要求。比如我们在古建筑修缮方面，《条例》规定了“保持现状或者恢复原状”的原则，但是怎么才是恢复原状学术界是有分歧的。在当时的经济社会条件下，我们在实际工作中确定了古建筑依据“保养为主，重点修缮，维持不漏不塌”的方针进行修缮，重点实际上是“保持现状”。这个《条例》再加上燕下都的经验，文物保护管理工作完全具备了提出“四有”的条件，即有保护范围、有标志说明、有专人管理、有科学记录档案，每个文物保护单位必须具备这四条，这样基本的规章制度差不多都有了。

《条例》第一条就提出“一切具有历史、艺术、科学价值的文物，都由国家保护”。我们抓住了三条，以历史、艺术、科学的价值，来作为认定文物的统一的标准。我们抓住这三点价值，任何有价值的物质文化遗存都可以进入文物的范畴，是从综合到具体，不像国外有的国家，通过列举的方式界定文物，这个杯子是，那个茶壶不是，只有具体，没有综合，是机械的形而上学的。《条例》规定“与重大历史事件、革命运动和重要人物有关的、具有纪念意义和史料价值的建筑物、遗址、纪念物等”就是文物，没有从时间上排除现代文物、当代文物。所以我们早就有了 20 世纪遗产、工业遗产的认识和保护实践。像天津的三条石，是近代的铸铁业、机器业的聚集区，我们 50 年代就建立了三条石历史博物馆，还是周总理亲自题写的馆名。我那时候对三条石很感兴趣，就是从我的文物观的角度考虑的，是以定义文物的条件来决定它是不是文物，而不是以年代来决定。我们在新中国成立初，就把新中国的文物保存了，像第一批全国重点文物保护单位就有人民英雄纪念碑；第一汽车制造厂生产的第一辆汽车，我们作为文物保存了。这些今天看起来新鲜的概念，像 20 世纪遗产、工业遗产、大遗址，我们在过去根据对文物的科学定义早就有过保护的实践。现在提的 20 世纪遗产，其实和那时候就提出来的近现代建筑和遗址，有很大的重合，不是完全新鲜的东西；文化景观可以说是这几年在国际上流行的新东西，但是也相当于中国的名胜古迹，因为名胜古迹都是景观。

《条例》第一次提出了“全国重点文物保护单位”的概念，明确了它的核定公布程序。一开始我们在草拟的时候，写的是国家级、省级、县级三级文物保护单位。《条例》送给齐燕铭审阅的时候，他把我叫去，说你这个“国家级文物保护单位”的提法不好。为什么呢？他说，国家级的就得国家包，文物也得让地方承担保管的责任，全让国家管你管得了吗？他的意思是，如果写了国家级给人感觉好像就是国家管，保护的责任都在国家了，必须得让地方承担起保护文物的责任。他出了个好主意，在省级中选择重要的作为“全国重点文物保护单位”，但它本身不是一级。文物本身还是由地方政府来负责日常管理，要出钱保护，但是涉及一些修缮等重大问题要报国家文物部门决定，必要时国家给予经费补助，所以是“全国重点”。全国重点文物保护单位的核定程序，是文化部“选择具有重大历史、艺术、科学价值的文物保护单位，分批报国务院核定公布”。

现行的《文物保护法》，进一步规定“国务院文物行政部门在省级、市、县级文物保护单位中，选择具有重大历史、艺术、科学价值的确定为全国重点文物保护单位”。这就是说，国家文物部门可以从任何一级文物中选择核定为全国重点文物保护单位，可以从省级，也可以从市、县级，而不是说全国重点文物保护单位只能从省级申报。否则，如果有的省级政府就是不申报，有些重要的文物怎么保护？你不懂这段历史，你就不知道为什么要用“全国重点文物保护单位”，不知道它是怎么选择、核定、保护、管理的。2016 年公开征求意见的《文物保护法修订草案》，就是没弄懂这个道理。修订草案删掉了“国务院文物行政部门在省级、市、县级文物保护单位中，选择具有重大历史、艺术、科学价值的确定为全国重点文物保护单位”，你把这个选择删去了，“全国重点”就出不来了。

三　文化部“假整风”

《条例》出台以后，就是贯彻落实的问题。1960 年以后三年困难时期，许多建设都停了下来，正好有这么个空隙做了些法规制度方面的事情。如果天天有建设，还得去忙保护、发掘，这时候已经大量减少了，所以有精力集中搞法制建设。我们在 1961 年到 1965 年这段时间就是搞法规建设，搞制度建设。

1962 年，王冶秋组织文物局搞“务虚”，我们反复讨论，形成了《关于博物馆和文物工作的几点意见》，简称“文博工作十一条”。我们随后颁布了《文物保护单位管理暂行办法》《革命纪念建筑、历史纪念建筑、古建筑、石窟寺修缮暂行管理办法》《古遗址、古墓葬调查、发掘暂行管理办法》等一系列行政法规。这就比较成套地形成了包括文物保护单位管理、考古发掘、古建筑修缮、限制文物出口等一系列具体管理办法，效果还是很好的。可以说，一直到“文化大革命”，主要是在贯彻执行《条例》和“文博工作十一条”，进一步健全规章制度，使得文物工作各项业务都有了明确的原则和具体的规定。

结果到了 1964 年，开始批文化部是“帝王将相部”，康生在文化部搞“假整风”。毛主席说，帝王将相站满了舞台，所以康生派人来文化部搞整风，各个司局都派了工作组来贯彻毛主席关于文艺工作的指示。康生是文化部整风名义上的负责人，但是实际主持文化部整风工作的人是谁，我也不清楚。派到文物局的工作组组长就胡说八道了，批文物局保护文物，只讲历史、科学、艺术价值，没有阶级性。还说国务院颁布的《文物保护管理暂行条例》就是这样，只按文物本身的价值来决定保护的标准，没有阶级性，对此要否定。他们是过分强调了阶级性和阶级斗争学说，否定了文物工作自身的规律，要求照搬文艺工作的方针贯彻到文物工作，对文物要“推陈出新”。那时候我提了很多意见，跟他们辩论，我说文物工作不能完全照搬文艺工作的方针，不能脱离文物工作的实际。人家把我当成另类了。

文化部搞“假整风”不久，我下到西安参加“四清”。“四清”我也不闲着，给康生写了信，收在我的《往来书札》的第一篇。[11]那时候我很担心，按文化部整风的势头来对文物工作进行整改，会出问题。我就写信给康生，批驳康生派来的工作组的意见，不就明摆着跟他碰吗？我在信里面说，文物工作不能贯彻“推陈出新”，得提倡“古为今用”。我认为，文物保护管理工作在文化工作中是一项特殊性很大的工作，它有自己的特殊规律，和文艺工作大有不同，因而把一些文艺方针完全套在文物保护管理工作上面是不适当的。有人强调文物工作也要贯彻“百花齐放，推陈出新”的方针，我不同意这个看法。我认为这是文艺方针，不是文物工作的方针，不能因为文化部整风，着重在整文艺方针，要坚决贯彻“百花齐放，推陈出新”的方针，文物工作也就要“推陈出新”一番。文化工作是分门别类的，它的共同点贯穿于各项文化工作之中，但是各个工作的方法不同、形式不同。不认识这一点，就不是从实际出发。因此，我个人认为，如果“百花齐放，推陈出新”是文艺工作方针，那么，文物工作的具体方针倒不如说“百家争鸣，古为今用”更确切些。

文物工作为什么不能“推陈出新”呢？我说文艺工作的文化革命，必须推陈出新（从内容到形式），而文物工作的文化革命，主要是如何“古为今用”。文艺的推陈出新，要把舞台上的帝王将相代之以工农兵，对旧有的形式也要有所革新、有所创造，使之与新的内容相适应。而文物工作则不能以新的文物去代替旧的文物，也不能对文

[11]《往来书札》，即李经国编撰的《谢辰生先生往来书札》，国家图书馆出版社 2010 年出版。该书收录了谢先生多年来写给各级领导及与友朋往来的信札百余封，多数都是对文物保护的建议及呼吁，其中不少信札受到了中央领导同志的高度重视，党和国家领导人对先生的致信做出批示或亲笔复函。

物本身加以改造而“推陈出新”。当然历史在不断发展，有的东西今天不是文物，明天可能就是文物，但新的文物总不能代替旧文物，旧文物仍然是文物，仍然要保护的。文物工作需要改造的不是文物本身，而是我们对文物工作的立场、观点、方法。文物能否“古为今用”，决定的关键在于我们对于文物的保护、整理、研究、宣传的观点是否正确，是马克思主义的观点，还是资产阶级，甚至封建主义的观点？文物不一定全有阶级性，“蓝田人”就没有阶级性，阶级社会中的生产工具也没有阶级性，但是对待它们的观点是有阶级性的。因为文物只有通过文物工作才能够起作用。不同的阶级，对待文物有不同的观点，所以文物工作是有阶级性的。

我还反对在文物本身上“取其精华，去其糟粕”。文艺工作对待古代文化遗产，必须取其精华，去其糟粕，不能无批判地兼容并蓄，但文物工作不能对待文物只取其精华而毁其糟粕。因为文物的精华与糟粕是杂糅在一起的，并不是那么泾渭分明。就是明显的既有精华，又有糟粕的文物，也很难把它分解开来。主席所指的民主的精华、封建的糟粕是指思想内容而言的，指的是思想意识形态方面，而不是一般的好、坏、高、低的意思。文物是实物史料，它只能作为史料供今天的科学研究、文艺工作作参考。文物只是第一性的资料，它本身不能改变原来面貌，因而不能在文物的本身上取其精华，去其糟粕。文物工作也不能只保护正面的，不保反面的。我认为正面、反面的都应该保，文物是说明历史的实物例证，它们可以从不同的角度说明问题，也可以从不同的角度去教育人民。说明阶级斗争的文物，比如上饶集中营、中美合作所，还有一些卖身契，可以作为“反面的实物例证”教育下一代。

有些人说保护文物的标准应当是“政治标准第一，学术标准第二”，并且认为《文物保护管理暂行条例》规定的保护标准，要看文物本身的历史、艺术、科学价值的大小，没有阶级性的，是不适当的，应当加以修改。文物局在检查过去的文件时，就把这个作为问题提出的。我不同意这样的看法。我们国家颁布的法令，不言而喻，就是要求用马克思主义的观点来评价历史、艺术、科学价值。在某些情况下，学术要服从政治，比如历史博物馆陈列的地图，把一些兄弟国家的边界空起来，但是我们不能把一切古代地图都统统毁掉。又如朝鲜同志不同意我们《史记》的某些记载，我们也不能因此而把这些记载都统统删去。文物保护有它的特殊性，“政治标准第一，学术标准第二”是不合适的。敦煌、龙门就其内容是宗教内容，虽然个别作品间接地反映了当时的一些生活情况，甚至有的作品还在一定程度上表达了人民的愿望，突破了宗教的教义。但总的来说，它本身是统治阶级为统治人民麻痹人民而开凿的。它的基本内容是有害的。如果按照这个标准来决定存废，岂不就都是不保护了？显然是需要保护的。因为它是我们的珍贵艺术遗产，是我们艺术工作者学习民族艺术传统，创造我们自己民族形式的新雕塑的重要参考资料。

我还说文物工作的“厚今薄古”，不能现在的文物要多保，古代的文物要少保，越古的越要少保，越近的越要多保。这不是从实际出发，而是从定义出发。文物工作的厚今薄古实际上就是古为今用，只要是用正确的观点来对待文物，也就是厚今薄古。不能用厚今薄古的框框套在文物工作上，简单地认为要多保革命文物，少保古代文物，要看文物的价值大小该不该保，不能按古今来决定保多保少。古代文物也许有不该保而保了的，而是应该看到也有不少该保而没保好的。我给康生的这封长信，还“烧”了他一家伙，我说像宋徽宗、宋高宗、赵孟頫的东西，也应作为重要的文物保护。我说就是赵孟頫的字也是研究当时书法的重要依据，作为资料来说是应当保存的，我还加了一括弧——听说您很不喜欢赵体。康生厉害不厉害？我说话很厉害的，这是一贯的，我并不是现在这样，过去也这样。

康生看了以后，转给文化部整风领导小组。他没表态，也没说肯定，就转给他们阅，但至少是没有否定我。后来也就不了了之，接着就“文化大革命”了。1965年，我结束在西安后村的“四清”回到北京。临行前，我写了首《七律·长安“四清”别后村青年》：

情景依稀别梦频，驿亭执手泪沾襟。
经年又作长安客，永世难忘赤子心。
雁塔路遥凝望久，沉香亭畔感情深。
风雷震荡开云雾，倍觉今朝日日新。

“文革”前夕的1965年，文物考古工作还有一个重要事件，是“侯马会战”经过多年考古发掘，最终发现了“侯马盟书”。为此我去了山西一趟。侯马遗址也是大遗址保护的典型。侯马遗址最初是山西文物部门在晋南文物普查时候发现的。1956年，国家要在侯马进行一项重点建设项目。为了配合基建，文物局调集全国考古专家，组织了考古勘探的大会战，这就是所谓“侯马会战”。谢元璐、黄景略等都长期在工地参加发掘，黄景略担任工地的总指挥。侯马遗址在基本建设和文物保护之间做到了互补。一方面，我们配合基建，通过大规模的调查、勘探、发掘，出土大量文物，弄清了文物的分布范围，把侯马遗址确定为第一批全国重点文物保护单位，另一方面，我们也配合工程建设，双方都做了一些让步，把遗址的核心区比较完整地保留了下来，厂区建设说不让动就不动了。

1965年底，山西省文物部门在侯马遗址发现了有朱色篆体文字的石片。山西考古所的陶正刚写信告诉我有这个重要发现，我就去了太原，跟山西的考古学家张颔一块儿去看侯马的发掘现场。我把张颔写的文章和侯马发现的文物残片带回北京，跟王冶秋、夏鼐做了汇报。〔12〕张颔文章里面说，他找晋国后期的都城新田，但是总找不着到底在哪儿，新田在《史记》上没有记载。还是后来我告诉他，《史记》上没有，但《左传》上有啊，他才改过来的。最后是郭沫若确定，这是春秋时期的晋国卿大夫举行盟誓记载誓词的"盟书"，将之命名为"侯马晋国盟书"。侯马经过很多年的考古调查和发掘，弄清了遗址区大城套小城的格局，最后发现了侯马盟书等重要文物，终于确定这里是晋国晚期都城新田的遗址。考古学家顾铁符一直在侯马蹲点调查研究，他认为晋都新田可能就在这个位置。顾铁符和另一位考古学家、中国科学院考古所的林寿晋之间有过争论，顾铁符认为新田在侯马，林寿晋认为在曲沃。最后证明顾铁符的意见是对的，因此他被称为"顾侯马"。

四　文物商业的改革

1960年，我们对文物商业进行了改革，提出文物商业"事业单位、企业管理"，是一个重要的创举。关于流散文物问题，现在有人说以前不允许文物流通，解放以后禁止文物买卖，这些都是谬论，完全是胡说。他们还说，要完全放开文物市场，放开流散文物管理，这就是市场经济，这都不对。我有个观点，社会主义可以搞市场，资本

〔12〕夏鼐在日记中载：1966年1月6日星期四，上午谢辰生同志来谈去侯马调查"朱书玉册"事。［夏鼐：《夏鼐日记》（卷七），上海：华东师范大学出版社，2011年，第185页。］

主义也不见得搞市场，这是两码事。买不买卖，取决于一个国家对于自己民族文化遗产的态度和它的具体情况，而不是市场经济的问题，这是我的基本观点。比方说埃及，你总不能说埃及是社会主义国家吧？作为资本主义国家，埃及就根本禁止文物流通，它的文物保护法规定，禁止文物买卖，没有文物市场。

我国打新中国成立初期就有文物市场，但是文物市场一直是有限制、有条件的。新中国成立初的三年，直到公私合营以前，琉璃厂一条街全是文物商店，那时候一直有从旧中国遗留下来的文物市场。公私合营后还保留文物市场，始终没有取消，你可以买可以卖。1954 年公私合营以后是另一个阶段，那时候文物商店完全就是国营，归商业部门或外贸部门管理。国营不代表没有市场，该买什么卖什么，没有私人的商业就是了。还有其他部门的，像友谊商店，也卖文物。文物市场始终存在的，存在本身没有什么特殊的限制，国内可以买卖。当时有一个特点，文物市场是首先满足国家博物馆的需要。当时不少博物馆收藏的很多文物，还是从文物市场买过来的。开始是有市场，不过是私营的，到 1954 年公私合营以后变成国营的，这是经营权的转变，市场没有变动。但是个人随便买卖，从来没有过，全世界也没有随便买卖文物的。文物可以随便自相买卖，哪个国家有这事儿呀？

禁止文物的出口是另一个问题。国内并没有禁止文物的买卖，但是文物能不能出口是有标准。1960 年以前，文物商店都归商业部门管，不归文化部门管。有一次文物出口，因为鉴定人员的问题，把一些超限的东西卖出去了。原来我们规定 100 年以前的文物不许出口。这个东西超限了，美国的《时代周刊》就造谣，说中国现在卖文物，把从明代定陵发掘出来的东西卖出去了，那胡说八道了。还说因为西藏平叛，把西藏的文物、铜器向外卖。他们污蔑我们，引起了中央的重视。中央说这不行，要严格管理文物出口，不能随随便便这样。1959年国务院转发了文化部《关于保护西藏文物报告的通知》，这个通知不是一般的文物保护的文件，而是针对西方势力造谣我们平叛是为了掠夺西藏文物，出售文物解决经济困难。所以国务院转发了这个通知，外贸部门不再允许佛像等西藏文物出口。

1960年，国务院批复同意文化部、商业部、外贸部的联合报告，转发了三部《关于研究执行"关于改变文物商业的性质和管理体制的方案"的通知》，这就是"三部联合指示"。国务院决定由文化部文物局抓这个事儿，下令所有的文物商店都归文化部门管，管理权从商业部门转到文化部门；并且"改变各地文物商业的纯商业性质为实行企业经营管理方法的文化事业单位"，是"事业单位、企业管理"，不是纯商业了。这是一个重大的改革，从而加强了对社会上的流散文物的管理。买卖还是一样的，但是性质不一样了，不至于为了赚钱胡来。这样的文物市场世界上都没有过的，我觉得这是非常好的。

同时，文化部和外贸部制定了一个新的文物出口标准，就是1960年《文物出口鉴定参考标准》。这个标准跟国际上有所不同。有的国家是完全禁止的，像埃及，禁止文物买卖，也禁止文物出口；有的国家是完全市场化、商业化的，随便出口；苏联在十月革命以后，列宁下令不许文物出口，以十月革命为限。我们搞了自己的办法，以1949年为限是基本原则，但当中有几个不同的阶段。一是1795年（乾隆六十年）以前的，一律不准出口，这是一个阶段。二是1795—1911年，有一部分文物可以出口，有一部分文物不可以出口。这就有选择了，放宽了。三是1911—1949年，有一部分可以，一部分不可以。这个标准写得非常细，很了不起，到现在还这么用。

这就是关于文物出口管理的“三部联合指示”，附加《文物出口鉴定参考标准》。我们没像资本主义国家那样，全部商业化企业经营，我们的文物商业体制是“事业单位、企业管理”，文化部门负责管理，这是一个大改革。同时，出口标准也跟人家不一样。国际上一般是100年以前一律不许出口，我们是分三段，有的阶段虽然允许出口的，但特别珍贵的还要保留，不许出境。全世界别的国家都没有像我们这么干的，这是创举啊！

“文化大革命”期间“破四旧”，周总理就召集这些红卫兵头头，说文物不是“四旧”，珍贵文物国家应该要保护的，而且一部分文物还可以出口赚取外汇，不能作为“四旧”来看。总理制止红卫兵“破四旧”，文物商店就保下来了，不过周总理还有一句“有些东西可以出口换外汇”。那时候文化部砸烂了，文化部没人了，外贸部趁机就把文物商店划归他们管了，造成了后来文物只卖外国人不卖中国人的现象，结果出了笑话。外贸部下属的进出口公司往外出口工艺品，就有大量文物都往外出口。那时候我们还是按照原来的标准，文物出口定了四个口岸，天津、上海、广州，这是从1950年《禁止珍贵文物图书出口暂行办法》就规定的，后来加了北京，其他地方不许出口。文物出口就得从这儿走，经过鉴定，傅忠谟负责鉴定的事。开广交会我经常到广州去，看出口的东西有没有出格的。有一次我们发现，外贸公司出口的文物在年代上倒没有出格，但他们胡来了，卖玉器成斤论两卖，卖字画成捆卖，不是一件件卖。这时候王冶秋已经回到北京主持“图博口”工作了，发现这个问题以后赶紧向总理汇报。总理说：“这不行，我说文物可以出口，但哪能这么干。”

1970年，总理听到我们的汇报以后，就决心停止外贸部管文物商店，划回文物部门管，不许他们那么出口文物了。周总理指示国务院文化组组长吴德会同外贸部副部长白相国、王冶秋研究解决这个问题，这就决定搞一个关于文物商业的文件。1970 年开始起草，外贸部和图博口两边出人一起搞，我们从文物说，他们从外贸说，争论很激烈。我从五七干校回来以后也参加了起草。中间波折很多，到 1974 年文件才出来，即国务院批转的《外贸部、商业部、文物局关于加强文物商业管理和贯彻执行文物保护政策的意见的通知》，就是 132 号文件。这个《通知》决定把文物商店重新划到文化部门来，还是"事业单位、企业管理"；而且文物出口必须严格把关，按照"少出高汇，细水长流"的原则，受限制的文物不能随便出去，出去只能是少量的价值不高的东西，而且得待价而沽。这就又回到"文革"前原来的样子。

1960 年，文化部、商业部、外贸部"三部联合指示"，改变文物商业的体制，是一个重要的改革。它把文物商店的纯商业改成了"事业单位、企业管理"，管理部门由文化部门管理，日常还是按企业操作。事业单位，保证不是图钱去胡来，保证去保护文物。它是运用商业活动的手段保护文物，把经营文物的商业纳入文物保护的范畴，不再是单纯的商业。文物商业是保护文物的商业，但可以流通，可以买卖。只要不是禁止的文物，都可以买卖，你什么都可以拿到。所以这就是中国特色啊！我们弄的许多新东西，是世界没有过的很好的东西，现在不能都给否定了。

文物谁买算谁的，随便买卖，这根本不对。因为现在出土文物弄得一塌糊涂，出土文物满街是，怎么能随便买卖？有人问出土文物是不是要放开？我说出土文物概归国有，这个原则绝对不能变，绝不能放开，古今中外都是一致的，汉代就有"伐冢者诛"啊！连国民党的《古物保存法》也规定，出土文物概归国有啊！《文物保护法》对出土文物概归国家所有的规定，完全是对的，绝对不能改。[13]根本的原则不能变，有些具体的地方可以灵活，可以个案处理。如果这件出土文物确实不是你偷的，你确实不知道，那买的人没罪，可以放你一马，不再追究。虽然你没问题，但作为国家所有的出土文物，不能上市还是不能上市。如果出土文物可以买卖，那现在还有新盗掘出土的文物，这怎么区分？像文物“私生子”的问题，我坚持出土文物的国有性质不能改变，既然是国有的就是不能买卖。出土文物的处理可以有灵活性，但必须服从原则性。就像国际上禁止象牙买卖一样，不允许交易就是不可以。现在出土文物是乱得要命，这是从改革开放以后，尤其是90年代以后乱的，到现在也没彻底停下来。就是这段没弄好，没法子，冲得一塌糊涂，下一步一定要从严从紧。所以出土文物说不能上市就是不能上市，必须坚持国家所有，这个原则一定要保住。什么不许买卖？出土文物不许买卖！这个原则想冲掉，绝对不行。

---

〔13〕1935年国民政府颁布的《古物保存法》规定：“埋藏地下及由地下暴露地面之古物，概归国有。”1961年国务院颁布的《文物保护管理暂行条例》规定：“一切现在地下遗存的文物，都属于国家所有。”1982年全国人大常委会颁布的《文物保护法》规定：“中华人民共和国境内地下、内水和领海中遗存的一切文物，属于国家所有。”该规定沿用至今。

第四章 “文化大革命”期间的文物事业

一 上书“中央文革小组”

前几年《瞭望》采访我，我提出一个观点，90年代文物的破坏比“文化大革命”时候还严重。我是这么说的：在“文革”期间，虽然红卫兵“破四旧”等行为给文物保护造成了不小的伤害，但实际上时间很短，很快他们就去“夺权”、搞政治斗争去了。更重要的是周总理的力挽狂澜，对制止文物的破坏行为起了很大的作用。我记得，1966年“造反派”刚一上街，周总理就立即下命令，调集了一个营的军队来保护故宫，所以整个“文革”期间，故宫没有受到任何破坏。因此，“文革”对文物的破坏其实并不像许多人所想象的那样大。不仅如此，在那一段时期内，我国的文物保护事业还取得了不少成就，如长沙马王堆、银雀山竹简、金缕玉衣和西安兵马俑这样的重大考古发现都是在那个时期。

实际情况确实是这样。“文革”的主要方向，是毛主席要发动群众斗所谓的“走资派”“当权派”，不是让你搞这个“扫四旧”，让你破坏文物，而且“扫四旧”就持续了几个月，然后到1967年“一月风暴”，他们就忙着夺权了。“文革”期间文物不是没有破坏，的确有破坏，而且相当严重。但是破坏主要集中在红卫兵上街造反“破四旧”这一阵，乱砸东西，持续时间短，一阵儿就完了。也不是说“文革”期间什么文物都破坏了，180处全国重点文物保护单位就没被破坏，只有西藏被破坏了一处甘丹寺，其他基本保持完好。而且西藏被破坏的这个甘丹寺，是“文革”后期军代表弄的，不是红卫兵破坏的。其他省级文物保护单位也还可以，总体上文物保护单位损失并不是太大。“文革”期间，破坏厉害的是抄家，字画什么的，主要是在城里。还有庙里的菩萨、建筑上的砖雕，红卫兵看到了也给砸了，但没有把庙给连锅端了的，他们也没那个本事。

为什么会这样呢？周总理起了很大的作用。“文革”一开始，总理就派了一个营的解放军部队进驻故宫，不让红卫兵冲击。[1]各地的红卫兵也有些要保护文物的，他们没办法就打电报给中央、给总理，总理就回电报，哪个哪个文物不能拆。像杭州灵隐寺、成都宝光寺、山东泰山和曲阜“三孔”，等等，都是周总理下令保的。[2]红卫兵不都是铁板一块，他们也分成两派，两派之间有分歧，搞不到一块儿。

---

〔1〕《周恩来年谱》载：1966年8月18日，陪毛泽东、林彪参加首都百万群众在天安门广场举行的“庆祝无产阶级文化大革命群众大会”，并陪毛泽东首次接见北京和全国各地的红卫兵及群众代表。同日晚，得知红卫兵以破“四旧”为名准备冲入故宫，当即指示关闭故宫，并通知北京卫戍区派一个营的部队前去守护。次日，红卫兵要冲故宫，工作人员按周恩来的指示把红卫兵劝退。[中共中央文献研究室编：《周恩来年谱（1949—1976）》下卷，北京：中央文献出版社，1997年，第50页。]

〔2〕《当代中国的宗教工作》载：“文革”初期，红卫兵要砸四川新都宝光寺，当地政府宗教工作部门经省政府有关部门向总理办公室请示后，总理办公室指示要派部队予以保护。当地宗教工作部门油印了大批传单，上印某月某日总理办公室电话指示的“要派部队保护宝光寺”字样，广为散发、张贴，同时联系部队进驻，才使这座古寺免受破坏。北京的雍和宫与白云观、承德的外八庙、广东曲江南华寺等一批著名佛道教寺观，都是在面临冲击的情况下，当地统战宗教工作部门请示中央或直接请示周恩来总理办公室以后，根据周恩来的指示，或予以关闭，或派军队进驻，得以保护。[《当代中国的宗教工作》（上），北京：当代中国出版社，2009年，第117页。] 1970年初，中央《文化大革命信访简报》第四期刊载《泰山文物古迹和山林遭到严重破坏》。2月5日周恩来批示：“请伯达、康生同志批。”次日，陈伯达批示：“建议由中央办公厅立即通知山东省革命委员会杨得志同志派人调查此事。山林文物要一律停止破坏。山林的破坏可能影响到水土流失，引起很坏结果。请杨得志同志将调查情况及处理办法报告中央。”当日，周恩来批示：“请王良成同志将此件和伯达同志批注报告杨得志同志，请他派得力同志去查办此事。”（李继生：《周恩来总理与泰山》，《泰山文博研究》，山东画报出版社，2008年，第56页。）

比如西湖灵隐寺，一派红卫兵说是“四旧”要砸，另一派说是文物不能砸，要保护，两派就在那里对峙。要保文物的就打电报给中央找总理，最后总理说，灵隐寺不能砸，要保护。[3]当时红卫兵互相串联，消息传得很快，大家很快都听到周总理要保护，认为中央有这个精神。那时候，地方政府也有保护文物的，也发了文件，还有许多文物专家也想了办法保护。保护的人很多，红卫兵跟红卫兵也打架呢，不是都去破坏了，好多老百姓也是保护文物的。

1966年下半年，还发生了一件事情，就是红卫兵跑去曲阜想砸孔庙。曲阜的孔庙是全国重点文物保护单位，当时红卫兵还是讲理的，曲阜师范学院的红卫兵要在孔庙“破四旧”，但他们不敢乱来，跑到文化部问怎么办。那时是“文革”初期，“旧中宣部”“旧文化部”“旧北京市委”这“三旧”已经作为“文革”的重点对象被砸烂了，文化部、文物局都瘫痪了，文物局的领导都进了“牛棚”，就剩我们这些普通人还待着。人家红卫兵来了，总得跟他们见面啊，我就跟他们见了。他们要砸东西，我说：“别砸啊！”他们说：“有地契、水牢这些压迫老百姓的证据。”我说：“这正好可以做反面教材，你们把这些都砸了，不是毁赃灭证了吗？”他们觉得有道理，就不砸了。[4]后来又有一批

---

〔3〕《周恩来年谱》载：1966年8月底，得悉红卫兵冲击全国重点文物保护单位杭州灵隐寺，嘱秘书打电话告浙江省委：灵隐寺要保护，省委要做好工作。后又致电浙江省委：灵隐暂加封闭。[中共中央文献研究室编：《周恩来年谱（1949—1976）》下卷，北京：中央文献出版社，1997年，第55页。]

〔4〕1966年8月26日，曲阜师范学院的五名红卫兵来到了文化部，与文化部图博文物局干部座谈了“文化大革命”如何处理文物古迹的问题。据1966年9月3日曲阜师范学院山鹰战斗队印制的《和中央文化部图博文物局负责同志谈话纪要》，图博文物局干部提出，“依我们看，运动刚开始，最好先不要急于捣毁，可先封闭，开展群众性的辩论”，“在大辩论的基础上，统一思想，改旧换新，北京的‘血泪宫’（过去的‘故宫’）的处理就是如此——现在还封闭着，效果很好”。（良子：《1966年“三孔”遭劫纪实》，全国政协文史和学习委员会编：《风雨历程》，北京：中国文史出版社，2011年，第130—131页。）

红卫兵到了曲阜，谭厚兰领着北师大的红卫兵又要砸。可是他们不是想砸就砸，要请示“中央文革小组”，陈伯达说孔庙不能砸。[5]当时“中央文革小组”组长陈伯达是喜欢文物的，而且王力、戚本禹、关锋也没说要砸文物的。“中央文革小组”的人也感觉到这样砸有问题。

我觉得“破四旧”这样下去不行，文物要遭殃了，得想个法子。可是，从“文革”一开始，文物局跟着文化部一块儿瘫痪了，局长王冶秋被关在牛棚，定为“死不改悔的走资派”。我是“逍遥派”，上班还是上班，但是局长在牛棚，靠文物局没法儿办了。这怎么办呢？我想起来，康生不是“中央文革小组”顾问吗？是不是给他写信？为什么给康生写呢？人家告诉我，他对文物特别感兴趣。1956年，我给他写过信，要求保护朝阳门，他回信说“所见甚是”。我第一次给他写信的时候，跟他是一点儿都不认识，后来也从来没有见过面。50年代，康生是中央文教小组副组长，一直管文物方面的事。文教小组是书记处底下的，所以他是中央单位的副组长。他最早在山东，后来一直是中共中央政治局委员、中央文教小组副组长，最后当了中共中央副主席。

我在《往来书札》里，给康生的信都原原本本地留着，我这是真正的实事求是。我跟康生什么关系都没有，根本没见过面儿，完全不认识他。我跟今天什么人写信都一样。这一点我坦荡得很，我对事不对人，这人好不好是你的评价，但如果这件事情是事实，该怎么评价就怎么评价。我这是彻底的唯物主义者。新闻出版总署原署长宋木

---

〔5〕“中央文革小组”组长陈伯达称，“孔府、孔庙、孔林不要烧，留作封建制度孔家地主博物馆，像收租院那样。孔坟可以挖掉。”“中央文革小组”成员戚本禹称，“汉碑要保留，明代以前的碑要保留，清碑可以砸掉。对孔府可以改造，可以像收租院那样。孔坟可以挖掉。可以找懂文物的人看一下”。（《中共曲阜地方史》第2卷，北京：中共党史出版社，2008年，第354—355页。）

文，是我几十年的老朋友，说那个时代我敢于这么旗帜鲜明，令人折服。他在上海的《文汇读书周报》上写了篇文章《管理“文革”选题图书的回顾与进言》，说我在国家图书馆出版社出版的《往来书札》保留同康生的这些往来书信是对的。他赞成保留康生的名字，这是对历史的尊重。因为提供研究资料，是出版的一项功能，如果一个人，当然是指有影响的历史人物，因其后来的变化，就将其历史作为以及其后的影响在书中全部删除，使后人无从知晓和考证，不利于学术的传承和发展。我很赞成他的意见，谁对文物保护做过什么，应该原原本本地记下来，康生保护过文物，这是事实。

我在出《文集》的时候，问过宋木文意见。[6]他就跟我说，中央文献研究室编选、人民出版社出版的《毛泽东书信集》，内有毛泽东1959年、1964年致康生的两封信，均按原信保留“康生同志”其名；邓力群、程中原主持编选、人民出版社出版的《胡乔木书信集》，内有胡乔木1964年致陈毅（信中称陈总）、康生（信中称康老）信，以及《建国以来毛泽东文稿》《邓小平年谱》等处理此类人和事均保留历史原貌，给我作为争取的依据。可是出版社还是不敢出现康生名字，致康生信就成了“致中央文教小组负责人”了。

康生是长期分管文物工作的中央领导人，这个是当时文物系统都知道的事实。总理后来就跟王冶秋多次讲过：“康老病了，文物工作我亲自来抓。”所以我就想给康生写封信，他管文物工作嘛。我想，无产阶级的“文化大革命”，你不管怎样进行革命、大革命，都不该这样破坏文物，不该这样“革”文物的命吧！1967年初，我就写好

〔6〕《文集》，即《谢辰生文博文集》，文物出版社2010年出版。该书选录了作者在国家文物局工作的六十年间，为促进我国文物事业发展所写的约八十篇文稿及函件，并附有各报刊对他的专访等，时间从文物局初建始到2009年止。

了信，送到康生家，在鼓楼的小石桥胡同。我用的是文物局的信封，信送到门口警卫接了。以前我收到过他的回信，他的住处我知道。

二　力挽狂澜的中共中央"158号文件"

信送出去没过多久，1967年1月27日，"中央文革小组"组长陈伯达派文革小组成员戚本禹在全国政协礼堂会议室召集全北京市的造反派，不管你是"保守派""逍遥派"，还是什么派，每个单位都得去听报告。〔7〕戚本禹主持会议，传达陈伯达保护文物的指示，布置要保护文物。我们文物局的组织"图博文物局劲松战斗队"，听到是保护文物的会，当然参加了，还有历史博物馆、考古研究所、

---

〔7〕关于"中央文革小组"接到一封"群众来信"以后，召开文物保护座谈会、发出文物保护的文件等情况，"中央文革小组"陈伯达、王力、戚本禹有如下回忆。

"中央文革小组"组长陈伯达："有一天，戚本禹拿来一封群众来信，反映一些红卫兵以'破四旧'为名，搞得文物四散，一些铜佛像被送到工厂化铜水，旧书打捆送废品公司，运到造纸厂要销毁。我马上说：'这种行为必须制止！文物是文物，四旧是四旧，不能混为一谈。'我让戚本禹先管一下，与北京市联系，由文物书店把东西赶紧收集起来，好好保管，不让文物散失毁掉。……后来中央采纳我的意见，发了个保护文物图书的文件。"（陈晓农：《陈伯达最后口述回忆》，香港：星克尔出版有限公司，2005年，第304页。）

"中央文革小组"成员王力："'文革'开始后，因为忙和乱，我和康生都不能再跑琉璃厂了。但他积极反对把文物归为'四旧'。毛泽东也这样，他根本不赞成破'四旧'，'四旧'是陈伯达提出的，但他说的'四旧'也不包括文物。在大动乱的年代里，康生也是反对任何人破坏任何文物的。他自己没损坏过一件文物，对破'四旧'他曾主张坚决纠正。就是在他的建议下，毛泽东派戚本禹抢救了一批要被拉去化铜的古铜器，戚本禹为此讲了一篇话，日本共同社作了报道。"（王力：《王力反思录》下册，香港：香港北星出版社，2001年，第1273页。）

"中央文革小组"成员戚本禹："1967年1月27日，主席叫我去与一些保管图书、文物以及考古和博物馆等单位的革命造反派开座谈会。我在会上讲了话，要坚决保护文物，并要求制定出具体的措施来。我的讲话公开发表后，日本通讯社马上就进行了报道，其他国家也有报道的。毛主席从《参考消息》上看了这些报道后，很高兴。他肯定了我的讲话和提出的办法，说这些做法都是对的。我那个讲话后来还出了个纪要，详细规定和引导有关人员，如何在'文化大革命'中保护文物、书画、典籍。"（戚本禹：《戚本禹回忆录》，香港：中国文革历史出版社，2016年，第505页。）

新华书店、中国书店等十几个单位的群众组织都参加了。我参加了这个会，历史博物馆的黄景略也去了。[8]我们在会上就说了，“破四旧”期间好多文物被砸了，书被烧了，必须加强保护。戚本禹就讲，红卫兵要砸孔庙，陈伯达说不行，这是文物，文物要保护，要分清文物和“四旧”，文物是文物，“四旧”是“四旧”，“破四旧”不要把文物也砸了，书也不能再烧了。戚本禹在会上，要求与会代表发一个保护文物图书的呼吁书，而且他会去宣传。[9]会上，我还跟戚本禹开了个玩笑。他说：“红卫兵要求烧书烧文物，我是双手赞成的，是为了鼓励红卫兵。”我一听急了，就说：“我是双手反对的。”他就笑了：“现在不是不烧了吗？组长不让烧，我听组长的。”现在有人说陈伯达破坏文物，是冤枉人家，不实事求是，陈伯达是喜欢文物的，是保护文物的。我说的这是一个历史事实。

---

〔8〕当时在历史博物馆工作的黄景略回忆：“1967年1月27日，通知我到政协礼堂开会，我和祝大震二人代表历史博物馆天安门公社出席参加。参加有谢辰生，故宫的杨新，中国书店贾书玉，还有考古所的孟凡人、杨锡璋等十多人。戚本禹传达陈伯达和康生要保护文物和图书的意见。贾书玉说每天有20吨旧书送到北京造纸厂。戚本禹让我们以群众组织的名义倡议保护文物和图书，另外请中国书店组织人员清理抄家的图书，把旧版书抢救回来，不要造纸。回来连续几次在历史博物馆会议室开会讨论倡议书，谢辰生写成，送戚本禹审阅。后来印成传单张贴或寄送各地和各群众组织，传单相当报纸大小。接着又分成三路，去调查文物销毁，特别是西藏铜佛销毁的情况，历史博物馆孔祥星参加西北西南路。”[赵辉主编：《记忆：北大考古口述史（1）》，北京大学出版社，2012年，第334、335页。]

〔9〕据《戚本禹与图书文物考古博物馆等单位革命造反派代表座谈纪要》，文物局代表（应为谢辰生）与戚本禹有这样的对话：“文物局：现在文物保护单位文化部不敢管。戚本禹：古物、古书画现有的集中起来。有些代表时代的艺术的（如古建筑），要保管，可以写个倡议。我是不赞成烧的，真的烧了就烧了，没什么了不起，要想开一点，以后要保护。红卫兵抄了多少，放在哪里，调查一下，写个报告。古书画、古物先集中保管起来，这是全国性的。这些东西将来归故宫、归历史博物馆保管。地方上的东西不少，要送文物局选，抄家的文物要管起来，有的可交文物商店。瓷器也要调查一下，文物商店是否可以收？”[《戚本禹与图书文物考古博物馆等单位革命造反派代表座谈纪要》，上海出版系统革命造反司令部出版社分部编《长缨》一九六七年第三期；《无产阶级文化大革命首长讲话汇集（一九六七年一月份）》（北航《红旗》翻印，1967年4月）。]

会后，根据“中央文革小组”的要求，我写了个《关于保护革命文物和古代文物的倡议书》，然后以“图博文物局劲松战斗队”等十几个群众组织的名义，向全社会发出去了。[10]我就提出来，要划清文物和“四旧”的界限，有的文物可以作为反面教材、历史见证，不能砸。《倡议书》开头也用了一些“文革”的语言，那时候都是那么写的，但主要的都是国务院《文物保护管理暂行条例》里面的内容。“中央文革小组”要求我们组织四个组下去宣传保护文物，“学部”（中国科学院哲学社会科学部）的张海鹏找了我，我

---

〔10〕1967年3月6日，首都出版系统革命造反委员会主办的《红色宣传兵》第一期第3版刊载《首都革命造反派发出关于保护古旧书刊、文物倡议书》，介绍了1967年1月27日“中央文革小组”组织召开有关文物保护座谈会，发布保护文物图书的两个倡议书，成立北京文物图书清理小组等有关情况：

中央文革戚本禹同志，于一月二十七日召开了图书、文物、考古、博物馆等有关单位革命造反派代表座谈会，传达了陈伯达同志、康生同志关于立即着手抓古旧书刊、文物保护工作的意见。戚本禹同志听取了到会同志对破四旧中书刊文物损失和当前缺乏保护情况的汇报之后，他指出，在文化大革命中，红卫兵烧些古旧书刊是革命行动。我们办事靠的是毛泽东思想，广大群众不看那些古东西是个大解放。但是，少部分人还要看这些东西，要批判它，要化毒草为肥料。一把火烧了，不能解决问题，不能触及灵魂。他要求到会的革命造反派搞出管理和保护图书文物的倡议书。他强调要立即行动，进行图书甄别和文物保护，今后不要再烧了。

首都有关单位革命造反派根据戚本禹同志的指示精神，已向全国发出了关于保护古旧书刊和文物的两个倡议书。

《关于保护古旧书刊、字画的倡议书》向全国红卫兵和革命造反派提出紧急倡议：高举毛泽东思想伟大红旗，大破四旧，大立四新，彻底批判古旧书刊的流毒；立即行动起来，加强对古旧书刊、字画、文献史料的保护；书刊收购部门应该恢复收购；图书馆、文化馆及机关、团体、学校所藏古旧书，系国家财产，必须妥善保管；各造纸厂收到的古旧书刊，要立即封存，进行甄别处理；个人所藏古旧书刊、字画等亦不得随意销毁。

《关于保护革命文物和古代文物的倡议书》强调指出，无产阶级革命造反派要肩负起保护革命遗址和革命建筑物的责任，防止破坏，使之成为宣传毛泽东思想、进行阶级教育的阵地。重要的石窟寺、古建筑、古代文化遗址、古墓葬都应进行保护。扫四旧中没收的文物（如铜器、陶瓷、书画、碑帖、砚石及其他工艺品），应一律充公，收集保管，暂时封存，以待运动后期处理。

根据戚本禹同志的指示，北京市古书、文物清理小组已经成立，开始工作。在造纸厂、铸铜厂及扫四旧没收的实物库中，抢救和清理出不少珍贵的古旧书刊和文物。

们开了个会，会上提出来要下去调查。[11]“中央文革小组”有这个意思，我们就每一个大区都去一个组调查宣传，到华东、中南、东北、西南，传达“中央文革小组”保护文物的指示。我和故宫博物院的纪宏章跟着华东组去了江苏、上海，包世盛去东北，刘巨成去四川。[12]我们调查小组的人下去看，军管会的人说：“你们赶紧告诉我们该怎么办？”我们说：“你们赶快把那些造纸厂、炼铜厂的文物收回来，抄家的东西要保护，博物馆要保护。”他们是即刻就收、马上就办啊！

许多文物工作者，文物局的、文物商店的、出版社的等等，包括已经靠边站的都参加，我也在内，在北京成立了文物图书清理小组。这是个群众组织，但是在“中央文革小组”之下成立的，还是很有权威的。这个小组的头叫贾书玉，过去是中国书店里学徒看门的，是工人阶级。他是领导，我们被领导，但这个人很好。康生还把存折交给了贾书玉，拿了什么书就从存折里面扣钱。这个小组把文物工作者投入到造纸厂、冶炼厂等，日以继夜地抢救了大量古籍善本和其他珍贵文物，至少还比较及时地抢救回来。文物抢救回来之后，集中存放在东城府学胡同清理小组的办公地点。这是成绩，

〔11〕2017年2月2日，中国社会科学院近代史研究所研究员张海鹏向本书撰写者回忆：“我记得1967年2月，当时中国科学院哲学社会科学部（简称学部）的一派群众组织负责人傅崇兰从中央文革小组成员戚本禹那里领受任务，要求调查全国文物破坏情况，特别邀请国家文物局谢辰生同志前来介绍全国文物情况。这次介绍，在历史研究所，我在场。在场的还有傅崇兰、张德信（已故）、孟祥才、张显清等。与会者分析了文物破坏情况。下一步采取何种措施，我就没有与闻。”

〔12〕《中华人民共和国文物博物馆事业纪事》载：1967年2月16日，根据中央文革小组指示，图博文物局等有关部门派人赴山西大同、太原，河南洛阳、开封，河北等重点文物地区，了解“文化大革命”中文物保护情况。1967年3月12日，图博文物局、故宫博物院、中国历史博物馆等单位又派人分赴华东、中南、东北、西南各地传达中央文革小组要保护古代铜器，一律不宜销毁，不宜打碎的指示。（国家文物局编：《中华人民共和国文物博物馆事业纪事》，北京：文物出版社，2002年，第232页。）

是从虎口里面夺出来的。

这个倡议书出来不久，中央就开始要求保护文物了。1967 年 3 月 16 日，中共中央、国务院和中央军委向全国联合发布了一个通告，叫作《中共中央、国务院、中央军委关于保护国家财产节约闹革命的通知》，广为张贴，满大街都有。这个通告要求保护国家财产，第四条就是保护文物，就是针对红卫兵“扫四旧”破坏文物。[13]当时的形势很复杂，因为林彪、“四人帮”就是整总理，造反派说“旧政府，新革命”，对国务院公布的《文物保护管理暂行条例》，对过去的法令他们都不承认，所以才有这么个通告。

按：1967 年 2 月 15 日，以文化部、故宫博物院、中国历史博物馆、中国科学院考古研究所、中国科学院历史研究所、北京图书馆等单位的 13 个群众组织[14]的名义，联合发出由谢辰生执笔的《关于保护革命文物和古代文物的倡议书》，节录如下：

> 我们的国家，是一个历史悠久而又富于革命传统和优秀遗产的国家，保存在地上地下的革命和古代文物极为丰富。遍布在全

〔13〕1967 年 3 月 16 日，《中共中央、国务院、中央军委关于保护国家财产节约闹革命的通知》（中发［六七］97 号）下发，指出“一部分人破坏国家财产，私分集体经济的生产资料，砸毁工矿、企业、机关、学校等单位的设备和物资”，要求各地“对文物、图书要加强管理和保护工作，不许随意处理和破坏”。

〔14〕这 13 个群众组织是：北京造纸总厂首都职工革命造反者联络站、文化部机关战斗组织联络站劲松战斗队、中国历史博物馆天安门公社、故宫博物院毛泽东思想红旗公社、北京图书馆革命造反联合指挥部、人民美术出版社门市部（原荣宝斋）星火燎原革命造反队、中国科学院革命历史所文革小组、中国科学院革命近代史所文革小组、中国科学院考古研究所东方红公社革命委员会、中国科学院图书馆革命造反派夺权委员会、人民文化出版社（原中华书局）革命造反团、中国书店敢字战斗组、新华书店总店五敢战斗队。

国各地的革命遗址和纪念建筑物是伟大的战无不胜的毛泽东思想在我国革命斗争中不断取得胜利最生动最具体的实物例证，必须坚决保护，积极宣传，向人民群众和革命的新的一代宣传毛泽东思想，进行阶级教育和革命传统教育。

对于古代文物，也是需要保护的。人民是历史的主人，是一切物质财富和精神财富的创造者。我们伟大的领袖毛主席说："中国历来只是地主有文化，农民没有文化。可是地主的文化是由农民造成的，因为造成地主文化的东西，不是别的，正是从农民身上掠取的血汗。"古代文物大都是劳动人民创造的，保护它正是尊重自己的历史，尊重古代劳动人民的创造。但是在封建社会的任何时代，统治阶级的思想总是占统治地位的思想。在古代文物中，就有不少文物是剥削阶级为了自己的需要而强迫劳动人民的创作的，它们反映了剥削阶级的意识形态。毛主席说："真的、善的、美的东西总是要在同假的、丑的、恶的东西相比较而存在，相斗争而发展的。"因此，把这类文物保留下来作为反面教材来进行批判还是必要的。只要我们用伟大的、战无不胜的毛泽东思想对它们进行批判，就可以变毒草为肥料，"化腐朽为神奇"，使古代文物为我们今天的无产阶级政治服务。

……我们一定要把文物战线变成团结人民、教育人民、打击敌人、歼灭敌人的阵地，为了无产阶级的利益，为了无产阶级的革命任务，我们一定要加强对文物的管理和保护。……我们无产阶级革命造反派必须高度警惕，担负起保护国家财产的责任，防止他们乘机进行破坏文物的活动，为此，我们向全国红卫兵和一切无产阶级革命造反派提出以下几点倡议：

一、我们无产阶级革命造反派，必须高举毛泽东思想的伟大红旗，肩负起保护全国各地革命遗址和革命建筑物的责任，防止破坏。一定要在宣传中突出毛泽东思想的红线，使每一个革命遗址和革命建筑物都成为宣传毛泽东思想的阵地。

二、各地重要的石窟寺、古建筑及其重要的附属物雕塑壁画等都要加以保护，不得损坏。不宜开放的地方应该暂时封闭。将来逐步使这些地方成为控诉历代统治阶级以及帝国主义罪恶的场所，向人民群众进行阶级教育和爱国主义教育。

三、各地重要的古代文化遗址、古墓葬应当注意保护，我们建议凡是这些地方进行工程，都应当和当地文化部门革命造反派取得联系，共同协商具体处理办法。对特别紧急的工程，应当配合进行必要的发掘工作。

四、各地在破四旧过程中没收的文物（如铜器、陶瓷、书画、碑帖、砚石以及其它工艺品等）都应一律归公，不要损坏。文化部门和有关部门的革命造反派要取得密切联系，把这些文物进行收集保管，暂行封闭，留待运动后期研究处理办法。

五、各地博物馆、文管会、文物工作队（组）、文物商店所藏文物都是国家财产，一律不要处理或销毁，应当妥善保管。

我写的这个《关于保护革命文物和古代文物的倡议书》，结果引出了中央制定《关于在无产阶级文化大革命中保护文物图书的几点意见》。1月初，陈伯达派戚本禹召集文物界群众组织开大会，根据中央文革要求，我们弄出来保护文物、图书的倡议书，就有了保护的声音，3月，《中共中央、国务院、中央军委关于保护国家财产节约闹革

一九六七年三月六日　红色宣传兵　·3·

夺权鼓斗志　生产掀高潮

一月下旬，北京新华印刷厂职工革命造反团以雷霆万钧之势，冲破了资产阶级反动路线的阻力，从党内一小撮走资本主义道路的当权派手里，夺回了印刷毛主席著作的大权。

夺权后的新华印刷厂呈现一片生气勃勃的新气象。革命造反派团结全厂广大革命职工坚决响应毛主席"抓革命，促生产"的伟大号召，以无比高涨的革命热情，掀起了一个生产高潮，全面完成了一月份生产計划，总产值完成104.2%，商品总产值完成107.6%。与此同时，各車間、工段竞相改进技术，提高产品质量，新人新事不断涌现。

装訂車間去年装訂《毛主席語录》，是索完线后，成品衬，这样质量不高，又費工时。革命造反派夺权后，同志們欢欣鼓舞，紛紛表示一定要把毛主席的宝书作好，最近由老工人沈德全建議，改进了操作工艺。通过第一批实践六万册，只用了七十个工左右，比旧的工作方法，提高了工作效率百分之四十左右。同时，在捆捆时，减去垫纸板的工序，大大提高了捆捆的质量。同志們都說："这是毛泽东思想的伟大胜利，是工人当家作主的胜利果实！"

凹印車間广大革命职工个个摩拳擦掌，坚决响应毛主席"抓革命，促生产"的伟大号召，坚决支持革命造反派夺权。經过車間全体革命职工的努力，一月份超額完成了生产計划。影写制版月計划十三点五块，实际完成二十二点六一块，制滚筒月計划九十个，实际完成九十七个。制版合格率，指标是百分之九十五，实际达到百分之九十六点八。

平印車間最近給民族出版社印藏文《十六条》封面，原計划每华开纸印十二个图，在晒版过程中，工人赵国祥同志发现有余地可增加两个图，这个建議得到了調度員的支持，經精心計算后，决定每华开纸印十四个图。这样，为国家节約了紙张。

装訂三工段检修組全体革命同志，在革命造反派夺权后，欢欣鼓舞，革命干劲空前高涨。最近試制成功了一台传动烘干机。这項革新的成功，可以大大减輕工作人員的体力，并节省两个人力，工作地占用面积也大大縮小了。同志們表示，将继續高举毛泽东思想伟大紅旗，生产出更多的新产品。

"春风杨柳千万条，六亿神州尽舜尧"。新华印刷厂的春天比往年来得更早，全厂革命职工革命热情空前高涨，斗志昂扬，紛紛表示，伟大的領袖毛主席处处給我們革命职工以力量，我們也一定要为毛主席爭气，坚决貫彻执行毛主席的"抓革命，促生产"的方針，把无产阶級文化大革命进行到底！

北京新华印刷厂
职工革命造反团

革命造反派誓做生产的主人

"問蒼茫大地，誰主沉浮？"我們，我們，我們革命造反派！我們印刷技术研究所的革命造反派經过艰苦卓絕的奋斗，冲破了重重阻障，联合起来，把权从党內走資本主义道路的当权派手中夺过来了。我們自己掌权了！

我們既然能夺得一切权力，我們就能行使一切权力。坚决貫彻执行毛主席"抓革命，促生产"的伟大方針，这是我們义不容辞的职責！夺权，这只是万里长征的第一步。旧研究所的一套資本主义、修正主义的路綫、方針必須彻底砸烂！决不能搞改良主义、决不能合二而一，决不能和平过渡！

自夺权之日起，我們就成立了革命生产临时筹备小組和生产服务小組，不仅展开了对我所前后党支部所执行的資产阶級反动路綫全面的总攻击，而且正在发动群众，組織起对旧的方針、路綫、規章制度和研究項目来一个彻底的大审查、大批判。"我們能够学会我們原来不懂的东西。我們不但善于破坏一个旧世界，我們还将善于建設一个新世界。"我們的誓言是：我們一切工作是为了宣传毛泽东思想，大树毛泽东思想的絕对权威，让毛泽东思想占領一切陣地！我們的战斗任务是：彻底进行"斗、批、改"，为完成今年印制八千万套《毛泽东选集》的伟大政治任务貢献出自己的一份力量。我們已經出所下厂，与工人相結合，改造思想，要在这場史无前例的文化大革命中，深入第一綫，在生产斗爭的战綫上也打个大胜仗！經过下厂初步調查，我們提出了目前急需解决的一系列新研究課題，采取了"集中优势兵力，打歼灭战"的方法，組成战斗小組，开赴第一綫，解决研究課題。此外，我們还組織了一个下厂劳动調查組，准备去各工厂，一边劳动，一边調查，发現問題，継續收集課題，为提出一套真正符合毛泽东思想的研究路綫、方針創造条件。

在批判資产阶級反动路綫时，我們注意貫彻"三結合"方針，对那些犯錯誤的干部作了一系列的思想工作，帮助他們回到毛主席的革命路綫上来，对那些真正起来革命造反的干部，我們同他們实行联合，吸收他們参加領导小組，重視发揮他們的积极作用。这样就团結了大多数人，使自己立于不敗之地。

我們清楚地知道，一小撮坚持資产阶級反动路綫的顽固分子，是不甘心自己的失敗的。他們白天对着造反派唱贊歌，睡梦中却恶凶凶地詛咒道："哼，夺权！生产搞不好要你的好看！"該怎样回答这些混蛋們呢？我們将以闖将和主人的姿态，与一切革命群众团結起来，"抓革命，促生产"，以更深入的阶級斗爭和更新的研究成果来回击他們！

我們将与出版系統革命造反派的战友們一起，团結广大革命群众，以最快的速度，最好的质量超額完成今年印制八千万套《毛泽东选集》的光荣任务，尽早把紅彤彤的宝书送到亿万工农兵群众手中！

北京印刷技术研究所
紅色造反队

最高指示

"一个新的社会制度的誕生，总是要伴随一場大叫大喊的，这就是宣传新制度的优越性，批判旧制度的落后性。"

編者的話

《紅色宣传兵》是根据首都出版系統革命造反派的要求，为适应无产阶級文化大革命的需要，由首都出版系統革命造反委員会主办的报紙。它要高举毛泽东思想伟大紅旗，坚决貫彻执行以毛主席为代表的无产阶級革命路綫，在斗爭中实現首都出版系統革命造反派的大联合，彻底批判以刘、邓为代表的資产阶級反动路綫，彻底砸烂旧中宣部、旧文化部、旧北京市委在首都出版系統所推行的反革命修正主义黑綫，以使首都出版系統成为全力出版毛主席著作、热情宣传毛泽东思想的紅彤彤的宣传陣地，它要成为首都出版系統革命造反派的喉舌，配合无产阶級文化大革命各阶段的中心任务，結合首都出版系統的具体情况，大力宣传毛泽东思想、宣传毛主席的革命路綫，宣传党的方針、政策，推动首都出版系統的文化大革命，沿着毛主席所指引的方向胜利前进；它要强烈反映首都出版系統革命造反派的声音，及时交流首都出版系統革命造反派的斗爭情况和斗爭經驗，全力支持首都出版系統革命造反派的一切革命行动。

为了把《紅色宣传兵》真正办成宣传毛泽东思想、捍卫毛泽东思想的陣地，我們希望首都出版系統及其它革命造反派給以本报积极支持和协作，經常反映情况，踊跃投稿，并随时提出宝貴意見。来稿、来信請寄或交本报編輯小組。

本报地址：北京朝內大街166号人民出版社首都出版系統革命造反委員会

首都革命造反派发出
关于保护古旧书刊、文物倡議书

〔本报訊〕中央文革戚本禹同志，于一月二十七日召开了图书、文物、考古、博物館等有关单位革命造反派代表座談会，传达了陈伯达同志、康生同志关于立即着手抓古旧书刊、文物保护工作的意見。戚本禹同志听取了到会同志对破四旧中书刊文物損失和当前缺乏保护情况的汇报之后，他指出，在文化大革命中，紅卫兵烧些古旧书刊是革命行动。我們办事靠的是毛泽东思想，广大群众不看那些古东西是个大解放。但是，少部分人还要看这些东西，要批判它，要化毒草为肥料。一把火烧了，不能解决問題，不能触及灵魂。他要求到会的革命造反派搞出管理和保护图书文物的倡議书。他强調要立即行动，进行图书甄别和文物保护，今后不要再烧了。

首都有关单位革命造反派根据戚本禹同志的指示精神，已向全国发出了关于保护古旧书刊和文物的两个倡議书。

《关于保护古旧书刊、字画的倡議书》向全国紅卫兵和革命造反派提出紧急倡議，高举毛泽东思想伟大紅旗，大破四旧，大立四新，彻底批判古旧书刊的流毒，立即行动起来，加强对古旧书刊、字画、文献史料的保护；书刊收購部門应該恢复收購，图书館、文化館及机关、团体、学校所藏古旧书，系国家財产，必須妥善保管，各造紙厂收到的古旧书刊，要立即封存，进行甄别处理；个人所藏古旧书刊、字画等亦不得随意銷毁。

《关于保护革命文物和古代文物的倡議书》强調指出，无产阶級革命造反派要肩負起保护革命遗址和革命建筑物的責任，防止破坏，使之成为宣传毛泽东思想、进行阶級教育的陣地。重要的石窟寺、古建筑、古代文化遗址、古墓葬都应进行保护。扫四旧中沒收的文物（如銅器、陶瓷、书画、碑帖、砚石及其他工艺品），应一律归公，收集保管，暂时封存，以待运动后期处理。

根据戚本禹同志的指示，北京市古书、文物清理小組已經成立，开始工作。在造紙厂、熔銅厂及扫四旧沒收的实物库中，搶救和清理出不少珍貴的古旧书刊和文物。

简訊

△中央机关文革小組成立，顧問周恩来，組长康生，組員汪东兴、戚本禹。

△截至二月二十一日，首都出版系統革命造反委員会所属单位，人民出版社、农村讀物出版社、人民文化出版社（原中华书局）、东方紅出版社（原商务印书館）、人民美术出版社、民族出版社、国际书店、新华印刷厂、北京印刷技术研究所、北京紙张供应站、新华书店北京发行所、新华书店儲运公司的革命造反派已先后从党內走資本主义道路的当权派手里夺了权。

△首都出版系統革命造反委員会已于二月十七日参加批判陶鑄联絡委員会。

△首都紅卫兵一、二、三司令部已經联合起来，組成統一的領导机构，由北航"紅旗"、师大"井冈山"、矿院"东方紅"、地质学院"东方紅"、林学院"东方紅"、輕工业学院"紅鹰"、农业机械化学院"东方紅"等七个院校組成核心小組，总部設在矿业学院。

△北大校文革已于二月七日改組，新的校文革仍以聂元梓为主任，[illegible]为副主任。

△大庆一月份原油生产完成計划一〇〇・一%。

△北京車站恢复正常，每天开出客車六〇对，已經达到周总理提出的指标。文化大革命前，北京站每天开出客車三七对，去年紅卫兵串連高潮时，达到八〇对。

人民文化出版社革命造反团开門整风

（本报訊）人民文化出版社（原中华书局）革命造反团二月一日夺权以后，为了提高革命造反派队伍的革命性、科学性和組織紀律性，二月十二日开始开門整风。他們提出了"欢迎揭发革命造反团"、"运用'四大'开門大整风"、[illegible]等口号。造反团內外革命同志，紛紛写大字报，开展尖銳的批評与自我批評，提出了大联合和貫彻群众路綫等方面存在的問題，下一步准备就提出的这些問題，清除宗派主义、小团体主义、主观主义等錯誤傾向，打倒"私"字，彻底闹革命。

1967年3月6日，首都出版系统群众组织主办的《红色宣传兵》有关《关于保护革命文物和古代文物的倡议书》的报道（版面右下方）

命的通知》也宣传了要保护文物，国外的记者报道了。[15]我后来听说，毛主席看到《参考消息》上登了保护文物的倡议书，挺高兴，说办得好，应该这样。戚本禹向他汇报，开了大会，群众还发出保护文物的呼吁。毛主席还说了句话，我们应该向群众学习，中央也要发个保护文物文件。这个文件总理亲自抓，做了长篇批示，要求必须把这个文件发到最基层，没倒的要给，已经倒了的也得给，让大家都知道，要把这事搞好。总理说到这种程度啊！所以说"文革"期间，文物是有破坏，但不是共产党要干的啊，共产党是要保的呀！

2月的《关于保护革命文物和古代文物的倡议书》发出后不久，"中央文革小组"一个穿军装的工作人员来文物局找到我，他说："我是中央文革的，叫杨松友，请你以中央的名义起草一份文件。"我说："群众组织的那个《关于保护革命文物和古代文物的倡议书》就是我写的啊。"杨松友说："你们上次开会写了那个倡议书还不够，你们是民间的，中央还得表态啊！首长认为中央还得发个文件，才能起到作用。你们赶快写一个。"他也没说这首长是谁，是总理还是陈伯达，我也不知

〔15〕1967年2月17日，日本《每日新闻》刊载日本共同社消息《禁止烧书　中共要求保护文物　大字报报道》，内称："在去年8月红卫兵运动如火如荼开展时期，在破除旧文化的口号下烧毁图书的事，至今记忆犹新。但现在，中共中央终于回到了保护古书和文物的方针上来。据16日的大字报，中央文革小组成员戚本禹在1月27日同北京的图书馆、博物馆、书店等革命造反派的座谈会上明确表明了如下态度，并要求有关人员研究具体的办法：1. 旧书不要烧，停止化成纸浆造纸，剩下的全部挑选保存；2. 虽然没有必要大家都读旧书，但是有必要给专家留下来；3.《红楼梦》等在今后有必要出版；4. 其他的文物要作为人民的财产进行保护。戚本禹在座谈会上做了如下表示：红卫兵烧书是革命行动，但是这不能解决问题，今后不要再烧了。"（『古書焼くのは禁止　中共文化財の保存を要請　壁新聞報道』，「每日新聞」，1967年2月17日，夕刊4版。）

1967年3月20日，日本「朝日新闻」刊载日本共同社消息《下令保护文物　中共中央要求运动降温》，内称：中共中央、国务院、中央军委在16日发布的《关于保护国家财产节约闹革命的通知》决定了五个事项，以三者联名向全国发布通知。这个通知正式以党中央命令的形式确认了要保护文物、图书。（『文化財の保護を指令　中共中央デモ手控えも要望』，「朝日新聞」，1967年3月20日，朝刊3版。）

道。我想这是好事啊，就答应了。我就跟文物局的同事说了，甭管造反派、保守派，大家都来商量商量怎么写，大家说："中央文革的人不是你接待的吗？就你写吧！"我就写了，写完了交给杨松友取走。我起草的这个文件就是后来的《中共中央关于在无产阶级文化大革命中保护文物图书的几点意见》。我一直不知道杨松友是干吗的，直到这两年我见到中央办公厅的一个人，我说当时是杨松友找的我，他说对了，是有这么个人，当时杨松友可是九级干部，官儿还不小。[16]

起草这个文件我可费劲了。在那时候，保护文物得怎么说呀？我就想了个办法，文件的前头用了很多"文革"的语言，说我们是无产阶级的"文化大革命"，要扫荡历史上一切污泥浊水，要与旧思想、旧文化、旧风俗、旧习惯进行彻底的决裂，但是对人类创造的一些精华还是要保护。后面有七条，全是原来国务院《文物保护管理暂行条例》的内容，我挪过来了。开头全都是大帽子，是"明修栈道"，都是虚的；底下都是《条例》的内容，这是我的"暗度陈仓"，才是实的。这个文件起草好了，交给"中央文革小组"，后来中央几乎是一字未改，就发出来了。1967 年 5 月 14 日，《中共中央关于在无产阶级文化大革命中保护文物图书的几点意见》〔中发（六七）158 号〕（以下简称"158 号文件"）发出去，一直发到县团级。这个在"文革"中以中央名义发的保护文物的文件，毛主席肯定是画过圈的，是同意这个意见的。这个文件里面如何保护文物的具体的规定，到今天看也是对的。可以说，文物工作新中国成立以来在中央的层面，始终保持了正确原则，所以我说是一以贯之。文物工作坚持"保护为主"的方针，一直没有变过。

〔16〕据时任"中央文革小组"办事组负责人王广宇回忆，杨松友当时在"中央文革小组"办信组工作，见王广宇：《关于中央文革建立下属机构的回忆》，《党史博览》2005 年第 11 期。

按：1967年5月14日，由谢辰生先生起草的《中共中央关于在无产阶级文化大革命中保护文物图书的几点意见》下发，全文如下：[17]

伟大的无产阶级文化大革命，以排山倒海之势、雷霆万钧之力，荡涤着几千年遗留下来的一切污泥浊水。它将和一切旧思想、旧文化、旧风俗、旧习惯实行最彻底的决裂，同时，还将要保留历代劳动人民所创造的文化的精华，从而在新的基础上创造出为过去一切时代都望尘莫及的极其辉煌灿烂的新文化。

我们的国家，是一个历史悠久而又富于革命传统和优秀遗产的国家，保存下来的文物图书极为丰富。这些文物图书都是国家的财产，在文化大革命中，应当加强保护和管理工作，要防止一小撮走资本主义道路的当权派和社会上的牛鬼蛇神，乘机进行破坏活动。为此，对保护文物图书，提出如下几点意见：

一、全国各地革命遗址和革命纪念建筑物必须坚决保护，并且应当保持原状，目前不要进行大拆大改。一定要在宣传中高举毛泽东思想的伟大红旗，使它们成为宣传毛泽东思想的重要阵地。

---

〔17〕参见国家文物局编：《中国文化遗产事业法规文件汇编》（上册），北京：文物出版社，2009年，第61页；中国人民解放军国防大学党史党建政工教研室编：《"文化大革命"研究资料》，1988年，第463页。这份以中共中央名义下发的文件，体现了当时中共最高领导层的意图，中共中央文献研究室编的《毛泽东年谱（1949—1976）》第6卷，在1967年5月14日收录了《中共中央关于在无产阶级文化大革命中保护文物图书的几点意见》，并介绍《意见》提出：对革命遗址和革命纪念建筑物，重要的有典型性的古建筑群、石窟寺、雕塑壁画，古文化遗址、古墓葬，要加以保护；有毒的书籍不要随便烧掉，作为反面教材；把破四旧中查抄的文物图书收集起来，集中保管；各地博物馆、图书馆等处所藏文物图书都是国家财产，应当妥善保存；各地应当尽快成立文物图书清理小组。[中共中央文献研究室编：《毛泽东年谱（1949—1976）》第6卷，北京：中央文献出版社，2013年，第82页。]

二、各地重要的有典型性的古建筑、石窟寺、石刻及雕塑壁画等都应当加以保护。目前不宜开放的，可以暂时封闭，将来逐步使这些地方成为控诉历代统治阶级和帝国主义罪恶的场所，向人民群众进行阶级教育和爱国主义教育。

三、各地古文化遗址，古墓葬要注意保护，严禁以搞副业生产或其他为名挖掘古墓。地下文物概归国有，出土文物应一律交当地文化部门保管。凡是出土的古代金银器皿各地人民银行不要收购，已收购的应当交由文化部门进行保管。

四、对有毒的书籍不要随便烧掉，要作为反面教材，进行批判。

五、各地革命委员会或军管会应当结合对查抄物资的清理，尽快组织力量成立文物图书清理小组，对破四旧过程中查抄的文物（如铜器、陶瓷、玉器、书画、碑帖、工艺品等）和书籍、文献、资料进行清理，流失、分散的要收集起来，集中保存，要改善保管条件，勿使损坏。一时处理不完的，可先行封存，逐步进行处理。

六、各炼铜厂、造纸厂、供销社废品收购站对于收到的文物图书一律不要销毁，应当经过当地文化部门派人鉴定，拣选后，再行处理。

七、各地博物馆、图书馆、文管会、文物工作队（组）、文化馆、文物商店、古籍书店所藏文物图书都是国家财产，一律不要处理或销毁，应当妥善保管，并注意经常的保养工作。

在进行上述工作时，要进行保护文物的宣传教育工作。

一九六七年五月十四日

这个文件起大作用了。它不仅是“文革”期间的第一个文物保护的文件，也是新中国成立至今唯一一份以中共中央名义发出的保护文物的文件。所以，我写的是中共中央的文件，以前都是国务院的，这次是中共中央的。现在好多人一提“文革”，就感觉都是在破坏，但是他们不知道“文革”初期的1967年我们所做的事，还有这个158号文件，而且它还起了重要作用。因此，不仅破坏文物的事很早就得到了遏制，而且也没听说那时候有盗墓的、走私文物的。这个中共中央的文件一发下去，到底下可以说是坚决贯彻，说一不二啊！那时候人心齐，中央不让破坏就是不破坏了。个别不能说没有，但是大规模的破坏马上被遏制住了。别说不敢破坏了，那时候，党中央、毛主席号召要怎么做，底下人都听啊，人们都是由衷地、自觉地去执行，就都不砸了。所以后来哪有砸博物馆的啊？根本没有啊！所以文件一下来，就起作用，军宣队都是非常认真地执行，一点儿也不含糊，不像现在，是“上有政策，下有对策”。你看看现在，对文物破坏是全面的，尤其是古建筑的破坏，看看现在的北京古城，如此大规模的拆除是中国历史上没有过的。

三　周恩来重建“图博口”

周总理在整个“文革”期间都非常重视文物保护。“文革”一开始，虽然文物局瘫痪了，但还有总理啊！在文物被破坏得很厉害的时候，总理做了一系列的保护文物的措施，红卫兵一上街，就派兵保护了故宫。1968年北京要修地铁，打算把观象台给拆掉。我就跟罗哲文、崔兆忠，还有文物局新来的大学生包世盛，后来也不知道他去哪儿了，我们文物局的四个人，加上北京市天文台的伊世同一起写了报告。罗哲文自己掏的钱照了相。我们写好了材料，附上照片，通过刚刚成立的北京市文物图书清理小组报告给总理，总理就看到了。正好北京市全市的造反派头头开会，总理接见。总理就问大家："北京有个古代的天文台，你们知道不知道？"他们回答说不知道。总理说："中国人不知道中国搞天文的地方在哪，那怎么行啊！观象台很重要，不能拆，不能移，一移就完了。"结果第二天几乎所有人都去参观观象台。总理做了批示，批给地铁局："这个天文台不要拆"，让地铁绕过去，还批了二百万元经费。那时候二百万元是很大一笔钱，好家伙！〔18〕

九大以后，从"图博口"成立到成立直属国务院的国家文物事业管理局，一直到周总理去世，文物工作主要都是他亲自抓的。1966年王冶秋被关进了牛棚，到1969年底他被下放到咸宁，半个月以后，周总理打电话叫他回去。王冶秋离京去咸宁之前，给周恩来、陈伯达、康生写了封信，建议国务院成立一个小组抓文物博物馆事业。结果总理批了，总理派人把王冶秋又接回了北京。〔19〕周总理让王冶秋回北京，就是让他来恢复工作。1970年五一节在天安门城楼上，周总理跟王冶秋说，国务院要成立"图博口"，把文物事业恢复起来。总理让王冶秋抓好故宫重新开放的事，有事可以找吴德商量，吴德当时

〔18〕1968年12月21日，周恩来批示："这个天文台不要拆，看绕过成不成，有什么困难，写个报告来，并附上设计方案图。"［周恩来：《关于保护北京古观象台的指示》（一九六八年十二月二十一日），《周恩来文化文选》，北京：中央文献出版社，1998年，第364页。］

〔19〕王冶秋临行前曾致信周恩来："我本想有一个5—10人的文物保护（或加上博物馆）的小组，就可以把目前处于无人管的文博事业抓起来，在全国几个重点地区抢救一些珍贵的历史文化遗产及图书、碑帖等。我则还可以做一些出主意工作，也算为党为人民做一些有益的工作。""但此事必须脱离旧文化部，另在国务院设这个小组，才能有力量。"周恩来批示："王冶秋同志信中说，本月16日已经走了。如未走，可以见他，并留他下来。"文化部军管会接到周恩来批示后，由部留守处派人专程去湖北接回王冶秋。（王可：《王冶秋传：一个传奇人物的一生》，北京：文物出版社，2007年，第209页。）

既负责北京市的事，又管国务院文化组。几天以后，周总理宣布成立“图博口领导小组”，王冶秋当副组长，组长是军宣队的朗捷。“图博口”这三个字，是图书馆的“图”和博物馆的“博”，它的业务范围和“文革”前图博文物管理局一样，还是管理全国的图书馆事业、博物馆事业、文物事业。周总理亲口跟王冶秋讲过多次：“文物工作过去是康老关心的，现在康老病了，我来关心你们的工作。”[20]

当时，有一个法国代表团来中国访问，参观了故宫，看到故宫保存得好好的，就跟周总理说：“我们在国外听说你们破坏文物，故宫都砸了，而我们看到了你们没破坏。你们何不拿些文物到国外去办展览，给大家看看？说明你们对文物不是破坏的，而是保护的。”总理觉得他说的很对，就委托王冶秋主办文物出国展览，以粉碎谣言。王冶秋借筹备出国展览的契机，通过国务院下通知，全国各地选调文物参加出国展览，最后加上一条，各地文物考古专业人员，除了有重大政治问题的，应予以使用。这样一大批文物干部，除了敌我矛盾已经定性的，即使有问题，也一律回原单位归队重新工作。然后王冶秋把下放到五七干校的文物干部陆续全部调回北京，我回来得也早，1971 年就回来了。这些文物干部回来以后，就马上重新恢复工作，所以文物工作恢复得最早。王冶秋还从五七干校抽调文化系统其他部门的干部到文物系统来，很多人当时在所谓“清查五一六反革命阴谋集团”运动中被当作“五一六分

---

[20] 1970 年 5 月 10 日，周恩来接见图博口负责人及文化部军代表，他在会上宣布成立图博口领导小组，军代表朗捷任组长，主管“文革”事务，王冶秋任副组长，主管业务工作；图博口由国务院办公室直接管，吴庆彤为联系人。周恩来说：“康老病了，文物工作我亲自来管。”（王可：《王冶秋传：一个传奇人物的一生》，北京：文物出版社，2007 年，第 219 页。）国家文物局理论组在《缅怀周总理对文物考古工作的亲切关怀》中称：“1972 年以后周总理曾一再说过文物工作过去是康老关心的，现在康老病了，我来关心你们的工作。”（国家文物局理论组：《缅怀周总理对文物考古工作的亲切关怀》，北京：文物出版社，1977 年，第 13 页。）

子”受审查，被“四人帮”放在一边不能用。王冶秋就在一次干部大会上说，抓“五一六分子”是“瞎胡闹，搞派性”，引起了文化系统干部很大的震动。在文化系统之外的教育系统、公安系统的很多老干部，也纷纷设法调到文物系统来工作，认为我们这里是个避风港。所以，王冶秋在“文革”后期保护干部方面也是很有贡献的。

有了总理的关怀，“文革”一开始文物虽然被破坏得不轻，但是最早恢复的是文物保护工作。周总理首先抓了故宫重新开放的工作。1971 年，故宫经过“文革”期间的几年关闭，要重新开放，为此，总理亲自抓《故宫简介》，请郭沫若牵头组织撰写，最后由他本人亲自逐字逐句修改审定。他还要求《文物》《考古》《考古学报》三大文博类刊物复刊，这是“文革”以来全国最早复刊的学术性刊物。在总理指示下，在故宫武英殿成立了展览室，举办“无产阶级文化大革命期间出土文物展览”。为了打破国际上的谣言，周恩来决定搞文物出国展览，由国务院吴庆彤任文物出国展览筹备小组组长，王冶秋任副组长，夏鼐、王仲殊为成员，他非常关心这件事，文物展览的目录都是他亲自审定的。〔21〕刚开始的筹备展览工作我没参加，1971 年我从咸宁回来以后，参加起草了部分展览的文字说明，英文的翻译是我去

---

〔21〕1972 年 8 月 21 日，周恩来批示同意韩念龙、王冶秋关于出土文物赴日展出的请示，告“时间不说死，但必须考虑在中日邦交建成后再去”。(中共中央文献研究室编：《周恩来年谱（1949—1976）》下卷，北京：中央文献出版社，1997 年，第 545 页。) 1973 年 8 月 13 日，周恩来批复余湛、王冶秋就出土文物展览赴美展出时间的问题的请示报告，他指示：“可设想两个方案：一个是拿这两个方案的两套展品图录给美国联络处看，要他们选择，看哪一套展品和时间对他们合适，也可让他们电商国内，或派人到日本、法国亲去参观，进行比较，我还可告以在日展品，将做部分调整；另一个是搞一套展品，专为去美洲的，次序是加、美、墨、南美友好国家，而以在日展品，除去罗外，专做在亚、澳展出，如顺序则为伊朗、叙利亚、巴基斯坦等，以在法展品，专在欧、非展览。可否，请酌！”[周恩来：《出国文物展览可设想两个方案——致余湛、王冶秋》(一九七三年八月十三日)，《周恩来书信选集》，北京：中央文献出版社，1998 年，第 629 页。]

请钱锺书翻译的，法文的翻译是我请朱广才翻译的，他们都是当时最好的翻译家。展览先是到英国、法国展出，后来我们又组织了展览到日本、美国，一共去了十几个国家，在全世界宣传了中国古代的灿烂文明，被称为继“乒乓球外交”之后的“文物外交”。可以说，那时候我们文物工作已经走出国门了！

周总理多次陪同外宾参观中国文物，对文物事业是很大的支持。1973年，总理陪同法国总统蓬皮杜参观大同云冈石窟。周总理看到一些塑像已经损坏了，有的风化了，他在会见中外记者的时候说，云冈石窟“我们一定要想办法保护好！”。他说原来有个计划，云冈石窟十年修好，时间太长了，我们三年修好，三年后再请你们参观。参观云冈石窟后不久，总理又陪同加拿大总理特鲁多去参观龙门石窟。在奉先寺，工作人员向总理介绍，这是武则天用脂粉钱捐造的。总理突然问，你们读过骆宾王的《讨武曌檄》没有？他就背诵了很长一大段，一直背到“试看今日之域中，竟是谁人之天下”。1976年，云冈石窟修缮工程按照周总理的“三年修好”的要求，如期完工，可是总理已经去世了，很可惜没有看到。

1973年2月，周总理决定撤销国务院“图博口”，组建国家文物事业管理局，归国务院文化组领导，王冶秋任局长，刘仰峤任党委书记，他是从教育部来的。这时候文物局干部队伍、业务骨干差不多都回来了，而且新调来了一些人才过来，像金冲及、沈竹、彭卿云、朱天都是那时候来的。金冲及那会儿在文物出版社工作，任副总编辑。宋木文一开始也调到文物局来，后来恢复出版局，徐光霄又把他调到国家出版局了。

国家文物事业管理局建立以后，马上下发了一系列文件，尽快使文物工作恢复到正常的轨道。在1973年文物局先后下发了《关于进一步加强保护古窑址的通知》和《关于严禁将馆藏文物图书出售作外销商品的通知》，还有文物局会同外贸部、商业部发了《关于加强从杂铜中拣选文物的通知》，都是面向具体业务的很有针对性的文件。这年下发的《关于进一步加强考古发掘工作的管理通知》是我写的，一共六条，重申考古发掘必须按规定报批，发掘必须严格按照考古学要求做好记录，反对单纯“挖宝”思想，等等。

“文革”期间，特别是在“图博口”成立以后，考古工作取得了中山王墓、马王堆汉墓、秦始皇兵马俑等一大批重要的考古发现，震动了全世界。金缕玉衣、长信宫灯，还有现在中国旅游的标志铜奔马，就是那时候出来的。经过考古发掘出来的马王堆文书、银雀山帛书、睡虎地秦简等古文书，都是很了不起的大发现。我也很奇怪，那

1973 年秋，谢辰生先生（后排右一）和沈竹（后排右二）在广东东莞考察文物工作

段时间真是“地不爱宝”了，好多重要发现全出来了。在基本建设中每次有重大发现，总理都下令保护，如果没有总理，那就完了，全完了。我认为，我们否定“文革”，是否定“以阶级斗争为纲”的理论及其做法，但并不是否定在“文革”期间发生的一切事情，像“两弹一星”就不能否定。所以，就不能把“文革”期间文物保护的成果全否定了，要全面评价“文革”期间文物工作的成就，就必须实事求是，不能一刀切。这期间，有好的事情，像在“文革”之初的1967年，国务院批准了刘家峡炳灵寺的防护工程，拨了一百多万，在黄河边修了一道防护大堤。〔22〕这是周总理批的，在当时是很不容易的。但是也有不好的事，比如北京市在拆西直门的时候，发现了明代西直门里面还包着元代的和义门的遗迹，郭沫若去实地看了，但是最后也没有保下来，这是非常可惜的。〔23〕任何时候，好与坏都是相互斗争、相

---

〔22〕1967年3月26日，国务院发出《关于炳灵寺石窟防护的通知》，国家拨款在炳灵寺石窟前修筑长250余米，高16米的防护堤坝一道。（国家文物局编：《中华人民共和国文物博物馆事业纪事》，北京：文物出版社，2002年，第233页。）

〔23〕时任中国科学院考古研究所所长夏鼐回忆：“1969年夏间，北京元大都拆除西直门箭楼时发现了元代和义门瓮门遗址，郭老听到这消息后，曾两次兴致勃勃地前来现场，登临那高达二十多米的城门楼上，还细察城楼南壁上的元代至正年间的墨书题记。”（夏鼐：《郭沫若同志对于中国考古学的卓越贡献》，《考古》1978年第4期。）

1969年参与和义门遗迹清理发掘工作的徐苹芳回忆：“配合北京地铁建设，我正在主持发掘北京西直门元大都和义门遗迹。有一天，夏先生来西直门劳动，他边清土边观察和义门遗迹，趁没有人注意之时，向我小声嘱咐在发掘时应注意哪些事情。这一举动在当时是很危险的，如果被军工宣队知道，肯定是要批判他的。夏先生真是一位心怀坦荡、大公无私的人，他不顾个人安危，只为了考古事业和学术研究，这种精神令我十分敬重。和义门遗迹发掘完毕后，究竟保护不保护，要报‘中央文革小组’，陈伯达批示叫郭沫若同志决定。那天，是我陪郭老去看和义门遗迹的，郭老看完后未置一词，过了几天，‘中央文革小组’决定拆除，不予保护。后来‘四人帮’垮台后的一次宴请外宾的宴会上，郭老惋惜地对夏先生说，真不应该把元大都和义门遗迹拆毁，当时他不敢说这种意见，现在后悔不及。这是夏先生亲口对我说的。”（徐苹芳：《我所知道的夏鼐先生》，《夏鼐先生纪念文集》，北京：科学出版社，2009年。）

夏鼐在日记中记载，1969年6月21日“赴西直门工地劳动。这是元代和义门的瓮城，由我所主持发掘，学部各所轮流参加劳动”。［夏鼐：《夏鼐日记》（卷七1964—1975），上海：华东师范大学出版社，2011年，第250页。］

互比较而存在的，这件事情可能健康力量占上风，那件事情可能是错误力量占上风。我们从总体上看，“文革”期间的文物工作，还是在周总理支持下，排除了“四人帮”的干扰，抵制了“四人帮”的错误，依然取得了很多可喜的成就。这样的认识是从事实出发，不是从感情出发，从概念出发。

1972年我们发现了马王堆汉墓，这是一个震惊世界的大发现。整个发掘过程总理都在关注，马王堆发掘领导小组组长、副组长都是总理亲自点的名，由干部和专家结合起来成立领导小组，由当地的湖南省委书记、省革委会副主任李振军当组长来负责，王冶秋、夏鼐任副组长。出土了什么东西，周总理随时关注，过问很细，有什么问题马上批示。总理批了好几次，每次批得都非常好，非常细心，考虑得非常周到仔细；要加强保护，用科学技术保护、化学保护，你们赶快找人处理等，这些都是总理说的。〔24〕整个过程他都掌握了，应该怎么样，找什么人来解剖，要做化学保护什么的。媒体也介入了，进行了宣传报道。华国锋、李先念也都过问

---

〔24〕周恩来对马王堆汉墓保护做过多次批示。1972年6月17日，对马王堆一号汉墓出土尸体和文物过早展出一事批示：“出土尸身和衣着、帛文，非变质不可，请立即采取办法转移到冰室，消毒，防腐，加以化工处理。”1972年11月30日，对湖南省《关于马王堆汉墓出土尸体解剖问题的请示报告》批示：“王冶秋同志邀请有关同志和专家再议一次，如同意，即请提出一个工作小组名单，协助湖南医学院进行报告中所提的和追加各项安排和调度。”1972年12月10日，在王冶秋关于古尸解剖会议向国务院的电话汇报记录上批示：“即送郭沫若、西尧以电话告冶秋同志。”对拍摄马王堆汉墓出土文物电影工作批示：“拍片要注意保护文物，不要有任何损失。”1973年9月29日，对国家文物事业管理局上送的马王堆二、三号汉墓的发掘报告上批示：“此事请待王冶秋同志回京后，偕同国家文物事业管理局、科学院考古研究所和各地有关科研单位和医学科研及医务人员前往长沙协助省委办理此事。并请文化组派科教电影制片厂、新影，总政派八一制片厂担任影片工作。务期这一次发掘工作要取得比上次更多的成绩和收获。”（国家文物局编：《中华人民共和国文物博物馆事业纪事》，北京：文物出版社，2002年，第256—257、271页。）

了。[25]那时候是集中全国的力量做这件事情，要不马王堆的那个“老太太”怎么能保存那么好啊？围绕马王堆汉墓也有过斗争，“四人帮”想拿马王堆做文章，目的是攻击周总理。1974 年“批林批孔”，姚文元批评马王堆女尸影响推广火葬，有人说文物出国展览是以古压今，文化组刘庆棠指责文物工作搞历史文物是复古思潮，矛头直指周总理。

秦始皇兵马俑是继马王堆之后又一个震惊世界的考古大发现。1974 年，陕西临潼的农民在秦始皇陵边上打井，偶然发现了秦俑。村民报告县文化馆之后，县文化馆的人决定自行发掘，挖了一个大坑，发现了更多的陶俑，并自己整理修复出两个比较完整的陶俑。这么大的一个考古发现，县文化馆竟然没有向上级报告，后来江青对此提出过批评。一个新华社记者蔺安稳从北京回临潼探亲，偶然听说了这个事情，写了篇稿件，通过《人民日报》记者王永安、马炳泉上报，发表在 1974 年 6 月《人民日报》的《情况汇编》上。当时正在搞“儒法斗争”，江青看到内参上说发现了秦始皇的文物，非常感兴趣，就找了姚文元。姚文元又找了国务院副总理李先念。6 月 30 日，李先念在这个内参上批示：“庆彤并冶秋同志：江青同志很关心这件事。建议请文物局与陕西省委一商，迅速采取措施，妥善保护好这一重点文物。”那时候，毛主席重视出土文物，要了大字

---

[25] 1972 年 8 月 26 日，李先念将新华社《文化革命动向》第二九〇〇期刊载的《长沙马王堆汉墓出土文物保护研究工作情况和问题》批给吴庆彤转王冶秋。批语说：“克服困难，把所有问题找有关部门解决，解决不了应找有关部门给予支持。”11 月 26 日，在王冶秋报送的《关于长沙马王堆一号汉墓女尸解剖后科学研究方案的请示报告》上批示：“国务院要表态，可拟一个批语尽快转发有关单位。”1973 年 9 月 29 日，在国务院图博口领导小组《关于发掘长沙马王堆二、三号汉墓的有关请示》上批示：“准备什么时候发掘，应上报。”（《李先念传》编写组编：《李先念年谱》第五卷，北京：中央文献出版社，2011 年，第 214 页。）

本的古代文书竹简去看。因为毛主席很重视，江青就跟着也过问了。江青对文物也有兴趣，但她也谈不上特别积极。李先念批了之后，王冶秋马上让文物处处长陈滋德去陕西，与陕西省领导商定，由陕西省报请国务院和国家文物局批准，陕西省文管会成立一个考古发掘领导小组进行发掘。考古队马上开始进行考古勘探，很快发现了秦始皇兵马俑一号坑，第二年又发现了二、三号坑。根据聂荣臻的建议，李先念主持国务院会议，决定建立秦始皇兵马俑博物馆，拨款 150 万元。王冶秋亲自去西安传达国务院决定，要求陕西尽快搞出博物馆的设计方案。1976 年博物馆动工，谷牧副总理很支持，又追加了一笔预算。秦始皇兵马俑，是中华人民共和国成立以来最重要的考古发现之一，被称为“世界第八大奇迹”，1987 年被联合国教科文组织列为世界文化遗产。

1972 年以后，在马王堆、银雀山等重大考古发现中，出土了很多重要的帛书、竹简。为了清理这些出土文献，我们把学术界的大家、最顶尖的文物专家都集中起来，从全国各地调到北京。那时候是人才济济，像唐兰、商承祚、张政烺、裘锡圭、朱德熙、李学勤、顾铁符，全国的古文字专家都集中在红楼，成立文物整理小组，整理研究银雀山竹简、马王堆帛书、吐鲁番文书等出土文献，当时在文物出版社的金冲及也参加了一些工作。我们在红楼陆陆续续成立了银雀山汉墓竹简整理小组、马王堆汉墓帛书整理小组、吐鲁番出土文书整理小组、睡虎地秦墓竹简整理小组、居延汉简整理小组，出版了一批研究成果，像失传两千年的《孙膑兵法》得以整理出版。毛主席对出土文书的释读很感兴趣，但是他眼睛不好了，要求我们三天内印出大字本，送到中央去。那时候社会科学界是万马齐喑，只有文物局还在做研究工作，一枝独秀，非常特别，大家都很羡慕。

这主要是因为总理的关心。

整理出土文献一直进行了好多年。后来，王冶秋提出来成立一个永久性古文献的研究机构，来取代这些整理小组。1977年，文物局给中央打了一个《关于成立古文字整理研究机构的请示报告》，是我起草的。李先念做了批示，他批给乌兰夫、余秋里、张劲夫、刘西尧并王冶秋，他很谦虚，说他完全不懂，但是他觉得这件事情很重要。他的批语是："我完全不懂这门知识，但真正懂得这门知识的人越来越少，建议将他们集中起来使用，生活上应当适当地照顾，并请他们传、帮、带，尽快培养出一批专业人员来。对那些有钻研精神、对这门知识又很热情的青年人，有关院校要积极培训，真正做到后继有人。为了搞好对文物的保存，必要时国家可拨点经费，给予必要的支持。"李先念同意建立古文献研究室，还给了50个编制名额。这就以整理小组为基础成立了文化部古文献研究室，请了对吐鲁番文书有研究的唐长孺当主任。那时候对于古文书的研究、整理，是在文物部门，现在清华在搞，文物部门不管了，其实，文物部门应该搞古文书的研究、整理工作。所以，那段时期是文物考古一个相当辉煌的时期。现在能集中那么多大专家进行研究吗？而且现在也没有那些人了。

按：谢辰生先生起草的国家文物事业管理局《关于成立古文字整理研究机构的请示报告》（1977年6月19日），节选如下：

建国后，文物考古工作密切配合各项建设工程，在全国范围内，先后发现了大量重要的历史文物，其中包括一大批珍贵的古文字材料，如云梦秦简、临沂银雀山汉墓竹简、马王堆帛书及居延汉简、吐鲁番十六国至唐代文书等，自殷商以迄汉唐的古文字，如甲骨、金文、简牍、帛书等。它们从不同的侧面反映了当时政治、经济、军事、文化、宗教、民族关系，以及社会生活的各个方面的情况，对于研究我国古代历史具有重大的科学价值，引起了国际、国内的广泛重视。特别是新疆出土的唐代文书有力地证明了新疆自古以来就是我们统一多民族国家的一个组成部分……

1949年以后新发现的这些大量古文字，绝大多数是经过科学发掘出土的，而且在内容上大大超过了国外的资料。以居延汉简为例，新中国成立前出土的一万枚，已于抗战期间，被国民党反动派盗运美国。这次只从三个地点试行发掘，就出土汉简一万七千多枚，不仅出土的坑位、地层关系比较清楚，保存比较完整，而且无论从数量上、史料价值上都大大超过了解放前发掘的居延汉简。再如新疆吐鲁番出土文书，时代从十六国到唐的汉文文书共两千四百多件，主要是官方文书、契约、书信。对研究我国古代新疆地区的历史和驳斥苏修反华谬论有重要意义。因此，运用马克思主义的观点对这些古文字进行科学的整理和研究，用以批判帝修反的种种反动谬论，不仅仅是一项学术研究工作，而是一场现实的政治斗争。

1974年起，文物局先后从哲学社会科学部、北京大学、武汉大学、中山大学等部门商借了少数专业人员对马王堆帛书、临沂汉简进行整理工作。三年来虽取得一定的成绩，但由于人手少，加上种种条件的限制，进展很慢。有的既定整理项目，至今尚未开始，远远不能适应工作开展的需要。特别是一些竹简、文书，在出土时字迹非常清晰，现在已经出现字迹模糊的现象。在这种急迫的情况下，如不立即采取断然措施，抓紧时间，及时整理，将来工作更加困难，甚至会造成无法弥补的损失，对子孙后代都难以交代。现在情况是，一些古文字研究的专业人员大部分分散在各地不同单位，而出土的古文字又集中保存在文物系统。如不将力量组织起来有计划地开展工作，整理研究是有困难的。“四人帮”被粉碎以后，一些老专家对此项工作积极性很高，表示一定要把自己的专长，在有限的余年里贡献给人民。参加新疆唐代文书整理的武汉大学教授唐长孺同志，年近七十，右目已经失明，左眼高度近视，且视力日益减弱。他唯恐在眼睛完全失明以前，完不成整理任务，日夜辛勤工作，迫切地希望增加整理力量，加快工作进度。

为了调动一切积极因素，有组织、有计划地开展对古文字的整理研究工作，已成为一项刻不容缓的任务。我们的意见，拟商请有关部门将现在参加古文字整理小组的部分专业人员固定下来，再配备部分青年，在我局增设一个直属研究机构，专门从事此项工作，编制暂定三十人，包括从外地调进少数专业人员（他们的户口请同意迁进北京）。同时，在此基础上，与中国社会科学院及有关高等院校协作，制订一个对这批古文字整理研究的全面规划。根据各自的研究力量，相互协作，分工负责，力争在五至七年内完成此项整理研究任务，必要时也可以集中力量打歼灭战，这样既有利于充分发挥老年专业人员的特长，也可以在工作实践中培养一批新生力量，以适应今后古文字研究的需要。

四 文化组接管风波

由于总理的关心，文物工作形成了体制是直属国务院，人是总理直接抓的局面，文物事业取得了很大的成就，对外是文物展览走遍了全世界，对内是比任何一个部门都要早地恢复工作。王冶秋在1971年的一次会议上说，“文物工作十七年是红线不是黑线”，后来又讲了好多次，影响很大。[26]“四人帮”很不满意，攻击考古新发现和文物出国展览，是“以古压今”“复古思潮”，针对的都是总理。1974年4月“批林批孔”的时候，上海《文汇报》不点名批王冶秋，说他是“黑线回潮”“复辟逆流”，实际上矛头还是冲着周总理

〔26〕1971年12月4日，王冶秋在筹备出国文物展览工作人员会上发表讲话，他说：“文物工作是红线？还是黑线？我认为，文物工作根本上是红线。自从文物局建立以来，首先从政策法令这方面看，我们一进城，还是华北人民政府时代，就颁布了《禁止珍贵文物图书出口暂行办法》的命令。一百多年来帝国主义侵略中国，把中国变成殖民地、半殖民地，在文物上大量进行破坏盗窃，讲不胜讲。河南建一个厂子，一探有成千上万的墓葬，其中90%经过盗掘，文物都是卖给外国人了。一百多年来对文物的破坏盗窃没有停止过。我们一进城，就颁布了禁止珍贵文物出口令，是董老批的，我看这是红线。”“后来政务院、国务院又陆续颁布一系列法令。1960年11月，国务院全体会议通过了《文物保护管理暂行条例》和第一批180处全国重点文物保护单位名单（1961年3月4日公布）。这次在陕西开会，这些法令都印了。这180处没有保错，幸亏那个时候宣布，保下来了。这是贯彻毛主席对文化遗产要批判地继承的指示。从政策法令上看是没有问题的。所以我认为从根本上讲，文物工作是红线。”“这二十多年里，在对待民族文化遗产问题上，我们同‘左’的右的倾向进行了一系列斗争，我认为是站在红线上。文物出口就是斗争之一。”“博物馆工作虽受到黑线的干扰，也主要是红线。如革命纪念馆开了两次会，在长沙开过一次，在江西开过一次，我认为都是红线。我们在指导思想上提出保护革命遗址，一定保持当时的环境，艰苦朴素的作风，反对大拆大改，焕然一新。…… 主席有一次去参观农讲所，看到里边变了样就说，怎么不是原来那个样子了，艰苦朴素作风一点没有了。所以我说保持原状是红线，不是黑线。”（王冶秋：《在筹备出国文物展览工作人员会上的讲话》，《王冶秋文博文集》，北京：文物出版社，1997年，第125—136页。）

去的。[27]“四人帮”一开始想以“老中青”结合为由，派一个北大的年轻学生来文物局当副局长，就是想“掺沙子”。王冶秋和刘仰峤一合算，决定你甭派人来，我自己弄，就由文物局全体人员参加民主投票，直接选副局长。投票产生张天保和沈竹，结果张天保比沈竹少两票，沈竹上了副局长，报国务院。大伙儿选出来的沈竹和张天保都是好人，沈竹一直在文物局，后来张天保到了教育部当了副部长。到了 1974 年 6 月，“四人帮”想让他们控制的文化组接管文物局，于是文化组副组长王曼恬派了调查组进驻文物局“发动群众”，收集王冶秋等领导人的“材料”。

文物局划归文化组就是要整王冶秋。“四人帮”垮台以后，我们才从文化部查到上海徐景贤给于会泳的密信，文化组接管文物局，就是为了“红线”问题要于会泳调查，以便采取措施整王冶秋。文化组这一接管，那还得了啊！王冶秋不好直接说，不能把文物局划到文化

〔27〕夏鼐在日记中记载：1974 年 4 月 23 日星期二，借来 1972 年春王冶秋同志在图博口的讲话。因为上海《文汇报》4 月 16 日发表一篇上海博物馆“公常”写的《用无产阶级政治挂帅文物的研究和展出》，说 1972 年春天，在我们文博队伍中突然刮起一股黑风，有人公然宣称“十七年文物考古工作是一条红线”。据说，这便是王冶秋在这次讲话中所说的话。[夏鼐：《夏鼐日记》(卷七 1964—1975)，上海：华东师范大学出版社，2011 年，第 423 页。] 1974 年 4 月 16 日，《文汇报》第二版发表署名“公常”文章《用无产阶级政治统帅文物的研究和展出》，称：一九七二年春天，正当我们在以毛主席为首的党中央领导下，深入揭发批判林彪散布的反动“天才史观”，清算林彪一伙叛国叛党的滔天罪行时，在我们文博队伍中突然刮起了一股黑风，有人公然宣称：“十七年文物考古工作是一条红线。”这是明目张胆地否定伟大领袖毛主席对文艺界的两个重要批示，妄想为修正主义文艺黑线翻案。……文博界出现的右倾复辟逆流，正说明两个阶级、两条路线的斗争在这条战线上还是十分尖锐复杂的，说明封、资、修的残余势力还在负隅顽抗。孔老二宣扬什么“信而好古”，而这些人对孔老二的这一套中毒颇深，一有机会，就想方设法要把历史的车轮拉向后退。所以，在当前批林批孔运动中，我们一定要批判这种宣扬复辟、倒退的逆流，坚持用马列主义、毛泽东思想统帅文物的研究和展出工作。……散布什么“十七年是红线”的谬论，其目的就是要否定无产阶级文化大革命，开历史的倒车，我们要在这场批林批孔斗争中，坚决击退复辟倒退的反动思潮，巩固和发展无产阶级文化大革命的伟大成果。

组，但是我好说，我就给康生写信，说这个事情不行，这对文物工作来说危险得很，还说了些关于文物出口等方面的事情。之所以找康生，是之前王震跟王冶秋说过，“文物工作有事要找康生，因为康生说话起作用，对工作有利，免得事事找总理，反而会给总理找麻烦”。王震的意思是，文物的事遇到难题你们别找总理了，你们找康生要好一些，要不然总理要跟“四人帮”闹对台戏，你们让康生和“四人帮”窝内反去。还有一次王冶秋从康生处回来，他在康生那里骂了“四人帮”，康生说“这些人是不会死心的”。从这些信息判断，我觉得可以给康生写信。我在信里建议文物局不要划给文化组，同时也反映了文物出口中存在的问题。〔28〕

1974 年 6 月 28 日，康生收到信，批了：“1. 谢辰生同志的来信和所附材料中关于文物保护、收购、管理、出口等方面的建议，基本上是正确的，请有关部门协商研究解决。2. 关于文物局的归属问题，因文物工作是全国性的，对外活动多，许多事情时间紧、任务重，层次不宜多。文物局应直属国务院，不要划归文化组。3. 王冶秋同志解放前为革命做了一些有益工作，解放以来对文物工作做出了贡献，是个好同志，应加以保护。”康生批给了吴德、吴庆彤，康生的批件又

---

〔28〕据王冶秋之子王可回忆：1974 年 6 月 1 日，周总理离开居住和工作了二十多年的中南海西花厅，到 305 医院住院接受手术治疗。就在这个时候，“四人帮”的黑手伸向正在蓬勃发展的文博事业，准备派文化组的人接管国家文物事业管理局。在此危急关头，冶秋跑去请教王震，可否请总理出面讲话。王震说：“此事勿劳总理费心，你给康生写个信就行。”接着，王震又谈到，现在总理处境困难，康生懂文物，文物方面的事情可以找康生，由康生出来说话，免得事事把总理推到前面。冶秋进而想到总理正进行手术治疗，绝不能再打扰了，于是，把王震对自己讲的话，告诉了一直从事文博事业政策研究的“小谢”。谢辰生也正为此事着急，便提笔向中央政治局常委、中央文革小组顾问康生写信，反映文化组的倒行逆施。康生于 6 月 28 日对该信批示“送吴德、吴庆彤同志阅”，并批示了三点意见。（王可：《王冶秋传》，北京：文物出版社，2007 年，第 228—229 页。）

送给了华国锋等传阅。李先念批示："坚决按照康老的指示办。"这样批下来后，文化组的接管人员全部撤走。让国家文物局直属国务院，最后是批在我这封信上的，这事儿就解决了。当然，最后国家文物事业管理局直属国务院还是周总理定的，是四届人大以后总理主持的最后一次国务院会议上，他亲自宣布成立的。这样，在1975年9月，国家文物事务管理局做了国务院的直属局，和文化部平行。

此外，国务院1974年12月出的132号文件——《国务院批转外贸部、商业部、文物局〈关于加强文物商业管理和贯彻执行文物保护政策的意见〉的通知》，也是从这个批示中出来的。原来是总理定了要出这个关于文物商业文件，我们起草好了送到国务院，结果总理病了，文件出不来。我写这封信，康生批示里有这么一句话，谢辰生同志关于文物商业的意见，基本是正确的，结果文件就出来了。这就恢复了"文革"前文物商业"事业单位、企业管理"，归文物部门领导的体制。

1974年8月8日，国务院下发《关于加强文物保护工作的通知》（国发〔1974〕78号），这是"文革"以来国务院颁布的第一个关于文物保护的文件。这个文件是我起草的，正好那时候搞"批林批孔"，所以文件一开头是这么写的："无产阶级文化大革命以来，文物工作在毛主席革命路线指引下，贯彻'古为今用'的方针，形势很好。在批林批孔运动中，文物工作者与工农兵一起，利用文物保护单位、考古发掘现场和历史文物，揭露批判孔孟之道和林彪的反革命修正主义路线，驳斥苏修社会帝国主义对我国历史疆域的反动谬论，初步取得了较好的效果。"但是下面的具体要求，我还是提出要严格执行《文物保护管理暂行条例》。

比如对考古工作，《通知》要求："出土文物是祖国珍贵的文化遗产，是人民的财富。任何地方、任何单位、任何个人都不能据为己有。凡是重要的考古发现，都要及时上报国家文物事业管理局。各个地方各个部门进行工业、农业、水利、交通、国防、城市建设等工程，对于工程范围内的文物保护单位和在施工中新发现的墓葬、遗址，要严格按照《文物保护管理暂行条例》的规定，和文物部门密切配合，做好文物保护工作。考古发掘工作，应当以配合基本建设为主要任务。要严格按照有关规定，履行报批手续，经批准后始得进行。事先要有计划，事后要写出发掘报告。发掘过程中，要严格按照科学要求办事，反对单纯'挖宝'。"这里面对考古工作特别提出，对出土文物"任何地方、任何单位、任何个人都不能据为己有，凡是重要的考古发现，都要及时上报国家文物事业管理局"，背景就是秦始皇兵马俑发现未及时上报，江青提出批评，李先念有过批示，文件才这样拟的。

对古建筑保护，《通知》要求："保护古代建筑，主要是保存古代劳动人民在建筑、工程、艺术方面的成就，作为今天的借鉴，向人民进行历史唯物主义的教育。对于全国重点文物保护单位，要切实做好保护和维修工作，分别轻重缓急定出修缮规划。对古代建筑的修缮，要加强宣传工作，说明保护文物的目的和意义，批判封建迷信思想，防止阶级敌人造谣破坏。在修缮中要坚持勤俭办事业的方针，保存现状或恢复原状。不要大拆大改，任意油漆彩画，改变它的历史面貌。对已损毁的泥塑、石雕、壁画，不要重新创作复原。更不能借口保护文物大修庙宇，起提倡迷信的破坏作用。"

这些内容，还是坚持了 1961 年国务院《条例》中的正确规定，像考古工作要配合基本建设，修古建筑要保存现状，不要大拆大改，跟"文革"前的要求是一致的。所以我一直说，我国文物工作在中央层面，自始至终都坚持了正确的方针。包括在“文革”期间，有关文件仍然极力排除了极左思想的干扰，虽然在语言上有那个时代的印记，但是文物保护的具体规定是正确的。

按：由谢辰生先生起草，1974年8月8日国务院颁布的《关于加强文物保护工作的通知》(国发〔1974〕78号)，全文如下：

各省、市、自治区革命委员会、国务院各部委：

无产阶级文化大革命以来，文物工作在毛主席革命路线指导下，贯彻“古为今用”的方针，形势很好。在批林批孔运动中，文物工作者与工农兵一起，利用文物保护单位、考古发掘现场和历史文物，揭露批判孔孟之道和林彪的反革命修正主义路线，驳斥苏修社会帝国主义对我国历史疆域的反动谬论，初步取得了较好的效果。

但是，也出现了一些值得注意的问题：有些地方不按规定，不经批准，自行“挖坟取宝”；有的对于重要的出土文物，据为本单位所有，严格“保密”；有的地方生产队以挖掘古墓为“副业”，破坏历史文物，助长资本主义倾向。为了进一步加强文物保护工作，特作以下通知：

一、革命文物是发扬革命传统，进行阶级斗争和两条路线斗争教育的重要武器。革命纪念建筑，必须妥善保护，严禁乱拆乱改。修缮时，要严格注意保持原有建筑和周围环境的原貌。不要喧宾夺主，另搞富丽堂皇的新建筑。对革命文物的征集，要采取严肃的科学态度，切实做好详细的原始记录。要充分重视人民群众在革命斗争中遗留下来的丰富文物。“有比较才能鉴别”，对于反映错误路线的文物资料，也要进行必要的征集和研究，可起反面教员作用，但不可过多，过多起副作用。

二、历史文物是历史上的阶级斗争、生产斗争和科学实验的遗物，是奴隶们创造历史的实物例证，有些还是研究农民革命和儒法斗争的重要资料。必须切实做好保护和管理工作，用马克思主义的立场、观点和方法，进行历史的阶级的分析和研究，为当前的政治斗争、思想斗争服务。

出土文物是祖国珍贵的文化遗产，是人民的财富。任何地方、任何单位、任何个人都不能据为己有。凡是重要的考古发现，都要及时上报国家文物事业管理局。

各个地方各个部门进行工业、农业、水利、交通、国防、城市建设等工程，对于工程范围内的文物保护单位和在施工中新发现的墓葬、遗址要严格按照《文物保护管理暂行条例》的规定，和文物部门密切配合，做好文物保护工作。

考古发掘工作，应当以配合基本建设为主要任务。要严格按照有关规定，履行报批手续，经批准后始得进行。事先要有计划，事后要写出发掘报告。发掘进程中，要严格按照科学要求办事，反对单纯“挖宝”。

保护古代建筑，主要是保存古代劳动人民在建筑、工程、艺术方面的成就，作为今天的借鉴，向人民进行历史唯物主义的教育。对于全国重点文物保护单位，要切实做好保护和维修工作，分别轻重缓急定出修缮规划。对于古代建筑的修缮，要加强宣传工作，说明保护文物的目的和意义，批判封建迷信思想，防止阶级敌人造谣破坏。在修缮中要坚持勤俭办事业的方针，保存现状或恢复原状。不要大拆大改，任意油漆彩画，改变它的历史面貌。对已损毁的泥塑、石雕、壁画，不要重新创作复原。更不能借口保护文物大修庙宇，起提倡迷信的破坏作用。

三、地下埋藏的一切文物，都属于国家所有。任何单位和个人，都不得私自发掘。严禁买卖或变相倒卖出土文物，要坚决打击文物走私和投机倒把的活动。对于保护重要文物有成绩的单位和人员可以给予适当的奖励。

一九七四年八月八日

到了1980年，“文革”结束了，十一届五中全会上有人整王冶秋，说他给康生搞文物，都是没有的事儿。王冶秋解放前从事地下情报工作，确实是认识康生，王冶秋因为情报工作的关系跟周总理也早就认识，早就很熟，那你怎么能凭这个就诬陷王冶秋给康生弄文物呢？有人说文物局是康生要成立的，好像文物局也有什么罪名。我就给胡耀邦写信为王冶秋辩护，认为你不能因人废言、因人废事。国家文物事业管理局直属国务院，是我给康生写信弄成的。你不能说康生赞成设立国家文物事业管理局，就说文物局好像就有什么问题。胡耀邦批得很好，认为对待王冶秋，对待文物局的历史都要实事求是。

我自己倒是沾过一次康生的光。有一天，军宣队开会正在批斗我，巧的是，之前我给康生写了封信，正在开会的时候，康生的退信到了文物局。大概是1966年，我写过一篇文章批评李达。李达写矛盾论，我觉得里面有一段不符合毛主席的意见，我就写文章批评他。那时候，李达是马列理论的大人物，《学习》杂志收到我的批评文章不敢发，回复说正在研究。拖了两个月，还给我来了好几封信。

后来，李达在《新建设》写了封检讨的信，说他错了。《学习》杂志给我写信，说李达已经承认错误了，你的文章就不必要发表了。我批评李达，他都承认错误了，但我是搞文物的，不是搞马列的，可见我还是懂马列主义的。我把稿子送给康生看，说看完请把稿子退给我，因为是手写的，就这一份儿。

结果康生看完退给我了。他退信的时候，信封上写的是“康办，谢辰生同志亲启”。军宣队的人正要批斗我，正好这封信来了，一看信封都吓傻了，心想康生写的信，还是谢辰生亲启，那这人绝对不能动，还得把这封信送我手上。我拿起来一看，心想他也不会写信，我收着也没拆封，就往那儿一放，但那些小子被震住了，从此不斗我了。我收了康生的“好处”还有这一条，太逗了，太有戏剧性了。到现在这信封我还留着呢。军宣队也不放我，也不斗我。他们说：“你错就错了，你还不服输啊。”我跟他们拍了桌子，说：“咱们俩还不定谁错了！”他们以为我有后台，其实根本没那么回事，我跟康生根本没见过面。就跟温家宝，我也没见过面，后来开会碰见了才握个手，话也没怎么说。我就为文物的这些事儿，你是谁我不管，你管这事儿我找你。康生还有个故事。他骂过辽宁省博物馆馆长，其实骂错了。馆长吓坏了，写信解释说不是那么回事。康生一看，马上回信说：“是我昏庸老朽，对不起，向你道歉。”

我真是吉人天相，要不然我肯定被整惨了。“中央文革小组”成立文艺组，这是在给康生写信以后的事了。文艺组是“文革小组”直接抓的，底下有一些人，像“红五类”刘巨成就在文艺组那儿。康生曾经跟戚本禹说，谢辰生可否参加一些工作。戚本禹就问刘巨成行不行。那时候我还不是党员，被他们看成“右”的、保守的，他们说这人不行，没让我去。他们整我，说我是“黑五类”，到了1975年我才入党。我要是跟着文艺组上去了，后来肯定也被整惨了。刘巨成去了，我没去，真是上文艺组搞事儿，“四人帮”垮台以后就惨了，肯定进秦城监狱，我是幸免于难。他们不要我正合适。我要是上去了，后来肯定被整惨了；要是没那封信，也被整惨了。你说这事儿有意思吧？太有戏剧性了！

“文革”期间，我吃了不少苦，但是我反对一味抱怨，一味控诉。我因为保王冶秋，被军宣队打成“反革命小集团”，后来因为康生那封信，他们不那么整我，也没放过我。后来还被说成是“五一六分子”，我下放咸宁时候还是在另册的，一直到林彪死了他们才不整我了。1968 年开始，文化部搞“斗批改”，在湖北咸宁搞了五七干校，文化部机关六千余人全都下放到咸宁向阳湖劳动锻炼。文化部的领导，包括王冶秋都去了向阳湖，还有文化界的名人全都去了。我是 1969 年秋天到的向阳湖，在文化部五七干校一大队二连，主要就是参加农业劳动。国务院恢复“图博口”以后，我 1971 年回的北京。下放向阳湖，受了很多苦，被整得很惨，真是家破人亡。我爱人胡清源是文物出版社编辑，本来身体不好，又受我牵连，她得了肠梗阻没有及时医治，1971 年病死在向阳湖。

我自己挨整得厉害，1967 年我就被打成“反革命小集团”成员，军宣队整我，“谢、罗、金、杜”，我是头一个。谢辰生、罗哲文、金枫、杜克，要保王冶秋，被他们打成“谢、罗、金、杜反革命四人小集团”，后来又被扣上“五一六分子”的帽子。罗哲文好多事儿都是跟我一块儿干的，像保王冶秋我们是并肩作战，像写信给总理保护观象台，都是我们一块儿的。我的脾气大，敢和军宣队拍桌子，他们认为我是“大鱼”，就先不动我，把我晾在一边儿，可罗哲文蔫蔫的，他们就先整他，想从他那里找出我的事儿，也没找出来。有一次，军宣队让他承认自己是“五一六分子”，还让他供出谁是介绍人。罗哲文没办法，看着面前桌上放着的一顶军帽，顺口说出上面写着的名字，这让坐在对面的军宣队的人十分生气，哭笑不得。军宣队把他关进了牛棚，大半夜去整他，不让他睡觉，罗哲文一直没有说出我，他来回翻供，被逼急了就说自己是“五一六”，第二天又不承认了。罗哲文为我挡了头阵，受的苦比我多，一直拖到“林彪事件”，罗哲文保护我过了这关。“文革”的时候，罗哲文受的冲击很大，受害很深。但在“文革”结束后，罗哲文从来没有动摇过对毛主席的忠诚，对共产党的忠诚。受那么大苦，罗哲文一直认为不能丢弃毛泽东思想，他去世前，我们还谈到这个问题，他认为学习毛泽东思想很重要。这是很难得的，完全把个人恩怨放一边。现在他不在了，我觉得他这点突出的难得的品格一定要让人知道，他对毛泽东思想始终非常坚定，对现在有人否定毛泽东思想非常反感。

2011年12月26日，罗哲文和谢辰生（右）为故宫世界文化遗产监测中心揭牌

前几年，湖北有个人叫李城外，研究五七干校的，把下放向阳湖的人都访遍了，也采访了我，最后编了本书《话说向阳湖·京城文化名人访谈录》。那本书里面，其他人都把向阳湖骂得一塌糊涂，就我一个人没抱怨，就我说也有好的一面。我认为应站在历史的高度来看待干校，而不应斤斤计较个人的得失。如果老是控诉，我根本反对！我还跟李城外提了个建议，向阳湖文化部五七干校的遗存，应该按照“保护为主，抢救第一”的原则保护，请当地文物部门逐级申报为文物保护单位。后来湖北方面申报了，2013 年向阳湖文化名人旧址被国务院公布为第七批全国重点文物保护单位。

我那篇访谈名字叫《向阳精神，永志难忘》。我在里面说，“文革”是历史发展进程中的一个悲剧，我们必须总结经验教训。但回过头来看，我虽然吃了苦头，仍觉得向阳湖的生活自有它的价值。为什么？因为我们毕竟参加了田间劳动锻炼，而文化人能接触实际，并不是坏事。还有一点，当地群众对我们好，文化人之间也在患难中加深了彼此的感情，这是永远值得珍惜的。在五七干校那么艰苦的条件下，我们也没有失去信念，我认为这可以叫作“向阳精神”。我说：“任何历史过程，都有它的必然性和偶然性，向阳湖是一种历史现象，认真加以反思，对将来永远是个启迪。现在市场经济条件下，不可避免地滋生出腐败现象，如果视而不见，会给党和国家带来重大损害。有的人脱离实际，脱离群众，一切向钱看，哪还有什么共产主义信念！老实说，我对此非常反感。如果整天享清福，甚至花天酒地，我宁愿在向阳湖受苦受罪。我说话可能有点不中听，是共产党员就不能背离宗旨太远，更不能挂羊头卖狗肉。我在咸宁干校那样艰苦的环境下，为什么没有消沉失望，就是有一种坚定的信念，这种信念也可以叫‘向阳精神’。我们要从中吸取力量，同社

会上的腐朽势力作坚决斗争！”〔29〕

我在文物界，一直都被称为“保派”。我一辈子说实话，一直坚持自己的想法，不管你是谁，对的我就坚持。所以我一直没升过官儿，一直是业务秘书，定级17级，始终没上去，任质斌来了之后才提了我，那都已经是80年代了。新中国成立几十年，人家都是说我“右”倾的，1957年我差点儿当了“右派”。我说王冶秋是军阀作风，跟国民党一样，各个单位都有指标啊，我这是典型的“右派”言论。王冶秋说，这是我们之间的问题，不能划谢辰生“右派”，结果文物局一个“右派”没有。上头压着他啊，你怎么没有？他就是说没有。要是没他，我就当“右派”了，那二十多年麻烦了。“文革”时候，他们说我“反革命四人小集团”，是“五一六”，我跟军宣队拍桌子，他们以为我有什么后台，就整我老伴儿，把她整死了。我老跟人家拧着，还当什么官儿啊！但是我不会因为受过罪，就骂大街。我对共产主义的信念一直不变，我到现在都经常翻翻马列的书，看看马克思到底怎么批判资本主义的。如果从个人恩怨出发，我完全有资格骂人，但从历史长河的高度看，我就不能骂人。这里面是一个历史观的问题，在于你怎么看历史。我坚持认为，毛主席是我们共和国的缔造者，他的伟大超过了他的错误！

我们回头看“文化大革命”时期，文物确实遭到过严重破坏，但是“破四旧”时间毕竟很短，而且是1967年158号文件下发了以后很快就停下来了，这个跟90年代以来的情况很不同。那时候是认识问题，容易纠正，容易解决，毛主席说文物不是“四旧”就不是“四旧”了，他们就不去破坏了，而且还有中央的文件、有周总理等中央领导的指示。到了90年代以后，破坏文物是利益问题，是要来钱儿

---

〔29〕参见《向阳精神，永志难忘——访著名文物专家谢辰生》，李城外主编：《话说向阳湖——京城文化名人访谈录》，武汉：武汉出版社，2010年，第173—176页。

的，是“金钱挂帅”，利益驱动是你改变不了的。所以一个是认识问题，一个是利益问题。那时候是“以阶级斗争为纲”，这时候是“以市场经济为纲”；那时候是政治冲击一切，现在是经济冲击一切。如果主要是认识问题，那是外伤，认识上解决问题了，保护马上就上来了；利益问题是解决不了的，是内伤，是“艾滋病”。现在完全是利益问题，一切向钱看。北京城搞所谓“危旧房改造”，都是开发商主导，项目带危改，胡同四合院都是推平头式的成片拆除，都是利益驱动。你看看80年代末以来，北京城给拆了多少？对北京城的破坏那是前所未有的，对文物的破坏远超“文革”！

我评价两个“三十年”，文物工作也好，其他各项工作也好，前三十年，有伟大的成就，有严重的错误，有失误，有曲折；后三十年我看也一样，我们有辉煌的成就，也有严重的问题，没有问题那不是实事求是。新中国的历史是一部伟大的历史，但是其中也有曲折。后三十年不是凭空起来的，是在前三十年的基础上起来的。有件事我记得很清楚，60年代梁思成被整得很厉害。他打算写一篇文章反驳，快完成的时候，得知我们的原子弹爆炸了，他马上就停笔，说还是我们的民族伟大，原子弹比别的都重要。看看我们这代人是怎么走过来的，对民族、对国家、对真正的共产党是什么样的感情。

有些人说，前三十年那是完全不行，是计划经济，是运动经济，整个儿饭都吃不上，把前三十年说得一无是处，我对此是坚决反对。忘记历史就意味着背叛。后来文物工作出现的许多问题，根子恰恰来自那些忘记历史、背叛历史的人，问题就是从他们那些思想体系里出来的。我们确实是有过很困难的时期，但怎么能说整个儿吃不上饭？50年代，我挣一百一，地方上来的同志我都请客。一个炒肝尖儿，三毛六。在东单市场吉士林，西餐有小吃有汤有面包，还有个菜，八毛五。我管够！吃啊，不但我吃，我还请人吃饭。现在我要再拿钱请客，八毛五是不行了，八九十块钱也不行了，物价至少是翻了一百倍。可我按这个比例算，我现在工资得拿一万一啊，但是我现在就拿几千块钱，我说你给我打了个对折！过去是土一点儿，物质上没那么丰富。但你别把过去说得那么惨，我还挺怀念过去，那会儿不少方面不也挺好啊，小孩儿上学不要花钱，看病有公费医疗，大学生毕业以后结婚，单位多少给你弄间房啊，现在你还房贷得背一辈子。人家说，你要这么说，那你不是否定改革开放了？那不是，改革开放有伟大成绩，但不能说没有一点问题。你飞船上天，太空行走，你还得有两弹一星的基础啊！所以不能这样割断历史、这么说话。今天我们要感谢前三十年，勒着裤腰带干，的确苦得很，我们应该记住前一代在各条战线上付出艰苦劳动的人，否定过去就意味着背叛！文物工作也是这样，没有前三十年，就没有后三十年。这是我的基本判断。

第五章　从《文物保护法》到“101号文件”

一　力保王冶秋

1979年底，因为有人整王冶秋，王冶秋下台，退二线当文物局顾问，任质斌任局长。1980年2月，开十一届五中全会，任质斌是中央候补委员。有一天晚上两点来钟，他从会上回来，到红楼打电话紧急把我叫去。他就讲，现在会上很多人批评文物局的事。尹达跟王冶秋有点儿意见，把王冶秋说得一文不值，说王冶秋跟江青怎么怎么，跟康生怎么怎么，就批评文物局的事，说王冶秋给康生搞了多少文物，其实，他这些话都没有根据。很多恨康生的人就都提这事，王冶秋倒了大霉了。文物局也被整了，他们说文物局是康生搞出来的。

中国革命博物馆的一位行政七级的老同志，在会上要求“对康生领导下的三十年工作总结经验教训”，特别对1971年以来的文物工作提出了尖锐的、使人十分惊讶的指责。他说近几年对马王堆等重要历史文物的宣传和举办出国展览是“一个政治大阴谋”。在这次全会上，胡耀邦任总书记，王任重接替他任中宣部部长。在胡耀邦和王任重交接的中宣部例会上，耀邦同志点名批评了王冶秋，据说是根据一位同志的来信。胡耀邦批评了王冶秋，说“文革”期间康生拿了八千多件文物，王冶秋应负责任，要做检讨。他还挺大方，说：“你王冶秋同志也是老同志嘛，你就写五百字检查就可以嘛。”任质斌对我说：“你赶快写个材料，王冶秋到底给康生搞了多少东西，你得说一说。”任质斌让我写个东西，意思是快点弄弄，就完了。我说：“那些说王冶秋的话，都是胡说八道，是造谣啊！”他说：“可是那么多中央委员说。”我说：“那有证据吗？”我说不是那么回事，就把前前后后的情况跟他讲了。

我说，“文革”一开始，就把王冶秋关牛棚了，他上哪儿给康生弄文物啊？后来那些东西是康生从北京市搞的，根本不是从文物局搞的。任质斌说：“你这话有道理，但是让我找王冶秋也不合适啊。你写个材料，我向上反映。”他说了就走了。当天半夜两点钟，我就连夜给任质斌写了个东西，第二天天亮交给他，他带走了。写完了这个材料，我还是觉得不合适。王冶秋跟康生根本没关系，就是熟，他跟毛主席也熟啊。王冶秋解放前做过情报工作，是康生管的社会部的部下，这才认识康生。“文革”后期，因为文物工作很重要，江青也过问过，请他吃过螃蟹，但是王冶秋没有跟他们“四人帮”走。跟那些人认识是认识，但是另一码事儿啊，你不能就冤枉王冶秋给康生弄文物，更不能冤枉王冶秋跟“四人帮”是一伙的啊。

我就在1980年3月26日直接给胡耀邦写信。我在信里面说得很清楚，康生搞走文物跟王冶秋没有任何关系，跟文物局没有任何关系。康生搞文物的时间是1968年到1970年，是从北京市文物图书清理小组拿的，拿的是那些抄家物资和从造纸厂、炼铜厂里抢救回来的文物。那时候王冶秋关了牛棚，后来又去了咸宁“五七干校”，到1970年建立国务院图博口才回来，上哪儿去给康生搞文物？1966年“文革”开始到1971年，王冶秋根本没见过康生的面。1972年，故宫办了“文化大革命期间出土文物展览”，王冶秋也没有拿任何文物

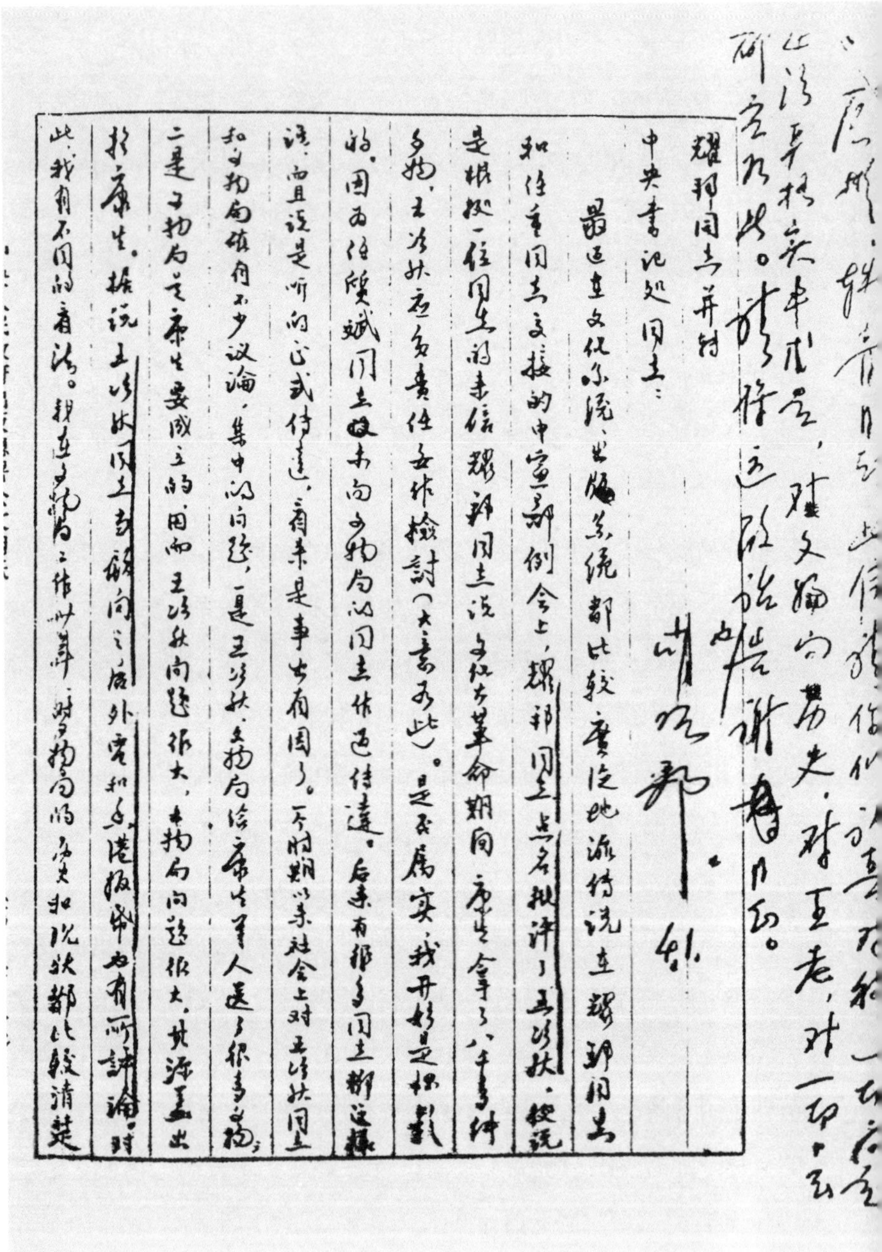

耀邦同志并转
中央书记处同志：
最近在文化系统、出版系统都比较广泛地流传说在耀邦同志和任重同志主持的中宣部例会上，耀邦同志点名批评了王冶秋。据说是根据一位同志的来信。耀邦同志说：文化大革命期间，康生拿了八千多件文物，王冶秋应负责任，要作检讨（大意如此）。是否属实，我开始是怀疑的。因为任质斌同志曾来向文物局的同志作过传达。后来有很多同志都这样说，而且说是听的正式传达。看来是事出有因了。一个时期以来，社会上对王冶秋同志和文物局确有不少议论，集中的问题，一是王冶秋、文物局给康生等人送了很多文物；二是文物局是康生要成立的，因而王冶秋问题很大，文物局问题很大，其源盖出于康生。据说王冶秋也去欧洲访问过，在外宾和港澳报纸上也有所评论。对此，我有不同的看法。我在文物工作单位，对文物局的历史和现状都比较清楚

1980年3月26日，谢辰生先生写给时任中共中央总书记胡耀邦的信（第一页、第五页）

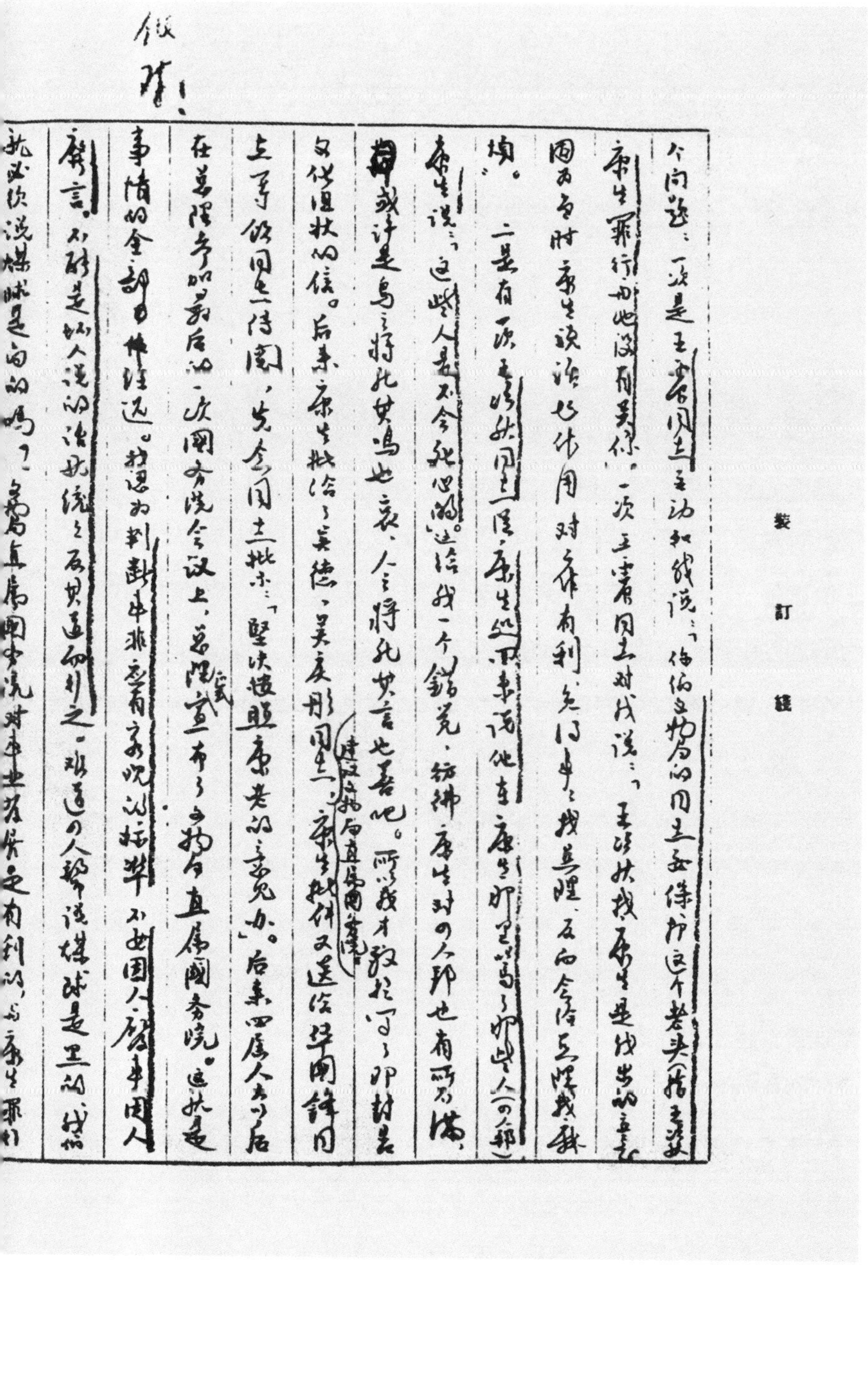

个问题：一次是王书庄同志主动和我说："你们文物局的同志要保护这个老头（指王冶秋）康生罪行一点也没有关系。"一次王震同志对我说："王冶秋找康生是找出路的主意，因为当时康生说话也能起作用，对工作有利，免得事事找真理，反而会给王冶秋填。"二是有一次王冶秋同志说，康生从来说他在康生那里骂了那些人（四人帮），康生说："这些人是不会死心的。"送给我一个铜瓷、铜佛，康生对四人帮也有所不满，辩或许是鸟之将死其鸣也哀，人之将死其言也善吧。所以我才敢于写了那封告发他罪状的信。后来，康生批给了吴德、吴庆彤同志，（建议文物局直属国务院）康生批件又送给华国锋同志等领导同志传阅，先念同志批示："坚决按照康老的意见办。"后来四人帮打倒后在第一次召开的国务院会议上，华总理宣布了文物局直属国务院。这就是事情的全部和经过。我认为判断中非要有实况根据，不要图个人发言。不能是人家说的就说是反对康生的了。难道四人帮说是坏事一律就是坏的，我们就必须说好吗？……说文物局直属国务院对事业发展是有利的，与康生罪行

装订线

展品送给康生看。文物局有一个很好的传统，就是从郑振铎开始，所有的文物局干部自己都不买文物。是有不少负责同志和其他部门的干部去拿过，或者廉价买过北京市查抄的图书文物，但是文物局的人一个都没去过。王冶秋自己也从来没有拿任何文物给康生送过礼。至于说王冶秋是“四人帮”的人，更是胡说八道了，王冶秋一直坚决站在周总理这边，跟“四人帮”斗得非常厉害。1974年，文化组想接管文物局就是想整王冶秋，矛头是冲着周总理的，说王冶秋是“四人帮”的人不是笑话吗？

我在给胡耀邦的信里面说，我敢拿“身家性命”保证，我说的都是真的。我信里还说：“粉碎‘四人帮’之后，党的优良传统得到了恢复和发扬，实事求是的风气正在逐步形成”，“习仲勋同志处理人民来信就是一个很好的范例，我写这封信也正是从仲勋同志处理人民来信的态度中得到鼓励的。”我的信里还有这么一句：“记得过去主席说如今共产党员不如海瑞者多矣。当时我曾暗自想应当补充一句：而今领导不如李世民者多矣。其实魏征的存在是以有李世民为前提的。如果李世民不能容忍魏征，恐怕魏征就只能变成比干了。”胡耀邦真是很不错，收到信以后不仅批了，而且批得很好。1980年4月1日，胡耀邦批示：“质斌、轶青同志：此信请你们认真对待。一切问题应该严格实事求是，对文物局历史，对王老，对一切同志都应如此。请将这段话也告谢同志。”

我在信里连康生都“保”了，我说文物局直属国务院是对的，是有利于文物事业发展的，不能是康生的提议就要说文物局也有什么问题，这和康生的罪行没有关系。文物局是我写信争取来的，虽然是康生批的，但跟康生的错误没有关系，不能给文物局构上什么罪行。

不是我吹牛，谁敢这样给总书记写信？我信里说，判断是非要有客观的标准，不要因人废事，因人废言，不能是坏人说的话就统统反其道而行之，“难道‘四人帮’说煤球是黑的，我们就必须说煤球是白的吗？”胡耀邦非常好，在这些话的边上划了线，还写了两个字“很对！”。这信现在有人看了可能不高兴，但是你不能不实事求是啊，我们是马克思主义者，不是搞个人恩怨啊。可能有人看了会不满，也许不会，这我就不知道了。

我又给邓小平写信反映王冶秋的问题。罗哲文在力保王冶秋的事情上，跟我是完全一致的。我俩分别写信给邓小平和胡耀邦，说明王冶秋与康生的交往纯属正常工作交流。我们这么做，在当时的政治环境下是有风险的。中央组织部跟中央宣传部查了一年半，结果我们反映的情况属实，说得很清楚，是有结论的，根本不是那么回事，王冶秋得以平反。[1]任质斌后来知道了王冶秋是好人，就没有再说。他拿到胡耀邦的批示，就打算在全国文物系统进行传达。1979 年，在王震家里，王震亲口对我说过：“你们文物局的同志要保护这个老头（王冶秋），康生的罪行跟他没有关系。”王震还对我说：“王冶秋找康生是我出的主意，因为当时康生说话起作用，对工作有利，免得事事找总理，反而会给总理找麻烦。”在传达胡耀邦批示之前，任质斌专门

〔1〕《中华人民共和国文物博物馆事业纪事》载：1982 年 6 月，中共中央宣传部干部局根据邓小平和胡耀邦的批示进行调查，写出《关于王冶秋同志与康生关系中几个问题的调查报告》。报告在审查澄清了王冶秋及文物局与康生窃取文物的关系之后，称：王冶秋同志“建国后长期担任国家文物管理部门的领导工作，勤恳努力，是有成绩、有贡献的”，同康生“没有什么政治上、组织上的联系”“在‘文革’中表现是好的。一九六九年重新工作后，在一些问题上对‘四人帮’作过抵制和斗争”。（国家文物局编：《中华人民共和国文物博物馆事业纪事》，北京：文物出版社，2002 年，第 416—417 页。）夏鼐在日记中记载，1982 年 6 月 12 日星期六，上午赴文物局，与孙轶青局长谈国家文物委员会事，沈竹、谢辰生二同志亦在座。昨天文化部宣布基层名单，文物局副局长二人为马济川和沈竹，顾问为谢辰生，又宣布中宣部干部局对于王冶秋同志与康生关系的结论。［夏鼐：《夏鼐日记》（卷九 1981—1985），上海：华东师范大学出版社，2011 年，第 143 页。］

找了王震核实，他从王震那里证实了确有此事之后才决定传达。[2]任质斌想把胡耀邦的批示在文物全系统传达，打算发全国，副局长孙轶青不同意，就没有向全国传达，结果王冶秋的平反推迟了不少时间。

宋木文说我实事求是，就是在这个地方。我的意见，文物界很多老同志、老专家也都是赞成的，他们纷纷给我写信表示支持。这些信都收在我的《往来书札》里。上海博物馆馆长沈之瑜给我写信，说我的信澄清了事实，而且体现了对党的无限忠诚，值得学习。南京博物院院长姚迁来信，说我为王冶秋和国家文物事业管理局仗义执言，上书中央，澄清事实，分明是否，对我的直率和勇气“致以同志的敬意”。山西省考古所所长张颔说这封信“慷慨壮烈，感人出涕”，澄清了王冶秋的不白之冤，而且信里所说的事情非但有关国家文物局，更对全国文物事业将会产生长远影响，功德无量。陕西博物馆馆长武伯纶写信给我，说得见此信，“义正词严，甚为感动”。他们都是从事文物工作几十年的老同志，对王冶秋的真实情况都是很了解的。

任质斌刚来的时候，是带着对王冶秋的问题来的。我把任质斌的这个意见给否了，但他一直对我很好。我一辈子干了那么多年，什么官也没当上。王冶秋就是这样，你就好好工作，别想什么名利。我 50 年代

---

〔2〕时任文物出版社总编辑金冲及回忆：“任质斌同志在一次文物系统各直属单位负责人的会议上专门谈过这两件事。他说：第一件事，王震同志说是他要冶秋同志去找康生的，目的是保护文物，因为当时总理处境很困难，而康生个人对文物是爱好的，这方面的有些事情让康生出来讲话，可以免得都把总理推在前面。第二件事，康生掠取的那批文物，是‘文化大革命’初期从北京市文管会存放的抄家物资中拿走的，那时冶秋同志已被‘打倒’，正在接受审查，这件事跟他没有关系。任质斌同志是经过调查后代表组织讲这些话的。话说得很清楚，我是直接听到的。可是，社会上的流言并没有就此停息。对来自敌人的攻击，冶秋同志从不在意；但同志中的误解，一时又难以给予澄清，这使他在晚年深感痛苦。每想起这件事，我总痛心地觉得它对这样一位忠心耿耿地为国家和民族奋斗终身的老人实在太不公平，也深深地感受到什么叫‘人言可畏’。”（金冲及：《我所知道的冶秋同志》，国家文物局编：《回忆王冶秋》，北京：文物出版社，1995 年，第 11—12 页。）

就16级干部，二十几年后还是那样，“文革”时候我什么官儿也不是。在文物局干了30年才当了研究室主任，正处级，是1978年王冶秋让我干的，我都56岁了。可是呢，任质斌看中我了，说这人不简单，在这样的情况下居然敢这么说话。他对我很好，提拔我为副秘书长，副局级，是他把我提拔的。他任文物局局长就两三年，就1979年底到1982年，到1982年文化部五合一机构改革，他就走了。

在这一时期，就是因为这封信，任质斌感觉文物保护不是那么简单的事情。他刚来的时候跟我说：“我们卖点兵马俑行不行？”我就跟他解释。过了几天，他找到我，说他查了文物法规政策的文件，恍然大悟，说兵马俑确实不能卖。[3]所以这个人是好人，到底是老同志，完全是实事求是，很快就消除了王冶秋的误解，很快就有了对文物工作正确的认识。刚来的时候，他以为搞文物工作会轻松一点，没什么大事，到后来，他说：“搞文物工作根本不是人家以为的那样简单，而且任务还很重，责任还很大”，“天天都好像坐在火山口上”。他说：“文物保护是第一位的”，每年都要搞文物安全大检查。其实“保护为主，抢救第一”在他的思想里就已经有了，观点完全正确。他一开始想要卖兵马俑，但他掌权以后从来没有这种思想，非常正确。他说：“挖大墓不行。这些事情等我们后代子孙。不能主动发掘帝王陵，这不是总理说的吗？总理这么说是完全正确的，还是让土地爷让我们多看些日子吧！因为我们现在技术不够。”能有

〔3〕《任质斌传》载：1979年底就任文物局局长之后，任质斌找到文物专家谢辰生问道：“卖几个兵马俑行不行？”对于能否出口兵马俑问题，国家文物局一直是持坚决的反对态度的。听新任局长这么问，谢辰生立即严肃回答说：“绝对不行！”并向任局长介绍了为什么不能卖的法律和政策依据。过了几天，任局长再一次找到谢辰生，对他说：“这几天我查阅了有关文物法规和政策的一些文件，按政策，兵马俑的确不能卖。我来文物局之前，不少同志都说文物局的同志保守，思想不解放，看来他们也是不了解情况。”（《任质斌传》，北京：文物出版社，2011年，第756页。）

这么大的变化，说明他是一个好人，也说明凡是一个正直的人、一个没有私心的人，都会很快地接受保护文物的正确理念。这事情很简单，不是什么难题。

任质斌任上，前后就1980年、1981年、1982年这三年，但是取得很多成绩。《新中国文物法规选编》上收录了好几个国务院批转的文物局上报的文件，都是任质斌时期弄的。像1980年国务院发布的《关于加强历史文物保护工作的通知》，1980年国务院转批国家文物事业管理局、国家基本建设委员会《关于加强古建筑和文物古迹保护管理工作的请示报告》，1981年国务院批转国家文物事业管理局《关于加强文物工作的请示报告》和《关于加强文物市场管理的请示报告》。[4]这几个文件我都参与过起草。1982年，颁布《文物保护法》，此后，“国家保护名胜古迹、珍贵文物和其他重要历史文化遗产”也写进了1982年《宪法》。中国第一批历史文化名城24座和第二批全国重点文物保护单位62处，也是在任质斌时期公布的。

任质斌任上，还开始了第二次全国文物普查。这次普查是想搞清楚“文革”期间文物保护的情况，通过复查了解过去普查中发现的文物，有哪些被毁了，哪些还在，同时发现新的文物。经过普查我们发现，其实，文物保护单位总体破坏没有人们想象的那么严重，全国重点文物保护单位基本都是完好的。这次普查从1981年开始到1985年大部分省市基本完成，但是经过检查，发现不少问题，又要求继续进行普查和复查。第二次全国文物普查一共确定文

〔4〕《关于加强古建筑和文物古迹保护管理工作的请示报告》的起草，谷牧回忆：“1980年初，我组织国家文物事业管理局和国家基本建设委员会联合起草了《关于加强古建筑和文物古迹保护管理工作的请示报告》，中央书记处和国务院批转了这个报告，在向下传达的过程中我特别强调了对恭王府的保护。”（谷牧：《谷牧回忆录》，北京：中央文献出版社，2009年，第462页。）

物点四十多万处，成果已经远远超出了第一次普查。国务院公布的第三批到第六批全国重点文物保护单位，大都是第二次文物普查的成果。

我写过文章，专门回忆任质斌，在我的《文集》里面有。当年的文物局局长郑振铎、王冶秋要充分肯定，任质斌也要充分肯定。王冶秋为革命出生入死，1925年的党员，一心为国家，一心为民族，对文物事业贡献那么大，是不是首先归功于他水平有多高？也不见得。王冶秋9级干部，级别很高，但是官就当到文物局局长，一直没上去。他上不去跟周扬也有关系，鲁迅不喜欢周扬，说他们是“四条汉子”，还给王冶秋写信骂过周扬，所以周扬挤对他。王冶秋首先是德，然后才是才。没有德，多大的才也没有用，反而还会干坏事。

任质斌当文物局局长，一开始业务不太懂，但他是共产党员、老干部、老革命，心中是革命。其实有的事情不难了解，不是说多深的学问，只要你心中没有太多个人的东西，你无私无畏，你真是为公，这些都好掌握。现在为什么出毛病，都是想自己的多，这是很简单的道理。任质斌以前没管过文物，进门没多久，就跟我说：“卖几个兵马俑行不行啊？”我说，那当然不行，我用法律、政策跟他解释。你一说清楚，他马上就理解了。为什么现在有些人怎么就不理解呢？就是现在有些人私心太重，跟风走。

王冶秋、任质斌他们没私心，一心为公，所以他们都敢顶风，觉得对的就得干。老干部不可否定，当然也不能一概而论，但像王冶秋、任质斌这样长期参加革命的老同志，的确是很好。前三十年都是老八路，都是外行，但他们无私，所以能干事。王冶秋是1925年的老党员，搞地下工作将生死置之度外，为理想而奋斗一生。任质斌在江西苏区时候就是《红色中华》报的秘书长，参加过

1978 年，谢辰生先生与王冶秋（右一）、高履方（左一）夫妇在无锡商讨图书出版事宜

长征，为人大公无私。[5] 这不很清楚吗？所以，根本问题还是德为主啊。他媳妇儿是文物局的干部，他出国时候年纪也大，六十多岁了，他媳妇儿跟着照顾他，但来往的所有旅差费都他自己出。这是多好的作风！后来，我写文章纪念过任质斌。现在不正好反“四风”吗，任质斌就是好的表率。我写文章回忆历任文物局局长，郑

〔5〕王冶秋，1925 年参加中国共产党，大革命失败后返回家乡发动霍邱暴动。暴动失败，重回北平继续革命工作，曾两度被捕入狱，是鲁迅晚年挚友。1940—1946 年，任冯玉祥的国文教员兼秘书，从事军政情报工作。1946 年秋，任国民党第十一战区司令长官部少将参议，继续从事军事情报工作，对解放军在淮海战役和华北战场的胜利做出了贡献。任质斌，在土地革命战争时期，先后担任中央苏区反帝总同盟主任，苏维埃中央政府机关报《红色中华》主任、秘书长，参加了长征。抗日战争时期，任中共豫南地委副书记，河南省委副书记，鄂豫挺进纵队政治部主任、代政委，鄂豫边区军政委员会书记，新四军第五师政治部主任、代政委、副政委。解放战争时期，任中共中央中原局委员，中原军区第二纵队政委，中共中央华东局政研室副主任、宣传部代部长，中共中央山东分局委员兼城工部部长，淄博特委书记。

振铎我有全面评价，王冶秋有全面评价，任质斌也有全面评价，都有文字。从郑振铎到任质斌这个阶段，文物局长始终都是很好的。任质斌之后斗争就开始了。

二　制定《文物保护法》

文物保护是与国家建设的发展密切联系在一起的，因此，在国家经济社会发展的每个不同历史时期，都颁发了从当时的实际出发，有针对性的有关文物保护的法律法规文件，包括 1961 年国务院颁布的《文物保护管理暂行条例》(《条例》)、1982 年全国人大常委会颁布的《文物保护法》、2002 年大修的《文物保护法》。可以说，《条例》是为了纠正 1958 年的错误，是在纠正错误、总结经验的基础上形成的。这是新中国文物工作第一次开始以法律为基础进行法制化的管理。经过“文革”大乱，尽管“文革”期间文物工作也取得了成绩，但是“文革”的指导思想是错误的，我们还是得反思和纠正。《条例》是纠正 1958 年“大跃进”的错误，《文物保护法》是纠正“文革”的错误，而且适应了十一届三中全会以后我国进入一个新的历史时期的新形势。

1977 年，那时候“文革”刚刚结束，十一届三中全会还没有开，还在提“工业学大庆，农业学大寨”。当时中央开了第二次全国农业学大寨会议，要搞大规模农田基本建设、兴修水利的群众运动，有的地区发生了破坏文物的问题。我们给国务院提交了报告，其实这是有关大遗址的。我们提出来作为文物保护单位的古遗址、古墓葬必须长期保存，不宜深翻土地和兴修水渠。后来国务院批转了国家文物事业管理局《关于在农业学大寨运动中加强文物保护管理的报告》。这个文件要求，按照“两重两利”的方针，在一些重要古遗址、古墓群地区兴修水利，平整土地，应因地制宜，区别对待，把文物保护、发掘规划纳入到当地农田基本建设的全面规划当中去。必须重点保护的古遗址和古墓群区，不宜进行大规模平整深翻土地、兴修水利等农田基本建设。这个文件跟大遗址保护是有关系的。这是 1977 年 2 月出的文件，那时候还没有提出来搞文物保护的法律。

文物局内部也进行了整顿，既要对“文革”拨乱反正，还要讨论今后的文物工作该怎么办，这就有个法制的问题。我们搞了几次讨论，王冶秋主持，大家认为主要还是在于法制，要加强制度管理，加强法制建设。王冶秋就说：“法是最重要的。”这一条跟今天是完全一致的。王冶秋提出来，先把博物馆等方面的规章制度建立起来，文物工作暂时用《文物保护管理暂行条例》，但是过去的条例已经不够用了，问题很突出，必须得搞个法律出来。而且用中共中央那个 158 号文件《关于在无产阶级文化大革命中保护文物图书的几点意见》也不行，因为“文化大革命”已经结束了。到了 1977 年 8 月，文物局召开了全国文博图工作学大庆会议，讨论怎么样恢复文物工作，使文物工作走上正常的轨道。王冶秋在这次会议的讨论期间，就跟我说，我们一定要搞《文物保护法》，在《文物保护管理暂行条例》基础上搞。

制定《文物保护法》是对“文革”的拨乱反正，“文革”时候法制被破坏得很厉害，这是毫无疑问的。1961 年制定《文物保护管理暂行条例》以后，60 年代我们主要是贯彻这个《条例》，开始搞“四有”等工作。但“文革”开始以后，说“旧政府，新文革”“无法无天”，否定国务院的《条例》。那是“四人帮”造成的问题，是不对的。那时候说，国务院的《条例》不算数，中共中央的文件算数，所以我起草 1967 年 158 号文件，采取“偷梁换柱”的办法，还是坚持了《条例》的内容。《条例》的原则还是起了作用，保护工作本身没变，当时历史就是那样。尽管实际上158号文件的内容跟以前的《条例》是一致的，但这毕竟是一个很特殊时期的文件。尽管180处全国重点文物保护单位基本保存下来，尽管中央也照样保护文物，但是法制毕竟被破坏了，文物保护的很多规章制度被破坏了，《文物保护管理暂行条例》没法使了。

开完1977年的全国文博图工作学大庆会议，我回到北京就开始着手起草《文物保护法》。《文物保护法》是王冶秋组织制定的，前期是王冶秋、华应申两个老同志主持，我是主要起草人。《文物保护法》前三稿主要是我起草的。我初步起草，再由王冶秋跟副局长华应申修改、把关，我再根据他们意见修改，这样搞了两三轮，我们几个一起讨论修改。华应申这个人很好，在参与起草《文物保护法》工作中很有贡献，历史得记一笔。起草过程中也吸收了李晓东参加，他对方案的起草提出了很多宝贵意见。[6]1980年，因为所谓为康生弄文物——实际上根本不存在的事情，王冶秋退到二线，任文物局顾问，任质斌来了。任质斌也认为搞《文物保护法》很有必要，让我们继续起草。《文物保护法》初

〔6〕李晓东回忆：1978年，党的十一届三中全会提出“有法可依，有法必依，执法必严，违法必究”的法制工作方针，法制建设工作加速进行。在这样的大背景下，文物保护法起草制定工作也提上日程。最早在1977年8月大庆文物工作会议时，王冶秋同志就提出这一问题。后来，他告诉谢辰生同志，要起草文物保护法，这项工作随即启动。1979年，谢辰生同志开始起草文物保护法草案。起草文物保护法草案，1961年3月4日国务院公布的综合性文物法规《文物保护管理暂行条例》是重要的基础，同时，要总结新中国成立以来保护文物的主要措施、原则和实施的基本经验，还要借鉴其他国家的好的东西。做好这些工作，是起草好文物保护法草案的重要保障。1979年9月初，国家文物事业管理局文物处陈滋德处长和研究室主任谢辰生，让我到文物局为起草文物保护法草案搜集整理一些国外的文物法律法规规定和中国历史上的文物法规资料，供制定文物保护法时参考借鉴。9月3日，我来到文物局，9月4日，即在陈滋德、谢辰生同志指导下，开始紧张的搜集、查阅、摘录、整理有关法律法规等工作。经过一段时间的紧张工作，我先后搜集、查阅、摘录、整理了民国时期的文物法规9件，法国、意大利、埃及、日本、苏俄、瑞士等国家的法律法规文件二十多件，圆满地完成了任务。（李晓东：《回忆为制定文物保护法整理资料的日子》，《中国文物报》2014年2月7日第3版。）

稿是王冶秋搞的，它的最后成熟，是在任质斌当局长的时候。[7]1980年在任质斌任上，国家文物局把《文物保护法》报到了全国人大常委会。全国人大常委会的同志还真不错，1982年就公布施行了，而且他们知道自己在文物方面也不是内行，基本没怎么动，很同意我们的意见。[8]

---

〔7〕《任质斌传》载：1979年文物学大庆会议以后，时任文物局长王冶秋提出起草《文物保护法》，并决定由谢辰生、陈滋德等人负责。他们在《文物保护管理暂行条例》的基础上开始草拟《文物保护法》。1979年底草成。任质斌担任国家文物局局长时，《文物保护法》的起草工作继续紧张地进行。任质斌非常重视起草工作。他指出：抢救祖国的文化遗产，保护珍贵的文物，更加严厉地打击破坏文物的犯罪分子，是国家文物局的一项重任，我们必须抓紧制定《文物保护法》，尽快颁行《文物保护法》，使文物保护工作有章可循，有法可依。随后，任质斌指示向全国各省、市、自治区文物部门广泛征求意见，并要求分别约请全国政协专门委员会委员、知名人士、有关专家和各有关部门的同志举行座谈，征求意见。在任质斌的建议下，1980年5月13日，全国政协文化组召开座谈会，专题讨论《文物保护法》（征求意见稿）。与此同时，起草小组根据各方面意见，反复修改，仅1980年一年中，起草小组对《文物保护法》（征求意见稿），八易其稿。在《文物保护法》起草过程中，任质斌反复强调"文物保护"的重要性。对文物所有权、文物机构设置、文物保护单位管理、流散文物管理等问题，任质斌也都做过重要指示。（《任质斌传》，北京：文物出版社，2011年，第741—742页。）

〔8〕《夏鼐日记》（华东师范大学出版社，2011年）记录了夏鼐与谢辰生等讨论制定《文物保护法》的一些情况：

1980年5月26日星期一，上午赴文物局，晤及谢辰生、罗哲文同志，谈保护文物法令，及吉林大学约请美国学者讲学和参加发掘事。（卷八，第423页）

1980年6月26日星期四，上午赴所。谢辰生同志来，交来文物工作会议的任质斌局长讲话稿。阅后至文物局，找谢未遇，便访任质斌局长，谈文物工作会议事，涉及《文物保护法》中"考古发掘"一章，提出几点意见。（卷八，第440页）

1981年1月4日星期日，晚间至王天木同志处闲谈，旋至谢辰生同志处，谈《文物保护法》事。（卷九，第2页）

1982年11月10日星期三，晚间至王天木同志处稍谈，接着与谢辰生同志谈《文物保护法》问题，听说12日下午人大常委会要讨论；11月11日星期四，晚饭后，我访严济慈同志，与他谈文物保护法事，他也很同意。谈话中，人大常委会送来《文物保护法》第四稿及朱穆之同志说明稿，知道明天和后天讨论，19日将通过。又至谢辰生处商谈这事，王天木同志也表示意见，薄树人同志也在座，谈至十时始告辞。（卷九，第188页）

1982年11月19日星期五，晚间严济慈同志送来《文物保护法》知已于下午通过，有些条文已依昨天的建议做了修改。晚间谢辰生同志来，取去《文物保护法》的最后一稿，即今天下午通过的。据云，他也参加下午的会，会上杨尚昆秘书长曾说，字句方面可以润色修改，基本上算是通过了。11月20日星期六，今天《人民日报》《光明日报》等都刊登了新通过的《文物保护法》。上午赴所，谢辰生同志来，谈下一步制定有关细则问题。（卷九，第191页）

到《文物保护法》在全国人大常委会进行讨论、正式出台的时候，任质斌已经于1982年5月卸任了，孙轶青当了文物局局长。

从1977年开始到1982年出来，《文物保护法》立法过程涉及各个方面。我们搞一个法律，立法过程要征求各个部委的意见，他们也都从不同的角度提出了不同的意见，如果有哪家不同意，法律草案就报不上去，所以在这个过程里面有争论，也有妥协，有让步。有些规定比较原则，有些规定就非常具体，像文物如何处理跟基本建设的关系，如何处理跟城市规划的关系，我们有建国以来三十多年的实践过程，有国际上的经验，规定得就很明确，像文物保护单位就明确规定了要有保护范围，还可以有建设控制地带，你硬要在文物周围乱建房子，这就违法了。所以《文物保护法》是在《文物保护管理暂行条例》的基础上，有很大的进步，是改革开放以后文物工作的根本大法。

我们在起草《文物保护法》过程中，既总结了新中国成立以来文物工作的经验教训，也借鉴了国际社会的经验，特别是联合国教科文组织的一些条约文件，还有意大利等国家的一些正确做法。所以这个法是顺应改革开放的新形势，非常适时地制定的，比以前的规定有所增加，内容更丰富，要求更严格。我们已经意识到在城市化、工业化的进程中，要注意保护历史文化名城的问题。所以，我们在《文物保护法》中规定，具有重大历史价值和革命意义的城市，由国务院公布为历史文化名城加以保护。中国历史上第一次提出来保护历史文化名城，是在1982年。提出这个历史文化名城，既是总结中国自己的经验，又是吸取了国际上的经验，像欧洲在“二战”以后进行大规模城市建设和改造，也造成大面积的破坏，我们就想怎么样避免这样的问题。我们提出，文物工作者要和城市规划、建设部门一道，把保护名城的工作，当作贯彻执行《文物保护法》的一个极为重要的内容来抓好。

又比如原来《条例》规定是，文物保护单位在进行修缮、保养的时候，必须严格遵守“恢复原状或者保存现状”的原则。当时文物界内部有两派意见，一派主张恢复原状，一派保存现状，两派争执不下。在我们制定《条例》的时候，国际社会的一些重要的公约还没有形成，现在全世界共同认可的《威尼斯宪章》，是在我们《条例》出台之后的1964年才出来的。我们制定《条例》的时候，实际上是参考了法国派和英国派的意见，要么恢复原状，要么保持现状，两者同时写进《条例》里面去了。

《威尼斯宪章》是怎么形成的呢？ 19世纪中后期，国际上关于文物保护的代表性的理念有三派。最早的一派是法国派，他们主张文物修复到原来的风格，不仅在外表上，结构上也应该这样，后面的改动都要恢复原来的样子。这就带来一个问题，它就等于把现在的文物复原了，又造了一个新的。但是这么做有积极意义，过去没有修文物的意识，这时候开始有了，开始注意从历史、艺术的角度对文物的修缮。代表性人物叫杜克，他主持了巴黎圣母院的修缮。一派是英国派，他们认为法国派不对，认为法国派的做法把文物的历史信息破坏了，古建筑一点儿也不能动，只能做经常性的维修来益寿延年。他们反对对古建筑的任何修复，认为任何干预都是破坏，这又走到另一个极端了。这派的代表人物是拉斯金和莫里斯。接着又出现了第三派即意大利派，代表人物波依多和乔瓦诺尼，既反对法国派，也反对英国派，主张不能完全复原，也不能一点儿不干预。他们认为古建筑的价值是多方面的，不仅仅是艺术品，因此必须尊重建筑物的现状。要保护建筑物所蕴含的全部历史信息，历史上的一切改动或增减都要保护，要保护它原有的环境。意大利派的意见，经过1931年的《雅典宪章》开始为国际社会所接受，1964年进一步通过《威尼斯宪章》，这就在国际上形成了保护的共识。

到1982制定的《文物保护法》，我们提出要坚持"不改变文物原状"的原则，是吸收了以《威尼斯宪章》为代表的国际共识。[9]所以在第十四条提出，文物保护单位在进行修缮、保养、迁移的时候，必须遵守不改变文物原状的原则。什么是原状呢？这里的原状并不是指文物建筑最早营建时的原状，而是指建筑物最初发现被确定为文物保护对象时的"现状"，因而包括历史上增加或改动的有价值的部分，都要作为"原状"保护下来。因为它同样是一种历史的痕迹。保持原状主要是指以下几个方面。一、建筑物的原来形式，包括建筑组群的规模和布局及其环境风貌。二、建筑物的原来结构。三、建筑物原来使用的材料。四、建筑物原来营建时使用的工艺。只有这样才能保护建筑物的历史面貌，才能体现出文物的历史、艺术、科学价值。

再比如根据过去的《条例》，"文物保护单位需要拆除的时候，必须报经原公布机关批准"，等于是说县级文物保护单位要拆除，县级政府可以批准。这个问题大了，县长就可以决定了，这不行。所以在《文

〔9〕《威尼斯宪章》是第二届历史古迹建筑师及技师国际会议于1964年在威尼斯通过，国际古迹遗址保护理事会（ICOMOS）于1965年采用的《国际古迹保护与修复宪章》的简称。《威尼斯宪章》指出："修复过程是一个高度专业性的工作，其目的旨在保存和展示古迹的美学与历史价值，并以尊重原始材料和确凿文献为依据。一旦出现臆测，必须立即予以停止。此外，即使如此，任何不可避免的添加都必须与该建筑的构成有所区别，并且必须要有现代标记。无论在任何情况下，修复之前及之后必须对古迹进行考古及历史研究。"（第九条）"各个时代为一古迹之建筑物所做的正当贡献必须予以尊重，因为修复的目的不是追求风格的统一。当一座建筑物含有不同时期的重叠作品时，揭示底层只有在特殊情况下，在被去掉的东西价值甚微，而被显示的东西具有很高的历史、考古或美学价值，并且保存完好足以说明这么做的理由时才能证明其具有正当理由。评估由此涉及的各部分的重要性以及决定毁掉什么内容不能仅仅依赖于负责此项工作的个人。"（第十一条）

物保护法》第十三条里就把拆除审批的级别提升了，规定是“因建设工程特别需要而必须对文物保护单位进行迁移或者拆除的，应根据文物保护单位的级别，经该级人民政府和上一级文化行政管理部门同意”，就是说如果县级的要拆除，必须是上一级文物主管部门批准，要到省级批准。县级文物保护单位要省一级批，省级文物保护单位要国家文物局批。到2002年修订《文物保护法》，这个要求更严了。第二十条规定，“建设工程选址，应当尽可能避开不可移动文物；因特殊情况不能避开的，对文物保护单位应当尽可能实施原址保护。无法实施原址保护，必须迁移异地保护或者拆除的，应当报省、自治区、直辖市人民政府批准。”不可移动文物拆除或迁移的审批权，收到省级政府了。

过去的《条例》就是说“需要拆除的时候”要报批，没说拆除的前提，《文物保护法》规定了“因建设工程特别需要”。什么是“因建设工程特别需要”呢？我们在《文物保护法》释义里写得很清楚，建设工程特别需要是指建设工程本身，是关系到国计民生全局和国家长远利益的特别重要的建设项目。你不能把一般的或某个局部的建设项目称之为“特别需要”，也不能把在技术上完全可以避开，只是从建设项目的某些需要出发而称之为“特别需要”。你搞房地产开发，那就不是这种涉及国计民生、属于国家长远利益的特殊需要，只有依照法律让开发项目避开文物，而不是文物给开发项目让路。

对文物大搞异地迁建的做法，我是坚决反对的。所谓不可移动文物，首先是不能移动，不应该移动。为什么不应该移动？就是要保持它的真实性，只有它在原址，跟原来的历史环境在一起，真实性才是最完整的。所以，原则上文物是不能迁移的，一旦离开了原来的环境，就会降低它固有的价值。甚至有的文物，一离开原来位置，它的固有价值就会全部消失。实质上迁移就是破坏了一处真文物，却另造了一个假古董。《文物保护法》因此规定了即使符合特别需要的条件的项目，也要根据工程需要的程度和文物保护单位的级别，经该级人民政府和上一级文物部门同意。当然，有一些建筑，本身价值特别高，异地保护后还保留着它本身的价值，比如永乐宫及其壁画，这可以迁移，但是它的历史价值毕竟是打了大大的折扣。文物建筑离开了原址，脱离了原来的历史环境，历史信息就不存在了。

1982年《文物保护法》的颁布实施有非常重大的历史意义，可以说是中国文物保护史上的一个里程碑。我写过篇文章，总结新中国文物工作50年的成就和经验，评价制定《文物保护法》是国家在全面开创社会主义现代化建设新局面的新的历史时期，对保护国家历史文化遗产采取的重大举措，使新中国文物保护工作进入了一个新的历史阶段。《文物保护法》的出台，归功于王冶秋、任质斌。

三　胡耀邦："我来当起草小组组长"

1980年夏天，我们正准备召开全国文物工作会议，正在会议筹备阶段的时候，1980年5月26日，中央书记处召开第23次会议，胡耀邦主持，专门讨论文物工作，任质斌列席会议。胡耀邦在会上就提出来，文物工作非常重要，"文物保护、管理、研究存在的问题相当多"，要求文物工作者以"责任在身，当仁不让"的精神做好工作，"要见难而进，不要见难而退"。这些意见都很好。但是会议讨论过程中，赵紫阳提了一个意见，加上了要"以文物养文物"。要"以文物养文物"，就是市场运作，国家不给你钱，你自己养自己去。胡耀邦听了也没觉得哪里不对，自己养自己不是挺好嘛！

我们要开全国文物工作会议的时候，中央书记处会议的纪要下来了，发到了文物局。我们一看，前面都很好，但是最后加了一个"以文物养文物”，这不行啊，这是要卖文物啊，这不灵光！我就不同意这个观点，说得很厉害，这在全国文物工作会议上一传达就麻烦了。任质斌听我这么一说，觉得有道理，就听进去了。他说：“这事不对！我去说去，我去找胡耀邦同志。这个纪要，我们在开会期间不能传达。”他没有私心，一说就听进去了，后来“保护为主”他是坚决支持。任质斌是老革命，在江西苏区时候就认识胡耀邦，结果他找了胡耀邦，争取把纪要收回，要不然我们没法工作了，这就请中央书记处去掉了“以文物养文物”这句话之后，才重新传达。〔10〕

现在看“以文物养文物”肯定是不对的，可是在当时那种思潮还很有市场。在改革开放之初的历史条件下，人们对文物保护的指导思想开始产生了矛盾：到底是保护为主还是利用为主，或是保护与利用并重？那时候连文物局的局长一开始都说“我们卖几个兵马俑行不行？”。赵紫阳提出“以文物养文物”，那就是完全从经济的角度考虑，完全是想着各行各业都要创收，要把文物事业变产业了，要卖文物啊！我一直很反感“小政府、大市场”那一套，如果把公共事业全部推给市场，那样做到底是新自由主义还是社会主义？曲阜的孔府里面就办起了接待外宾的旅馆，还是我后来写信给谷牧才把旅馆赶出去

---

〔10〕《任质斌传》载：1980年5月26日，中共中央书记处召开第二十三次会议。会后，根据会议精神，中央书记处拟定并下发了《中央书记处对文物、图书馆工作的指示》，其中有一个方针性的提法，即要求文物部门实行“以文物养文物”。这在文物局引起了热烈反响，许多专家学者也感到不符合实际，若要实行，其危害性不可估量，一致要求向中央反映取消这一提法。1980年6月27日，全国文物工作会议在北京召开。会议传达了《中央书记处对文物、图书馆工作的指示》。在此之前，任质斌同志正式向中央书记处报告关于贯彻执行中央指示的情况与意见，明确表示“以文物养文物”不可行，不能向代表传达、公布。由于他和专家们的力争，中央接受意见，重新修改指示文件，保证文物工作会议的圆满成功。作为局长，任质斌以鲜明的态度、坚定的立场，为取消“以文物养文物”的提法，起到了关键作用。(《任质斌传》，北京：文物出版社，2011年，第729—730页。)

的。包括故宫在内，当时有高层领导还要卖故宫的东西，说东西多了可以变卖，还计划把故宫也改造为旅馆，也被我们坚决顶住了。1979年，旅游局局长卢绪章来故宫，说传达领导指示，要在故宫里搞接待外国游客的旅馆，当时局长还是王冶秋，当场坚决反对。卢绪章说："你要考虑后果！"王冶秋说："我是文物局局长，就算撤了我的职，我也不同意！"硬给顶住了。〔11〕

---

〔11〕1979年，社会上一度出现过要求在名胜古迹中开辟旅馆饭店的声音。如1979年2月17日《人民日报》第二版发表社论《发展旅游事业大有可为》提到，"在挖掘潜力方面，我们的思路应该更开阔些，如北京的故宫、颐和园，山东曲阜的孔府和其他地方的名胜古迹区，为什么不可以辟出一部分房屋加以修整来接待旅游者呢？"《人民日报》同日同版发表景友文的文章《首都旅游住房有很大潜力》，内称："另外，一些名胜古迹，如故宫、颐和园的一部分，也可以充分利用起来。颐和园里空着很多房屋，只要加以修缮和添置卫生设备，就可接待外宾。估计旅游者还会很高兴地住在这样古老建筑物里。还有被认为是《红楼梦》大观园旧址的恭王府，现在是一些单位宿舍和办公的地方，如能按照《红楼梦》所描写的情景修饰一下，会收到与故宫、颐和园同样的效果。"1979年7月13日《人民日报》发表文章《修复名胜古迹开辟新旅游区》，建议"把故宫博物院同旅游业结合起来，将皇帝住过的部分殿堂辟为'皇宫旅馆'，开设'御膳房餐厅'，专做原皇宫名菜"。

罗哲文在《不尽的思念》一文中回忆了王冶秋抵制在故宫设置旅馆的详情：为了开展旅游，1979年秋，第一任国家旅游局卢绪章局长来到慈宁宫，传达上级指示，要在故宫中利用古建筑开旅馆饭店，说是领导已定，要文物局执行。冶秋同志把有关同志找来共同研究，大家分析了故宫不能开饭店的原因，他以国家文物局局长的身份，十分肯定地回答：故宫不能开旅馆饭店。卢局长再次强调这是领导的意见，希王局长考虑后果。当时在场的人都十分紧张，气氛肃然。冶秋同志沉默了一会之后，很坚定地说：故宫是一座世界驰名的宫殿建筑群，全国重点文物保护单位，又是一座保存大量珍贵文物的世界著名博物馆，如果把它开旅馆，必然会造成火灾、盗窃等重大的损失。我是国家文物局的局长，我要负责，不管是谁的意见，绝不能同意，撤掉我的职，我也不同意！当时冶秋同志正处在被极大冤案牵连、情况极为困难的时期。这几句话说出，他的确是考虑过后果的。结果卢局长只好说：我回去向领导汇报。隔了几天，卢局长又来了，仍然要在故宫内利用古建筑开旅馆。冶秋同志还是那句话："我不同意。"为了使卢局长了解情况，回去也好汇报，便让我和他去实地看看。我记得带他们去看了三大殿、慈宁花园、乾隆花园和假山、亭子、游廊等地方。看来实在没有可利用之处。后来，此事只好作罢。（罗哲文：《不尽的思念》，国家文物局编：《回忆王冶秋》，北京：文物出版社，1995年，第34页。）

夏鼐在日记中记载：1980年2月24日星期日，上午至王天木同志处，旋偕往访谢辰生同志。谢同志说：王冶秋同志在三个问题上顶撞了上司：（1）不能出卖文物出口；（2）不准博物馆门票涨价；（3）不准故宫设置外宾旅馆。当然，他的去职另有原因。[夏鼐：《夏鼐日记》（卷八1976—1980），上海：华东师范大学出版社，2011年，第384页。]

1980年6月底，全国文物工作会议还是按原来的意思召开，怎么保护为主，怎么发挥文物的作用，传达的中央书记处关于加强文物工作的指示，里面没有了“以文物养文物”的内容。最后传达的是“责任在身，当仁不让”“要见难而进，不要见难而退”这四句话。因此《文物保护法》的起草没有受到影响，要是按“以文物养文物”，这《文物保护法》没法写了。但是“以文物养文物”的说法，大家都知道了，造成很坏的影响。任质斌是不赞成“以文物养文物”的，但是副局长孙轶青听进去了，所以认识上的分歧就从此开始了。可以说，正确的保护思想，从郑振铎、王冶秋到任质斌为止，后面就有斗争了。

1982年4月，国务院搞机构改革，搞“五合一”，把文化部、对外文化联络委员会、国家出版事业管理局、国家文物事业管理局和外文出版发行事业局五单位合并，设立文化部。我在1982年初，听到中央要成立“五合一”的文化部的消息，给胡耀邦、赵紫阳、万里、习仲勋写信，建议保留国家文物事业管理局。我说明了文物工作的特殊性，最好是保持现状，只要着重解决副职、虚职过多的问题，精简行政人员，充实业务力量，文物局系统各级领导班子真正实现革命化、知识化、专业化、年轻化，这样就可以完全达到克服官僚主义、提高工作效率的目的。胡耀邦同意了我的意见，并且告诉中宣部部长王任重说，文物局可以考虑保持现状，不必合并。

但是在中央书记处讨论这个问题时，赵紫阳坚决不同意，认为已经做出了决定不容更改，反对修改既定的机构改革方案。结果，国家文物事业管理局从国务院直属局改为文化部下面的文化部文物事业管理局。“五合一”改革方案在中央书记处讨论时，胡乔木、邓力群认为文物工作确实有特殊性，提出了一个折中的方案，建议成立一个国家文物委员会，作为国家文物工作的咨询机构，凡是有关文物工作的重大问题，特别是涉及方针、原则问题，都要通过这个委员会讨论同意。胡乔木在会上提出，推荐中国社科院副院长夏鼐担任国家文物委员会的主任。会后胡乔木亲自到夏鼐家，约请夏鼐出任主任，并请他推荐委员名单。最后由夏鼐提出了15个委员名单：尹达、王仲殊、王振铎、冯先、安志敏、苏秉琦、启功、吴良镛、单士元、张政烺、郑孝燮、贾兰坡、顾铁符、宿白、常书鸿。〔12〕1983年1月，国家文物委员会成立，设在文化部，全国文物工作的重大方针、政策等都要通过这个委员会。这个委员会主要是专家学者，行政干部不参加，由文物局出一个副局长沈竹担任秘书长，负责行政管理工作，但不作为委员参与会议讨论。不久，夏鼐逝世了。他是考古学大家，跟我有几十年

〔12〕《夏鼐日记》（华东师范大学出版社，2011年）记载了夏鼐与谢辰生商讨成立国家文物委员会的情况：

1982年4月24日星期六，我偕王廷芳、徐苹芳二同志至文物局，与孙轶青、沈竹、谢辰生、庄敏同志商谈洛阳电厂建设事，因为地方不理中央的制止。谈毕，孙向我表示，文物局要建议设立国家文物委员会，要请我参加并负点责任。（卷九，第129页）

1982年4月25日星期日，上午，我到邓力群处，谈：（1）文化部设立国家文物委员会事，（2）洛阳电厂事。晚间至文化部宿舍，晤及谢辰生同志，又至王天木处，一起商谈。（卷九，第129页）

1982年5月3日星期一，下午国家文物局新局长孙轶青同志，偕同原秘书长谢辰生同志来所，商谈国家文物委员会条例和15名委员人选。（卷九，第131页）

1982年5月4日星期二，谢辰生同志来，将中央会议关于调整文化部的方案纪要给我过目，并取去我所草拟的国家文物委员会组织条例草案，以供参考。文物局要上报文化部以国家文物委员会组织条例草案及十五名委员名单。（卷九，第312页）

1982年5月7日星期五，下午在家，谢辰生同志送来文物委员会组织条例打印稿，说纪要中明确说：（1）在文化部下面，协助文化部工作，不隶属国务院；（2）委员会有专家名流，不限于专家；（3）是咨询性质机构。（卷九，第133页）

1984年3月29日星期四，上午赴所，旋至文化部文物局，访新局长吕济民同志，庄敏、谢辰生同志亦在座，谈国家文物委员会事，拟下星期开一次会议，由庄敏暂时代替沈竹的秘书长职位；又谈及中宣部和文化部将于4月底召开全国文物工作会议，讨论关于文物、博物馆的两个文件。（卷九，第338页）

的交往，对文物工作一直非常支持。[13]胡乔木推荐由中宣部顾问廖井

---

〔13〕《夏鼐日记》记录了与谢辰生的诸多交往，如商议洛阳古城、集安高句丽墓群、藁城商代遗址、秦始皇兵马俑等的保护事宜：

1964年6月24日星期三，上午赴所，洛阳黄士斌同志与文物局谢辰生同志一起，来谈洛阳古城的保护问题。（卷七，第36页）

1966年1月6日星期四，上午谢辰生同志来谈去侯马调查“朱书玉册”事。（卷七，第185页）

1966年3月26日星期六，上午文物局谢辰生同志来，商谈关于集安高句丽墓群部分清理问题。（卷七，第198页）

1972年12月25日星期一，下午谢辰生同志来，谓王冶秋同志约明天去历史博物馆观出国文展的预展。（卷七，第321页）

1973年8月27日星期一，下午谢辰生同志来谈河北藁城商代遗址问题。（卷七，第378页）

1976年2月4日星期三，下午偕王仲殊同志到文物局，晤及沈竹副局长及陈滋德、谢辰生同志，谈安阳钢厂占地问题。（卷八，第7页）

1977年3月12日星期六，晚间至谢辰生同志处，祝贺其新婚之喜。（卷八，第83页）

1977年6月16日星期四，下午偕牛兆勋、乌恩、王仲殊等同志赴历史博物馆，与杨振亚、陈乔馆长参观刚摆好的“考古发掘展览”，商谈有关展览开放后的具体问题。少顷，文物局陈滋德、谢辰生、罗哲文三同志来，又等候王冶秋局长来，一起参观一周。（卷八，第99页）

1978年7月21日星期五，下午文物局谢辰生同志来谈关于外贸部出口文物事。（卷八，第216—217页）

1979年5月21日星期一，下午文物局谢辰生同志来，商谈派杨虎同志去黑龙江调查《尼布楚条约》摩崖事、仰韶村发掘工作等问题。（卷八，第300页）

1979年8月1日星期三，晚间，去裴文中同志处谈秦俑坑事，征求签名。又至谢辰生同志处，告以经过情况，商量措施。（卷八，第332页）

1979年12月20日星期四，下午文物局谢辰生、罗哲文同志来，谈关于襄助周原展览会事，及《考古词汇》英译事，前者拒之，后者答应之。（卷八，第368页）

1980年2月3日星期日，下午又去谢辰生同志处，送去“发掘条例草案”。2月4日星期一，上午谢辰生同志来，送还“考古发掘条例”（二稿），稍有修改。他走后，我将这交给王仲殊同志，请其定稿后付打印。（卷八，第379—380页）

1980年2月12日星期二，晚间至谢辰生同志处，谈修改《中国博物馆》英文稿事。（卷八，第381—382页）

1981年1月24日星期六，下午与沈竹、谢辰生、庄敏同志谈文物工作。（卷九，第5页）

1981年6月4日星期四，下午谢辰生同志来谈人文发展公司要搞出国展览事，我与之顺便谈及《考古学文献目录》事。（卷九，第42页）

1982年1月23日星期六，下午在家。文物局任质斌局长偕谢辰生同志来访，谈文物保护事。（卷九，第104页）

1983年7月20日星期三，上午赴所，与王仲殊、王廷芳二同志谈所事。谢辰生同志谈国家文物委员会第三次简报定稿事，答应明天来取，又谈及文物局近况，孙轶青同志尚未去全国政协报到。（转下页）

丹来继任主任。国家文物委员会在文物工作方针政策、文物事业发展规划和文物工作中重大问题的处理等方面，起到了很大作用。廖井丹逝世之后，国家文物委员会陷于停顿，没有再进行活动。

在这次文物机构改革中，任质斌因为级别高，他是中央候补委员啊，不能当这个文化部下面的局的局长，他就被调走了。文化部文物事业管理局的局长换成了孙轶青，他就认为“以文物养文物”很重要。甚至有人提出来燕下都等出土的那些好东西都可以卖。文化部也有这样的意见，高占祥也赞成过“以文物养文物”。所以我一直说，文物工作有自身的规律，跟其他的文化工作性质很不一样，不能用管理一般文化工作的认识来管理文物工作。在文物局有两种不同的意见，分歧的焦点是文物工作以保护为主，还是以利用为主？能不能搞“以文物养文物”？[14]平常有分歧倒无所谓，可是1982年《文物保护法》公布

（接上页）1983年8月11日星期四，下午，中宣部及文化部纪委联合调查小组来所了解文物局情况，文物局沈竹、谢辰生二同志来谈，（1）执行党中央政策，（2）作风，（3）对待专家及知识分子，（4）外事活动等四方面，由3时谈至5时半。（卷九，第272页）

1983年8月28日星期日，下午偕秀君往访王天木同志，他的小女儿不久前结婚，由赵指南同志带秀君去看新房，我与天木及谢辰生同志谈文物局事。（卷九，第279页）

此外，夏鼐与谢辰生讨论文物保护法、筹建国家文物委员会、处理寺观文物、处理文物市场等问题，分别参见本书第五章第二节注8、第三节注12、第四节注27，第六章第四节注24。

〔14〕第六届全国政协委员宋振庭曾对文物方面某负责人提出的“以文物养文物”的口号提出强烈批评：在政协会里还听说，文物方面某负责人有一个口号，叫作“以文物养文物”，还有一条规定，叫“乾隆六十年以后的文物可以出口”。谢稚柳兄在上海海关就亲自查出一些珍贵文物，甚至是传世中少见之珍品，冒充乾隆六十年后的东西，装箱待运。我不由地想起了“执柯伐柯”和“山木自寇”两句成语来。对这样管文物，不能不言。“以文物养文物”，怎么个养法？乾隆六十年后的就不算珍品么？谁说的？嘉道初的官窑和粉彩和六十年前的有何分别？如扩大到古籍，那么殿板书还算不算善本？也是听一政协委员说的，某市的文物，乾隆六十年以后的已卖得差不多了！难道我们就必须靠这几个钱，去“养文物”，去过日子么？此事，不是我的专业，但作为公民，又当了政协委员，耳朵，既然听到就不能装聋作哑，良心逼迫不得不言，如言之不当，愿听教诲。（宋振庭：《执柯伐柯及其他》，《人民日报》1983年6月21日第8版。）（转下页）

以后，怎么宣传贯彻《文物保护法》，这个问题斗争就厉害了。

1982年《文物保护法》公布以后，怎么贯彻《文物保护法》，中央对此很重视。中宣部部长邓力群在中央书记处会议上提出来，文物工作很重要，要开一次全国文物工作会议，以贯彻《文物保护法》。要开文物工作会议，文物局就要起草一个保护文物的文件。在会议筹备阶段，准备起草文件过程中，大家讨论怎么个弄法，结果文物局的领导班子发生了分歧。当时局领导四个人，一正、两副，加上我，孙轶青是局长，副局长马济川是从中宣部来的，副局长沈竹是文物局的老副局长，加上我是顾问，也是局领导成员之一，参加局党组会的。当时我们领导班子开会讨论的时候就有分歧，在局里面上下也有分歧。分歧焦点是文物工作是以保护为主，还是以利用为主？还有博物馆是大发展还是重点发展，要不要"县县办博物馆"？结果我这套他不同意，他那套我不同意，这样没法起草。中央书记处会议之后，中央布置给文物局起草文件的任务，因为文物局分歧太大，没法展开起草工作。中宣部就奇怪，怎么老是弄不出来啊，就派了中宣部的一个处长马自树来调查了解，他后来是文物局的副局长。他一听，原来是领导班子里头有两种意见，文物局里面也是两种意见。中宣部说，既然你们文物局解决不了这个问题，那你们到中宣部来开会讨论，你们各抒己见。

在中宣部的会议上又有争论，结果我们占了上风。中宣部副部长廖

（接上页）1985年12月22日，河北省有关负责人在河北省文物普查工作汇报会上发表讲话，他讲：中央办公厅秘书局来人了解文物利用情况，他提了四条意见，总的想法是以文物救文物，以文物养文物。一是卖一部分文物，相同的十件以上的可以卖，二是所卖之款都用来抢救文物，三是所卖文物经专家鉴定后，先国内后国外，开个燕赵珍宝展销会，四是卖文物要经有关部门审批。现在文物法规定的能卖的没多大油水，他建议人大常委会修改文物保护法。这要解决一个思想问题。卖些积压的文物，这不能算卖国，这是爱国。因为，文物既属于我们祖国，也属于世界，把积压的文物卖些是中华民族的骄傲。（详见高占祥：《燕赵之夏畅谈录》，长春：长春出版社，2006年，第622页。）

井丹主管文物工作，是支持我们的，部长邓力群支持，副部长郁文也支持，听完我们的争论以后，觉得还是我们保护为主的意见对，否定了文物工作以利用为主的意见，“县县办博物馆”也不再搞了。开会以后，中宣部表示用我们的观点来起草，这样就统一了思想。孙轶青不干，跟邓力群谈了四个小时，好家伙！最后孙轶青说，如果这样，那我不干了，中宣部说你不干就不干吧。结果因为这次意见分歧，孙轶青走了，去政协当副秘书长。文物局就要换局长，孙轶青临走前给文化部党组写信，说局长绝对不能让沈竹上。孙轶青主张卖文物，沈竹主张保文物，所以他们之间意见不一致。文化部也弄不清楚，觉得两边打架，干脆两边都不上，再加上沈竹有病，就没让他当局长。沈竹很有水平，最后一直也没上去。最后，1984 年 3 月把博物馆处处长吕济民调上来当局长。

吕济民上任以后，1984 年 4 月 30 日，由中央宣传部和文化部联合召开了全国文物工作会议。新成立的国家文物委员会的委员和各省文物部门，国家有关部门代表参加，副总理王震接见代表，邓力群到会讲话。邓力群提出来，为了贯彻《文物保护法》，要用中共中央、国务院的名义发文件，一个是进一步加强博物馆工作的决定，另一个是进一步加强文物工作的决定，而且文件的名称是决定。邓力群在会上的讲话讲得很好，说要学习夏鼐反对挖武则天墓的态度，不要随随便便挖大墓，让它继续留在地下，留点东西给我们子孙看到。[15]

---

〔15〕1984 年 5 月 6 日，邓力群在全国文物工作会议上提出，“郭沫若同志是大学问家，是开辟中国历史学科新路的人。他曾经主张挖武则天墓，以便早点揭开历史上的一些奥秘，解答一些疑难问题。夏鼐同志说，你这个发掘的愿望很好，可是要考虑到我们现在对发掘出来的东西，还缺乏保护的办法，就算发掘出来很多好东西，没有把握用科学方法保护，可能受到很大的损失，这个损失很难弥补。与其这样，不如继续让它留在地下，我们自己看不到，让我们的子孙有把握挖掘的时候看到，也是可以的。郭老一听，这个道理比他那个道理对，就撤销了自己的意见。我们要学习郭老的态度，也要学习夏鼐同志的态度。没把握，不能随便附和，你是领导我也不能附和。”［邓力群：《保护·研究·利用——对文物、博物馆工作的几点意见》，《邓力群文集》（第二卷），北京：当代中国出版社，1998 年，第 412 页。］

中宣部让文物局继续起草这两个文件，贯彻《文物保护法》就以这两个文件为基础。1983 年国家文物委员会成立以后，已经开会讨论过这两个文件，提出了一些很好的意见。我们根据 1984 年全国文物工作会议的精神继续起草文件，这还是我来弄。由我来起草文件，我当然要坚持正确的方针，不能弄那些“以文物养文物”之类的东西。我们这两个文件起草完成后，上报中央书记处。

1984 年 7 月 14 日，中央书记处第 143 次会议专门研究文物工作，觉得还是用一个文件，不要两个，就是《进一步加强文物工作的决定》，把博物馆的放在文物的里面。胡乔木搞博物馆很积极，所以提出专门搞一个博物馆的文件。后来跟邓力群他们一起讨论，觉得还是用一个好，就是《进一步加强文物工作的决定》。书记处讨论以后，提出来要集思广益，广泛征求各方面的意见，由中宣部跟文化部联合再召开一个全国性的座谈会。10 月 31 日，由中宣部部长邓力群主持召开全国文物工作座谈会，请全国的专家、各部门代表大规模讨论，请各方面人士广泛参加，探讨怎么保护文物。我在座谈会上作了发言，我说发挥文物的作用，要把社会效益放在首位，主要是在精神文明范畴发挥作用，反对以文物养文物；坚持禁止珍贵文物出口，反对卖秦始皇兵马俑；考古发掘要坚持配合基本建设为主的方针，反对主动发掘唐乾陵、明长陵等帝王陵，等等。邓力群总结出 12 个题目，让大家讨论以后取得一致意见，根据这个意见再起草文件。他这 12 个题目谈得很好，比如文物保护和利用的关系、文物和建设的关系、文物和旅游的关系、文物和宗教的关系、保护和经营的关系等等，都抓得很好。他最后说：“保护是第一位的，没有保护就没有利用。”[16]我们根据这次座谈会的精神又继续起草《进一步加强文物工作的决定》，这个文件也是我搞的，在华侨饭店起草。

按：1984年10月31日，谢辰生先生在中宣部、文化部联合召开的全国文物工作座谈会发言，对如何处理文物保护与利用的关系，发挥文物的社会效益，反对“以文物养文物”有如下表述：

> 文物工作包括保和用两个方面，二者是相互促进、相辅相成的。从现状看，保的问题比较突出，是需要解决的主要矛盾。保不住，还怎样发挥作用？开创文物工作新局面，同样包括保和用两个方面，结束当前文物破坏严重、文物走私猖獗的局面，就是开创文物保护的新局面；积极主动地、创造性地发挥文物在各个方面的积极作用，就是开创了“用”的新局面。无论“保”，还是“用”，都有个搞活的问题，要研究新情况、新问题，要调动各方面的积极性，“爱我中华，修我长城”是

〔16〕1984年10月31日，邓力群在全国文物工作座谈会上做了题为《正确处理文物保护和其他工作的关系》的讲话，讲了12个方面的问题：一、文物保护和文物维修。二、文物的保护和文物的使用或者叫利用。三、文物保护和地下文物的考古调查与发掘。四、文物保护和城乡建设。五、占用的古迹、名胜（包括古建筑）保护问题。六、文物保护和宗教寺院。七、文物保护和园林管理、建设。八、文物保护同旅游。九、文物保护和文物市场、文物出口，以及防止和打击文物盗窃和走私活动。十、文物保护和文物事业的经营。十一、文物管理工作中，中央和地方分权或者职责划分问题。十二、文物保护和涉外关系。邓力群在讲话最后说：“文物这种东西，稍一不慎，粗枝大叶，就可能受到损失，而这种损失有时是很难甚至无法弥补的。破坏了敦煌原有的壁画，即使补上，其价值也要大为下降。这是个前提，文物不保护，还有什么经营？只有保护了，才有经营。文物保护是前提，是第一位的。”[邓力群：《正确处理文物保护和其他工作的关系》，《邓力群文集》（第二卷），北京：当代中国出版社，1998年，第550页。]

个很好的创造，圆明园管理处与农民合作，对遗址进行保护、整理和利用，也是新的尝试，值得重视。当然，这些活动，都要尊重科学，尊重法律，应当严格遵守科学操作规程的要求，按照科学规律办事，依法办事。只有把文物事业变成从领导到群众都共同关心和参加的社会事业，才能不断开创文物事业的新局面。

发挥文物作用，主要是科研、宣传教育以及给人以美的享受等作用，一句话，是属于精神文明范畴。只有部分文物、部分地区的部分单位才可以产生较大的经济效益，有的文物还可以为物质文明提供有益的借鉴。但是，能否有经济效益主要取决于文物本身的条件，内蒙古鄂伦春的嘎仙洞，说明了鲜卑族发源的历史，不仅有很高的历史价值，而且在说明我国历史疆域问题上还有很大的政治作用。其价值绝对不比秦俑坑差，但它的经济收益就不可能与秦俑坑相比拟。同在北京，故宫的经济收入也是中国革命博物馆所永远不可企及的，而后者的重要作用绝不低于故宫。总之，文物事业能够产生经济效益的，只是局部，多数是经济收入很有限。对这个局部来说，固然应当十分重视它的经济利益，但还是要把社会利益放在首位，不宜把经济效益作为衡量整个文物工作好坏的标志。因为文物事业毕竟不是企业，否则就会产生不好的效果。

强调经济效益应当是为了减少国家负担，而不是向国家捞钱。赚钱要有利于文物保护，有利于发挥文物的社会效益，使文物工作更好地发展，而不是相反。我不赞成在文物事业中要“以文补文”，特别是要逐步做到“以文养文”。如果说“以文补文”是指一些有条件的单位在确保文物安全和出色完成正常业务工作的前提下，在党和政府政策法令允许的范围内，密切结合本单位的特点，从开展业务、扩大宣传、服务群众出发，经营一些与本身业务活动有联系的项目，把收入所得用于弥补文物经费之不足，适当地增加职工收入，这当然是应当提倡的，并且一定要努力办好，但并不是所有文物单位都具备这种条件。一个文物考古队，它的业务工作主要是在田野进行调查、发掘，而且任务还相当繁重，怎么能要求它“以文补文”“自负盈亏”？难道让他们去违法出卖出土文物吗？因此，不能把部分地区、部分单位能办的事情笼统地要求一切单位都办。

所以，把“以文补文”作为一个普遍号召的口号提出来，是值得研究的。至于要逐步做到“以文养文”，这在事实上根本办不到，也不应当这样提出要求。文物事业是宣传教育、科学研究、建设社会主义精神文明的阵地，而不是经济实体，把一些经济领域的要求照搬套到文物事业中来是不适当的。实事求是地从实际情况出发，文物事业的经济来源主要还应当由国家拨款，不可能自己养自己。以故宫为例，在全国博物馆中它的经济收入恐怕是名列前茅的，但是要用它的收入把故宫全部开支包括古建维修全部包下来，也还相距甚远，更不用说其他收入很少或根本没有收入的单位了。当然，也可能有个别单位经商办企业赚了不少钱，的确能够自给自足，但它经营的项目与本身业务毫不相干，这种做法显然不符合中央的有关规定。

根据以上理由，我们认为把“以文养文”作为文物事业的指导方针是不妥当的。保护文物，应当既反对右的保守思想，也反对“左”的虚无主义。但是，如果说二者都是错误的，前者是随时都可以纠正的，后者（文物损坏了）则是很难纠正。1960年陈毅同志在国务院105次全体会议上主持讨论《文物保护管理暂行条例》时说："保护文物宁可右倾些，不要粗暴。"是很值得重视的。对文物价值的认识往往随着科学文化水平的提高而逐步深入，蓟县独乐寺观音阁在多少年前为梁思成先生发现的时候，主要是看它的建筑艺术美。经过唐山大地震，才注意到它经过八级强地震岿然不动，具有很强的抗震能力，有很高的科学价值。所以在某种意义上说，保护不仅是手段，而且也是目的。在保护文物问题上，一定要"风物长宜放眼量"，切不可急功近利。保护文物是我们炎黄子孙世世代代的事情，要对历史负责，如果因为我们这一代人的不谨慎而造成重大失误，就会上对不起祖先，下对不起子孙！

不久前，一位负责同志对我说："你们单纯保护的方针是错误的。"这是误解。从方针上看，文物工作一直把"古为今用"作为自己的指导方针。在保护问题上，早在20世纪50年代，总理和陆定一同志就提出了"两利"方针，在实践上也是这样做的，尽管做得很不够，毕竟是做了。近些年来，文物战线上不少同志在很困难的条件下，勇于探索，做了很多开拓性的工作。水文考古、地震考古为水利、地震部门提供了大量有价值的资料，著名的葛洲坝工程就有文物考古工作者的贡献，开辟了文物工作直接为社会主义建设服务的新途径，因而赢得了水利部长钱正英同志和国家地震局的赞赏和表扬。这在世界各国都是没有的，所以也得到了国际上的重视。最近，随县曾侯乙墓编钟复制成功，并且被搬上了舞台，这是现代科学手段与传统技术相结合的成果，是多学科联合攻关的成果，既是开创文物工作新局面的一个标志，也是开创民族音乐新局面的一个尝试，它的效果是一举三得：第一，保护了文物，今后不再敲击原钟；第二，使传统技术和艺术得到了继承和发展；第三，出国展出和演奏，很可能引起轰动，并且取得较大的经济收益。这几个例子说明文物工作不是完全没有考虑利用的问题。过去对利用，主要是经济效益问题，的确思路不广，眼界不宽，今后只要重视，并且坚持要“生财有道”，路子还是很宽的。

邓力群当中宣部部长那几年，对文物事业起到了很好的作用，有好几件事情我记得很清楚。1984 年，在广州“西堂事件”中，他坚决要求保护。当时广东省要拆掉国共合作时期国民党一大会址“西堂”，这是广东省级文物保护单位。拆了西堂是要建新图书馆，而且得到了广东省委第一书记任仲夷的同意。省级文物保护单位的拆除，要经过省政府和文化部同时同意，广东省单方面是无权决定拆除的。[17]中山大学教授商承祚坚决反对拆西堂，他给总理赵紫阳写信，呼吁国务院过问。我们文物局也收到各方呼吁，通过文化部给中宣部打了个《关于不同意拆除西堂的请示报告》，同时抄送国务院。中宣部接到报告以后，邓力群很重视，立即打电话给广东省省委书记林若，提出三点意见，一是拆除西堂必须慎重，二是要考虑《文物保护法》的规定，三是如果你们决定拆，中宣部、文化部可都没有同意。请广东方面根据以上三点意见慎重考虑做出决定。为了保护西堂，文物局副局长庄敏专程去广州，但是广东方面还是执意要拆。1984 年 4 月 6 日，我

〔17〕《广东省志·文物志》载，1983 年 12 月 23 日，广东省人民政府同意拆除广州市文明路 215 号省级文物保护单位原中山大学西堂。(《广东省志·文物志》，广州：广东人民出版社，2007 年，第 34 页。)

就西堂的问题写信给胡耀邦，恳请他干预，请他通知广东省委停止拆除，或者责成文化部电令广东省立即停止这种违法行为。等到胡耀邦收到信，批示有关部门调查此事的时候，可惜已经晚了，西堂已经被拆掉了。〔18〕我在纪念商承祚先生的一篇文章里，详细回忆过这个事情。这是一起典型的以权代法、破坏文物的事件。

按：谢辰生先生在《商老保护文化遗产二三事》（载于《2004年安阳殷商文明国际学术研讨会论文集》，北京：社会科学文献出版社，2004年）一文中，回忆了广州西堂保护的全过程：

西堂是国民堂“一大”会址的有机组成部分，1962年公布为广东省第一批省级文物保护单位。在这里有曾经是周恩

〔18〕据时任广东省文化厅有关负责人回忆：对于拆除西堂的决定，省文管会中的中山大学某教授发表了不同意见，省委有关领导根据省委第一书记任仲夷的意见上门去做工作。1982年10月，省委第一书记任仲夷亲自来看了中山图书馆的旧馆，表示赞成拆建计划，说“要当新馆建设的促进派”。很快，省委下达关于按原计划筹建中山图书馆的批文。开始拆除西堂后，1984年2月，文化部文物局连续来了三次电话，要求马上停止拆除西堂。10月，又是连续三次来电，要立即制止拆卸，部里正在研究此事，研究后还要请示国务院，你们要等待指示。面对这样的指令，我们将前后的电话记录报送省委宣传部和省委。我当然没有忘记附上我们的申辩报告，我实在不明白那年代为什么就容易刮风？4月初，文物局来了两位同志，是为参加反文物走私表彰活动而来的。他们对西堂一事特感兴趣，而且懂得往上捅，从广州发电报请中纪委出面干预，这就连中央书记处也被惊动了，先后有两位负责同志发话。一位是分管宣传口的负责人给省委书记林若来电话，请省委慎重考虑。这话使人感到有一种弦外之音（后来被好事者歪曲为省里不听劝阻）。另一位负责同志说的话也类似。省委召开会议，认为仍应维持原议，定下了一些做好善后工作的措施，并决定派我和前任局长李雪光携带省委的书面报告进京汇报请示。4月7日，我请文化部部长朱穆之和副部长吕志先现场视察西堂，朱穆之最后表态说，按省委意见办。吕志先一看到西堂的现状就脱口说：破破烂烂留着它干吗？我们几人飞达北京后，马上找到在北京公干的省委书记吴南生。后来田副总理的席秘书给我来了电话，说田副总理指示不开会了，你们到文化部汇报就行了。我很快给广州打了电话，嘱留家的同志抓紧拆西堂。我记得真正拆起来并不难，好像只是十多天时间，经过清场并办妥一应手续之后破土动工。（详见广东省立中山图书馆编：《情书：致中山图书馆》，广州：广东教育出版社，2012年，第294—297页。）

来、蔡畅、邓颖超、熊锐、郭沫若、何香凝、罗绮园、郑伯奇、陈其瑗、毕磊、陈铁军等同志进行革命活动的地方，鲁迅也在此有过活动，是一处很有价值的革命纪念地。但是1981年省政府根据省委第一书记任仲夷同志视察省中山图书馆的意见，批准了拆西堂建新馆的计划。此消息在报刊公布后，立即遭到文化界、学术界人士的反对。商老为此专门写了《“西堂”决不能拆》的文章分发各有关方面，并致函任仲夷同志：“备请慎考虑，切勿率尔听信只为本单位利益着想，而无视革命历史及中央政策人的话。”但决策者对此根本不予理会，建馆工作继续进行。文物局在接到商老反映之后，立即电告省文管会表示不同意拆除西堂，并致函省文物局要求保护西堂。但是，到了1981年11月，广东省政府会议再次作出拆除西堂的决定，并开始进行拆除工作，面对如此严峻局面，商老又致函国务院总理，请求中央进行干预。同时又连续给省领导任仲夷、林若、王宁等同志写信，慷慨陈词，要求停止拆除活动。他在1984年2月13日的信中说：“我再一次奉告各位，如果不停止拆西堂，及将已拆部分复原，则违反国家有关历史文物保护法及宪法第二十二条的规定而犯大错误。如此下去，这个国际性的历史古建被毁，你们不仅受到谴责，也会给全国关心文物的人们批评。”然而拆除活动仍在进行。商老再次致函任仲夷、林若、王宁同志说：“我仍然希望您们停拆西堂，免为后人啐骂。古人云，人谁无过，过而能改，斯无过矣。如一任孤行，历史会做出结论，谓余不信，拭目视之。”

在此期间，文物局不断收到来自各方面反对拆除西堂的意见，全国政协委员签名呼吁保护西堂的就有党政等老干部、民主党派代表人物以及文艺界知名人士魏传统、李雪峰、许立群、梅盛伟、黄翔、严良堃、李波、姚雪垠、唐弢、董寿平等数十人。国家文物委员会专门开会讨论正式作出呼吁保护西堂的决议，提请文化部转达广东省委。文化部经部务会讨论决定，又以部的名义给中宣部写了关于不同意拆除西堂的请示报告。为此，当时的中央书记处书记、中宣部部长邓力群同志亲自打电话给广东省省委领导同志，请他们考虑文化部的意见。文物局又几次打电报、电话通知广东要求停止拆除，而广东省并未因此而停止拆除，直到国务院办公厅打电话给省里才被迫暂停，但时间很短就又恢复了拆除活动。特别令人感到愤慨的是，为了阻止继续拆除西堂，文物局副局长庄敏同志专程去广州找正在广州出差的文化部长朱穆之同志请他出面加以制止。朱穆之同志告诉庄敏同志："据省里同志说，此事已经中央领导胡启立同志同意，我们不便再坚持了。"庄敏当即打电话将以上情况告诉了我。当时我对此是有怀疑的。因而立即打电话给胡启立同志办公室询问是否属实，对方答复说启立同志并未同意而是请他们要慎重处理。说明他们完全是说假话骗人，以便抓紧拆除，造成既成事实。拆除活动不仅没有得到制止，而且更加快了速度。商老对此极为痛心，再次写信质问任仲夷、林若、王宁同志："我不理解，你们为什么视西堂为眼中钉、肉中刺，毁之而后快。这是一个光明磊落的共产党员应该做的吗？你们还记得毛主席'不要当官做老爷'，要全心全意为人民服务的教导吗？""我警告当权的领导同志们，'十目所视、十手所指，希望你们虚心听听目前广大群众的正义呼声，万毋固执过去的错误主见，致使这座有国际性的革命遗迹，毁于一旦。过而能改，善莫大焉，余期望之。”然而商老所做的一切努力都已经无济于事了。尽管中央领导同志再打招呼要他们慎重处理，尽管有那么多全国政协委员、各界知名人士坚决反对，却丝毫也没有动摇广东省领导层的决策者要拆除西堂的决心。一处很有价值的革命纪念建筑就这样被毁掉了。西堂是省级文物保护单位，按照《文物保护法》的规定，如果要拆除必须经省政府和上一级文物主管部门的同意，但是广东省的领导人竟置法律规定于不顾，自行决定加以拆除，这是一起以权代法，严重违法的典型事例。

再举个故宫的例子。1984 年，美国总统里根要访问中国。外交部传达中央指示，说要在午门广场搞迎宾仪式，接待里根。外交部副部长韩叙召集文物局等几个单位开会，说中央书记处已经决定，午门要改造，准备接待里根。具体要求是，午门的匾额换成国徽，在城楼上安装照明设施；广场要翻修平整，以便铺红地毯；午门前的东西朝房和东西两阙旁的部分房间，改成外交部的贵宾休息室；在午门前广场要竖两个旗杆，到时候挂中国国旗、美国国旗。开会的当时，故宫博物院、历史博物馆、文物局的专家当场就表示不同意。我是听文物局的人开完会回来说的，我想这可不行，故宫是一个整体，这么改造，肯定要破坏午门的历史风貌。

但这事儿中央已经定下来，而且是外事活动，这怎么办呢？我们首先跟文化部打报告反映情况，表明不同意见。1984 年 2 月 10 日，文物局给文化部打了个报告，是我起草的。14 日，文化部部长朱穆之把报告退了回来，批了两句话：“中央已作决定，不必再提意见了。”我估计到文物局的报告送上去，可能会有阻力，就同时在 11

日又给中宣部廖井丹、邓力群写了封信，说明午门不是迎宾的好地方，而是过去皇帝举行献俘大典的场所。结果过了几天，在文化部退回文物局报告之后，朱穆之又打电话到文物局，通知说中央外事领导小组取消了午门迎宾计划，决定另找地方。看来是我给中宣部邓力群、廖井丹的信管用了，最后午门国徽没挂，旗杆也没竖，午门保持了历史原貌。

按：1984 年 2 月 11 日，谢辰生先生致信时任中宣部部长邓力群、国家文物委员会主任廖井丹，建议中央取消在午门广场举行迎接美国总统里根访华的活动，全文如下：

井丹同志并转力群同志：

今年一月，外交部韩叙副部长曾召集会议，传达中央关于在午门广场进行迎接国宾活动的指示，并且提出要从接待里根开始，会上有不少同志提出异议。春节前夕，韩叙同志又召开会议，据称中央书记处已作决定，不必再提意见，并决定翻修广场地面，铺设地下管道以解决用水问题，午门匾额也要改挂国徽。此事原系外事处同志参加会议，我是刚刚知道，深感此举值得慎重考虑。

我认为午门外不是个迎宾的好地方，而是封建皇帝过去举行“献俘大礼”的场所。据乾隆钦定《日下旧闻考》记载：“如遇凯旋、献俘诸大典，皇上御午门楼行受俘礼”，“所以钦鸿贶，崇武功也”。而且举行受俘礼的仪式十分隆重，《大清会典》载其事颇详尽，每次受俘都是“于先期工部设御座于午门楼正中。至日质明，内大臣率侍卫咸采服立两观翼楼阶上，护军统领护军立阶下，均佩刀环”。“王公文武各官分班立，均与太和殿大朝礼同”。皇帝出宫时，要“鸣金鼓，奏铙歌”。待皇帝升座后，“受俘兵部官率将校引俘至金鼓下跪。兵部尚书跪奏：平定某地，所获俘囚等谨献阙下。宣旨大臣宣制曰：所俘交刑部。”随即由刑部官械俘出施行。“将校引由天安门右门出。丹陛大乐作，王公百官各就拜位，行三跪九叩礼毕。乐止，礼成，鸣金鼓，奏铙歌。皇帝乘舆还宫。”乾隆平准部、底定回疆和平定大小金川，均在午门举行受俘礼，皆见于正史。《清史稿·高宗本纪》云：“二十五年春正月戊申，以西师凯旋。……丁巳，上御午门行献俘礼。”即是一例。乾隆历次受俘皆有受俘诗。郎世宁旧作《献俘图》，巴黎有铜版印制图片刊行于世。

以上情况为中外史学界所熟知。因此在午门外作为迎宾重典场所实不妥当，特别是从里根开始尤应慎重。如果台湾、香港乘机造谣挑拨，说我们含沙射影，岂不造成不良政治影响？如果我推说不知此段史实，则更是贻笑大方。为此写信给您，请再向中央书记处反映，予以重新考虑为感。匆匆。即致敬礼！

谢辰生上

二月十一日

据了解，公安部门对此也有异议。这里保卫工作比大会堂前难做得多，很难确保绝对安全。又及

邓力群是个正派人。在50年代，有过一篇文章《共产党员应当是马克思列宁主义者，不应当是党的同路人》，署名是康生。我记得

1979年开“务虚会议”的时候，邓力群说：“你现在不能批它，那是我的事。”邓力群解释说，本来这篇文章是他找康生写，康生还不写，最后没辙了，还是他替康生写的，署的名是康生。这是邓力群在“务虚”的时候，他给全体与会同志写信，公开散发的，每个人都有。那时候正在批康生，大家唯恐避之不及，邓力群把这个往自己身上揽。我一看，这很了不起。[19]第二个，“文革”期间“批邓”的时候，批邓小平“三项指示为纲”，邓力群说这也是他写的，不能以此批邓小平。[20]在风口上，他自己不出来说，谁也不知道是他写的啊？这说明他人正派，没有几个党员这样的。这两点你们谁能做到？躲还躲不及呢！

我们按邓力群主持的全国文物工作座谈会的精神，把《进一步加强文物工作的决定》文件起草好，送到中共中央。胡耀邦让书记处讨论一下，这就到了1985年底。1985年11月25日，胡耀邦主持中央书记处开会再次讨论了上报的文件，大家对文件提了一些意见。这次

---

〔19〕中央党校教授金春明回忆：写到这里，使我想起邓力群在类似问题上的态度。众所周知，在1959年庐山会议后，还有一篇文章是和陈伯达的《资产阶级的世界观还是无产阶级的世界观》一文齐名的，就是康生的《共产党员应当是马克思列宁主义者，不应当是党的同路人》。在拨乱反正的过程中，人们要批判康生的这篇文章是理所当然的。就在这样一种形势下，邓力群同志在1979年公开写信说明：“该文是我提议写，我出的题目，我出的主意。我同许立群同志商量多次，由他执笔，两人共同讨论修改，最后由我定稿。”“文章定稿以后，我又找他（指康生）请他看看，并建议用他的名字发表。最后他勉强同意了。关于文章本身，他没有提任何修改意见，没有加一个字，也没有减一个字。最近，我重新读了这篇文章，觉得确有错误……康生问题很多，必须充分揭发。但是，不是他做的事，他不能负责。”这样坦诚地说明事实真相的态度，是何等可钦可佩啊！（金春明：《金春明自选文集》，成都：四川人民出版社，2002年，第715—716页。）

〔20〕邓榕回忆：在邓小平亲自指示下，由邓力群主持，国务院政治研究室从1975年8月份起，开始起草一个重要文件——《论全党全国各项工作的总纲》。《总纲》依据毛泽东提出的“学习无产阶级专政理论”“还是安定团结为好”和“把国民经济搞上去”的指示精神，提出要以这三项指示为纲，完成实现四化的宏伟战略目标。（邓榕：《我的父亲邓小平：“文革”岁月》，北京：生活·读书·新知三联书店，2013年，第356页。）

1995 年 12 月，邓力群与中国古代书画鉴定组专家合影。前排左起傅熹年、杨仁恺、邓力群、谢稚柳、启功、徐邦达、刘九庵，后排左八为谢辰生先生

会议决定由中央来抓这件事，胡耀邦说这个文件要像中共中央发的关于宗教工作的文件，即《关于我国社会主义时期宗教问题的基本观点和基本政策》那样，好好总结一下建国以来的经验，解决文物工作中所有的问题，写成一个关于文物工作的最好的文件。胡耀邦自己提出来，“我来当文件修改小组组长”，由中央出人，文物局也出人，一起弄。[21]我代表文物局，中宣部是马自树，我们俩都住到中南海去了，

〔21〕《中华人民共和国文物博物馆事业纪事》载：1985 年 11 月 25 日，时任中共中央总书记胡耀邦主持召开中共中央书记处会议，讨论关于加强文物保护和利用、促进社会主义精神文明建设问题。朱穆之、吕济民、谢辰生列席会议。会议决定由胡耀邦牵头组成文件修改小组，对报请审批的《中共中央、国务院关于进一步加强文物工作的决定》（修改稿）再做进一步修改补充。文物局由谢辰生同志参加文件修改小组。（国家文物局编：《中华人民共和国文物博物馆事业纪事》，北京：文物出版社，2002 年，第 507 页。）

住了三个月。中央出的人是王愈明、李鉴，是胡耀邦的笔杆子，他们是中央写作组的，他们俩现在都故去了。我们四个人一起弄，主要是我们文物局起草，以我为主笔起草，王愈明、李鉴主要在文字上提出意见，内容上还是要讨论。我们在讨论的时候，我和马自树两人把他们俩说服了，他们也同意我们的看法，不赞成"以文物养文物"，我们四个人意见完全一致。这次中央书记处会议，还决定外贸部门不再经营文物，所有外贸库存文物一律价拨文物部门。因此，后来把文物商业要完全由文物部门统一管理、统一经营的内容也写进了文件。

在中南海里面讨论《进一步加强文物工作的决定》的时候，胡耀邦一开始是倾向"以文物养文物"的，不同意我们的看法，批我们的稿子批得很厉害，我就说不是这样，一点点地讲。我记得头一天讨论的时候，胡耀邦问："'以文物养文物'，你们不同意啊？"我说："是啊，不同意。"他说："为什么？"我就跟他说了我的看法，把他说服了。胡耀邦之前听过任质斌的反对意见，这次又直接听听我们作为专家的意见，听听为什么专家不同意。听我说了之后，他就说了："那现在不要提'以文物养文物'了。"这一条先解决了。[22]这样，文件

〔22〕据邓力群回忆，在一次专门讨论如何贯彻《文物保护法》的会议上，与会者对文物工作的第一位是保护还是利用曾经存在过分歧："那时文物保护法刚颁布，在实际工作中究竟如何贯彻？搞文物工作的同志不只一次地向他汇报、送材料，提出召开一次会议专门讨论这个问题，他也同意了。那么就按照预定程序开会了。一开会时，人家讲文物工作的重点是首先要保护。他马上就讲，我不同意你们的看法，文物工作的第一位工作是利用，利用要放在第一位。我一听到这话，就感到奇怪，原来听文物工作的人员讲，和他谈得好好的，怎么到了会上突然调子就变了。有的人在会上甚至还提出以文物养文物，这样一来就要准备卖文物了。在会上懂得一点文物、了解一点文物的人要算谷牧。我当时希望他出来说公道话。但谷牧他们看到这种情况，觉得不便于出来说话，没吭声。这时，我只好出来说：利用当然要利用，但不保护好，怎么利用；利用一次，下二次就没法利用了。但这说不说得通胡耀邦呢？这样就触发我讲了一次文物工作要处理好的几种关系。"（邓力群：《十二个春秋：邓力群自述》，香港：大风出版社，2006年，第331—332页。）

的精神还是按我们的观点起草，前前后后搞了好几遍，我们先写，王愈明、李鉴在文字上提出修改意见，改完之后我再改。我们四个人一块儿反复修改，经过两三个月，形成了这个文件。

胡耀邦参加了每轮文件的讨论，听取大家的意见，逐字逐句审议，最后他同意了大家一致意见的文件，他签了字，就是后来的国务院 1987 年下发的《关于进一步加强文物工作的通知》。文件起草完成以后，胡耀邦跟我说："文件现在出来了，方针政策已经明确了，但是还需要有钱啊。文件暂时先不发，我还得给你们找钱去。"他很热心，以为弄钱很容易，打算一年给我们文物工作拨一两个亿。结果过了些天，他弄不了这么多钱，回来说："还是不行，还是先发文件吧。"我说："那我们只能先小打小闹。"胡耀邦说："那你们就先小打小闹吧，先贯彻这个文件。"我在中南海完成文件起草的任务回到文物局以后，1986 年 5 月以中央宣传部、文化部党组名义打了一个 1986 年 28 号报告，报请党中央和国务院下发。

胡耀邦当总书记的那几年，对文物工作那真是非常关心。1983 年年底，我率中国文物工作者代表团赴埃及考察，去了一个月。回国以后，我给邓力群写了封信，谈了谈埃及文物保护的经验对我国的借鉴意义。1984 年 3 月 17 日，我把这封信的复印件又给胡耀邦送了一份，同时表达了我不同意 1982 年国务院机构改革把文物局并到新文化部，搞"五合一"的意思，当然我说得比较委婉："建议在适当的时候，这个问题还是值得研究的。"3 月 21 日，胡耀邦批示："作了一点批语，退郁文、井丹同志"，批给了中宣部副部长郁文、国家文物委员会主任廖井丹。他在"我国文物保护法公布已经一年多，但有法不依、执法不严的现象是相当普遍的，埃及的经验很值得借鉴"边上画了线，作了批语："这倒是要抓紧解决的一个大问题。我们现在一些文物重地被一些部门占据作了别的用场，很不好，要下决心及早解决。”这批得是很好的。对于文物机构改革问题，他对“我对文物机构改革的意见，两年来的实践，证明我的看法似乎还是对的，但事已定局，亦无可奈何了”这几句话边上，也用笔勾了出来。我还说文物出国展览太多，审批也不严，以至于不断发生珍贵文物损坏的情况。因此如果不刹住各省纷纷搞文物出国展览之风，很可能造成更大的损失。对这个问题，胡耀邦的批语是：“我不清楚这方面情况，要仔细研究一下。中国是个文物大国，出国做些展览，做些宣传，从各方面来看，都是有利的，管得太死也不利。”他对抓紧解决有法不依、执法不严的问题的批示，我完全赞成；但是他关于文物出口展览的意见，我是不赞成的。那时是改革开放初期，胡耀邦是从对外开放的角度考虑的，所以说了这话，也可以理解。

所以，4 月 6 日我在给他写信反映广州西堂保护问题的同时，又说了我对出国文物展览问题的意见。因为他说对这方面问题“不甚清楚”，我就跟他讲，1971 年周总理组织出土文物出国展览，到法国、英国、日本、美国的情况，起到很好的影响，被誉为“文物外交”。但是现在出国（境）展览缺乏统筹安排，出国人员要求也不严格，连续出现损坏珍贵文物的事件。我举了一个例子，故宫博物院为了到香港展销复制品，赶任务，竟然违反文物保管制度和操作规程，把一件稀世珍品，堪称国宝的唐代《冯摹兰亭序》撕成两半。这是新中国成立以来，也是故宫博物院 1925 年建院以来从未发生过的重大损坏文物事件。所以我提出来，文物博物馆事业从事的是宣传教育科学研究工作，它的主要任务是搞好文物保护，发挥宣传教育作用，不能一切向钱看，不能把文物作为盈利的手段而置文物安全于不顾。我建议今后出国（境）展览一定要“全面规划，综合平衡，管而不死，活而不乱”。这封信把胡耀邦说服了，他是能听得进不同的意见的人。

我跟胡耀邦当面有过好几次谈话，回去后我都将胡耀邦的谈话指示精神，向文化部以及廖井丹做了传达。他在谈话里强调，文物和旅游事业相结合。为此，我根据谷牧的指示，和旅游局局长韩克华一起去西安，我们俩经过长谈，在文物和旅游结合的原则和具体办法上都取得了完全一致。韩克华支持文物工作，所以旅游部门支持我们，我们也尊重旅游部门，两家配合得非常好。当时，我建议旅游局和文物局共同搞一个泉州的文物与旅游以及城市发展三结合的规划，把泉州作为历史文化名城保护规划的试点。谷牧赞成，韩克华也同意。1986 年 3 月 29 日，我给胡耀邦写了封信，汇报我们根据他的意见抓的几件事。第一件就是文物和旅游事业结合，以泉州为试点。第二件是建设华侨博物馆。第三件是在曲阜建设孔子研究中心，同时还打算在杭州建章太炎纪念馆。第四件是抓文物保护科学技术，打算办一个文化科技展览。4 月 1 日，胡耀邦批示："转王蒙、高占祥同志一阅。看来都是好意见。"

四　国务院"101 号文件"的出台

《进一步加强文物工作的决定》拟好上报中央后不久，1987 年胡耀邦辞职，由于这一人事变动，他搞的文件就搁置下来了，我们这个文件也搁那儿了。就在此期间，社会上却出现了令人十分忧虑的新动态。大量文物走私、猖狂盗掘古墓，这些在新中国成立后早已杜绝的现象又沉渣泛起，而且来势迅猛。

在 80 年代中期以前，从 50 年代"二反"以后，经过"文革"，文物走私、盗掘可以说基本上是没有的，零星的不能说没有，但是大量出现的情况是没有发生过的。1953 年，抓了一批盗墓贼给枪毙了，把盗墓犯罪都给镇住了，一镇 30 年。可是到了 80 年代中期，文物走私、盗掘的现象又出现了，这跟市场经济有关系。原来老百姓是爱护文物、保护文物，很多文物被发现后，老百姓都主动上缴国家，向国家报告，而且他们以此为荣。有很多老百姓主动上交文物的很突出的例子，像上交商周青铜器，而且还受到了国家的奖励。这些年，情况变了，文物走私刺激了盗窃，刺激了盗墓之风滋长。一夜暴富的心理驱使犯罪分子盗墓、走私，就像马克思说的，只要有百分百的利润，就敢去杀人放火，胡作非为，何况盗卖文物的利润远不止百分之百。到 90 年代，甚至有的地方已经是无墓可盗，那就意味着我们子孙已经无古可考了啊！从以前看到文物，保护文物，上缴文物，转变为“要致富，挖古墓，一挖挖出个万元户”，这都是市场经济之下拜金主义的腐蚀啊！

80 年代中期开始，文物走私就已经重新活跃起来。1984 年国务院打击走私办公室召开会议，文物局陈百川去的，就是专门打击东南三省文物走私的，在沿海地区文物走私已经很猖獗了。1986 年，广州破获一起特大文物走私案，查获西周铜器 2 件，北宋瓷器三百多件，都是卖往香港的。当时胡耀邦、乔石、胡启立都对打击文物走私做过批示，文物局和公安部组成过一个小组，专门打击文物走私犯罪。1986 年 6 月 9 日，我在中央书记处参加讨论旅游工作的会议，在会场当场给中央书记处书记胡启立写了信，反映广东大案，建议文物局和公安部或者安全部组织人打入香港市场，了解情况。胡启立当天批示：“请万里、尚昆、秋里、纪云、谷牧、兆国同志阅知。请乔石同志批示。派可靠内线打入香港文物市场需要，但是否在那里搞经营、收购，值得考虑。”“广东大案必须排除阻力，彻查严办，并在办案过程中解决一批实际问题，取得经验。”次日，胡启立在信上再次批示：“第一步恐还是摸清情况，可以先抓几个典型，深查、处理，以取得经验。”

我认为文物盗掘、走私的问题太严重了，后来又给文物局原副局长齐光写了封信，当时他已经退休了。齐光原来是李先念任新四军第五师师长时候的司令部秘书长，是李先念的老部下。我给齐光写信，请他把信转给国家主席李先念。1987年3月，齐光写信给李先念，把我这封信转了上去。结果李先念批了，他批示说："文物被盗这样严重，有关部门应高度重视并采取有力措施加以制止，对罪大恶极的盗窃犯应该依法严厉打击。"总理赵紫阳批示："请国办找有关单位研究，分析情况，并拟定有力措施提国务院常务会议议定。"他同时将此批给副总理乔石。乔石批示："同意紫阳、先念同志意见，请俊生同志阅，并先做好准备工作，然后开会研究。"我们文物局就弄了一个要求比较严厉的文件《关于打击盗掘和走私文物活动的通告》，是我起草的，提出要对文物走私、盗掘问题进行坚决打击，坚决控制。这个《通告》弄好了以后，我们上报国务院。

1987年5月19日，国务院第140次常务会议讨论《关于打击盗掘和走私文物活动的通告》，那次会议赵紫阳不在，是副总理万里主持的会议。当时，文物局局长吕济民不在，可能去哪儿出差了，是我去做了关于打击盗窃和走私问题的汇报和说明，会议还有国家文物委员会主任廖井丹、文化部副部长高占祥、文物局副局长沈竹参加。会议一致通过了这个《通告》，没有什么分歧，要求文化部发布一个贯彻国务院通告的通知。会议还讨论打击走私文物的办案经费问题，万里和副总理田纪云说请财政部和公安部协商，给公安部门增加办案经费。万里在会上说，你们文物队伍内部有没有问题？我们说，是有问题的，是管理不善。万里说，你们要找主观原因，赶紧搞一个细则出来。国务院这个《通告》出来以后，走私盗掘的问题一度得到遏止，而且不久国务院《关于进一步加强文物工作的通知》也出来了，国务院连续两个文件，力度很大，是文物保护的一个大高潮。

这次会议还有一件重要的事，就是恢复了国家文物局。我在会上提出建议："我们现在是文化部文物事业管理局，能不能恢复为国家文物事业管理局？" 廖井丹表示支持，万里还没有表态，田纪云说了："马上明年换届了，留到下一届政府考虑。"我赶紧说："不行，下一届来不及了。我现在很急，不恢复没法办事。"当时还有好几个人也不同意，就把我这意见否了。有意思的插曲就在这儿了。万里又跟高占祥说："你们文化部对文物局的工作不要过多地干预，应当多过问。"我说："他们没有过多干预。但是现在我们办事不方便，文物局的章不管事，它没国徽章，出去办事没人理。比如现在我们办事需要文化部的国徽章，得找部长签字才行，部长一出去十几天我们找不着，没法办事。我们现在就需要这个国徽章，我们现在不要文物局完全独立，不要离开文化部，不要增加编制，就是恢复国家文物事业管理局，主要是争取一个国徽章，便于开展工作。"副总理李鹏说："这倒有道理。"万里说："这样可以"，就同意了。当天就通过恢复国家文物事业管理局，没过几天就发了通知，文化部文物局恢复国家文物事业管理局，文化部领导，隶属关系不变，对外独立行使职权。[23]这

[23]《中华人民共和国文物博物馆事业纪事》载：1987年5月19日，国务院召开第140次常务会议。会议讨论《关于打击盗掘和走私文物活动的通告》等问题。国家文物委员会主任廖井丹、文化部副部长高占祥、文化部文物事业管理局副局长沈竹参加了会议。文化部文物事业管理局顾问谢辰生就有关问题作了汇报和说明，并提出建议恢复国家文物事业管理局问题。会议同意颁发《关于打击盗掘和走私文物活动的通告》，同意恢复国家文物事业管理局，但领导关系不变，不升格，不增加编制。1987年6月6日，文化部召开全国电话会议，高占祥主持会议，吕济民就贯彻《关于打击盗掘和走私文物活动的通告》讲了话。谢辰生传达了国务院第140次常务会议关于颁发《通告》和恢复国家文物事业管理局的决定，以及中央领导关于加强文物工作的意见。沈竹对下一步工作做了具体部署。（国家文物局编：《中华人民共和国文物博物馆事业纪事》，北京：文物出版社，2002年，第555、557页。）1987年6月20日，国务院办公厅发出《关于文化部文物事业管理局改为国家文物事业管理局的通知》（国办发〔1987〕39号），内称："为加强对全国文物工作的领导和管理，国务院决定将文化部文物事业管理局改为国家文物事业管理局，隶属关系不变，仍由文化部领导。国家文物事业管理局独立行使职权，计划、财政、物资分配等单列户头。"

样，在1987年6月，国家文物事业管理局恢复。

1987年秋天，即将召开党的十三大，我是十三大代表，我所在的组是国务院的组，小组长是国务院秘书长陈俊生。我找到陈俊生说："我们有个《进一步加强文物工作的决定》，这个文件非常好，是胡耀邦同志亲自抓的。虽然耀邦同志下台了，但这个文件跟他其他的事情没关系。这个文件送到你们那儿你们没管，中央书记处也没消息。这个事情很重要，最好还是把它通过了，不然，底下思想没法统一啊！"结果，他给我出了个好主意，他说："这个事情你现在别说，在十三大之前出不好。现在十三大没开，等十三大开了以后再发，就是贯彻十三大精神。"我想这个主意好，连说："对！对！对！"他说："不过我可做不了主，你得找副总理。"过几天，我见到了谷牧，他说："我同意。你给我写封信，但是你写信得把万里挂上。你写信写给我，我批给他，他一批应该就能发。"

1987年10月9日，我给万里、谷牧写了封信，附上中宣部、文化部党组代中央草拟的这份加强文物工作的文件，并附有报告详述起草过程。信中说："近年来，文物工作有所发展，但也存在不少问题。从主观上是我们文物部门管理不善，存在着官僚主义。客观上则是管理体制、干部队伍（质量和数量）、事业经费等，都与事业发展的需要很不适应。另一个重要原因是在指导思想上有各种不同认识。因此，发一个新的、比较全面的文件是非常必要的。今年五月，在国务院常务会议上，廖井丹同志曾汇报过我们正在起草一个文件，当时，万里同志曾表示：搞个文件很好，可以由国务院发。这个文件原拟建议以中央和国务院名义下发，根据万里同志指示和十三大党政分开精神，还是用国务院名义发为好。但文件的内容是可以不必改动的。"

10月27日，谷牧在信上批“请万里同志核定”。10月31日，万里批示同意，因为这个文件是中共中央的名义，万里还送中央书记处书记胡启立，请他酌处。胡启立也同意，三家都同意了。11月1日，胡启立批示：“赞成万里同志意见。此件以国务院名义转发为宜。请俊生同志酌处。”陈俊生当然也同意，批给国务院秘书局办。胡启立的意思是，十三大提出“党政分开”，原来这个文件中共中央、国务院两个一起发不合适，根据十三大精神还是国务院发吧。过了几天，国务院秘书局局长找我：“你那个文件要发的话，现在是‘决定’，但是如果用‘决定’的名义，那还得国务院全体会议通过才行。”我说：“那怎么办啊？”他说：“你还得等着。但是如果你不要‘决定’的名义，只用‘通知’的名义，有这几个人画圈儿的话，马上就可以发。你考虑。”我想这麻烦，回去找吕济民说：“万一国务院会上通不过怎么办？”那时候赵紫阳当总理，我们担心万一他再提出来“以文物养文物”怎么办？我想了想，跟国务院秘书局说：“那算了吧，通知就通知吧，现在发就可以了。”这样的情况下，就用国务院的名义于1987年11月24日以国发〔1987〕101号文件，发布了《关于进一步加强文物工作的通知》（以下简称“101号文件”），是“通知”不是“决定”了。

101号文件能出来，谷牧起了很好的作用。谷牧在副总理任上，十分重视文物保护，帮了我们好几次大忙。他去世以后，我去八宝山送过他。[24]“文革”后期，谷牧是副总理，在国家预算中单列文物事

〔24〕2009年11月6日谷牧在京逝世，新华社播发的《谷牧同志生平》介绍：1975年1月他任国务院副总理兼国家基本建设委员会主任期间，坚持在城市建设中做好文物古迹保护工作，制止了一些地方乱占乱建、破坏文物古迹的行为。改革开放以后，他任中央书记处书记、国务委员期间，主持了北京恭王府遗址的抢救工作，为保护国家重要文化遗产作出了重要贡献。

业费，就是他积极促成的。70年代初，在“文革”初期陷入瘫痪的文物局恢复了工作，但经费没有得到很好落实。1975年，文物局长王冶秋商请谷牧帮助。谷牧报经李先念批准，从1976年起在国家预算中单列文物事业费这一科目，一直实行下来，成为制度。谷牧支持了避暑山庄、恭王府、曲阜三孔的保护。“文革”后期，承德避暑山庄有驻军，搞得乱七八糟，他不仅批示过问，还亲自去看了，把驻军部队等各单位都轰走了。这件事李晓东写过文章，讲得很清楚。〔25〕恭王府也是谷牧根据周总理的嘱托，花了很大力气协调各方面才腾退的，前前后后用了十几年时间。〔26〕谷牧还很重视曲阜三孔的保护，他想把曲阜作为孔子研究中心。1985年，山东曲阜打算在孔府里保留客房，用于接待外国元首，拒绝把招待所从孔府搬出去。我向谷牧写信反映这个问题，谷牧态度很坚决，批示“我同意”，一下子把问题解决了。还有些地方，因为博物馆经费紧张，想把古尸送到国外去展览，搞点创收。1985年7月16日，我又给谷牧写信，反对古尸出国展览。谷

---

〔25〕参见李晓东：《保护避暑山庄和外八庙的重大决策》，国家文物局编：《回忆王冶秋》，北京：文物出版社，1995年，第242—257页。

〔26〕谷牧回忆：“1962年，周恩来总理会同一批著名专家视察恭王府，首次提出：要将恭王府保护好，将来有条件时对社会开放。1975年周总理病重时期将此事郑重委托给我。粉碎‘四人帮’后，各项工作逐渐拨乱反正，我开始筹备执行周总理交代的这项特殊任务，虽然在20世纪80年代我担当起创办经济特区等改革开放的一些重任，但对周总理的托付始终未敢懈怠。”“贯穿20世纪80年代（我在副总理和国务委员任上）延续到90年代（我任政协副主席及卸任之后）一直到新世纪之初，我为抢救恭王府、改建琉璃厂文化街和建设北京图书馆新馆倾注了不少精力。我曾经为解决恭王府问题，多次召集文化部、北京市、公安部、国务院机关事务管理局等单位开联席会议，一再讲上面提到的几件事是周总理交给我的任务。当然，周总理交代给我的事情并不止这些，我之所以集中谈这三项，主要是都跟文化有关。这三件事也有内在的联系，周总理在‘文革’没有结束的情况下没有明说，但我内心有所感悟。这使人联想到过去对梁思成保护北京传统建筑的建议重视不够（有的领导人甚至反对），造成了一些遗憾和教训，需要进行修正。”“把这处很有代表性的王府建筑能够完整地保留下来，功夫主要下在理顺各种关系上。从1975年开始，我对恭王府的关注持续了三十多年。”（谷牧：《谷牧回忆录》，北京：中央文献出版社，2009年，第460—462页。）

牧支持了我的意见，他当天批示："这件事外边反映很多，是否暂缓决定，多听听专家们的意见再说。请紫阳、仲勋、启立同志审批。"胡启立批示："将几封来信及谷牧同志批示，印发文物局及各有关省、区、部委。"赵紫阳、习仲勋圈阅。后来新疆古尸出国展览被取消。

"101号文件"是在中共中央总书记胡耀邦、中宣部部长邓力群他们俩的大力支持之下出台的，是他们支持了我们的观点。尽管起草是我参与的，但是定稿的是总书记啊，是总书记亲自当的文件起草小组的组长，这是前所未有的，恐怕也是后无来者。文件对文物工作的方针规定得很清楚，突出了保护为主，虽然没有这几个字，但意思就是保护为主，并且特别强调"加强文物保护，是文物工作的基础，是发挥文物作用的前提。离开了保护就不可能发挥文物的作用"的内容，是我们有意识加上去的。这个文件跟以往文物工作的方针政策是一致的，根本没有变动。本来是要变动的，要搞"以文物养文物"的，但是经过一场斗争，我们胜利了，胜利的主要原因是邓力群支持，胡耀邦支持。

文件基本是我写的，但我争取了中央写作组的王愈明和李鉴的支持，文件的观点是我们的，但他们经常起草文件，很有经验，他们在这个文件的文字措辞上的确起了很好的作用。到今天为止，这仍然是文物工作最好的文件，方方面面都谈到了，可以说是我起草的最得意的一个。"101号文件"的主要观点到现在看起来仍然是正确的，而且这些观点与今天的一些文件相比，今天的反而还出现了一些退缩。文物工作的方针到这时候已经很明确——"加强保护，改善管理，搞好改革，充分发挥文物的作用，继承和发扬民族优秀的文化传统，为社会主义服务，为人民服务，为建设具有中国特色的社会主义作出贡献"。底下又加上重要的几句话，"加强文物保护，是文物工作的基础，是发挥文物作用的前提。离开了保护就不可能发挥文物的作用”，很明确了。

按：由谢辰生先生起草，1987年11月24日国务院下发《关于进一步加强文物工作的通知》(国发〔1987〕101号)，全文如下：

我国是一个历史悠久统一的多民族国家。我们的祖先在改造自然、改造社会的长期斗争中，创造了灿烂辉煌的古代文化，为整个人类文明历史作出过重要的贡献。保存在地上地下极为丰富的祖国文物是中华民族历史发展的见证。它真实地反映了我国历史各个发展阶段的政治、经济、军事、文化、科学和社会生活的状况，蕴藏着各族人民的创造、智慧和崇高的爱国主义精神，对世世代代的中华儿女都有着强大的凝聚力和激励作用。在建设具有中国特色的社会主义的新时期，在全国各族人民坚持四项基本原则，坚持改革开放总方针的伟大实践中，进一步加强文物工作，对于继承和发扬中华民族的优秀文化和革命传统，促进社会主义物质文明和精神文明建设，团结国内外同胞推进祖国统一大业，以及不断扩大我国人民同世界各国人民的文化交流和友好往来，都具有重要的意义。

保护文物是党和政府的一贯政策。在革命战争年代，由于全党、全军的高度重视和努力，使全国的历史名城和绝大多数文物古迹得到了保护，许多革命先烈为此献出了宝贵的生命。中华人民共和国成立后，党和政府制定了一系列政策和法令，在马列主义、毛泽东思想指导下，由国家领导的文物事业广泛发展，结束了一百多年来祖国文物被外国人肆意掠夺的历史。

三十多年来，我国的文物事业，尽管在十年动乱期间受到严重破坏，但总的来说，仍然取得了旧中国无可比拟的重大成就。我们建立了全国文物工作的管理体系；保护、维修了大量的文物古迹；发现、收集了大批流散在社会上的珍贵文物；开展了相当规模的考古发掘工作，取得了一系列举世瞩目的成果；建立了一批不同类型的具有中国特色的博物馆；建设了一支初具规模的专业干部队伍。所有这些，都为进一步发展文物事业奠定了基础。

但是，文物事业的发展，同祖国的历史和现代化建设事业的发展还很不相称，同复兴伟大的中国文明的使命还很不适应。当前的主要问题：一是在实际工作中，对文物的保护和发挥文物的作用、社会效益和经济效益、统一管理和分工协作等方面的关系还没有处理好，文物在社会主义精神文明和物质文明建设中的应有作用没有得到充分发挥。二是文物遭受破坏的情况还相当严重，特别是文物走私和投机倒把活动还十分猖獗，盗窃文物、私掘古墓等事件时有发生，屡禁不止，在基本建设施工中忽视文物保护，也使许多文物遭到破坏。产生上述问题的根本原因是，《中华人民共和国文物保护法》还没有很好地得到贯彻执行。三是文物工作的管理体制、干部队伍，还不能完全适应文物事业发展的需要，急待改革、调整和充实、提高。

当前文物工作的任务和方针是：加强保护，改善管理，搞好改革，充分发挥文物的作用，继承和发扬民族优秀的文化传统，为社会主义服务，为人民服务，为建设具有中国特色的社会主义作出贡献。

一、充分发挥文物的作用

充分发挥祖国文物在社会主义精神文明和物质文明建设中的作用，是文物工作的重要任务。要充分运用文物向广大人民群众特别是青少年，进行爱国主义、革命传统和历史唯物主义的教育。文物具有直观、形象、生动的特点，其教育作用和感染力是其它教育手段所难以代替的。进行这种教育，既要注意运用古代文物，更要运用反映中国人民进行巨大历史变革的近代文物、革命文物，同时也要有选择地保存一些阶级压迫和帝国主义侵略的罪证，从正反两方面给人以深刻的教育。在中小学的教科书中，要增加有关祖国文物的内容，教育青少年提高民族自尊心和自豪感，继承和发扬革命传统，做有理想、有道德、有文化、有纪律的一代新人。

要运用文物丰富人民的精神生活，提高文化素养。在祖国文物中，有大量绚丽多彩的文化珍品，具有鲜明的民族特色，不仅可以给人以美的享受，而且也是了解和认识我国民族文化艺术传统的重要资料。它所展示的各种传统艺术形式，可以为我们今天批判地继承历史文化遗产，创造社会主义的民族的新文化提供借鉴。文物部门应同有关部门合作，为建设这样的新文化作出贡献。

要加强对文物的科学研究工作，为各个学科的学术研究提供资料。文物是实物史料，对于历史研究起着证史、补史和纠正文献谬误的作用。文物的内容非常广泛，涉及到社会科学、自然科学、文化艺术等各个领域。只有通过科学研究，不断深化对文物本身固有的历史、艺术、科学价值的认识，才能更好地发挥文物的作用。各级政府应当组织文物部门同各有关科研单位、大专院校共同协作，切实加强文物科研工作，争取出更多的成果。

要运用文物研究我国历史上科学技术发展的情况，为社会主义经济建设服务。千百年来我国劳动人民在利用自然、改造自然的斗争中，所创造的许多重大科技成果，曾经在当时的时代处于领先的地位。但是，有些成果后来却湮没失传，只是在出土文物上才被重新发现。对这份遗产进行科学的整理和研究，将会为今天我国发展科学技术提供有益的借鉴。60年代以来，文物考古工作者运用考古学手段，考察古代水文、地震、沙漠变迁等，开拓了文物考古学应用的新领域，并在国际上产生了积极的影响，文物战线的工作人员要坚持这个方向，广开思路，勇于探索，继续开辟文物工作直接为社会主义经济建设服务的新途径。

遍布全国各地的丰富多彩的文物古迹，是吸引来访上宾和国内外广大旅游者参观的重要内容，是我国旅游事业发展的重要条件。旅游部门、风景名胜管理等部门与文物部门要加强联系，相互支持，密切协作。对于涉及有文物的旅游开放点，要相互协商，共同制定规划，合理解决旅游收入中文物部门的分成比例问题，使保护文物和发展旅游事业很好地结合起来，互相促进，共同发展。

要利用祖国文物，开展国际文化交流，增进我国和各国人民之间的相互了解和友谊。近年来，文物出国展览对外文化交流活动中起了很好的作用，在国际上影响很大。今后要继续根据《中华人民共和国文物保护法》的有关规定，本着积极慎重、细水长流、统一规划、归口管理的原则，把这项工作办得更好、更有成效。对于特别珍贵的孤品和重要易损文物，一律禁止出国展览。

二、加强文物的保护管理工作

加强文物保护，是文物工作的基础，是发挥文物作用的前提。离开了保护就不可能发挥文物的作用。《中华人民共和国文物保护法》，是加强文物保护和管理的法律武器，全国各族人民都必须坚决贯彻执行。任何部门、任何单位和个人都无权作出与这个法律相抵触的决定。擅自主张，玩忽职守，造成文物破坏、被盗或流失的要严肃处理，直至追究法律责任。国家文化（文物）行政管理部门有权制止一切违反《中华人民共和国文物保护法》的行为，对违反规定的，有权提出处理意见或提起诉讼，并应及时向人民政府反映情况。人民政府对反映的问题如不及时处理，致使文物遭到破坏的，要追究领导责任。

公安、司法、监察机关和海关、工商行政管理等部门，要按照各自的职责，严肃处理违反《中华人民共和国文物保护法》的案件。对那些盗窃文物、私掘古墓、进行文物走私和投机倒把活动的犯罪分子，必须根据国务院《关于打击盗掘和走私文物活动的通告》精神，依法追究刑事责任，给予严厉的惩处，绝不能只以经济处分代替刑事处罚。

作为国家文物重点保护的古建筑群、古园林，都应当对广大人民群众开放，各有关地方应普遍进行一次检查。现在仍在使用文物古建筑的单位，凡是有碍文物安全或严重影响环境风貌的，经过当地人民政府研究确定后，应有计划地限期搬迁；经检查审核仍可继续使用的单位，要在文化（文物）行政部门和使用单位的上级部门的共同主持下，签订使用合同。使用单位要严格遵守规定，负责保证文物安全，损坏文物的要追究责任。凡是经国家批准，由机关、团体、部队、学校、宗教组织和企事业等单位使用的文物保护单位和所掌握的重要文物，都要按规定加强管理，合理使用，自觉接受文化（文物）行政管理部门的检查、监督和指导，并为有关人员履行职责提供方便。

在各级文物保护单位中，有些是历史上的宗教建筑物。对于这些宗教建筑物，凡是经国务院批准作为宗教活动场所的，有关宗教组织和宗教职业人员，也应严格执行《中华人民共和国文物保护法》的规定，确保文物安全，并接受文物部门的检查指导。在汉族地区属于全国重点文物保护单位的佛教、道教建筑物，除按国发〔1983〕60号文件规定作为宗教活动场所开放者外，未经国务院正式批准，不得开展宗教活动。不作为宗教活动场所的寺观，都应当作为开展科学研究，丰富人民文化生活，进行宣传教育的阵地，不得进行任何形式的宗教活动，更不允许宣传封建迷信。

要正确处理文物保护和发展旅游事业的关系。一切旅游活动，都要服从国家保护文物的规定，在保证文物安全的前提下进行。在名胜古迹的中心地带和文物保护单位附近兴建高楼大厦，是对环境风貌的破坏，不仅不利于文物保护，而且也不利于发展旅游事业。要在积极为发展旅游创造条件的同时，切实防止因开展旅游可能给文物保护带来的有害影响。像敦煌壁画这类易于损坏的稀世珍宝，不能作为一般性的旅游开放点，必须严格控制参观人数，并采取有效的保护措施。禁止把文物作为拍摄电影、电视的道具。对于文物古迹的修缮和保养，要坚持不改变原状的原则，修复要有科学根据，决不可凭主观想象办事。由于各种原因早已全部毁坏的古建筑和古园林，除特殊需要的外，一般不再重新修建。

加强流散文物的管理，制止文物的非法出口，是加强文物保护管理的一项重要任务。目前，国内文物市场比较混乱，必须进行整顿。要坚决执行由文物部门统一管理、统一收购、统一经营的规定。对一切未经批准的文物购销点，由工商行政管理部门坚决取缔。文物商店要端正业务方向，改进经营管理，积极收购和保护文物，组织好文物的合理流通。文物销售要杜绝不正之风，文物工作人员更不得利用职权为自己和别人收购或收集文物，违者要从严处理。同时，要继续加强文物拣选工作。文化（文物）行政管理部门应主动同银行、冶炼厂、造纸厂以及废旧物资回收等部门和单位联系，相互协作，共同做好掺杂在金银铜器和废旧物资中的文物拣选工作，并做到经常化、制度化。

贯彻执行《中华人民共和国文物保护法》，必须依靠广大人民群众。各级政府文化部门，要运用多种形式，宣传党和国家的文物保护政策，普及文物知识，把执行党和国家保护文物的政策变为广大群众的自觉行动。在文物比较集中或有重要文物的地方，要把保护文物作为乡规民约的一项内容，列为评比文明村镇、文明单位的条件之一，并落实到行政管理或经营责任制中去。要把保护文物作为社会主义精神文明建设和普法教育的重要内容，在全社会提倡“保护文物、人人有责”的新风尚。要因地制宜地在城市和农村发展群众性的文物保护员，建立各种形式的社会文物保护组织。对于因保护文物而影响农民生产、生活的实际问题，由当地人民政府帮助解决。

防止和控制自然力对文物的损害，是当前文物工作中必须认真研究、解决的一个重要课题。有关部门可先建立几个内容各有侧重的文物保护科学技术中心，作出长远规划，逐步在全国范围内形成有一定数量、具有一定科学水平的专业队伍。既要充分利用现代科学技术的成果，引进必要的先进技术设备，又要对我国固有的、行之有效的传统技术进行研究、总结。对有失传危险的传统技术，要立即采取有效措施，进行抢救。要加强文物部门与科研部门的横向联系，注意科学技术信息的沟通和交流，把科学技术的新成果应用于文物保护。要区别轻重缓急，确定重点项目。组织各学科联合攻关。各有关科学研究单位和高等院校，应当给以大力支持，密切协作，为保护祖国文物作出自己的贡献。

三、加强博物馆建设

博物馆是保管文物和发挥文物作用的重要场所。博物馆的基本职责，是收藏和科学保管文物、标本，对文物、标本进行科学研究，向人民群众进行宣传教育，为建设两个文明服务。随着国家经济建设的发展，随着人民群众对文化科学知识需求的增长，我国博物馆事业应当有一个较大的发展和提高，逐步在全国范围内建立起一个丰富多彩，具有中国特色的社会主义博物馆体系。在这个体系中，既要有历史的，又要有现代的；既要有全国性的，又要有地方性的；既要有社会科学方面的，又要有自然科学方面的；既要有综合性的，又要有专门性的；还要反映我国多民族的特点，加强民族博物馆的建设，为实现这个目标，要从实际出发，研究制定博物馆建设的规划，有计划、有步骤、有重点地予以实施。

抓好国家和省级博物馆的整顿、充实和提高的工作，是加强博物馆建设的重要任务。现有博物馆都必须在建立健全文物保管制度，加强防护设施，保证文物安全的同时，全面清理藏品，区分文物等级，搞好藏品清档、建档工作。要加强科学研究，不断提高陈列、展览的科学性、思想性、艺术性，增强宣传教育效果。

博物馆要面向社会，面向群众，经常向社会各界提供文物资料和科研成果，积极开展同各有关部门和单位的学术交流活动，为科学研究服务。各类学校要尽量利用博物馆作为课堂，组织教学活动。要努力使博物馆成为广大群众丰富精神生活的场所、专家学者科学研究的阵地、学生校外学习的课堂。

四、把文物的保护管理纳入城乡建设总体规划

文物的保护管理要纳入全国和各地区的城乡建设总体规划，要根据实际情况，分别确定为历史文化名城、各级文物保护单位和重点文物保护区，逐步形成一个反映中华民族光辉灿烂古代文化和光荣革命传统的文物史迹网。全国和各地区城乡建设规划的制定，都应当以此作为一项重要内容进行研究，在布局上作出合理安排。

确定历史文化名城，对我国文物保护和城市发展具有重要意义。要根据各个历史文化名城的历史、艺术、科学价值的传统特点和在国民经济中的地位与作用，来确定它的城市性质、发展方向和规划原则。历史文化名城建设规划总的指导思想应该是：既要符合现代化生产、生活的要求，又能保持其优秀历

史文化传统的风貌。要保留这些名城固有的合理的总体布局，注意整个城市空间的协调，并把一些有典型意义的地段、街区成片地保存下来，确定为重点文物保护区，划出一定范围的建设控制地带和禁建地带。通过规划，把它有机地组织到城市的环境中去，以显示历史文化名城的历史连续性。必须严格禁止在历史文化名城新建有严重污染或破坏城市风貌的工业项目。已有的这类企业，要限期搬迁或转产。对混杂在市区影响环境协调的企业，要认真调查，分别情况，妥善处理。

搞好文物普查，确定文物保护单位和文物保护区，是文物保护管理的一项重要的基础工作，需要认真做好。目前已公布的各级文物保护单位为数很少，同我们有几千年悠久历史的文明古国很不相称，必须逐步增加。新发现的重要文物，在未确定为文物保护单位之前，可由文化（文物）行政管理部门先指定为保护对象，加以保护，不得破坏。

要妥善解决文物保护和各项生产建设的矛盾。今后基本建设、技术改造的各个项目，应当尽可能避开文物保护单位、文物保护区或者地下文物丰富的地段。如因特殊需要而必须在这些地方选点，事先必须征得文物部门和城乡建设规划部门的同意，没有取得正式批准文件，不得征地，建设银行不得拨款。凡已确定的大型基本建设项目，要由有关省、自治区、直辖市的文物部门组织力量设置职能部门，负责工程范围内的文物调查、勘探和考古发掘工作。今后一个相当长的时间内，文物部门的考古工作主要是配合基本建设。考古发掘工作必须严格履行报批手续。对不妨碍基建的重要古墓葬、古遗址，在当前出土文物保护技术还没有完全过关的情况下，一般不进行发掘。

坚决防止和克服盲目地乱挖乱掘地下文物的现象，违者要依据政纪国法予以惩处。

出土文物归国家所有，为充分发挥文物的作用和确保文物安全，国家和省、自治区、直辖市文化（文物）行政管理部门有权按《中华人民共和国文物保护法》的有关规定统一调拨，指定保管单位。

五、加强对文物工作的领导

政府加强对文物工作的领导，是做好文物工作的根本保证。各级人民政府要把这项工作列入自己的议事日程，政府文化（文物）行政部门要认真地做好这方面的具体工作。为了切实加强对文物工作的领导，成立由国务院领导同志、有关部门负责同志和专家组成的国家文物指导委员会，协调、解决文物工作中的重大问题。国家文物事业管理局同时也是国家文物指导委员会的日常办事机构。各级人民政府也应实际需要，建立或健全、充实文物事业管理机构。

各级人民政府应当根据《中华人民共和国文物保护法》的规定，在财政计划中，落实文物经费，并争取逐年有所增加。文物部门的收入只能用于文物事业，作为文物经费的补充，不得挪作他用。要加强对文物管理部门的领导，坚持文物工作的正确方向，坚持以确保文物安全为前提，以社会效益为最高标准，反对一切向钱看，防止把文物作为单纯的盈利手段的错误倾向。要组织文物工作者认真学习马克思主义理论，学习党的方针政策，努力探索和掌握文物工作的规律，研究新情况，解决新问题，加强工作中的原则性、系统性、预见性和创造性。要加强对广大文物干部的职业道德教育，教育他们全心全意、勤勤恳恳地做好本职工作，抵制腐朽思想的侵蚀，改变怕苦怕累、不下田野、垄断资料、争名逐利等不良作风。

不断壮大文物工作干部队伍，提高队伍的政治、思想和业务素质，逐步改善他们的工作条件和生活待遇，是进一步加强文物工作的一个决定性的条件。要把那些年富力强，坚决执行党的方针政策，热爱文物事业，具有专业知识和管理能力的同志提拔到领导岗位上来。要从长远着想，制定培养干部的规划，加强现有各大学的文物、考古和博物馆专业，并根据现有条件积极筹建文博学院。要有计划地培训一批品学兼优的专业人才，轮训在职干部，逐步增加文物干部队伍中业务人员的比重，改善人员结构，提高队伍素质。

我国的文物事业有着广阔的发展前途，文物工作是十分光荣而艰巨的。广大文物工作者要勇敢地担当起这一重任，艰苦奋斗，开拓进取，努力开创文物工作的新局面，在伟大的社会主义现代化建设事业中，作出新的更大的贡献。

文件提出很多具体的要求，到现在也一点没有过时。比如怎样处理文物和旅游的关系？文件提出来一切旅游活动，都要服从保护文物，在保证文物安全的前提下进行，防止因开展旅游可能给文物保护带来的有害影响。还说像敦煌壁画这样罕见的稀世珍宝，不能作为一般的旅游景点，必须严格控制参观人数。比如像历史文化名城保护，文件提出来要保留名城固有的合理的总体布局，注意整个城市空间的协调，并把有典型意义的地段、街区成片地保存下来，确定为重点文物保护区。要求在中小学的教科书中增加文物的内容，教育青少年提高民族自尊心和自豪感。对违法行为，我们在文件里第一次提出来，文物行政管理部门有权制止一切违反《文物保护法》的行为，有权对违法行为提起诉讼。

再比如怎么样处理文物和宗教的关系？文件提出来，历史上的宗教建筑物，经批准作为宗教活动场所的，有关宗教组织和人员也要执行《文物保护法》的规定；不作为宗教活动场所的寺观，要作为开展科学研究，丰富人民文化生活的场所，不得进行宗教活动，更不允许宣传封建迷信。直到现在，我认为要处理好文物和宗教的关系，还是应该好好按照“101号文件”的精神抓一抓。恢复宗教活动的，应该是选择那些历来就有宗教活动，又在群众中有一定影响的寺观。对于有重大文物价值，又长期没有宗教活动的寺观，就没有必要再开辟为宗教场所。例如承德外八庙，原来就是皇家的寺庙，又见证了清朝前期统一多民族国家巩固发展的重大历史事件，就属于这一类情况。当时我顶住了，我的意见胜利了。大概在80年代末，我当全国政协委员的时候，一次在政协会议上我公开讲，为了保护文物安全，不能将这类重要文物移交给寺庙。结果佛教协会有人写信给全国政协副主席王任重告我，我也给王任重写信做了解释。不久，我就收到一封匿名恐吓信，说我将有“不测之厄”，但是至今我还是坚持我的观点。现在是世风日下，跟过去的高僧不一样，现在很多寺院的和尚就是盯住钱，为了吸引信众集资捐钱，就反复大修，追求焕然一新，一点文物保护意识都没有。现在这个问题还是很突出，宗教场所也得遵守《文物保护法》，僧人也没有超越法律的特权。

80年代初，为了贯彻中央关于宗教问题的19号文件，中共中央的《关于我国社会主义时期宗教问题的基本观点和基本政策》，落实宗教政策，决定开放一批宗教活动场所。当时是以“文革”为界限，以“文革”期间被取消宗教活动的寺庙作为落实政策的对象。

国务院要求各地统战部门上报名单，然后召集宗教、文物、统战部门一起开会。国务院副秘书长吴庆彤管这件事，他对名单的确定很谨慎，对各地报上来的名单又征求了文化部门的意见，这样反复了几次之后，再召集中央有关部门开会研究。我代表文物局参加了会议。宗教局要求名单上的全部开放，划归宗教部门管理，我们还是认为应该保留一些重要的文物保护单位寺庙仍由我们管理。最后还是比较好地解决了。〔27〕

这里有个广州光孝寺的故事。在拟定这批名单的时候，赵朴初去了广州，参观了光孝寺，此后广东统战部门就在 1982 年把光孝寺等列为广东的宗教活动开放点上报。光孝寺从清末就没有进行过宗教活动，而且新中国成立以后都是由文化部门管理，根本不存在落实政策的问题。中山大学教授商承祚对这个情况很了解，他反对将光孝寺列入开放名单，就给广东省政府写了信，要求省政府既尊重宗教，也要执行好中央的宗教政策，而且说“赵朴初同志的表态是错误的”。他把材料也寄给了文物局。在国务院开会之前，我看到材料里广东报的名单还是有光孝寺。要把光孝寺撤下，赵老的意见很重要，所以我在开会前两天和周绍良一起去拜访了赵朴初。赵老听我们讲了光孝寺使用的历史情况，同意了我们的意见。

1983 年，国务院下发了确定重点寺观的六十号文件，确定了白

〔27〕《夏鼐日记》（华东师范大学出版社，2011 年）中对谢辰生有关寺观保护问题的活动有如下记录：1983 年 3 月 21 日星期一，下午谢辰生同志来谈保护文物事，主要是宗教局要把寺院都收回去，原定明天讨论，现改为后天下午 3 时。3 月 24 日星期四，上午赴文物局，遇及沈竹、谢辰生二同志，商定到国务院吴庆彤同志处一谈，由他们联系。（卷九，第 226 页）3 月 25 日星期五，下午 2 时半偕文物局沈竹、谢辰生二同志赴国务院，与吴庆彤同志谈寺观保护问题。（卷九，第 227 页）3 月 27 日星期日，谢辰生同志来谈，昨天国务院由吴庆彤同志主持讨论文物保护单位寺庙改归宗教部门管理名单，双方互让，仅剩一处（承德普宁寺）未能解决，由国务院决定，并删去“第一批”三字，今后不能再有第二批、第三批。此事总算较圆满解决。（卷九，第 227 页）

马寺等一批寺庙划归宗教部门恢复宗教活动。[28]按文件规定，移交时除原来庙产外，属于原非庙产的珍贵文物应移交文物部门保管。1973年，为了接待柬埔寨国王西哈努克访华，从故宫搬去了十几尊非常珍贵的元代夹纻罗汉，放在白马寺。这是为了外事活动需要，作为临时的政治任务办的。白马寺一直在文物部门管理，但是到了1983年，白马寺根据国务院60号文件划归宗教部门管理，恢复宗教活动。这一批元代夹纻罗汉原非庙产，本来就是故宫的，理应移交文物部门，否则放在寺庙任人焚香礼佛，烟熏火燎，影响文物安全。但是宗教部门说当时这事是李先念批的，如果不经李先念同意，他们就不移交。

1984年8月4日，我给齐光写了封信，请他转给国家主席李先念。我的意见是，这批文物还是以移交文物部门为宜，如需另塑金身，我们文物局可以考虑予以补助。李先念批了，他是同意我的意见的，要求统战部"完璧归赵"。1984年8月14日，他批给分管宗教工作的政协副主席杨静仁和文化部部长朱穆之，说"静仁、穆之同志：十几尊夹纻罗汉，可否'完璧归赵'，另塑泥像，由你俩协商解决。"结果中国佛教协会不同意，所以这批罗汉迄今没有回到故宫。

---

〔28〕1983年4月9日，《国务院批转国务院宗教事务局〈关于确定汉族地区佛道全国重点寺观的报告〉的通知》（国发〔1983〕60号）下发，确定142座佛教寺院和21座道教宫观作为全国重点寺观。《通知》指出：这些寺观既是宗教活动场所，又大都坐落在风景名胜区或是国家和省级重点文物保护单位，加强对这些寺观的保护是宗教、园林、文物等政府部门以及宗教组织的共同责任。因此，既要保障宗教职业人员和信教群众正当的宗教活动，又必须严格遵照《中华人民共和国文物保护法》和国家有关保护环境、园林、风景名胜的规定，精心加以保护，接受文物、园林部门的检查指导。对某些具有很高历史艺术价值的建筑和特别珍贵的文物，应采取特殊保护措施，具体保护方案由宗教、文物部门商定。今后这些寺观的维修，在宗教事务部门领导和文物部门的指导下，由佛道教组织和僧道负责，财政部门应给宗教事务部门增加必要的寺观维修和文物保护费用。今后如确因宗教活动的需要，开放已定为国家或省级重点文物保护单位的寺观，由宗教事务部门商得文物部门同意，属于国家重点文物保护单位报国务院审批；属于省级重点文物保护单位和遗迹，由省、市、自治区人民政府审批。

除了放在白马寺的罗汉，我还希望放在南京博物院的故宫南迁文物也能回归，实现完璧归赵。

1987 年“101 号文件”的出台，是 80 年代文物工作中的一件大事。这个文件是新中国成立以来最好的一个关于文物工作的文件，可以说是空前之好啊！可别忘了，起草小组组长是总书记啊！在它的出台过程中，由总书记胡耀邦亲自担任起草组长，中宣部部长邓力群的全力支持，后来还有谷牧和万里的推动。不过，如果文件要是早一点出来，那就更好了，那是中共中央的决定，就更厉害了。到现在我都觉得文件的那些规定都是适用的，只是后来没有好好贯彻。如果照这个办，我们现在的文物工作就好多了。文物工作中的思想斗争、思想上的分歧，究竟保护是第一位、利用是第一位，还是保护和利用并重的分歧，也是从那时候开始的。

第六章 “十六字方针”的形成

一 两次西安会议

1987年下发“101号文件”《国务院关于进一步加强文物工作的通知》以后，就如何贯彻这个文件又产生新的矛盾。到这个文件为止，国家关于文物的文件从来没有说过“利用”的问题。50年代的文件里面提过利用二字，但是那时候利用指的是使用，但是文物工作本身，主要提的是充分发挥文物的作用。“101号文件”继承了过去正确的做法，又有新的提法，提出了文物工作的方针，像“加强文物保护，是文物工作的基础，是发挥文物作用的前提。离开了保护就不可能发挥文物的作用”。这都是我的词儿，但又是经胡耀邦总书记审定同意，写进了中央的文件。文件是很好的文件，但是怎么贯彻这个文件？后来就出幺蛾子了。

1987年底，国家书画鉴定七人小组去天津鉴定。当时天津市委书记是李瑞环，我的亲弟弟谢国祥是李瑞环手下的宣传部长，是李瑞环的红人儿。我托谢国祥问：“那请李瑞环请我们吃个饭，行不行啊？”李瑞环说：“没问题啊！”他就请我们吃了个饭。李瑞环做了个讲话，讲得很好，对文物很重视。他对我们说，“我对文物很感兴趣，我给你们要钱去”，说得都挺客气的。我说：“谢谢！我们国家文物委员会想开个座谈会，学习贯彻‘101号文件’。能不能在天津开个会，你看行不行？”他说：“可以，天津可以负责接待。”

国家书画鉴定七人小组是在1983年成立的。七人小组的正式名称是中国古代书画鉴定组，一共七个人：上海博物馆谢稚柳、北京师范大学启功、故宫博物院徐邦达、辽宁省博物馆杨仁恺、故宫博物院刘九庵、中国建筑设计研究院傅熹年，还有我也参加，代表文物局负责组织协调等方面的事情。实际上，在60年代，就根据周总理调查了解博物馆收藏情况的指示，我们组织过书画巡回鉴定，成员有韩慎先、张珩和谢稚柳，我参加了其中的一些工作。

张珩是书画鉴定大家，而且人品极好。50年代的时候，有人拿了一幅谭敬仿赵原的《晴川送客图》，想卖给故宫博物院，有故宫的专家写了一张条子给张珩，请他在鉴定时不要讲话。这幅画真迹原是张珩的收藏，他知道这是谭敬仿的，他还是说了话，赝品就没进故宫。张珩和他都是好朋友，但是张珩坚持讲原则，还是揭发了。不是故宫的人眼力水平不够，而是为人比张珩差太远了。1962年，我们请韩慎先和谢稚柳来北京，打算一块儿去东北鉴定。结果韩慎先刚到北京就突然得了脑溢血不幸去世了。谢稚柳从上海来，我去北京站接他。谢稚柳原籍也是常州罗墅湾，和我是同宗。那天火车晚点了，过了饭点儿，我把他接到我家，给他做了一份腊肠炒面，还有一碗鸡汤。谢老觉得很过意不去，过了几天，我去新侨饭店看他，他送我一幅新画的荷花，我特别高兴。不久后，张珩也去世了，没几年“文革”就开始了，书画鉴定的事情就停了下来。

改革开放以后，1983年谢稚柳和王冶秋的夫人高履方（当时任文物出版社副社长）分别致信副总理谷牧，建议恢复全国古代书画巡回鉴定，谷牧同意了。谷牧叫了我们过去，说书画巡回鉴定这个工作很重要，文物局要尽快恢复起来，并且说由你谢辰生负责。所以具体恢复鉴定小组的工作，是我负责组织的，后来一管管到底。我为此专门去了上海一趟，征求谢稚柳的意见，谢老高兴得不得了。到了 1983 年 4 月，文物局召开了“全国古代书画巡回鉴定专家座谈会”，副局长沈竹和我主持，邓力群和文化部代部长周巍峙出席会议。这就成立了中国古代书画鉴定组，一共七个人，大家推举启功和谢稚柳并列组长。邓力群很重视，说这是功在千秋的大好事，决定由中宣部发个文件请全国各地都给予支持。

1983 年，鉴定小组刚成立，我们在北京东交民巷开会。我拿出一听香烟说，这是二十多年前，张珩临终前送给我的，我一直没抽。我说：“我一直好不容易珍藏至今，就是为了等今天这个重要的日子。今天我抽一支，就是为了回顾他开创文物鉴定事业的功绩。”我就打开抽了一支。鉴定过程中，专家之间有不同看法很常见，后来我说，对作品的真伪或评价，咱们有不同意见可以，但是当场不争论，各写各的，把不同的意见都放在书面上说明，注明是谁的意见。有不同意见，可以在外头写文章，但是在鉴定过程中不争论，我们小组不做决定，这样不影响鉴定的进度。

七人小组从 1983 年开始鉴定工作，一直到 1990 年，前后八年，“八年抗战”啊！全国各地都走到了，一共过目书画作品六万多件。1990 年，全国书画巡回鉴定工作完成后，分管文物工作的李瑞环在钓鱼台设宴，表示对鉴定小组的感谢，希望大家继续努力，把还没有完成的出版工作做好。此后又历经十年，陆陆续续出版《中国古代书画图目》24 卷、《中国古代书画目录》10 卷以及《中国绘画全集》30 卷、《中国法书全集》18 卷，任务到此算是圆满完成。

1987 年年底，国家书画鉴定小组在天津结束工作后，一回到北京，我跟文化部部长王蒙说了李瑞环愿意接待国家文物委员会在天津开会的

1995 年，中国古代书画鉴定组成员在北京达园宾馆商讨《中国古代书画图目》。左起为谢辰生、刘九庵、杨仁恺、谢稚柳、启功、徐邦达、傅熹年

事，王蒙同意了。就给李瑞环写了封信，我和谢稚柳、启功三个人一起署名，说明我们以国家文物委员会名义邀请二十多位专家，打算明年在天津开会，文物局负责会议经费，请天津方面帮助安排食宿。李瑞环批示："请谢国祥同志研究接待工作。"1988 年 2 月，国家文物委员会在天津召开座谈会，有国家文物委员会主任廖井丹，所有大专家差不多都到齐了，包括王仲殊、王振铎、启功、冯先铭、苏秉琦、吴良镛、单士元、张政烺、贾兰坡、郑孝燮、张开济、罗哲文、张镈、宿白、周一良、常书鸿、侯仁之、谢稚柳、刘九庵、傅熹年、顾廷龙、徐邦达、杨仁恺、王玉哲、张映雪，还有国家文物委员会秘书长沈竹、副秘书长王廷芳，我也去了。李瑞环在座谈会上发表了讲话，讲了他怎么赞成保护

文物，文物工作怎么重要，讲得都很好。[1]

到了1989年，开了党的十三届四中全会，李瑞环任中央政治局常委，管文化工作。李瑞环到任以后没几天，就开了一次关于文物工作的会，中宣部部长丁关根、中宣部秘书长刘忠德、国务委员李铁映参加，文物局有张德勤、沈竹和我。李瑞环说："我在天津就提出来给你们帮忙，给你们弄点钱。你们赶快起草一个东西，文物工作预算每年要多少钱，把材料送给我，我给你去奔走。"回来以后我们就搞了个材料，送给他了，这是1989年。

1990年，李瑞环提出要去西安看看文物保护的情况。那时候陕西的副省长孙达人要搞旅游，不同意中央"101号文件"提出的以保护为主的方针，坚持保护和利用要并重。这个副省长对国务院"101号文件"有意见，对文物局有意见，跟李瑞环说不同意国家文物局的看法。[2]1990

---

〔1〕《中华人民共和国文物博物馆事业纪事》载：1988年2月9日，国家文物委员会邀请三十多位专家在天津市召开座谈会，讨论贯彻落实国务院1987年11月《关于进一步加强文物工作的通知》。会议由国家文物委员会主任委员廖井丹主持，中共中央政治局委员、天津市市长李瑞环到会发表了《动员全社会都来重视文物保护工作》的讲话，指出：文物保护是一个怎么对待祖先和民族文化、怎么对待历史、怎么对待后代的大事情。文化部副部长王济夫，国家文物事业管理局局长吕济民、顾问谢辰生及天津市文化局等有关领导同志出席了会议。会后印发了《纪要》。会议于11日结束。（国家文物局编：《中华人民共和国文物博物馆事业纪事》，北京：文物出版社，2002年，第581页。）

〔2〕1984年4月8日，文化部文物局局长吕济民在答《光明日报》记者问时，对保护与利用并重的说法提出质疑：现在有人主张二者并重，不能偏重任何一方，这种提法值得研究。文物保护工作决定了整个文物工作的特点、性质和任务，在一定的条件下，保护本身也就是目的。因而在实际工作中，保护必须作为首要任务，认真抓好。在利用的问题上，我们的原则始终是以社会效益为最高准则，利用文物向人民群众进行爱国主义、历史唯物主义、革命传统的教育，丰富群众的文化生活，为建设社会主义精神文明服务。当然，我们并不否认有些单位、有些项目可以也应该讲经济效益，但必须服从发挥文物社会效益的需要，不能脱离本职工作搞单纯营利项目。文物开放，提供游览是应该的，要努力创造条件开放更多的文物古迹，但也要有计划有步骤进行，要以保护好文物为前提。我们的基本方针是，对待保与用的关系把保放在首位。在用的问题上，把社会效益放在首位。（《宣传执行文物保护法　打击文物犯罪活动——文化部文物局局长吕济民答本报记者问》，《光明日报》1984年4月8日第2版。）（转下页）

年4月，李瑞环到了陕西，孙达人就提起这个事。李瑞环问："谁

（接上页）1986年3月23日，陕西省委书记白纪年发表讲话，称陕西在文物工作上执行"保护和利用并重"的方针，如果不执行这个方针，不管你有多高的名望、多大的权威，就不能保留你在这个岗位上的工作。他说：

对于文物事业的方针问题大家是有争论的，一个是以保护为主，过分地强调保护，而不注意利用；一种是主张保护和利用并重。学术界对此有争论是允许的，但作为一项工作来讲，我们还是应当坚持保护和利用并重的方针。孙达人同志对发展文物事业问题提出了一个意见，去年11月全国党代会期间，我把他的这个材料推荐给中央领导同志，引起了中央领导和文物部门同志的重视。总的来说，大家是赞成的，但也有一些同志提出了不同意见，包括高层领导同志对文物保护和利用并重这个方针也有不同看法。我推荐了这篇文章，也给中央领导同志写了一封信，阐明了我自己的一些观点和意见，表示我是赞成和支持的。省委在两个星期以前专门讨论了这个问题。作为省委采取什么样的态度，怎么办？我们把上下左右和各个方面的意见、观点综合成了一个材料，省委常委对此正式进行了讨论，统一了省委对这一问题的认识。从工作上来讲，我们还是坚持保护和利用并重的方针，要用这一方针来指导我省文物事业的建设。

我个人是完全赞成这个保护与利用并重的方针的，我希望我们的文物工作者，也应当有这样的雄心壮志。有的同志讲，把老祖宗地下的财富都挖出来，如果受到一些损坏，就对不起祖先。我看让祖先留下来的东西几千年沉睡在地下，埋得气也喘不过来，不能拿这些东西为现代化建设服务，为子孙后代造福，那才是愧对祖先，愧对后代哩！我们不能片面认为，发掘文物，只是为了赚几个钱，但能赚到钱为什么不赚呢？

但是不管学术上有什么争论，在工作上，在执行党的文物工作的方针政策上，必须服从和执行省委所确定的这个方针不能动摇，不能打折扣，更不能够抵制。如果由于认识问题或学术观点的争论而不执行中央和省委、省政府所确定的关于文物工作的方针和政策，那是不行的，是组织纪律所不能允许的。不管你有多高的名望、多大的权威，如果你不执行这个正确的方针和政策，妨碍了对文物事业的发展和建设，就不能够保留你在这个岗位上的工作。这一点我要向大家交代清楚。［详见白纪年：《使旅游业成为陕西经济的一个重要支柱（1986年3月23日）》，《白纪年》，西安：陕西人民出版社，2008年，第227—229页。］

1986年3月13日，陕西省委宣传部部长毛生铣召开会议，讨论陕西文物工作方针问题，要求保护和利用并重，并说陕西省文物局不是国家文物局西安分局，要执行陕西省委决定。他说：1. 文物方针——中央有两种意见，一是科学保护与利用并重。白纪年向中央推荐了孙达人提出的并重方针，赵紫阳同意。今年元月21日习仲勋批：孙达人意见有道理。第二种意见：不同意并重方针，2月28日国家文物局转来邓力群批示：不能提并重，转全方和达人同志。2. 正确处理保护与利用问题。万里说文物部门强调保护，紫阳说有计划开挖一些，不能只挖被盗的，埋在地下有什么用？紫阳同意发掘一个帝王陵。3月11日省委常委进行了讨论，1. 既强调保护又强调利用，这样提比较全面。2. 不同意这种意见的主要是文物部门，这是对的，是负责任。但省上文物局要执行省委的决定，不是国家文物局西安分局，有意见可保留，但在具体工作中要执行，不能妨碍省委决定。3. 文物干部要团结好，不能影响工作，最近接触到一些小事，老是不能取得一致，有些问题可以讨论，最后民主集中制，不能长期拖下去，文物单位要把团结放在心上。（陈孟东：《记录历史——陈孟东工作日记摘抄》，《大地情怀　陈孟东纪念文集》，西安：三秦出版社，2008年，第179页。）

不同意啊？”孙达人说：“文物局不同意。”李瑞环打电话到文物局，让张德勤跟我一块儿去西安，跟他谈谈。因为张德勤是新任局长，我对文物熟啊，所以叫了我们俩。到西安的当天晚上，李瑞环就叫了我一个人过去谈，我就把起草文件前前后后的情况，包括任质斌怎么跟中央反映的，都跟他说了。我说了一个多钟头，把他说服了。他站起来了，说：“当然是你们的意见对啊，明天在省委开会，我要说。”

结果，李瑞环在陕西省委开会的时候说：“文物工作有个方针的问题，现在还有不同的意见。我的意见很简单。”他拿起一个杯子，说：“这个杯子是干什么的？是喝水用的。可是你把杯子砸了，你喝什么水呢？这是个常识问题，首先当然得保护，没有保护就没有利用。”他就把“101号文件”里面“加强文物保护，是文物工作的基础，是发挥文物作用的前提。离开了保护就不可能发挥文物的作用”的话重复了一遍，他说：“我这话是有针对性的。”意思是回答了陕西省副省长的意见。他是政治局常委啊，就一槌定音了。他说：“没有钱光有政策不行。现在我钱还没要下来呢，哪天我要下来钱，我再到你们西安来开会。”这就是后来提出“保护为主，抢救第一”的前奏和萌芽。回到北京以后，他跟总理李鹏要钱，说：“你是总理，文物这个事情是子孙万代的事情，文物毁了我们都要负历史责任。”李鹏说：“好！那我就是拿总理预备金，也要给你钱啊！”中央就决定每年给文物事业经费增加到了八千万元。那时候八千万不得了，太厉害了！到1992年，他把钱要到手了，就提出来要召开全国文物工作会议。

李瑞环1990年的西安讲话是一个转折点，没有那次西安之行，就没有后来的西安会议。在陕西，我们还确定了华清池和黄帝陵两处全国重点文物保护单位的保护方案。李瑞环还去了趟延安，我陪他去的。在延安的时候，我跟李瑞环建议搞一个泉州发展的总体规划，李瑞环说，那你写个建议给我。因为泉州是一个很有特色的历史文化名城，有大量的阿拉伯史迹，像宋代的清真寺，还有五里桥、洛阳桥，古代的街道也保存得很完整，1986 年我给胡耀邦写过信，建议泉州搞一个文物、旅游、城市发展三结合的规划，作为文物和旅游相结合的试点。1990 年 5 月，我写好了材料送给李瑞环审阅，请他批转城建部和福建省考虑。6 月 8 日，李瑞环批示："光毅、兆国同志阅。我赞成谢辰生同志的意见。在指导思想上，在规划建设时必须充分注意到这个历史的意义。"光毅是福建省委书记陈光毅，兆国是福建省省长王兆国。

1992 年 5 月在西安召开的全国文物工作会议，就是第一次"西安会议"。这是新中国成立以来规模最大、规格最高的一次文物工作会议。开这个会，就是为了贯彻"101 号文件"。这次会议出的文件也很好，内容很全面、很有说服力。李瑞环和李铁映出席了会议，国家计委主任郝建秀、文化部副部长高占祥、财政部副部长刘积斌，全国的副省长、中央有关部门负责人，一共三百来人参加了会议。这是新中国成立以来最重要的一次文物工作会议，确定了文物工作的方针，也为文物事业拿到了经费。当时有不同的说法，有人说文物应该保护和利用并重，但是李瑞环不同意。他会议上做了讲话，题目叫《保护为主，把抢救放在首位》，指出文物工作要"先救命后治病"，要强调保护为主，把抢救放在首位，不能把真古董修成假古董，或者对文物进行超负荷、破坏性的利用；所有的文物利用，都要以保护文物安全为前提，都要有助于保护。他这个讲话非常好，"保护为主，抢救第一"的意思已经很清楚了。[3]

为了准备李瑞环讲话稿的发表，他的秘书把我和文物局副局长彭卿云请过去一块儿谈，怎么弄这个文件。“保护为主，抢救第一”，在李瑞环的讲话中已经有这个意思了，他说的是“保护为主，把抢救放在首位”，但没有形成这两句话、八个字的词儿。这八个字的词儿，是彭卿云出的好主意。彭卿云提出来说，“保护为主，抢救第一”更符合李瑞环的意思。李瑞环同意了，说“好，就这样好”。[4]这就形成了“保护为主，抢救第一”的八字方针。这八字方针太重要了，这个方针保护了一大批文物。现行的文物工作方针，它的形成不是那么简

---

〔3〕1992年5月8日，李瑞环在全国文物工作会议上说：我们要强调保护为主、把抢救放在首位，要把有限的力量抢救那些濒危的文物，“先救命后治病”，抓住重点，急事先办。现在文物盗掘、走私愈演愈烈，有的地方文物乱拆乱建，破坏文物的环境，或者把真古董修成假古董，造成“保护性”破坏，或者对文物进行超负荷、破坏性的利用，这些都构成了对文物的严重威胁，只有坚定不移地把抢救放在首位，才能抢救那些濒危的文物。他也说，保护为主，并不是否定文物的合理利用，但是，所有的文物利用，都要在保护文物安全的前提下进行，都要有助于保护。有了文物的存在，才谈得上文物的利用，如果文物毁灭、流失了，就谈不上利用。（详见李瑞环：《在全国文物工作会议上的讲话》，《中国博物馆》1992年第2期。）

〔4〕据时任国家文物局副局长彭卿云回忆：这篇讲话从标题到通篇论述，都用的是“保护为主，把抢救放在首位”。当时作为会议简报负责人，本人每次见这一表述，心中总有所思，总觉得前后两句不够整齐、对称，后半句又比前半句多出三个字，同我国习惯的传统表述形式不大一样，经再三琢磨认定“把抢救放在首位”，实际上就是“抢救第一”。“首位”完全等同于“第一”。如果把“抢救第一”放在“保护为主”之后，岂不就是“保护为主，把抢救放在首位”的另一种意义等同的表述吗！而且前后两句字数相等，读来也朗朗上口，便于记忆。为此，我找到时任李瑞环同志办公室写作组负责人李昌鉴同志，建议将“把抢救放在首位”改为“抢救第一”，并陈述了上述种种理由。李昌鉴同志第二天正式答复我：“首长说照你的意见办，讲话正式发表时就以你的改稿作为标题，并在文中明确宣布必须坚持保护为主，抢救第一的方针。”最后，我们遵照这个意见，以“保护为主，抢救第一”为题公开发表。自此，这就成了中央决定的国家文物工作方针。保护为主的思想，是新中国文物保护事业一以贯之的主张，国务院1987年10月公布的《关于进一步加强文物工作的通知》曾经明确指出：“加强文物工作保护，是文物工作的基础，是发挥文物作用的前提。”这就是“保护为主”的实质。（彭卿云：《二十年前文物工作方针公布的一桩往事》，《中国文物报》2012年7月4日。）

单的，可以说是在斗争中制定的。1992 年我们第一次非常明确地提出“保护为主、抢救第一”的方针，它跟以前国务院 1987 年“101 号文件”那个方针在文字上不一样，1987 年提出的是“加强保护，改善管理，搞好改革，充分发挥文物的作用，继承和发扬民族优秀的文化传统，为社会主义服务，为人民服务，为建设具有中国特色的社会主义作出贡献”，这个方针很长。“保护为主，抢救第一”延续了 1987 年方针的精神，而且坚持了“101 号文件”提出的“加强文物保护，是文物工作的基础，是发挥文物作用的前提”，“离开了保护就不可能发挥文物的作用”，坚持了非常重要的这两条。不过，要指出的是，这些正确的文物保护政策得以继续和发展，但并不是一下子被大家所认同的，到今天也还是没有完全被所有人都认同的。

到了 1995 年，又开了一次全国文物工作会议，还是在西安。国务委员李铁映出席会议，他在会上提了三句话，“有效保护，合理利用，加强管理”，作为文物工作的原则。同时提出文物工作“五纳入”，就是文物保护纳入当地经济和社会发展计划、城乡建设规划、财政预算、体制改革、各级领导责任制。“五纳入”意味着文物保护是政府应该做的事情，是公益性的，不是经济事业。文物工作要适应市场经济的新条件，但是坚持保护为主这是不能变的。李铁映在会上说，我们文物工作是适应市场经济，还是本身就是市场经济呢？绝对本身不是市场经济，是适应而不是实行市场经济。李铁映还提出文物工作以国家保护为主，但是还要动员全社会参与。针对文物市场出现乱象，他说“可惜，不幸为我而言中”，所以要加强管理，他提出文物商业必须是直管专营，不能随便放开。对文物市场问题，中央的意见跟我们完全是一致的。可是，文物局有的领导人就是不好好贯彻啊，结果“放羊”了。

这个会议最大的成果，就是出了一个很好的原则，搞了一个非常重要的“五纳入”。1992年提出“保护为主，抢救第一”的方针，1995年提出“有效保护，合理利用，加强管理”的原则，一个方针加上一个原则，这样就完整了。李铁映的三句话是对“保护为主，抢救第一”重要补充，更重要的是提出了“五纳入”，这是李铁映最大的贡献。这“二李”应当充分肯定。到1997年，国务院发出《关于加强和改善文物工作的通知》（国发〔1997〕13号），提出“继续坚持‘保护为主、抢救第一’的方针，贯彻‘有效保护、合理利用、加强管理’的原则”，要求建立国家保护为主并动员全社会参与的文物保护体制。可以说，每次全国文物工作会议有很大的进步，都有重要的成果，每个成果都是正确的，但都是贯彻不下去。

开完两次西安会议，到了1998年，社会上盛传国务院机构改革要重新搞“五合一”，国家文物局要重新降格为文化部的部属司局。1998年1月22日，我给总理朱镕基写了封信，提出对文物局机构改革的建议，我建议最好能恢复国家文物局为直属局，并且按照“101号文件”的精神成立国务院领导牵头的国家文物指导委员会。当时的国家文物局，是文化部归口管理，但是在1975年到1982年之间，它是国务院的直属局，是1982年“五合一”之后才降格的。

文物局的沿革是这样的。最一开始是1949年11月1日中央人民政府文化部之下成立的文化部文物局。到“文革”前，先后叫文化部文物局、文化部社会文化事业管理局、文化部文物管理局、文化部图博文物事业管理局，业务范围有过调整，局长先后是郑振铎、王冶秋。“文革”之初，文化部作为“三旧”被砸烂，文物局也随之陷入瘫痪。1970年，根据周总理的指示，成立国务院图博口领导小组，由国务院办公室直接领导。1973年成立国家文物事业管理局，图博口领导小组撤销，仍由国务院办公室代管。1974年，国务院文化组试图接管文物局，我写信给康生，他批示“文物局应直属国务院，不要划归文化组”，这样在1975年国家文物事业管理局成为国务院直属局，和文化部平行，局长王冶秋。1982年，国务院进行机构改革，搞“五合一”，设立文化部。国家文物事业管理局改为文化部文物事业管理局。1987年，在讨论打击文物盗掘走私的国务院第140次常务会议上，我提出来恢复国家文物事业管理局，得到副总理万里的支持。文化部文物事业管理局恢复为国家文物事业管理局，直属国务院，由文化部代管。1988年，国家文物事业管理局改名为国家文物局，文化部归口管理。从此，国家文物局的名称一直延续至今。

我在给朱镕基的信中说，文物工作有区别于其他文化工作的鲜明特点和特殊规律，是一项专业性、社会性、政策性很强的工作。它的大量工作都不属于意识形态工作的范围，与文化部其他业务在性质上是根本不同的。恢复文物局作为国务院直属局有利于减少层次，提高工作效率。同时，当前文物工作所面临的形势是非常严峻的。文物市场混乱，文物走私、盗掘等犯罪猖獗，房地产开发等建设性破坏文物事件时有发生，而且往往是法人犯法、以权代法、屡禁不止，所以成立国家文物指导委员会很有必要。1998年1月24日，朱镕基批了：“请德福、家麟同志阅研。”他批给了中央编办主任、副主任，最后国家文物局维持现状，既没降格，也没弄成直属局，一直到现在。

十六字方针的最后形成，是李岚清的功劳。在2002年文物保护法修订草案的讨论过程中，副总理李岚清充分肯定了“保护为主，抢救第一”的方针和“有效保护，合理利用，加强管理”的原则。他提出来把八字方针和十二字原则进行整合，最后把有效保护取消，最后形成“保护为主，抢救第一，合理利用，加强管理”这十六字方针，写进了《文物保护法》。2002 年 12 月，李岚清在全国文物工作会议上做了讲话，提出来要贯彻新修订的《文物保护法》确立的十六字方针。[5]李岚清同意把在实践中长期行之有效的“保护为主，抢救第一，合理利用，加强管理”的方针，写进了《文物保护法》总则，上升为法律准则，意义非常重大。十六字方针成为文物保护工作总的指导方针，《文物保护法》的所有规定都体现了这个方针的要求。这个方针正确地处理了保护与利用，社会效益与经济效益的关系，明确要把保护放在首位，以社会效益作为最高准则，坚持了文物保护工作的公益性。它是我国几十年来一贯实行的文物保护指导原则的继续和发展，而且也与国际社会共同确认的文物保护原则完全一致。

从新中国成立到现在，文物工作的方针在中央层面上始终没有变过，始终是正确的。后来一会儿搞产业化，一会儿搞市场化，搞这个那个，我们一直没有跟风，你们要求干，我们就反驳你，跟你斗争。改革开放以来，市场化的思潮很厉害，赵紫阳让我们“以文物养文物”，还不是让我们顶回去了？胡耀邦很不错，我把他说服了，他主动要当“101 号文件”起草小组组长。他同意了这个文件，虽然文件是我起草的，但是文件出去以后，就代表中共中央、国务院的意见，就不是我个人的事儿了。我们要感谢李瑞环，感谢李铁映，“二李”

〔5〕2002 年 12 月 20 日，李岚清在全国文物工作会议上发表讲话，提出：文物保护法确立的“保护为主、抢救第一、合理利用、加强管理”的文物工作方针，是指导新时期文物工作的基本准则。在任何时候、任何情况下都要坚持“保护为主”，把文物本体及其原生环境的保护和保存放在主要位置，在确保文物安全和永久保存的前提下，正确发挥文物在经济和社会发展中的重要作用，努力实现文物工作社会效益和经济效益的统一。要确定合理利用文物的内涵、途径、手段和办法，通过加强管理实现对文物的有效保护和合理利用，遏制对文物不择手段的滥用、破坏，努力实现文物的永久保护、永续利用。要坚持在保护文物的前提下进行基本建设和生产建设，在基本建设和生产建设的过程中注重文物保护，努力实现文物保护事业和经济建设的协调发展。（李岚清：《学习贯彻十六大精神 开创文物工作新局面》，新华网北京 2002 年 12 月 20 日电。）

对90年代的文物工作起了很好的作用，李岚清总结出十六字方针，写进了《文物保护法》，坚持了正确的方向。

二　反对四种错误倾向

1992年的全国文物工作会议，规模也很大，规格也很高，文件也很好，应该说是一次非常重要的会议。李瑞环把这次会议的报告交给所有的常委看了一遍，他的讲话实际上是代表中央的。1992年的时候还有中央顾问委员会，李瑞环还把这个文件送给了中央顾问委员会副主任薄老薄一波处。薄老对这个文件还有批语，李瑞环在全国文物工作会议传达中央精神的时候，把薄老的批语都说了。薄老除了肯定这文件很好之外，他还批示，文物市场这个口子不能开，放开很容易出漏洞，出问题。薄老对流散文物是要从严的，李瑞环跟着他的话也发挥了几句，意思说文物市场的问题很复杂，不能掉以轻心。〔6〕最后是李铁映讲话，那时候我们还没有文物拍卖，他针对文物拍卖问题说："现在有些人要搞拍卖。拍卖这个问题必须谨慎，要搞必须要搞试点，试点不能在北京搞，得在其他地方试点。如果在北京搞，弄不好的话，容易产生不好的影响。"他的态度非常谨慎，政策倾向很明确。薄老的意见、李瑞环的意见、李铁映的意见，都很明确。所以在这次会议上，对文物市场的问题处理得很好，是要求控制的，不是随随便便把文物市场大放开，要有条条框框的约束。

---

〔6〕1992年5月8日，李瑞环在全国文物工作会议上说："文物市场是个非常复杂的问题。目前我们管理文物流通的机构还不健全，法规还不完善，队伍还很薄弱，文物经营的经验还很缺乏，社会上不正之风还相当严重，打我们珍贵文物主意的也还大有人在，特别是一些外国人为了把中国文物搞到手，不择手段、不惜重金。如果我们掉以轻心，工作出现漏洞，就可能造成无法挽回的损失。"（李瑞环：《在全国文物工作会议上的讲话》，《中国博物馆》1992年第2期。）

1992年和1995年两次召开全国文物工作会议，本来这是一个很好的时机，结合学习“101号文件”，结合贯彻“保护为主，抢救第一”的方针，可以形成文物保护的一个大高潮，可惜后来没形成这样的高潮。从制定《文物保护法》开始，如何处理保与用的关系，社会效益与经济效益的关系，一直存在不同的认识。虽然我们是始终坚持把保护放第一位，把社会效益放在第一位，但是杂音是始终不断。直到现在，还有人提保护与利用并重，这都是完全错误的。两次西安会议本来应该是文物工作一个重大的转折点，一个很好的起点，应该全力去贯彻这次会议的精神。本来会都是好会，但没有好好贯彻，文物市场的混乱就是从这个时候乱起。

在文物市场的问题上，有过很大的分歧。1992年本来是《文物保护法》公布十周年，又开了一次很好的全国文物工作会议，结果这一年也是中国文物法规面临严重冲击的一年，斗争非常尖锐。5月初刚开完全国文物工作会议，5月国家文物局局长张德勤就去香港出席拍卖会活动，后来北京市文物局的局长也去了。香港报纸登出来，北京市文物局宣布，秋天在北京办第一次拍卖，而且拍卖几百件“国宝”。这是报纸上登的，舆论一片哗然，这是笑话啊，法律规定“国宝”根本就不能拍卖啊！但是我们文物部门的两个局长都在那儿，都没有做很好的澄清。就在这年秋天，十四大期间在北京搞了一个拍卖会。这次传出来允许拍卖“国宝”的消息，后来在舆论上也没有平息，就乌七八糟当没事了，这个事情的影响是很坏的。

那段时间，社会上出现一些奇谈怪论，诸如“向国际拍卖文物可以遏制文物走私”，拍卖文物是冲破“挖出来、锁起来的旧观念”的论调，还说拍卖文物到国外是“弘扬”中华文化，都是胡说了。近代以来，中国已经有多少文物精品流失海外，铜器、陶器、瓷器、字画、敦煌文书等，难道这还不够“弘扬”吗，难道是卖几个美元的文物就是“弘扬”了吗？我们在各国办文物巡回展览，难道是锁起来吗？他们还写文章，鼓吹放开文物市场，说什么新中国成立以来从来不许买卖文物，《文物保护法》禁止文物市场，这些观点都是错的。我这段时间写的文章，好几篇都是针对他们的观点，一一做了批评。我答《中国文物报》记者问，就是收在我的《文集》里的《文物市场必须依法管理，依法经营，坚持两个效益最佳结合》那篇文章，纯粹是针对1998年发表的专访文章《经历一百多年文物外流灾难史的中国，近年来出现了文物回流的景象，有识之士呼吁——开拓培育文物市场》，针对他们的观点逐条批驳，说得很尖锐。[7]我认为文物市场管理是国家文物管理事业的一个组成部分，只能依法管理、依法经营，坚持社会效益和经济效益这两个效益的最佳结合。不是反对开拓培育文物市场，问题是开拓培育怎样的文物市场？采取什么样的方式开拓培育文物市场？

他们说：“倒退十年，即使是文物市场这个名词也是人们无法想

---

〔7〕1998年3月21日，《人民日报》第七版刊发报道《经历一百多年文物外流灾难史的中国，近年来出现了文物回流的景象，有识之士呼吁——开拓培育文物市场》，有如下表述：“文物市场是市场经济时代的新事物。记者日前采访了从事文物工作多年的全国政协委员张德勤，他讲道，近年来，随着文物市场的发育和文物收藏水平的提高，出现了文物回流的现象。这表明一百多年来中国文物外流的状况发生了历史性变化。他呼吁就此抓住机遇，在加强管理的基础上，进一步开拓文物市场”。“倒退十年，即使是文物市场这个名词也是人们无法想象的。那时候有许多禁忌：打火漆印的文物国人不能问津，只能销给外宾”。“90年代初期，国家文物局开始了大胆的改革：首先是转变指导思想。不再只把眼光盯着外国人，而是着眼于国内市场，在外销依旧的情况下，内销放宽，满足国内收藏文物的需要。二是允许文物拍卖试点。内销的三级文物可以开拍，二级、一级文物可以定向拍卖”。“张德勤强调，作为一个新生事物，文物市场不可避免地还存在着问题。对文物市场应该加强管理，扩大开放。在按照拍卖法加强管理，严把审批资格关，促进拍卖行为的规范化的同时，积极培育扶持引导市场。不能用防堵的消极态度，堵的结果是前门堵上，后门撑破，黑市泛滥，走私盛行。我们应当建立合法壮大的市场，吸引海外文物的回流，使这些无价之宝通过正常渠道源源不断地回到中国市场。”

象的。”这完全不符合事实。不要说倒退十年，就是倒退二十年，文物市场这个名词也是有的。1974年国务院132文件，即《国务院批转外贸部、商业部、文物局〈关于加强文物商业管理和贯彻执行文物保护政策的意见〉的通知》，就指出“要加强文物商业市场管理，坚决打击文物走私和投机倒把活动”。1981年国务院批转国家文物事业管理局《关于加强文物工作的请示报告》，提出“文物管理部门要与有关部门共同制定文物市场管理办法，取缔文物黑市，坚决打击走私和投机倒把活动”。80年代，国务院、国家文物局先后发布过多个文件和条例，对文物市场管理、整顿提出过要求。这些法规文件在《新中国文物法规选编》上都有。一般不接触文物工作的同志不了解这些情况是可以理解的，如果“从事文物工作多年”却对此一无所知，就实在令人感到惊讶而困惑不解了。

他们还说：“90年代初期，国家文物局开始了大胆的改革：首先是转变指导思想。不再只把眼光盯着外国人，而是着眼于国内市场，在外销依旧的情况下，内销放宽，满足国内收藏文物的需要。”这不符合实际情况。新中国成立以来，我们一直有文物市场对国人开放，只是在“文化大革命”期间的混乱局面下，外贸部门接管文物商店，才出现了只卖给外国人不卖中国人的现象。1974年国务院“132号文件”已经开始纠正这种不正常的情况。1981年国务院批转国家文物事业管理局《关于加强文物工作的请示报告》，要求“恢复和建立面向国内群众的文物销售业务，以丰富人民的文化生活”。我们在1981年制定的《文物商店工作条例》第一条就说：“将一般不需要国家收藏的文物投放市场，满足国内文物爱好者的需要。”80年代的这些规定，不是什么“大胆改革”，而是恢复到“文化大革命”前的一贯政策，是对“文化大革命”的拨乱反正。所以说，恢复国内文物市场，根本不是“90年代初期”的“大胆改革”，而是早在80年代初就明确了的。

“内销的三级文物可以开拍，二级、一级文物可以定向拍卖”这个观点也是含混不清。私人收藏的传世文物可以拍卖，但是国家收藏的文物绝对不允许出售、不允许拍卖，这个在《文物保护法》是有明确规定的。所以，不能笼统地说一、二、三级文物可以拍卖，否则会造成很大的混乱。如果说因为有的海外收藏的文物回到国内拍卖，就说明“一百多年来中国文物外流的状况发生了历史性变化”，这也是完全错误的。我们新中国成立以后第一批颁布的文物法令，就有《禁止珍贵文物图书出口暂行办法》，迅速结束了文物大量外流的局面。文物大量盗掘走私的情况，80年代以后又开始沉渣泛起，到90年代，文物盗掘走私等犯罪活动更是达到了高潮。盗掘古墓活动不仅在中原地区，连荒无人烟的大漠也未能幸免，内蒙古的辽墓百分之九十以上被盗掘一空，大量珍贵文物被走私出境，出现在伦敦文物市场上。河南、陕西盗墓的问题就更不用说了。现在犯罪分子都是智能化的，一条龙，过去从地下盗掘走私的多，现在是地上的文物也敢偷。所以说，90年代以来不但不是中国文物外流“灾难史”得到“历史性的转变”，而是已经发生了“历史性转变”的“灾难史”在新的历史条件下的重演！可以说，现在文物盗掘走私犯罪已经完全失控，严重程度超过了新中国成立以来任何时期，甚至是历史上的任何时期，盗墓问题也达到了几千年来最严重的程度！

有人说只有全面开放市场，实行文物自由买卖，才能杜绝文物盗掘走私犯罪活动，而“不能用防堵的消极态度”。对此我也不同意，全面开放文物市场实行文物自由买卖不能遏制文物走私。现在成立了多少文物拍卖公司，文物市场监管松散成什么样了，文物走私被遏制了吗？完全没有啊！倒是大的文物走私案件与混乱的文物市场有着千丝万缕的联系，混乱的文物市场，不但没有遏制文物走私，反而助长了许多文物犯罪活动。[8]特别是文物盗掘对古墓葬、古遗址带来严重的破坏，危害极大。文物走私是一个国际性现象，并非我国独有，其他国家也有，为此国际社会缔结了禁止文物非法转移的公约。遏制文物走私的犯罪活动，主要是依靠法律手段，而不是经济手段。

北京搞了拍卖会以后，社会上就有了声音，要求全面放开文物市场。有人说，文物既是属于一个国家的，也是属于世界的。“文物产权国际化”，就是这个时期出来的。这都完全不对。我的观点很鲜明，文物“只能共享，不能共有”，道理是这样的：文物所体现出的文化和科学成果，作为一种精神财富可以是属于全世界的，但具体到每一件文物本身，则只能属于它的国家甚至个人。必须将精神财富与文物所有权严格区分开来，正如一项科学技术全世界都能使用，但具体的产品则是有国别的。因此，文物只能共享，不能共有，否则过去列强掠夺其他国家的文物，难道都是合理合法的？

他们以为全面放开文物市场，往国外卖珍贵文物，是文物界改革的突破口。实际上他们根本不懂，这不仅不是改革开放，而是对国际国内情况都不了解，恰恰是思想长期封闭的表现。不仅中国政府禁止

〔8〕北京第一次拍卖文物七年后的1999年，时任国家文物局局长张文彬对文物拍卖等问题做出评论：拍卖业的发展尽管拓宽了文物流通的渠道，但也使一些文物非法交易有机可乘，不仅具有特别重要历史、科学、艺术价值的文物进入拍卖市场，一些出土文物和馆藏文物甚至也被抛上了拍卖台。张文彬严词驳斥了一些人关于“中国文物比较多，可以拿一些换外币”的怪论。当前社会上有一些人，甚至包括文物界的一些人，热衷于和国际古董商人拉拉扯扯，光顾眼前利益，不顾长远利益；光顾个人利益，不顾国家利益。他还指出，从事文物保护的工作者要有起码的职业道德，现在文物界有人偷偷收藏、买卖文物，或为文物非法买卖打掩护，这种做法必须严加制止。（刘琼：《文物保护问题多——国家文物局局长张文彬访谈》，《人民日报》1999年3月26日第九版。）

珍贵文物出口，国际社会几乎都是这样啊！埃及不允许文物出口，不允许文物交易，日本也不允许国宝出口。第三世界都在强烈呼吁，被掠夺文物应当归还本国，这是历史潮流啊！1982年，我去墨西哥参加联合国第二次世界文化政策大会。我在会议上发言说："中国丰富的文化遗产受到帝国主义的掠夺和破坏，我们在这方面和第三世界国家有着共同的遭遇。一切以不正当手段掠夺别国文物的不光彩行为，应当得到纠正。这个历史遗留问题，要公正合理地解决，而且还要努力制止国际上的文物盗窃、走私的活动，因此，国际社会也有责任共同防止和制裁这种犯罪活动。"会上许多国家代表团都纷纷发言，要求促进归还文物，制止盗窃文物。在这样的国际潮流面前，如果要以国家的名义卖文物，实在是有损民族尊严啊！我敢说，百分之九十以上的真正的文物工作者都不会同意拍卖珍贵文物！而且卖中国珍贵文物，港澳台同胞和海外华人也不会赞成！

"文物产权国际化"就是在那个时候由国家文物局的个别领导人提出来的，北京市文物局也有人鼓吹"文物工作产业化"，这些观点都是错误的。[9]文物事业是公益事业，它可以办产业，但是绝对不能产业化。让文物"活起来"，文化大繁荣大发展是正确的道路，但是这里所谓的"活起来""大繁荣"指的是文化的传承与发展，而不是文物产业化、市场化。我在2002年撰写的《新中国文物保护工作50

---

〔9〕当时有北京市文物局的官员对"加快文博事业产业化""鼓励以文补文"等问题提出：文博事业产业化是深化文博系统体制改革的根本出路。近年来，市政府在文博事业改革上加快了步伐，特别是在改革国有文物系统的经营机制，尝试多种投资形式保护和利用文物建筑，鼓励以文补文等方面取得重要进展。北京文博事业产业化有有利条件，又是大势所趋，当前要抓住机遇而不可丧失机遇，开拓进取而不可因循守旧，以有力的措施和实实在在的工作来加快产业化进程。确定文物是资源的意识，把文物保护与促进经济发展和城市建设结合起来，把政府的保护和社会力量的保护结合起来。在文物建筑利用上采取谁投资谁受益的政策，加快文物修缮利用的步伐。（梅宁华：《关于文博事业产业化的若干思考》，《北京文博》1998年第1期。）

年》一文中，提出文物工作要反对四种错误倾向，后来，在2012年全国人大常委会召开的纪念《文物保护法》颁布30周年座谈会上又说了一次，其中之一就是旗帜鲜明地反对“文物产权国际化”。我在这次座谈会上说，近三十年破坏文物情况之严重，为新中国成立以来所未有，也为历史上所罕见，其严重性已远远超过了包括“文革”在内的前30年。如果不严加整治，遏止其继续发展，将会造成更加严重的后果。随着市场经济的发展，社会上各种思潮也普遍活跃起来，在文物保护问题上，出现了一些值得高度重视的倾向，不断地干扰和影响着文物工作方针的贯彻执行，不断地干扰和影响着文物事业的健康发展，而且对各种文物犯罪活动和文物破坏活动起了推波助澜的作用。这些错误倾向的主要表现在四个方面：文物价值经济化、文物工作产业化、文物管理市场化、文物产权国际化。

按：2012年12月11日，谢辰生先生在全国人大常委会召开的纪念《文物保护法》颁布30周年座谈会上发言，提出当前文物工作应当反对四种错误倾向。谢辰生先生在其《新中国文物保护工作50年》一文中首次提出反对四种错误倾向，原文载于《当代中国史研究》2002年第9期。

错误倾向一：文物价值经济化

文物价值经济化，即用商品经济的理论来判断文物的价值，用经济效应来衡量文物工作的意义，从市场效应来确定文物利用的取向，这是与文物保护工作的本质要求相违背的。文物是一个国家和民族的文化遗产，从本质上说，它不是商品，只是有一小部分在国家政策的允许下进入流通领域，才成为区别于一般商品的特殊商品。从总体上说，文物的价值在于它本身固有的历史、艺术、科学价值，而不是经济价值。文物为社会发展服务，是为社会提供精神力量和智力支持，它属于精神文明建设的范畴，不属于物质文明的范畴。因此，只能从社会效益来判断文物工作的意义和确定对文物利用的取向。事实上，社会效益与经济效益是成正比的，越是重视社会效益，经济效益就会越好，如果只是片面地追求眼前的、局部的经济利益，不但会损害社会效益，而且还会损害长远的经济效益。对文物事业来说，必须要把社会效益放在首位，这是必须坚持的基本原则。

错误倾向二：文物工作产业化

这是文物价值经济化的表现和发展。近十年来，在文物界内外，有人提倡文物工作产业化。他们要求把文物保护、维修等各个环节都按照市场经营机制来运作，以期获得最高的经济效益，并以此作为文物工作改革创新的标志。这是完全错误的理论。产业主要是指在社会分工条件下从事经济活动的国民经济各个部门，而文物工作所从事的不是经济活动而是文化活动，是不以追求盈利为目标的社会公益事业，二者的性质是不同的。如果文物工作实行产业化，就从根本上改变了文物工作的基本性质，也必然要改变它的正确方向而走到邪路上去。但这并不排斥利用文物资源发展相关产业，文博单位完全可以从服务群众出发，密切结合文物工作的业务特点，开发具有行业特色的文物第三产业，并且应当努力做到社会效益与经济效益的最佳结合，这对文物工作发展是有利的。因此，文物工作可以办产业，但是不能产业化。

错误倾向三：文物管理市场化

这主要是指一个时期以来，一些地方领导在认识上存在误区，在决策上存在错误，以管理权和经营权分离为理由，由旅游公司兼并文物单位，进行所谓的“强强联合、捆绑上市”，试图实行文物管理市场化。正是因为这种管理体制，才导致了“水洗三孔”等事件。文物是国家的历史文化遗产，对文物的保护管理只能由政府分工的职能部门负责，而不能由其他部门特别是旅游企业或者改头换面的管委会来越俎代庖。旅游业是服务型的第三产业，是为人民生活、公共需求服务的经济活动部门，它不是资源型产业，不应掌握资源。但是文物部门和旅游部门又必须进行合作，因为保护好文物是促进旅游发展的重要条件，而通过旅游活动，可以更充分、更广泛地发挥其在国民素质教育、丰富人民精神生活以及中外文化交流等方面的积极作用。因此，文物部门应当加强为旅游等相关行业服务的意识，在加强保护的前提下，为旅游发展创造条件。旅游部门则应当认真执行国家法律和文物工作方针，尊重文物工作的客观规律，彼此合作和促进，形成良性循环，达到“两利”的目的。而且文物工作是一项政策性、专业性很强的工作，不是任何部门、任何人都可以掌握好这个“度”的，哪些文物可以开发、如何开发等，都应当由文物主管部门根据相关的政策，遵循文物工作的客观规律来决定，而不应由旅游需要来决定。因此，旅游和文物保护相结合必须要以文物保护为前提，坚持社会主义公益事业不能企业化、市场化。

错误倾向四：文物产权国际化

早在20世纪90年代初，就有人提出文化遗产应是“世界共有”的观点，有人甚至认为这是文物理论上的突破。他们认为，文物无国界，珍贵文物摆在中国故宫和法国卢浮宫没什么差异，有人还为帝国主义盗窃敦煌文物翻案，甚至美化斯坦因等是“文化功臣”，应给予他们“百分之百的宽容”。如果此观点成立，过去列强掠夺其他国家文物的行径，岂不是合法合理了？因此，此观点是极其有害的，不管其主观动机如何，至少客观的效果，是在否定国家禁止珍贵文物出境的法律，为出卖文物和听任文物大量流失制造理论根据。文物是历史文化的载体，所体现的文化和科学成果作为一种精神财富是属于全世界的，但具体到每件文物本身则只能属于它的国家甚至个人，在这里，必须把精神财富与物质所有权区分开来。因此，文物只能共享，不能共有。

文物的价值是在文化层面的，在精神文明层面的，它不该跟钱扯上太多关系。文物的价值，不是值多少钱。像圆明园的兽首，就是建筑上的一个构件，算不上什么艺术品。我认为它不是国宝，而是国耻。非法掠夺的东西不能花钱买回来，否则你就把它非法掠夺的东西变成了合法。你花钱买了赃物，哄抬了价格，炒高了赃物，算什么爱国？像这样被帝国主义掠夺出去的文物，或者非法走私出去的文物，都应该依据国际公约追索，你买了回来等于是支持洗白赃物。凡是非法掠夺出去的文物，都不能花钱买回来，这是一条很重要的底线。就像是90年代初就有人说“随着文物市场的发育和文物收藏水平的提高，出现了文物回流的现象”，这样的观点，这都是不对的。因为“回流”一词就是很不确切的概念，因为你这拍卖进来，又可以从你这拍卖出去，这是经济规律决定的，不是“回流”，它们在全世界都在流动。“回流”把价格炒得太高，跟20年前的日本“泡沫经济”时候很像，值得警惕。更重要的，现在最急需解决的就是日益猖獗的文物犯罪。比起疯狂的走私，艰苦的追索和巨资回购都是杯水车薪。

现在，文物流通领域的拍卖和收藏十分活跃。作为一种经济手段，文物拍卖可以进行，但必须遵守《文物保护法》和《拍卖法》，必须有所限制。私人收藏的文物可以拿去拍卖，但是国家收藏的文物不允许拍卖，出土文物属于国家所有也不可以拍卖，这是原则，绝对不能冲掉。我也不反对民间收藏，相反，收藏是中华民族丰富的文物能够保存至今的重要因素，民间收藏的意义是要肯定的。但是现在，由于利益的驱动，也有一些媒体的误导，特别是电视上的那些“鉴宝”节目，导致很多人过于强调文物的经济价值，收藏变成发财致富之路，这是不对的。

你看过去真正的收藏家，都是学问家，收藏目的绝不是为了赚

2015年8月11日，《新中国捐献文物精品全集》总主编谢辰生先生（右二）在该书出版首发式上致辞

钱、为了投资、为了升值，而是通过收藏进行鉴赏、进行研究。而且他们最后都把藏品捐给了国家，而不是旨在倒买倒卖从中牟利。现在呢？是“利之所在，趋之若鹜”。对于民间收藏，有两个问题值得注意：一是文物鉴定绝不能商业化，要依法规范文物鉴定人员的职业道德；二是注意舆论的引导方向，文物收藏应该强调文物的历史文化价值，不能淹没文物的本质。现在，好些搞鉴定的人眼里就认钱，故宫也有出去乱说的，真是丢人！后来我跟单霁翔说，故宫得管管，他马上就抓了，规定禁止在职人员出去参加鉴定，这做得很对。

三　抢救三峡文物

1988 年至 1992 年，我担任第七届全国政协委员，这是邓力群推荐的。1988 年 2 月 11 日，邓力群给中顾委副主任薄一波写了封信，推荐我当政协委员。邓力群在信里说：“谢是党员，文化部文物管理局的顾问，现年 65 岁，他是文物工作的专家、学者。多年来，全心全意从事文物的保护和利用的工作。敢于负责，敢于提出有利于保护文物工作的意见。敢于同那些不正确的意见进行争论。像他这样的专家，夏鼐同志去世以后，文物界很难找到第二个了。如果安排他为政协委员，文物局的顾问还可以当下去，他的作用还能继续发挥；如果不安排，按年龄，顾问就不能当了，这对文物工作是很大损失。请予批准。”

在 1988 年的全国政协第七届第一次会议上，我在小组讨论中做了个发言。李鹏做政府工作报告，里面有一句话，说各种文化事业，都要加强经营管理，提高经济效益。我就在讨论时候说，这个原则要求文物工作不合适。像考古发掘是很难出经济效益的，挖出来珍贵文物，是不能拿出去卖钱的，而且有的考古发现，像磁山、裴李岗文化出土的瓦片，拿出去卖也不值钱。所以，文物事业的改革，不能生搬硬套其他行业的经验。在这次政协会议上，我带了几个提案。一个提案是建议北京图书馆善本古籍仍在文津街旧馆保存。1987 年北京图书馆新馆建成，想把善本古籍从文津街旧馆迁走。我起草了一个提案，建议善本古籍和普通古籍还是在城内文津街旧馆保存，全国政协委员史树青、王世襄、罗哲文、陈高华附议签名。第二个提案是关于加强故宫博物院的保护管理，建议调整参观线路、控制参观人数、有的建筑地面要采取保护措施。

第三个是建议采取果断措施加强文物保护的提案，王振铎、启功、王世襄、廖井丹、徐苹芳、史树青、金冲及、傅熹年等 28 位政协委员联名。提案建议，一是为了贯彻“101 号文件”，请国务院负责同志牵头，召开一次由各有关部门参加的专门会议，研究协商落实国务院文件的精神，使有关部门提出各自落实国务院文件的具体办法和措施。二是根据 1987 年两高关于文物走私、破坏文物犯罪分子的量刑标准的文件，请国家文物局促请公、检、法有关部门，尽快集中处理一批走私、盗窃等文物大案要案。对一些罪大恶极的犯罪分子，依法处以极刑。〔10〕

在 1989 年的全国政协第七届第二次会议上，我的提案是《建议

〔10〕这里的两高文件是指 1987 年 11 月 27 日最高人民法院、最高人民检察院颁布的《关于办理盗窃、盗掘、非法经营和走私文物的案件具体应用法律的若干问题的解释》，其中规定盗窃、盗运多件一级文物或者稀世国宝的，可处无期徒刑或者死刑；故意破坏珍贵文物、名胜古迹的，依照刑法破坏珍贵文物、名胜古迹罪，处七年以下有期徒刑或者拘役。2015 年 12 月 30 日，最高人民法院、最高人民检察院颁布《关于办理妨害文物管理等刑事案件适用法律若干问题的解释》，1987 年《关于办理盗窃、盗掘、非法经营和走私文物的案件具体应用法律的若干问题的解释》同时废止。新司法解释规定未被确定为全国重点文物保护单位、省级文物保护单位的不可移动文物的本体，应当认定为刑法规定的“国家保护的名胜古迹”，这意味着擅自拆除省级以下不可移动文物的违法行为，将面临刑法的惩处。

焦枝铁路洛阳段避开龙门石窟保护区，以利文物保护》。1969 年修建的焦枝铁路，仅距龙门石窟保护区 100 米处。来往车辆所引起的震动，对石窟带来了极为严重的影响，导致雕刻出现崩塌。当时正在准备修建焦枝铁路复线，仍然要穿过龙门石窟保护区，这样势必再施工爆破，竣工后列车通过量加大，对龙门石窟的安全又会造成严重的威胁。所以我们 54 名全国政协委员建议，为保护龙门石窟，焦枝铁路应当避开龙门石窟保护区。全国政协提案委员会专门开会讨论了这个提案，后来为保护龙门石窟，焦枝铁路改线外移了，问题完全解决。〔11〕

在 1990 年的全国政协第七届第三次会议上，我和徐苹芳联合做了小组发言，主要是谈文博工作要坚持以社会效益为最高准则，而不是经济效益。我们谈了两点意见。一是李鹏总理的政府工作报告没有提到社会科学，建议增加这方面的内容。因为那几年出现的问题，正是出在社会科学领域。当时社会上最关心的许多问题，如分配不公、通货膨胀、官倒腐败等，都是和经济上的错误思想有直接关系的。中央要重视社会科学，加强理论建设。二是怎样正确处理好坚持四项基本原则和坚持搞好改革开放两者的关系问题。比如，怎么看“一切向钱看”的问题。邓小平在反对精神污染的讲话中批评“一切向钱看”，也批评了文物界，后来他又在全国党的代表大会上讲，文教卫生等部门必须要以社会效益作为最高准则。但是小平讲话以后，这股歪风不

〔11〕1989 年 4 月 29 日，全国政协提案委员会召开全体会议，讨论谢辰生等 54 位委员关于建议焦枝铁路洛阳段避开龙门石窟保护区，以利文物保护的联名提案。国务院有关部门的同志出席了会议。后经国务院副总理邹家华指示，焦枝铁路龙门段外移。(《中国人民政治协商会议要事汇编 1988—1992》，北京：中国大地出版社，1993 年，第 238 页；《邹家华关注焦枝铁路对龙门石窟振动影响问题　国家计委将重新审查原设计方案　铁道部表示决心把焦枝铁路龙门段改出去》，《中国文物报》1989 年 9 月 1 日。)

但没有刹住，反而愈演愈烈。一段时期几乎把经济效益当作衡量一切工作的标准，把经济效益和赚钱多少画了等号。有的地方还以改革的名义，对文博单位提出经济指标。有的文物部门管理的寺庙，搞什么人体奥秘展览，影响很坏，就是为了追求经济收入。有个别出家人利用寺庙为自己捞香火钱，有个寺庙的老和尚圆寂后，就在他房间里清理出一二十万元人民币现钞。这说明金钱不只腐蚀了一般人，也腐蚀了有的佛门弟子。所以我认为，正确处理坚持四项基本原则和改革开放的关系，一个重要方面就是反对“一切向钱看”。[12]

在1991年的全国政协第七届第四次会议上，我在1991年3月29日联合140位政协委员向大会提出了《建议采取果断措施，严厉打击盗掘古墓犯罪活动》的提案。当时，盗墓违法犯罪活动已是非常猖獗，惩罚不严、打击不力是盗墓活动恶性发展、屡禁不止的重要原因。之所以惩罚不严、打击不力，一方面是有些地方领导和有关部门对保护文物的重要意义缺乏认识，对文物破坏造成的严重后果也认识不足；另一方面，法律规定也确有不完善之处。当时的1982年《文物保护法》规定：“私自挖掘古文化遗址、古墓葬，以盗窃论处。”因而盗墓分子，只能依照刑法中有关盗窃罪的规定追究刑事责任。以盗窃论罪，往往以盗窃所得的价值金额量刑。事实上，古文化遗址、古墓葬重在它的历史、科学价值。有的文物也有经济价值，但有不少文物经济价值很小，而科学价值极大。科学价值的损失，是不能用值钱多少来衡量的。因此，盗掘古墓不宜与一般盗窃犯罪等同对待。因

〔12〕《人民日报》摘要介绍谢辰生在全国政协七届三次会议小组发言的主要观点，“文物工作是社会主义精神文明建设不可缺少的一个部分。现在有的地方文物管理部门以改革为名给博物馆规定经济指标；有的名胜古迹被和尚占去用来捞取香客的钱财，这是背离文物工作的社会主义方向的。”(《全国政协七届三次会议小组发言摘编》,《人民日报》1990年3月30日第3版。)

此，我们建议：第一，请全国人大常委会在《刑法》中增加关于盗掘古墓量刑标准的条款；第二，把严厉打击盗掘古墓犯罪活动，纳入最近中央成立的全国治安综合治理委员会的工作范围；第三，请国务院责成各级人民政府，对所辖行政区域内发生的盗掘古墓犯罪活动，要组织公安、海关、工商行政管理、文物等部门共同协作，综合治理，大张旗鼓地开展专项斗争。

我们这些政协委员同时联名致信分管文化工作的李瑞环同志和分管政法工作的乔石同志，反映情况和意见。当时，乔石是中央社会治安综合治理委员会主任、中央政法委书记。1991 年 4 月，李瑞环批示，“建议文物局拟文，由中共中央办公厅和国务院办公厅转发”。结果国家文物局迟迟未办，直到中央办公厅催促，才于 10 月发出，而全国人大常委会已经在 6 月 29 日，修改《文物保护法》和《刑法》，加大了对盗墓犯罪的打击力度，盗墓犯罪情形严重的可以判处死刑。1991 年 10 月，中共中央办公厅、国务院办公厅转发了《公安部、国家文物局关于严厉打击盗掘古墓葬犯罪活动的意见》。[13] 打击盗墓犯

---

〔13〕1991 年 6 月 29 日，全国人大常委会通过关于修改《中华人民共和国文物保护法》第三十条、第三十一条的规定，将第三十一条第一款关于依法追究刑事责任的规定进行修改，增加一项“盗掘古文化遗址、古墓葬的”，将第三十一条第二款“私自挖掘古文化遗址、古墓葬，以盗窃论处”删去。同日，全国人大常委会通过关于惩治盗掘古文化遗址古墓葬犯罪的补充规定，盗掘具有历史、艺术、科学价值的古文化遗址、古墓葬的，处三年以上十年以下有期徒刑，可以并处罚金；情节较轻的，处三年以下有期徒刑或者拘役，可以并处罚金；有下列情形之一的，处十年以上有期徒刑、无期徒刑或者死刑，并处罚金或者没收财产：（一）盗掘确定为全国重点文物保护单位和省级文物保护单位的古文化遗址、古墓葬的；（二）盗掘古文化遗址、古墓葬集团的首要分子；（三）多次盗掘古文化遗址、古墓葬的；（四）盗掘古文化遗址、古墓葬，并盗窃珍贵文物或者造成珍贵文物严重破坏的。盗掘古文化遗址、古墓葬所盗窃的文物，一律予以追缴。2011 年 5 月 1 日起实施的《刑法修正案八》，取消盗掘古遗址、古墓葬罪以及盗掘古人类化石、古脊椎动物化石罪等 3 项涉及文物管理的死刑，同时取消“盗窃罪”中关于“盗窃珍贵文物，情节严重的”判处死刑的情形，最高刑由死刑改为无期徒刑。

罪是很紧迫的急事，对这次文物局迟迟不办，我是很有意见的。

在1992年的全国政协第七届第五次会议上，我发起并联合76位委员提交了《应当高度重视三峡工程淹没区的文物保护工作》的提案。在当年的两会上，国务院将兴建三峡水利枢纽工程的计划提交全国人大常委会审议。人大代表、政协委员对要不要建设三峡工程有激烈的讨论。我们在提案中建议，三峡库区文物保护工作必须超前进行。建议国家文物局组织全国力量支援三峡库区文物抢救工作，干部力量和经费应由国家文物局统一调配，统一掌握，以免分散使用，造成浪费。同时提出要按《文物保护法》的规定，把文物保护经费作为三峡工程经费中一个独立科目单列，而不应列入移民预算。

按：在1992年全国政协第七届第五次会议上，谢辰生发起并联合76位委员向大会提出《应当高度重视三峡工程淹没区的文物保护工作》的提案，内容如下：

三峡工程是举世瞩目的巨大工程。它将淹没十几个县市。在这个范围内地上、地下保存着大量而珍贵的文物古迹，据现在已经掌握的情况，仅在淹没区就至少有五百处以上。在地面上保存的文物古迹，既有从汉阙到明清时代的古建筑、古石刻，又有反映近现代历史的革命文物、纪念建筑物。特别是地下还埋藏着从新石器时代以来的大量古文化遗址和古墓葬。所有这些，都具有很高的历史、艺术、科学价值，反映了我国历史发展和灿烂的古代文化。全国重点文物保护单位涪陵白鹤梁石刻和著名的大溪文化遗址就都处于淹没区内。长江流域和黄河流域一样，是中华民族早期文化发祥地之一，三峡地区又恰好是早期文化遗存集中的重点地区，在三峡地区的大量古文化遗址和古墓葬，对于研究楚文化、巴蜀文化及其相互关系具有极为重要的科学价值，尤其是巴文化主要分布在三峡地区，如果任其淹没，就会使巴文化的研究失去了重要依据，在科学上、文化上造成不可估量的损失。

重视不重视文化遗产，是衡量一个国家文明程度的尺度之一。埃及兴建阿斯旺水坝工程中，在国际援助下，仅为迁移阿布森堡神庙一项工程，即用了六千多万美元，说明了国际社会对人类文化遗产的重视。三峡工程是举世瞩目的巨大工程，在这个工程中，我们怎样对待文物保护的态度，同样是举世瞩目的。希望国家有关部门，特别是水利部门和文物部门要高度重视这个问题。目前，国务院即将兴建三峡工程的议案提请这次人大会议审议，准备列入十年规划，即使到“九五”计划上马，就我国现有的文物干部力量来看，要将这一地区所有文物都“抢救”保护下来是不可能的，肯定要有相当一部分文物被淹没。因此，必须对三峡地区所有文物，在全部勘察的基础上，分类、排队，根据其价值大小，实行“重点保护、重点发掘”的方针，想尽一切办法以最大的努力，把其中最重要的文物尽可能“抢救”下来，把文物损失减少到最小的程度。这是一项十分艰巨而刻不容缓的任务。为此我建议：

一、根据《中华人民共和国文物保护法》的规定，凡进行大型基本建设工程项目有关文物保护、调查、勘探、考古发掘的经费应列入建设单位的投资计划和劳动计划。因此，这项经费应当按法律规定在三峡工程经费中作为一个独立项目单列，不宜列入移民预算。由于时间紧迫，文物勘探、调查、发掘、迁移工作都必须超前进行，现在就需要拨出一定经费，以利工作尽快进行。

二、国家文物行政主管部门要成立专门班子，在全国范围内抽调专业干部支援三峡工程淹没区文物“抢救”的工作。同时，进行这项工作的干部力量和经费，应由国家文物行政主管部门统一调配，统一掌握，组织实施，以免分散使用，造成浪费。

三、对于重点保护和发掘的文物，要采取不同的保护措施，并充分发挥文物的作用。发掘出土的文物可以在三峡地区的适当地点建立博物馆保存和展出。白鹤梁石刻是不可移动的文物，只能就地保存，可考虑辟为水下博物馆。这样既有利于文物保护和发挥文物作用，又可以为三峡地区增添新的景点，促进旅游事业的发展。这些项目希望能纳入三峡地区的建设规划。

1992年底，国家文物局成立三峡工程文物保护工作领导小组，开会讨论了《三峡工程文物保护规划大纲》，我是成员之一。1993年，全国政协组织三峡考察，全国政协副主席钱伟长带队，我和郑孝燮、罗哲文、毕克官、梁从诚、张德勤等参加。[14]钱伟长说，我们过去一

〔14〕第七届全国政协委员毕克官回忆过与谢辰生一起参加全国政协三峡淹没区文物抢救与保护调查组的情况：七届政协时认识了谢辰生先生。那是1993年我们一起参加全国政协三峡淹没区文物抢救与保护调查组。在钱伟长先生率领下走了十几个县市，住在船上相处达半月之久。在中国历史上有不可替代重要作用的三峡文物，已探明的有一千两百多处，抢救方针是“重点保护”。但什么是“重点”，方方面面存在不同看法。为了尽可能多抢救一点，为了抢救经费尽快到位，谢辰生先生交提案、写文章、递书信，反复进行呼吁。彼此相熟了解之后，谢老每年都给我寄新年贺卡。常常失礼的我，实在不好意思，有一次我回敬一卡，吐露了我多年的一个看法。我在贺卡上写道：“有一定社会影响力的古稀老人，大体可分两类——一是对社会时弊心中有数，但至老仍沉默不语，明哲保身；一是把个人利益置之度外，利用一般人所没有的影响力，多做些有益于国家社会的事。我敬佩后一类人。而您老即是我心目中的表率。”（毕克官：《写画六十年》，北京：人民文学出版社，2008年，第92—93页。）

直认为黄河流域是中华民族文化的发祥地，现在看，长江流域也是中华民族的摇篮，至少和黄河流域同时发展。这次三峡工程动工，对当地文物来说是一个集中抢救保护的最后机会，必须花大力量做好。我们在三峡考察时候还提出，白鹤梁绝对不能离开原址，不能搬迁，就建议搞一个水下博物馆。回来以后，我们联名交了一个《关于三峡文物抢救和保护问题的调查报告》。1994 年开始搞三峡库区文物保护规划，进行库区文物普查，用了两年时间，到 1996 年完成了。

李鹏当总理的时候，三峡文物保护工作决定统一由三峡工程建设委员会（简称：三建委）负责，国家文物局被排除在领导三峡文物工作之外。三建委负责，实际上是文物根本无人负责，成了“三不管”。三峡库区文物抢救工作必须超前进行，争分夺秒，才能把文物的损失减小到最低。但是三建委和文物界分歧很大，迟迟不批三峡文物保护

1993 年，谢辰生先生陪同全国政协副主席钱伟长（左）率团考察三峡文物保护

规划，经费迟迟不能到位，工作无法开展。[15]

---

〔15〕据《瞭望》报道：1994年年初，国务院三峡工程建设委员会办公室、国家文物局等部门确定，由长江水利委员会委托中国历史博物馆、中国文物研究所负责落实三峡工程库区文物保护规划工作，并成立三峡工程库区文物保护规划组。在此前后，国家文物局和规划组先后组织中国科学院、中国社会科学院、北京大学、清华大学等全国近三十家科研单位和大专院校的专门队伍进入库区，开展文物遗存的调查、勘探、测量和试掘。1995年3月，一个初步的三峡工程淹没区文物保护规划大纲已经形成。根据规划组的初步统计，在三峡工程淹没区内，已发现文物点1208处，其中地面文物441处，包括各种结构的古代建筑215处，石刻造像123处，桥梁及其他103处；地下文物767处，包括古遗址460处，古墓葬（墓群）307处，地下文物的埋藏总量达2200余万平方米。

三峡工程库区文物保护规划组组长、中国历史博物馆馆长俞伟超介绍，三峡工程淹没区遗留的大量珍贵的文物古迹，充分说明三峡是华夏文化遗产的一个极其重要的地区，对中国乃至人类文明史研究都有着不可估量的意义。经过这次初步发掘，已可证实，三峡库区至少有3万年的可考历史，许多惊人的发现，不但填补了历史空白，而且还为解开历史之谜提供了契机。他开列了一份三峡工程淹没区文物遗存清单：一、在这里首次发现了旧石器时代人类活动的遗址并多达五十余处，还发现了十余处古生物化石地点；二、发现新石器时代遗址73处，包括首次在巫峡以西发现的属于另一种文化序列的新石器时代遗址3处；三、共找到相当于中原夏、商、周时期的巴人遗址168处，有几处大得惊人；四、据此次考古调查与发掘，已可明确楚文化向西分布的界限在四川省忠县一带，发现包括《水经注》记载的一座楚国大墓在内的大量楚人墓葬；五、发现大量秦汉至明清时代的地下文化遗存，如汉代的朐忍县和南浦县城址、汉至南北朝的崖墓等；六、淹没区现存的枯水题刻和洪水题刻是世界上独一无二的人文奇观，重庆灵石、长寿莲花石、涪陵白鹤梁、丰都龙床石、云阳龙脊石等5处枯水题刻，全部位于淹没范围之内；七、发现淹没区现存最早的地面建筑是忠县汉代的无铭阙和丁房阙；八、淹没区保存有数量众多的宗教寺庙、祠堂、古衙署、民居、桥梁、城门城墙等大量的文物建筑，依山傍势，具有鲜明的地方特色，如忠县石宝寨、云阳张飞庙、巫山大昌古城、秭归新滩民居群、陆安桥、石坊古塔等；九、沿江发现大量石窟造像和摩崖石刻，隋、唐、元、明、清各代均有，以宋代以后崖刻居多，如重庆弹子石大佛、奉节瞿塘峡壁石刻、忠县临江岩摩崖造像、下岩寺摩崖造像等。

1994年6月，国务院三峡工程建设委员会办公室邀请国家文物局与三峡工程库区文物保护规划组进行协调，形成了《三峡文物保护工作协调会议纪要》。根据《纪要》，用于淹没区文物抢救保护规划的1000万元，由长江水利委员会以合同形式全部交由文物保护规划负责单位统筹使用。可是，长江水利委员会除于1994年4月预拨200万元外，一年来未再支付用于文物保护规划的任何费用。在1995年前确定的三峡工程水库移民补偿总投资测算报告中，文物古迹保护被列入“专业项目改建、复建补偿投资”项目的第10项，投资额仅为3亿元。这引起许多专家的不安。

面对经过核查的文物遗存“清单”，俞伟超估算三峡工程文物保护资金约为20亿元人民币，多则可定到30亿元人民币。但具体数额须等到规划方案具体完成之后才能明确。二三十亿元对于现已找到的1208个文物点是什么概念呢？俞伟超坦言，只能保住十分之一，而其余九成还须另寻资金保护，否则将会眼睁睁地看着它们葬没江底。（王军：《三峡库区文物探明“家底” 抢救性发掘和保护拉开序幕》，《瞭望》1995年第15期。）

1998年国务院换届，总理朱镕基在一次会议上讨论三峡工作时，专门谈到了要重视三峡库区的文物保护问题。[16]听到了传达以后，我们都很高兴，觉得有希望解决三峡库区的文物保护规划问题。我们一批文物界专家应三建委移民局邀请去三峡考察，感到文物抢救工作形势极为严峻。确定要保护的地面古建筑，在移民过程中被群众拆除破坏，地下文物的盗掘走私犯罪活动猖獗。而2003年三峡水位要达到海拔135米，所以必须在2003年之前的五年内完成海拔135米淹没线以下的文物发掘、搬迁等全部工作。这个任务难度相当大，而三峡文物规划一直不批，经费也没有到位。所以，我在1998年7月给朱镕基写了封信反映情况。

我在信中建议，一是文物业务工作应以省、市文物部门为基础，由国家文物局总把关，统一领导。移民局作为拨款部门，应加强财务审计工作，以保证经费使用得当。言下之意，就是说不能让移民局来领导文物业务工作。二是文物保护经费，不能全部列入移民经费计划，像白鹤梁和博物馆建设经费应该由国家从其他渠道安排解决。同时，我附上我对《长江三峡工程淹没及迁建区文物保护规划》的书面意见。

按：1998年6月30日，谢辰生撰写对《长江三峡工程淹没及迁

〔16〕1998年5月18日，国务院办公厅以国阅〔1998〕55号文下发4月30日朱镕基听取三峡工程情况汇报会的《研究三峡工程建设有关问题的会议纪要》，内容包括要重视三峡工程的文物保护工作，认真贯彻“重点保护、重点挖掘”的方针，属库区文物发展及旅游发展新需经费不应列入库区移民经费。9月6—9日，根据国务院领导指示，为推动三峡工程文物保护工作，三建委办公室组织召开《长江三峡工程淹没及迁建区文物古迹保护规划报告》论证会，三建委副主任郭树言主持会议，国家文物局副局长张柏以及重庆市、湖北省、长江水利委员会等有关方面负责人和特邀专家出席会议。（国务院三峡工程建设委员会办公室编：《百年三峡：三峡工程1993—2003年新闻选集》，武汉：长江出版社，2005年，第522—523、525—526页。）

建区文物保护规划》的意见，并于1998年7月6日提交国务院总理朱镕基，内容如下：

一、《长江三峡工程淹没及迁建区文物保护规划》(以下简称《规划》)是由三十多个科研单位、大专院校的专业人员，经过三年的艰苦努力，在库区各级政府和文物工作者的参与和支持下，共同制定的。总的来说，是个好规划。《规划》根据文物的不同类型和价值，提出了不同的处理办法，特别是地下文物确定的发掘面积仅占总面积的7%左右，充分体现了"重点保护、重点发掘"的方针。因此，我认为可以原则同意这个规划。但是，几年来客观情况已经发生了变化：一是一些城市新建区又发现了一些新的地下文物点，有的已经进行发掘的文物点，在发掘过程中又有了新的重要发现；二是地面文物点有的在移民过程中已遭破坏，有些确定搬迁的对象残破过甚，已难以搬迁等等。据此，建议根据现在的实际情况，对规划作适当的调整。具体哪些项目需要调整，建议组织有关专家与规划组一起分类排队，共同协商确定。今后在执行规划时，也还要从实际出发，根据情况作必要的调整。

二、这个《规划》是文物保护规划，保护与发展是有区别的，但又是有联系的。在制定保护规划的同时考虑发展是可以理解的。但在移民经费中不能把发展项目列入计划。因此，要把保护与发展的经费区别开来。凡是纯属发展的项目，所需经费可以不列入移民经费，另外通过其他渠道解决。根据以上原则，建议白鹤梁水下博物馆和三个博物馆建设的经费应另案处理，由国家考虑安排，不列入移民经费。

三、鉴于文物保护工作必须考虑在2003年以前把海拔135m的淹没线及其回水线以下的文物发掘、搬迁等工作全部完成，时间是极为紧迫的。建议对三峡库区文物保护工作要加强领导。一是要加重国家文物局的责任。文物工作专业性很强，业务工作应由国家文物局总把关，统一领导，建立督促检查制度，定期组织专家检查，保证工作质量。二是移民局应加强财务审计制度，以保证经费使用得当。

四、地面古代建筑搬迁任务很重，很可能有些文物因时间、经费的原因而无法全部搬迁。因此，当务之急是对所有确定保护的地面文物点，采用测绘、照相、录像等手段加以详细记录，使每处文物点都有一份完整的科学资料，一旦被毁，必要时还可以进行科学的复原。建议"三建委"对此立即拨出专款，由国家文物局制定记录要求的具体规范，组织力量立即抓紧落实。

1998年7月12日，朱镕基批示："请邦国同志批示。文物保护应予重视。"14日，副总理吴邦国批示："请树言同志批示"，树言是当时的三建委副主任郭树言。三峡的事情要感谢朱镕基，如果不是他的批示，恐怕还要拖下去。我跟很多人联名就三峡保护的事写过信，一直没有反应，最后还是朱镕基把问题解决的。有了朱镕基要重视文物保护的明确表态，事情得到了初步解决，但是整个过程极为艰难。1998年夏天，我去开了几次三峡文物保护的会，会上跟郭树言是针锋相对，我是据理力争，太费劲了。郭树言是国务院三峡工程建设委员会副主任兼办公室主任，这个人简直毫无文物保护意识，我是秀才遇见兵，有理说不清，我只有尽力而为。[17] 1998年9月，在三建委召开三峡文物保护规划的论证会上，终于通过了保护规划，算是取得了初步胜利。我们要求规划修改补充以后尽快审批，同时建议把白鹤梁等三处重要文物单独拿出来另行专题论证。1998年12月，我又参加了重庆移民局组织的白鹤梁等三处重要文物保护方案的论证。

但是，到了1999年2月，三峡文物保护规划已经通过论证半年多了，三建委还是不批。规划不批，经费就没法按规划安排。三建委第一次拨文物保护经费是1997年底，1998年的经费也是到年底才下来，以致只有几十分之一的面积进行了考古发掘，地面文物一处都没有迁移。而且这两年三建委对迁建区的文物抢救项目基本没有做安排，导致大量古墓葬、古遗址、古民居、石刻遭到严重破坏，盗掘情况非常严重。[18] 在当时的情况下，如果三建委还不马上批三峡文物保

〔17〕1998年7月22日，时任国家文物局局长张文彬在三峡库区文物保护规划工作座谈会上发言，他指出：我局一贯认为，做好三峡库区文物保护工作的关键是尽快审批《规划报告》。为此，我局曾分别于1996年7月、1997年3月、1998年1月和1998年3月多次发文敦促有关方面抓紧开展《规划报告》的论证、审核工作。许多人大代表和政协委员也曾多次提交提案和建议，呼吁尽快审批《规划报告》；三建委移民局的领导在提出此次会议的动议时，我们认为三峡文物保护规划已完成并上报两年时间了，而且湖北省、重庆市人民政府也已原则同意《规划报告》并报请申请，因此，我局坚持主张尽快召开论证会，而不是今天的座谈会。三峡文物保护工作的时间已经非常紧迫，任务繁重，为切实做好三峡文物保护工作，我局建议尽快完成《规划报告》的审核工作。我局再次强调，三峡文物保护工作目前最关键的问题是尽快进行《规划报告》的论证、审批，落实国务院领导的指示精神。（张文彬：《规划先行做好三峡库区文物保护》，《张文彬文博文集》，北京：文物出版社，2012年，第168—173页。）

〔18〕1999年2月24日，《人民日报》第十一版发表易雪琴文章《抢救三峡库区文物》，介绍了当时三峡文物保护的严峻形势：1996年6月以前就提交国家移民主管部门的库区文物保护规划迟迟得不到评审和批准，给库区文物抢救和保护带来了极大的困难：一是不少亟待搬迁的地面文物因遗址规划未列入移民迁建区规划，移民新区也未预留文物建筑迁建地，致使文物保护难以实施；二是迁建区的建设大多没有与文物部门衔接，造成大量古遗址、古墓葬遭到破坏；三是库区文物之多，发掘抢救工作量之大，在我国是空前的，必须有较长的时间作保障，但大江截流后的工程进度加快，（转下页）

护规划，1999年的经费最快也得到1999年底才能下拨。这样，离三峡库区达到135米水位的2003年只有三年多时间，根本来不及做文物保护工作。本应超前的三峡文物抢救，已经严重滞后，三建委是有不可推卸的责任的。

2月14日，我又给朱镕基写了封信，希望国务院敦促三建委火速审批规划，落实经费，不能再拖了，同时再次建议三峡文物工作由国家文物局总负责、总把关，三峡建委移民局、长江水利委员会不宜直接领导文物业务工作。这封信的最后是这么写的："任务艰巨，时间紧迫，如果再继续拖延，到三峡工程完成的时候，却有大量文物遭损失，我们这一代人将何以对祖先？何以对子孙？何以对人民？恐怕在国内国际都会产生不良的政治影响。坦率的说，如果真的出现这种情况，李鹏同志和您也都是有责任的。"又过了一年多，到2000年6月，三建委终于审批通过《三峡工程淹没及迁建区文物保护规划》。

三峡保护文物规划出台的过程，总体上就是上述情况。文物考古工作配合三峡工程，集中全国考古力量开展了大规模的配合基本建设的考古发掘工作，争分夺秒地进行抢救，还是取得了重大成果。三峡水利枢纽工程，是关系到国家发展的重要工程，但在其淹没区内保留着很多重要遗址和地上古建筑，权衡轻重后决定对地下文物进行抢救

（接上页）距三峡工程竣工的时间越来越短，若再不审批规划，势必因时间不足而使大量文物葬身江流。原万县市规划发掘地下文物142万平方米，目前仅完成发掘量的2.5%，116项地面迁建保护项目至今无一进行。经费奇缺是库区文物保护部门最头疼的问题之一。在三峡工程论证时仅确认文物点百余处，文物保护经费为2.9亿元。1996年，经调查确认文物点1282处，超出三峡工程论证的数目11倍。规划编制文物保护经费总概算为194153.32万元，缺口高达16亿元。而到位的经费又仅占概算总经费的1%左右。若照这样下去，到三峡大坝建成时，最多能完成文物抢救发掘量的20%。

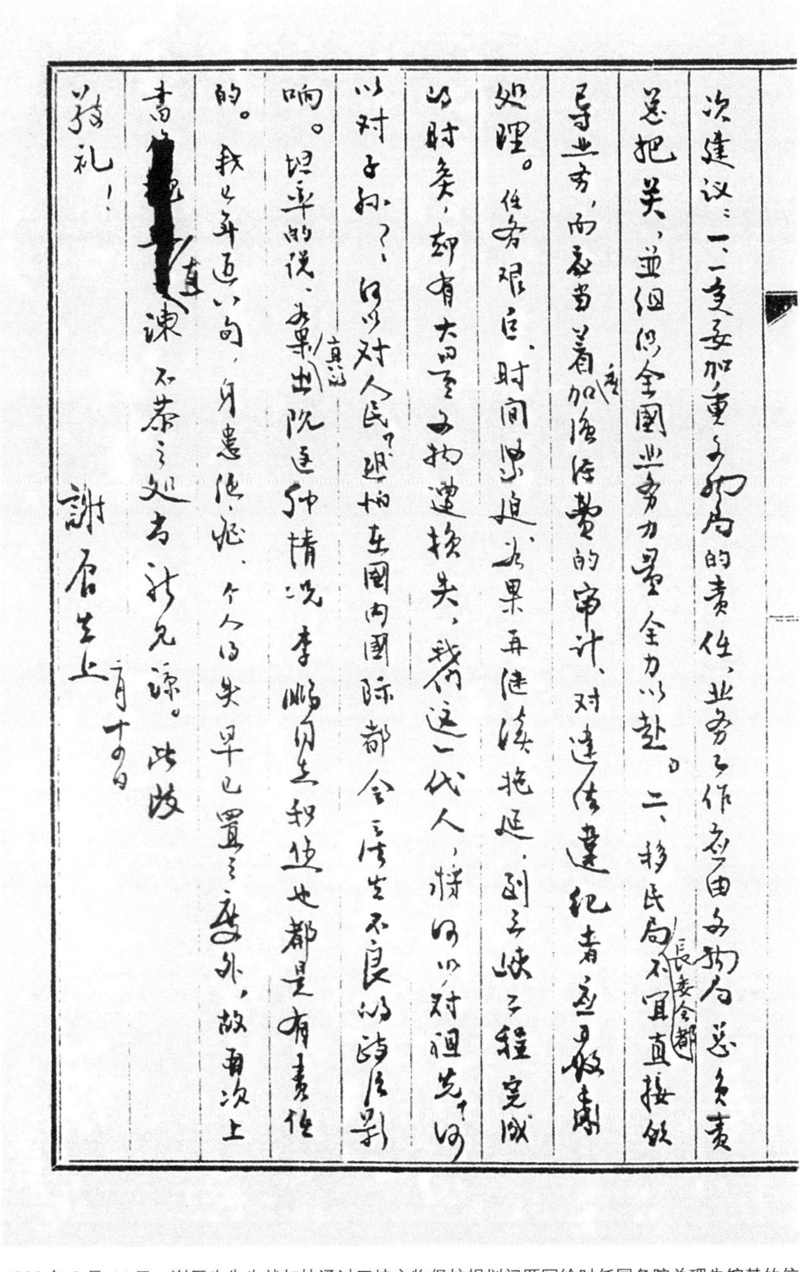
次建议：一、一定要加重文物局的责任，业务工作应由文物局总负责总把关，并组织全国业务力量全力以赴。二、移民局（長委会都）不宜直接领导业务，而应当着加强经费的审计，对违法违纪者应予严肃处理。任务艰巨，时间紧迫，如果再继续拖延，到三峡工程完成的时候，却有大量文物遭损失，我们这一代人，将何以对祖先？何以对子孙？何以对人民？这种在国内国际都会产生不良的影响。坦率的说（直言），如果出现这种情况，李鹏同志和你也都是有责任的。我已年逾八旬，身患绝症，个人得失早已置之度外，故再次上书[redacted]直谏，不恭之处尚祈见谅。此致

敬礼！

谢辰生上

二月十四日

1999 年 2 月 14 日，谢辰生先生就加快通过三峡文物保护规划问题写给时任国务院总理朱镕基的信（第四页）

性考古发掘，地上文物进行搬迁，尽量减少文物的损失，解决这个矛盾。在涉及国计民生的重大工程前，文物保护服从了基本建设。但是有些文物价值极高，既不能淹没，也不能搬迁，如白鹤梁水文题刻是世界上都罕见的重要文物，如果搬迁，它的价值就完全消失了。所以投资上亿元在原地建设了水下博物馆，不仅使文物得到保护，也成为三峡一个引人瞩目的参观点。

在 90 年代，随着各项基本建设的发展，建设工程和文物保护之间是有矛盾的。三峡工程和文物保护之间存在矛盾，而且矛盾十分突出，这是客观事实。虽然由于多方支持和考古工作者的努力，在三峡工程范围内，抢救了不少重要文物，而且不断取得重大发现，但是真正经过科学发掘保护下来的与新发现的文物数量所占比重很小。不过水下的文物，虽然被水淹了，今后还可以用。三峡工程之外，在京九铁路、广深高速公路等基本建设工程之中，也出现过同文物保护的矛盾。

虎门炮台事件是广东修高速公路时候发生的。1993 年，广东新建广深珠高速公路要修虎门大桥，对全国重点文物保护单位虎门炮台的靖远炮台造成影响。我去了虎门四次，坚决反对迁移文物。靖远炮台是虎门炮台中历史价值最高的一个，它是指挥台，关天培就是在这里牺牲的。大桥公司强行施工，已经破坏了炮台的一部分，又要移动其他部分，这样加起来达到炮台残存总面积的三分之一。在这个过程中，国务院办公厅根据国务院副秘书长徐志坚主持的座谈会意见，先后两次下发文件，要求停止施工，制定文物保护方案上报，经专家论证同意后再实施。但是大桥公司不予理会，继续施工，而且破坏了文物，但是广东省对此也没有提出什么批评，反而对基层文物干部施加压力。在他们已经造成了既成事实情况下，我们后来只好接受下移方案，但是这个事情的是非一定要说清楚。[19]

为此，我在1994年3月给副总理邹家华、国务委员李铁映并总理李鹏写了封长信，反映了虎门炮台的问题，并且提出三点建议：一是如最后决定下移方案，要尽快拿出具体设计方案，经文物专家、工程技术专家论证同意后，会同文物部门组织实施；二是要分清是非，明确指出大桥公司的错误；三是广东省和东莞市的基层文物干部顶住压力，坚持依法办事，应该表彰和奖励。邹家华3月17日批示："请关根同志阅示。"李鹏、李铁映圈阅。3月14日，我又给李鹏写了封信，希望在当前各项建设与文物保护矛盾十分突出的情况下，国务院在下发的纪要中一定要明确指出虎门炮台事件中的是非问题，处理可以淡化，措施可以缓和，以此作为经验教训，引以为戒，让各地严格执法，按法律程序办事。如果纪要不强调或者回避是非问题，人们就会得出错误的结论，即不管法与不法，不管采取什么手段，只要造成既成事实，就会得到承认。如果群起效尤，《文物保护法》就会成为一纸空文。

1993年，在修京九铁路的时候，湖北黄梅县发现了一条用卵石摆塑的巨龙，长4.46米、宽2.26米，距今约六千年，是一重大考古新发现。根据《文物保护法》规定，凡因基本建设中需要文物勘探、考古发掘的，所需费用由建设单位支付。但湖北省文物部门与铁道部

〔19〕1993年1月9日，虎门大桥施工单位用推土机摧毁了虎门靖远炮台的几间清兵营房遗址。（广东省地方史志编纂委员会编：《广东省志·文物志》，广州：广东人民出版社，2007年，第46页。）1993年3月19日，《人民日报》第二版发表《政协委员呼吁保护虎门炮台》一文，内称：3月18日，在政协社会科学界的小组会上，中国社会科学院考古研究所徐苹芳委员呼吁：保护虎门炮台！他说，修筑广深珠高速公路是好事，但是要通过国家重点文物保护单位、著名的虎门炮台。1月8日铲土机一下子向最著名的靖远炮台（爱国将领关天培在此殉国）开来，推倒了炮台的兵营遗址120米、围墙50米，虎门炮台岌岌可危。与会的政协委员们听后，一致要求写提案，呼吁立即采取保护措施。

门多次交涉都没有得到解决，如再不抢救发掘将会造成损失，因此找我来想办法。这年9月，我就给副总理朱镕基写了一封信反映京九铁路文物保护经费的问题。朱镕基批了，解决了文物经费问题。朱镕基将我的信批给了《人民日报》、铁道部、湖北省政府的负责同志，批示说："邵华泽同志：此件似可在《人民日报》发表，以引起对文物保护的重视。"很快，9月15日，铁道部向朱镕基提交了一个在铁路建设中加强文物保护的报告，把经费问题落实了。

铁道部还向《人民日报》建议，因为文物保护经费的问题已经解决了，是不是谢辰生的信就不必再发表了。《人民日报》找了我，我同意了。我说信可以不发表，但是可否由我写一篇关于如何正确处理基本建设与文物保护矛盾的文章，同时，请《人民日报》记者对我们进行一次专访，宣传报道一些近年来文物考古工作的新成果，这样效果可能更好些。这样，1993年11月1日《人民日报》发表了我写的文章《正确处理文物保护与基本建设的矛盾》。1994年1月25日《人民日报》整版发表了对我和黄景略的专访《又闻绝响：改写历史的考古新发现——近十多年来重要出土文物解答历史之谜》。两篇文章出来以后，我寄给了朱镕基，并把我们对这一问题的处理情况作了汇报，这件事到此总算划了一个圆满的句号。

在专访我和黄景略的《又闻绝响》一文中，我们呼吁全社会、特别是各级党政领导同志，都来重视文物保护。已出土的文物、遗址和地下的历史遗存，一旦被毁，其损失是无法用经济价值来衡量的。专访的最后我们是这么说的：1992年，中央确定了文物工作"保护为主、抢救第一"的方针，所有文物工作者都应以"责任在身、当仁不让"的精神不折不扣地执行这个方针，特别是文物部门的领导，一定要把自己的主要精力放到这方面来。在当时文物部门有的领导不积极贯彻1992年文物工作会议精神，满脑子想着搞拍卖的情况下，这句话是有针对性的。

按：1993年11月1日，谢辰生先生在《人民日报》发表文章《正确处理文物保护与基本建设矛盾》，全文如下：

最近一段时期，一些文物在建设过程中遭破坏的情况不断发生，甚至部分国家重点保护的珍贵文物，像广东虎门靖远炮台、四川都江堰、河南新郑郑韩故城等，也未能幸免，已经给国家宝贵的历史文化遗产造成重大损失。从全国范围来看，这种情况仍在继续发展。这是一个决定文物的存亡绝续的严重问题，应引起高度重视，严肃对待。

造成这种情况的主要原因就是有法不依。《文物保护法》对于处理文物保护与基本建设相互关系的基本原则、报批程序以及人们在保护文物方面的行为准则和违法责任，都有明确具体的规定。1987年国务院《关于进一步加强文物工作的通知》中明确指出，“任何部门、任何单位和个人都无权作出与这个法律相抵触的决定。”目前有些地方的领导人和决策者片面追求眼前利益和局部利益，置法律于不顾，不听劝阻，强作决定，导致文物破坏。这完全是一种违法行为，国家文化（文物）行政管理部门有权制止，直至提起诉讼，追究法律责任。但从根本上讲还是认识的问题，即怎样正确认识建设有中国特色的社会主义的问题。

建设有中国特色的社会主义，既包括物质文明建设，也包括精神文明建设，精神文明建设抓好了，可以更好地保证经济建设这个中心。

文物是我们祖先勤劳和智慧的结晶，是联结中华民族的强大精神纽带。作好文物保护并充分发挥其在各方面的积极作用，是建设社会主义精神文明的重要内容。因此，对于各地党政领导来说，绝不能把祖国文物当作包袱，而是要像李瑞环同志所讲的那样，“以对祖国、对民族、对历史、对子孙高度负责的态度，把自己管辖范围内的文物保护好”。

在我们这样一个具有悠久历史、地上地下遗产极为丰富的国家搞建设，往往会与文物保护发生矛盾。如何处理好二者关系，早在50年代，在周恩来总理的关怀下，就确定了“重点保护，重点发掘，既对文物保护有利，又对基本建设有利”的方针。也正是周总理在五六十年代亲自处理解决了北京北海团城、古观象台等的保护问题，为我们提供了贯彻“两重两利”方针的范例。

当前，党的基本路线确定了以经济建设为中心，文物工作从总体上说，一定要围绕和服务于这个中心是毫无疑问的。但是处理一个具体建设项目与文物保护的矛盾，就不能简单地要求文物必须让路，而是应当从实际出发，对不同性质的矛盾采取不同的解决办法。一般地说，不可移动的文物是不能搬迁的，不仅要保护文物本身，而且要保护与之相关的环境，这是经过一百多年不断探索和总结，为国际社会普遍确认的原则。当然在特殊情况下，有的文物也可以搬迁，50年代山西永乐宫的搬迁就是一例。但对像古观象台、虎门炮台这样的文物，就绝对不能迁移，只要离开原来位置，它的固有价值就全部消失了。实质上是破坏了一处真文物，又另造了一个假古董，是违反文物保护原则的。因此，在解决文物保护与基本建设矛盾问题的时候，一定要根据文物价值的高低和基建要求的条件，权衡利弊，区别对待，妥善处理。保护好祖国珍贵文物体现了国家的整体利益和长远利益，这也是大局。那种认为只有文物给基建让路才是顾大局的观点是不对的。

依法办事，是贯彻“两重两利”方针的前提和根本保证。按照《文物保护法》的规定，凡是大型基本建设项目如工厂、铁路、公路、水利工程，在选点、定线的时候，就要由建设部门和文物部门共同协作，进行文物调查、勘探，涉及文物保护单位的，要确定保护措施，列入设计任务书。并且规定在文物保护单位内不得进行其他建设工程，如有特殊需要，必须履行报批手续。只有这样，才能使许多可能发生的矛盾得以事先解决。反之，等到矛盾已经发生再来处理，就很难达到“两利”，其后果往往不是文物遭到破坏，就是经济蒙受损失，不论哪种情况，归根到底，都是国家、民族利益受到损害。这是建国40年来在工作实践中取得的一条基本经验。

“保护为主，抢救第一”方针，是中央确定的当前文物工作方针。依法正确处理文物保护与基本建设的矛盾，是贯彻这个方针的一个重要方面。各级文物行政管理部门也应加强调查研究，了解各项建设方面的信息，主动地为建设部门提供文物分布情况，密切协作。凡是重大的文物保护措施，一定要经过认真地倾听各方面的意见，做到决策的科学化、民主化。

四 《文物保护法》修订的斗争

到2002年，1982年出台的《文物保护法》已经有20年了，所以大家认为有必要进行修改，以解决文物保护工作面临的一些新问题。修改是围绕着在新的历史条件下，如何进一步实现1982年《文物保护法》的立法宗旨来进行的。国务院法制办的同志非常好，他们到了全国各地进行调查研究，还出国专门进行了调查，用了五年时间才起草完成。修改的新法总结了改革开放20年实践的新经验，对因市场经济的发展而变化了的社会环境和出现的新情况、新问题，特别是一些不利于文物保护的突出问题，做出了比原法更明确、更严格、更严密、更具有操作性的新规定。新法条文从原法33条增加到80条，比原法多了一倍多，而且很有针对性。特别是把长期行之有效的“保护为主、抢救第一、合理利用、加强管理”写入了新法的总则，上升为法律准则；把“五纳入”的具体要求分别写进了新法的条文。这对我国文物保护工作具有重大的现实意义和深远的历史意义。2002年修订的《文物保护法》在立法精神上与原法一脉相承，又是一部与时俱进的法，是一部良法。

当时，文物工作面临的一个新问题，是旅游企业兼并文物单位的问题。一些地方为了发展旅游，让旅游企业介入国有文物保护单位的经营和管理，造成了文物受损，比如著名的“水洗三孔”事件。山东曲阜的“三孔”（孔府、孔庙、孔林）原来是文物部门管理，后来经营权弄到旅游公司去了。公司来了，就想把孔庙打扫干净，他们不懂古建筑，竟然用水冲洗古建筑，这一冲，彩画全坏了。[20]陕西省搞了

〔20〕2001年1月11日，《人民日报》第5版发表《华侨城“买”了曲阜旅游》一文，内称：长期以来，曲阜“孔子”牌旅游资源开发不尽如人意，没能实现产业化经营，每年仅有6000万元的门票收入，扣去成本和文物保护费用后，所剩无几。2000年9月25日，深圳华侨城集团，与曲阜市的5家企业达成旅游合作协议。其中，深圳华侨城出资3000万元，占50%股份，曲阜孔子旅游集团公司以论语碑苑景点折资2300万元，山东三孔集团有限公司等4家企业共出资700万元。2001年1月5日，曲阜孔子国际旅游股份有限公司正式成立，经曲阜市人民政府授权，该股份有限公司拥有了曲阜全部主要景区的专营权。（转下页）

所谓文物旅游体制改革，把文物单位的“所有权和经营权分离”，实际上是旅游公司兼并文物保护单位，甚至秦始皇兵马俑博物馆都要跟旅游企业捆绑上市。陕西的汉阳陵博物馆，在企业经营管理期间，连用张纸都得企业批准，文博业务工作没法正常运转。国有文物保护单位作为企业资产经营，给文物保护工作带来很多危害。有的文物景点把门票收入也交给了企业，按照有关政策规定，国有文物保护单位的门票收入是事业性收入，应该专用于文物事业的发展，却被企业挪作他用。企业利用文物资源赚了钱，却不投入必要的事业经费，这怎么行？文化遗产保护是公益事业，企业搞经营是要谋求利润的，二者的目的本来就不一样。企业赚了钱想支持文物事业，可以捐赠啊！企业还可以和文物部门建立平等互惠的合作关系，但不应是一个兼并另一

（接上页）据新华社2001年2月16日电：2000年11月，孔庙内一通元代石碑“御赐尚酝释奠之记碑”，被“三孔”的管理机构曲阜孔子旅游集团有限公司保卫科职工庞斌违规在孔庙内驾驶汽车撞毁，损失已无法弥补；2000年12月，曲阜孔子旅游集团有限公司布置在“三孔”内进行卫生大扫除，又发生了以水直接冲洗或擦拭古建筑和碑刻的罕见事件。国家文物局就山东省曲阜文物遭受破坏一事发出通报，要求对事故依法进行处理，并要求各地有关部门吸取教训，引以为戒，切实担负起保护祖国文化遗产的重任。

2001年5月18日，《人民日报》第六版发表《山东处理“三孔”文物受损事件》一文，内称：备受国人瞩目的山东曲阜“三孔”文物遭受破坏事件终于水落石出。经山东省各级党委、政府组织的调查督导组和专家组多次现场调查和认证后，最终确认这是一起文物受损责任事件。调查结果表明，在2000年12月6日至13日的卫生清理活动中，曲阜负责“三孔”等文物旅游景区管理的市旅游服务处，在对“三孔”等文物景区进行的一次卫生清理活动中，在孔庙、孔府、颜庙等处出现了用水冲刷、硬物摩擦和掸抹、擦拭文物的现象，使3处古建筑群的22个文物点不同程度受损，有的损坏严重。根据省委、省政府的这个调查结果，曲阜市委、市政府认识到了事件的严重性和危害性，按照上级有关要求，对文物管理体制进行了重新确定：“三孔”文物景区的保护管理工作由市文管会统一负责，孔子国际旅游股份有限公司对“三孔”的管理立即退出，原来从文管会划出的干部职工成建制地划归文管会管理。曲阜市委、市政府有关负责人做出了深刻检查，有关部门给予曲阜市分管文物工作的副市长颜世全行政警告处分，给予曲阜市政府党组成员、市长助理、曲阜孔子旅游集团有限责任公司董事长、总经理柴林庆行政记大过处分；曲阜市委、市政府对曲阜市文物旅游服务处主任等4人分别给予了撤消行政职务、行政降级、行政记过处分。

个。文物部门如果丧失了文物的经营权、管理权，还谈什么“引导文物开发和利用”？所以，文物的所有权、经营权、管理权不能分离。

1999年2月，我给李铁映写了封信，反映文保单位和旅游企业合并捆绑上市的问题。我在信里说，社会效益和经济效益是统一的，而且应当成正比。对文博单位来说，一定要坚持把社会效益放在首位。因此，把风景园林、文博单位与旅游企业合并为旅游公司上市的做法，是不可取的。对国家重点文物来说，提出“谁投资，谁开发；谁保护，谁受益”的原则是值得研究的。我们一定要坚持社会公益事业不能企业化，国有资产不能私有化。1999年3月2日，李铁映收到信之后批了：“送岚清同志阅处。（谢辰生是文物局的老同志）”3月9日，副总理李岚清批给文化部、文物局阅研。有了这个批示，合并捆绑上市的现象一度得到了遏制。

2002年，我参加国务院法制办组织的《文物保护法》修改调研组，到地方上去调查，发现合并捆绑问题还是没有得到解决，像绍兴市把鲁迅博物馆等几个收入多的文博单位划到旅游公司，文物局也并入公司，局长是公司副总经理。回到北京以后，我给李岚清写了封信，再次反映合并捆绑上市的问题，这是在2002年8月19日。我认为，文物保护和发展旅游本应是相互促进、相辅相成的。文物部门要有旅游意识，应当在文物保护的前提下，最大限度地为旅游发展条件。而旅游部门也应当认真贯彻中央的文物工作方针，尊重文物工作的客观规律。不是一切文物都是旅游资源，能够成为旅游对象的文物只是其中的一部分。也只有这一部分才是两个事业的结合点。但是，要结合得好，就必须有个“度”，即必须以文物保护为前提，超过了这个“度”，就会走向反面。能不能把握好这个“度”，都应当由文物主管部门从文物工作本身的规律来决定，而不宜单纯从旅游需要来决定。

我写信之后不久，2002 年全国人大常委会通过修订的《文物保护法》，针对上述问题，特别增加了第 24 条，明确规定国有文物保护单位不得作为企业资产经营。到了这年 12 月，这时已经开过十六大了，李岚清在副总理任上的最后几个月，开了一次全国文物工作会议。在这次会议上，他明确表示文保单位和旅游企业合并捆绑上市，将国有文物保护单位作为企业资产经营的做法是错误的。后来他亲自去陕西，向省里指出把文物保护单位划归旅游管的做法不对，纠正了陕西的问题。在这次修订《文物保护法》的过程中，旅游企业兼并文物单位的问题得到了很好的解决，在不可移动文物保护、历史文化名城保护方面大家意见都很一致，法律得到了加强。但是在关于流散文物、文物市场这些方面，则斗争非常激烈。[21] 可以说，这次斗争是 20

〔21〕在这次《文物保护法》修订过程中，因围绕文物市场放开，馆藏文物"有偿转让"等问题始终存在激烈分歧，全国人大常委会四次审议，并为此专门举行立法听证会。

2001 年 10 月 25 日，九届全国人大常委会第二十四次会议对文物保护法修订草案进行一审，在如何对待文物流通的问题上集中存在分歧。有意见认为我国目前文物的安全形势相当严峻，文物盗窃、走私犯罪活动十分猖獗；文物市场混乱，国家文物档案也不健全。如果规定文物可以在不同所有制的博物馆之间有偿转让，在实践中可能造成失控的结果，也与刑法有关国有博物馆、图书馆等单位将国家保护的文物藏品出售或私自送给非国有单位或者个人要追究刑事责任的规定相冲突。国有馆藏文物属于国有财产，博物馆无权自行将其有偿转让。建议将修订草案第四十一条中有关"有偿转让"的内容删去。有意见同意修订草案的规定，认为在目前国家对私人收藏文物情况还不掌握的情况下，文物流通管理不严可能给文物盗掘、走私等犯罪活动提供可乘之机，不利于对文物的保护。[全国人大法律委员会关于《中华人民共和国文物保护法（修订草案）》修改情况的汇报，2001 年 12 月 24 日。]

2001 年 12 月 25 日，九届全国人大常委会第二十五次会议对文物保护法修订草案进行二审，部分人大常委要求对民间收藏文物和馆藏文物有偿转让从严管理。何鲁丽副委员长认为，当前形势下，国内档案不完备，馆藏文物如有偿转让对文物保护不利。逄先知委员说，馆藏文物有偿转让和民间收藏文物的流通问题，应从严管理。文物是不可再生的，与一般商品不同，馆藏文物之间的有偿转让，有很多弊端。徐惠滋委员也认为，关于馆藏文物的有偿转让问题，宜慎重对待。当前馆的类型很多，如果馆藏文物可以有偿转让，将可能导致文物流失，建议不提为好。聂大江委员说，馆藏文物中，一级文物是极少数，其余大量是普通文物。如此众多的文物进入转让范围，在当前文物形势严峻，管理还不上轨道，社会上有不正之风的情况下是很危险的。而文博单位是委托管理、展示文物的，不应有处置（转下页）

世纪80年代以来，以“以文物养文物”为代表的文物工作市场化思潮的一个延续，是与全面放开文物市场和“文物产权国际化”斗争的一个延续。

（接上页）文物的权力。有的委员指出，我国目前文物市场混乱，对国有馆藏文物的管理一定要严格，不宜笼统规定馆藏文物可以“有偿转让”或“退出馆藏序列出售”。（《文物保护法修订草案　馆藏文物能否有偿转让》，《法制日报》2001年12月27日；《文物保护法修订草案提请审议》，《人民日报》2002年4月25日第4版。）

2002年4月25日，九届全国人大常委会第二十七次会议对文物保护法修订草案进行三审，意见仍存分歧。有的委员说，审议中对文物保护法修订草案的立法思想还有较大分歧，建议这次不予通过。有的委员说，现在有的地方对不可移动的文物进行掠夺性利用，对地下文物进行建设性破坏，有的地方博物馆管理不善，如果放开就有文物流失的可能。（《全国人大常委会举行分组会议　李鹏参加　审议文物保护法修订草案等》，《人民日报》2002年4月26日第1版。）

2002年9月26日至27日，因文物保护法修订草案三审没有通过，全国人大法律委员会、全国人大常委会法制工作委员会又召开立法论证会。这是人大历史上的第一次立法论证会。论证会由全国人大法律委员会副主任委员周克玉、全国人大常委会法工委副主任张春生主持，参加论证会的有我国文物和法律方面的专家，北京、上海、南京等地著名博物馆和私人博物馆的馆长，博物馆协会、收藏协会的代表以及部分地方文物保护部门的行政人员，全国人大法律委、教科文卫委和国家文物局的有关负责人出席了会议。与会人员围绕大家关注的馆藏文物的管理和民间文物的流通两个问题“展开了激烈的争论，各自阐明了自己的观点和论据”，“各路专家畅所欲言，不同观点针锋相对”。（《新文物保护法　立法听证会统一各方认识》，《人民日报》2003年2月19日第15版；《全国人大首次立法论证会举行》，人民网2004年7月26日，http://www.people.com.cn/GB/14576/28320/35193/35203/2665293.html。）

2002年12月25日，九届全国人大常委会第三十次会议对文物保护法修订草案进行四审，审议通过。经过三审，该法草案在两个具体问题上尚有不同意见。有些常委会组成人员提出，放开公民个人之间购买或者交换文物要慎重，对民间收藏文物的流通应规范得更严格一些，既要允许个人之间文物的合法流通，又要限制对文物的违法经营活动。因此，全国人大法律委员会建议将这一规定修改为公民个人合法所有的文物可以相互交换或者依法转让。在馆藏文物的争议方面，考虑到“交换”和“退出馆藏”需要一些具体政策相配套，全国人大法律委员会建议本法只作原则规定，授权国务院和国务院文物行政部门制定具体管理办法。[全国人大法律委员会关于《中华人民共和国文物保护法（修订草案）》审议结果的报告，2002年12月25日。]

全国人大常委会法工委介绍，从九届全国人大开始，对法律案的审议从一般两审改为一般三审才交付表决。如果对法律草案有分歧，争议较大，甚至在常委会进行第四次、第五次审议。文物保护法为四审通过。全国人大常委会在审议法律草案的过程中，当意见分歧较大时，还采取召开论证会的形式，听取双方的不同意见。如修改文物保护法时有的问题争议较大，就召开了专家论证会，邀请持不同意见的同志参加会议，进行充分论证。（《九届人大中国特色社会主义法律体系初步形成》，《人民日报》2003年2月19日第15版。）

斗争的第一个焦点在文物市场问题，是开放还是从严？《文物保护法》修订草案本来非常好，在修改过程中没有什么问题。国务院法制办的同志在修法过程中，经过国内外的调研，认为我们的方针完全正确，支持我们的意见，所以形成的修订草案的底子很好。当时，张文彬任文物局局长，是考古专业科班出身，他掌握了文物工作的正确方向。他觉得法制办弄的这个草案很好，里面方针也很好。但是，另一方面的人就攻我们，里面有文物局的退休干部，也有全国人大的一些人，有的人对古玩收藏很热衷，有的自己就跟拍卖公司关系好得很。他们一致强调要放开文物市场。一些人打着“改革”的旗号，实际上他们根本不懂，这么大放开不仅不是改革开放，而是对国际上的情况很不了解，恰恰是思想长期封闭的表现。你看看埃及、意大利等文明古国，哪个文物保护法不是从严的？埃及就根本没有文物市场，禁止文物买卖。〔22〕所以，我们是从严，他们就要放开，而且力量还很大。张德勤的观点就是主张放开的。〔23〕双方矛盾很大，斗争很激烈。

本来在1982年制定《文物保护法》的时候，是有意见要写入文物

---

〔22〕如埃及《文物保护法》规定，一切文物属公共财产。自本法生效之日起，禁止文物买卖活动，禁止收藏任何文物。只有在本法规定的条件和情况下才能占有、收藏和处理文物。西班牙《历史遗产法》规定，私人收藏文物要向政府提交完整说明，具有文化价值的可移动文物不得售予私人或古董商，只能让渡或转让给国家、公共部门或其他宗教组织。意大利《关于保护艺术品和历史文化财产的法律》规定，出土文物归国家所有，私人收藏文物发生转移或继承时，都要向政府申报。希腊《古物法》规定，希腊境内一切古物都是国家的财产。任何人无论以何种方式占有了古物，都应限期向主管部门申报，同时说明获得古物的方式。如果在两个月之后不申报的，将没收其所持有的古物。

〔23〕张德勤认为：就文物拍卖和民间收藏来说，《文物保护法》“征求意见稿”是这样写的（大意）：所有私人收藏的文物，都要向当地文物行政管理部门登记，并且要说明每一件藏品的来源，如果不能证明来源合法就要罚没；关于文物拍卖，文件规定全国的文物拍卖公司在拍卖前三个月要把所有拍卖标的送到国家文物局审核。试想一下，如果国家大法这样颁布下来，还有谁敢收藏文物呢？拍卖文物的公司生意还能做下去吗？（张德勤：《困顿与开拓——一个国家文物局局长的自述》，北京：人民出版社，2014年，第191—192页。）

市场的。但是夏鼐认为，《文物保护法》里不能提文物市场，因为《文物保护法》是保护文物的法律，市场不是保护的，是做买卖，不能把这个东西弄到《文物保护法》上来。夏鼐认为，不能单列文物市场一章，只能加强限制，珍贵文物不得出境，不许私人倒卖文物。他这个看法是很有道理的。夏鼐找了胡乔木和邓力群，大家意见很一致，全国人大常委会开会讨论的时候，他又找杨尚昆谈了这个问题，杨尚昆也表示赞成。〔24〕所以，原来的《文物保护法》没有文物市场的内容，有馆藏文物跟私人收藏文物的规定，都是从加强管理角度写的。像馆藏文物一章三条，怎样分级、建档、管理，藏品禁止出卖。到 2002 年修订的时候，本来这个原则是坚持的。因为《文物保护法》不是《文物法》，它是旨在保护文物的法律，而文物市场的交易是民事行为，不涉及文物的保护，所以，没有必要由《文物保护法》对文物市场做出规定。

在全国人大常委会开会讨论的时候，文物局几任前局长都来了，有人坚决要求放开文物市场，而且要到国际上去竞争。甚至还有人说，什么是文物价值，就是人民币！当然，我还是据理力争，我发言但不能骂街，还是要讲道理。我一个人不管用，重要的是科教文卫委员会

---

〔24〕夏鼐坚决反对将文物市场、文物出口等问题放入《文物保护法》，在《夏鼐日记》（上海：华东师范大学出版社，2011 年）有如下记录：

1981 年 12 月 13 日星期日，上午中国考古学会理事会开会，讨论下届年会地点及时间。最后讨论建议书：（1）提高田野考古工作水平；（2）保护文物工作。讨论后者时，陈滋德、谢辰生、高履方三位同志提出增入“建议国家尽速公布《文物保护法》”。有同志反对，因为文物局草拟一个《文物保护法》，有“文物市场”“文物出口”等方面条目，虽然已报国务院，实则非大加修改不能用，无益有害。后来决定加入“完善及加强法制”一语。（卷九，第 94 页）

1982 年 10 月 6 日星期三，晚间偕徐光冀同志赴张友渔同志处，他正在参加修正宪法草案，晚间回家还与法学所的同志讨论，这次腾出工夫来接见我，谈关于《文物保护法》。我仍主张文物市场和文物商店不要放进去。张老答应将这信交给法制委员会的项淳一同志，但以为《文物保护法》可能这次还排不上，要放到 12 月的人大常委会会议上通过，但也可能不作为立法，而让国务院作为法规通过公布。（卷九，第 173 页）

有个“四委员”：中宣部的聂大江、中央美院的常沙娜、人民日报社的范敬宜、新闻出版总署的宋木文，他们四个是全国人大常委、科教文卫委员会委员。他们这四委员坚决反对，帮着我们文物界的人一块儿把他们压倒了，总算解决问题了。[25]宋木文跟我在下放咸宁五七干校时候就认识了。80年代的时候，谷牧根据周总理生前的嘱托腾退恭王府，但是恭王府被文化部的几个机关占用，搬迁进展缓慢。1986年，谷牧又召集文化部、北京市几个单位一起开会，当时，宋木文是文化部副部长，当即表态要支持文物保护，说：“谁再搬进去，拿我是问！”这次在人大常委会讨论《文物保护法》的时候，宋木文听他们说什么“文物价值就是人民币”，当时就急了，他说：“你们走得也太远了！”

当时，我们困难得很啊！我跟他们几位常委说，请他们支持，费了多大劲才翻过来。因为他们这个“四委员”的全力支持，本来另一拨人

---

〔25〕原国家新闻出版署署长、全国人大教科文卫委员会委员宋木文回忆：“我和辰生在文物工作上的接触不多，但他却给我留下了深刻的印象。比如2001年、2002年修订文物保护法时。当时有一种说法，现在实行市场经济了，文物也要适时放开。在一些人的活动下，修改草案中出现‘馆藏文物可以出租、出借、交换、有偿转让’，甚至可以‘出售或拍卖’的内容。有些地区要把文保单位、博物馆与旅游公司合并捆绑上市的做法也向京城立法机关高调传来。面对此种情势，辰生联合其他老专家，既上书，又发言，以理抗争，确也感动了立法机关的同志。这中间还组团出国考察，发现越是市场经济发达的国家，对文物的保护越严密。最后，此次文物法的修订在新形势下进一步贯彻和落实了‘保护为主、抢救第一’的方针。我至今记得‘国有文物保护单位不得作为企业资产经营’‘禁止国有文物收藏单位将馆藏文物赠与、出租或者出售给其他单位’的规定内容，都是有现实针对性的。这都是辰生等文物保护卫士极力抗争和立法机关明智决策的结果。全国人大教科文卫的‘四委员’范敬宜、聂大江、常沙娜和宋木文也协助做了一些事。想起这段往事，我为能同辰生为伍而感到高兴。”（宋木文：《尽职尽责　一以贯之》，《中国文物报》2010年9月17日第3版。）

原中央工艺美术学院院长、全国人大教科文卫委员会委员常沙娜回忆：“现在已经广泛执行的《文物保护法》，我都在九届人大期间参与调研修订。在教科文卫委员会朱开轩主任的领导下，我和聂大江、范敬宜、宋木文委员等人一起，配合得非常好。为了修订《文物保护法》，我们去甘肃敦煌调研现状，又到埃及、希腊了解国外的做法，经过周密慎重的研讨，最后把《文物保护法》的制定落实了。”（常沙娜：《黄沙与蓝天——常沙娜人生回忆》，北京：清华大学出版社，2013年，第240页。）

要敞开开放文物市场的，结果被我们顶住了。最后，《文物保护法》修订稿是取其中，来了个平手，只是维持原状，也没法继续从严下去。我们本来想要从严，他们要大放开，结果他们也没放开，我们也没有从严，还是按照原来的东西来做。李铁映提出来的文物商业“直管专营、加强管理”的意见也没有写进《文物保护法》。但是原来的规定已经不行了，现在是必须从严，可没有严得起来，这是个大问题，现在仍是。

斗争的第二个焦点是国有博物馆馆藏文物出售、出租的问题。在1982年制定的《文物保护法》第二十三条有这样的规定：“全民所有的博物馆、图书馆和其他单位的文物藏品禁止出卖。这些单位进行文物藏品的调拨、交换，必须报文化行政管理部门备案；一级文物藏品的调拨、交换，须经国家文化行政管理部门批准。未经批准，任何单位或者个人不得调取文物。”本来，在法制办修改《文物保护法》的过程中，在修订草案第四十条规定“馆藏文物禁止转让、出租或者质押”，这规定很好，绝大多数文物工作者都是认同的。可后来张德勤找了人大常委会法制委员会的人，他们突然提出了一个新方案，把“馆藏文物禁止转让、出租或者质押”给删了，提出来一个与此完全相反的方案。新方案规定馆藏文物可以出租、出借、交换、有偿转让，甚至出售或拍卖，而且把这个方案作为第一方案，把原来法制办弄的禁止转让、出租的方案，作为第二方案。这是很有倾向性的，意思是博物馆的文物可以卖，可以处理，可以租用。

我们一看新方案，感到大为惊讶。张文彬一看，说这哪儿行啊！我就跟文物局的彭卿云、沈竹、马自树、黄景略四位老副局长一块儿，一共五个人，在2001年8月31日，给文化部部长孙家正写了封信，并附上国家文物局李晓东同志的意见。同时也给全国人大常委会副委员长彭珮云写了信。我们的理由有这几点：一是《文物保护法》是从文物保护的要求，对馆藏文物做规定的，文物出售、出租、拍卖什么的，就算可以考虑也不能写进《文物保护法》，因为这不符合保护的要求，甚至还有抵触。二是国有收藏单位的馆藏文物是全民所有的国家财产，所有权属于国家，国有收藏单位无权代表国家进行处分。三是新方案不应该写入《文物保护法》，可以写入正在起草的《博物馆条例》中去，对一些具体问题，像不够馆藏标准的文物资料的处理方式还要再研究。还有一点是措辞的建议，把“馆藏文物禁止转让、出租或者质押”改成“禁止收藏单位对馆藏文物进行转让、出租或者质押”。孙家正支持我们的意见，最后就把新搞的那套方案给否了。最后出来的《文物保护法》第四十四条规定：“禁止国有文物收藏单位将馆藏文物赠与、出租或者出售给其他单位、个人”，采纳的是我们的意见。〔26〕

这些都是斗争的实例。张德勤在自传中说，人大常委会通过的新《文物保护法》，他们的意见全部都被采纳。〔27〕这说得跟历史完

〔26〕2002年4月24日，全国人大法律委员会在第九届全国人民代表大会常务委员会第二十七次会议上汇报称：经过调查研究和分析比较，认为从确保国有文物安全考虑，法律不宜笼统规定馆藏文物可以有偿转让。法律委员会建议对“馆藏文物”一章做出修改，删去第四十条关于国有馆藏文物经批准可以在馆际之间进行出租的规定，修改为：“禁止国有文物收藏单位将馆藏文物赠与、出租或者出售给其他单位、个人。”[《全国人大法律委员会关于〈中华人民共和国文物保护法(修订草案)〉修改情况的汇报》，2002年4月24日。]

〔27〕张德勤认为他们对《文物保护法》的意见最终“全部被采纳”，他在自述中有这样的表述：2000年8月25日，“我决定给朱镕基总理上书，并把上海的材料同时转呈过去。朱总理对我的这封信很快做了批示，决定把修订文物法的工作由国务院法制办接管过来，重做调研。一年后，国务院法制办拟出一个新稿，找我谈话，表示新稿已全部采纳了我的意见。这个新的文稿经国务院讨论后，呈送全国人大常委会审议。”“不料，在人大常委会讨论这个法律文件时，又发生了过去重复多次的争论，三读都没有通过。2002年国庆前夕，全国人大法律委员会、人大常委会法工委和教科文卫委员会在北京召开了最后一次论证会，与会者60多人，我和上海博物馆汪庆正都被邀参加。”“一个多月后，人大常委会通过了新的《文物保护法》，庆正同志和大家共同坚持的意见因为合乎时势、贴近实际，全部都被采纳”。(张德勤：《困顿与开拓—— 一个国家文物局局长的自述》，北京：人民出版社，2014年，第191—192、245—246页。)

全不符啊！实际上根本没有“全部采纳”啊！我怀疑《文物保护法》最后的定稿他们到底看过了没有，有他们说的哪几条？这是是非问题，必须得讲清楚。后来在文物政策方面的，斗争主要集中在文物市场和馆藏文物问题，其他方面倒没有大的斗争。那些主张文物市场要大放开的人，那些热衷于搞收藏搞拍卖的人，对历史文化名城保护什么的也不大关心，也就谈不上分歧。

在放开文物市场问题上，我们跟他们打了个平手，我们想从严，他们要大放开，结果他们没放开，我们也没从严。这已经不容易了，我们得感谢宋木文、聂大江、范敬宜、常沙娜四位人大常委。现在宋木文、聂大江、范敬宜都已经不在世了。最后定稿模糊处理了，实际上还是开了一些口子。现在不从严已经不行了，不从严，出土文物就没法管，所以到现在文物市场还是个大问题。在馆藏文物问题上，我和四位文物局老副局长彭卿云、沈竹、马自树、黄景略，坚决要求不能放开，最后我们的意见完全被采纳，根本不像他们说的那样，是他们的意见“全部被采纳”！

五　坚持文物立法的正确方向

2002 年修订《文物保护法》，经过我们的斗争，最终个别条款虽然有妥协，但是总体上是一个良法。这几年搞最新一轮的《文物保护法》修改，一开始我是不赞成他们改的，现在改得不是时候。全国人大常委会征求我的意见，说要修改《文物保护法》，我说你修改它干吗啊？全国人大常委会的意见是一片好心，是希望加强保护，遏制大拆大建等对文物的破坏。但是现在不是法律没有规定，而是法律规定得明明确确，不是无法可依，而是有法不依，执法不严，违法不究，或者说违法难究。社会上有人认为，觉得现行《文物保护法》处罚破坏文物的力度不够，只有 50 万元上限的罚款。可是，我们法律规定的罚款之外，还有行政处罚，还有刑事责任。你可以又罚款，又行政处罚，又追究刑事责任，几种处罚同时进行。法并没有错，是法没有用上，你可以判刑啊，看看谁还敢破坏文物！说到底还是没有依法处罚，反而倒过来说法不行。

现在有人批评《文物保护法》，说是计划经济的产物，因此现在得改。这个说法不对！文物保护有它自身的客观规律，跟市场经济还是计划经济没关系，不会因为民族的不同、国家的不同、社会制度的不同而改变，不会因经济体制的变化而变化。文物工作必须坚持公益性。文物是祖先留下的文化遗产，它不是商品，或者说只有一部分具有商品的性质，你怎么能把文物当成商品，拿文物当摇钱树？文物事业可以搞市场化吗？故宫可以当商品吗？人民英雄纪念碑是商品吗？地下文物如墓葬、遗址，是商品吗？你说它们是商品，不是卖祖宗吗？当然不是商品！所以，问题的焦点就是文物是不是商品，是不是要用市场经济的“规律”来规范。1987 年国务院“101 号文件”和现行《文物保护法》，都是从文物工作自身的规律来提出问题，解决问题，坚持了正确的指导思想。

实在要改也可以，有些具体的措施可以根据具体情况予以修改，但是不能修改现行《文物保护法》确定的正确的基本原则和基本方法。如果要改，我有一个具体的意见，文物破坏了谁起诉，这个法律没有规定。《文物保护法》应该加上这条，文物部门应当有权提出诉讼，如果在法律上有这个规定，有法不依、违法难究的问题就好办了。早在 1987 年的“101 号文件”就有过规定，国家文物行政管理部门有权制止一切违反《文物保护法》的行为，对违反规定的，有权提起诉讼。现在修订《文物保护法》应该加上这一条，文物部门和有关社会组织有权提起诉讼。

2016年1月，《中华人民共和国文物保护法修订草案（送审稿）》向社会各界征求意见。看了修订草案之后，我认为对《文物保护法》的修订，首先要正确地理解十六字方针的内涵。

很多人不知道十六字方针里面的这个“合理利用”哪儿来的。当初，李瑞环在1992年西安文物工作会议上提出来“保护为主、抢救第一”，就这两句话，作为文物工作的方针，李铁映在1995年在全国文物工作会议提出来“有效保护、合理利用、加强管理”三句话，作为文物保护的原则。说实话，打一开始提合理利用，我就听起来觉得别扭，我担心利用的想法，会被别人“利用”。当时我们就有意见，我在小组会上说，“‘利用’这俩字实在不怎么样，很容易被人家‘利用’。”后来果不其然，合理利用方面什么样的说法都有了，出了很多不好的问题。今天就是这样，被人家“利用”了，被我不幸而言中！小组会上，有一个省长，听我这么说话，说这人是谁啊，赶紧过来跟我说：“这是铁映提出来的，你怎么这么说？”我说：“铁映提的怎么不能提意见？”后来我想想，这也没辙，三句话“有效保护、合理利用、加强管理”都是四个字四个字的，不说“合理利用”，用“充分发挥文物的作用”没法弄，四个字儿出不来。2002年李岚清提出来，把“保护为主、抢救第一”跟“有效保护、合理利用、加强管理”合起来，这就形成了十六字方针。这十六字方针总结得很好，就一直用下来了。

草案把“合理利用”单列一章是不合适的。“保护为主、抢救第一、合理利用、加强管理”是一个相互依赖的整体。十六字方针是四句话，难道另外三句话每句都要各列一章？再来一章保护为主、一章抢救第一、一章加强管理？这不是笑话吗？《文物保护法》不是《文物法》，它的立法宗旨只有一个——文物的保护，你把“利用”单列一章，不就是利用和保护并列了吗，岂不是成了《文物保护利用法》？我们之所以形成“保护为主、抢救第一”的认识，就是因为反对保护和利用并重，这是文物工作一以贯之的基本方针。你单设一章“合理利用”就是动摇了这个方针，弄得不好，文物没有利用好，反倒会被别有用心的人“利用”了。我不是反对利用，但是你在《文物保护法》里一章说不清楚，说多了就冲淡了保护。不是不能说，但是不要在这里说，可以通过发文件的方式，把合理利用的原则说清楚，把怎么进行限制放文件里说。

在1995年之前，文物工作的文件里从来没有用过“利用”这个词儿，像“101号文件”都是要充分发挥文物作用。《文物保护法》第一条就是发挥文物作用啊，“为了加强对文物的保护，继承中华民族优秀的历史文化遗产，促进科学研究工作，进行爱国主义和革命传统教育，建设社会主义精神文明和物质文明，根据宪法，制定本法”，强调在精神文明方面发挥作用，贯穿整个《文物保护法》。1982年全国人大常委会讨论《文物保护法》的时候，夏鼐坚决反对把文物市场搁到法里面去，他说全世界哪个国家的文物保护法有利用、市场这些东西？文物怎么经营的，不能放到《文物保护法》里。夏鼐找到胡乔木、邓力群、杨尚昆，领导们同意他的意见，保护法只搞保，不搞用。

“合理利用”是一个限制词，就是要限制利用必须要合理，必须要以保护为前提，必须要服从保护。通过对利用的限制，通过加强管理，实现“保护为主、抢救第一”的目的。合理利用，什么是合理？什么是这个理？我认为有两条。第一个理，是看文物的安全。看你是不是以不破坏文物为前提，利用的活动有损于文物安全就是不合理。

第二个理，是看利用的目的。你是拿文物当摇钱树，还是把文物作为弘扬民族精神，文化传统，作为增强民族凝聚力、进行文化教育的教材？追求社会效益就是合理，追求经济效益就是不合理。第一是要服从保护，第二是以公益性为目的，不能以赚钱为目的。当然你可以赚钱，但赚钱必须有度，不能以此为目的。故宫门票一年也有好几个亿，但是不能以赚钱为目的。经济利益和社会利益是成正比的，你坚持保护为主，文物保护好了，永远是赚钱的。如果你超负荷地利用，毁坏了文物，也就毁坏了资源。

其次，在不可移动文物保护方面，法律应该进一步从严，而不能放松。我们说，《文物保护法》不是《文物保护单位保护法》，就是因为文物保护单位的公布本身是个动态过程，所有的保护单位都是从非保护单位过渡到保护单位的。《文物保护法》第二条规定："在中华人民共和国境内，下列文物受国家保护：（一）具有历史、艺术、科学价值的古文化遗址、古墓葬、古建筑、石窟寺和石刻、壁画；（二）与重大历史事件、革命运动或者著名人物有关的以及具有重要纪念意义、教育意义或者史料价值的近代现代重要史迹、实物、代表性建筑。"这就是说，只要符合上述条件，就是受到《文物保护法》保护的文物，《文物保护法》不是只保护文物保护单位。有的刚刚发现的古建筑尽管还没有列入文物保护单位的名录，但是有可能它的价值就相当于重点文物保护单位。这是很简单的道理，还没有被政府公布为文物保护单位的历史遗迹，不等于它没有文物价值，就可以拆，就可以改。结果这次的修订草案将现行《文物保护法》中"尚未核定公布为文物保护单位的不可移动文物"改成了"一般不可移动文物"，看似是简单了，实际上里面的区别太大了。随着不断取得文物保护、考古发掘的成果，很多未被纳入文物保护单位的不可移动文物，完全很有可能成为文物保护单位。

“尚未核定公布为文物保护单位的不可移动文物”这个类别的文物，是经过深思熟虑形成的。1982 年公布《文物保护法》以后，我们经过几年反复起草，在 1992 年国务院批准《中华人民共和国文物保护法实施细则》中，对法律进行了细化修订。《细则》第六条规定：“文物保护法第七条第一款所列的文物中尚未公布为文物保护单位的，由县、自治县、市人民政府予以登记，并加以保护。”到了 2002 年的修订《文物保护法》进一步明确规定：“尚未核定公布为文物保护单位的不可移动文物，由县级人民政府文物行政部门予以登记并公布。”修改一个法律，要知道立法的历史，要懂得法律为什么这么写的道理。如果把它改成“一般不可移动文物”，给法律增加了模糊空间，容易造成地方政府对“一般不可移动文物”的不重视，造成想拆就拆的局面，那就为时已晚了！

现行《文物保护法》对不可移动文物的拆除或迁移、文物完全毁坏实施遗址保护等问题，都有很严格的规定。但是如果提出所谓一般不可移动文物“因建设工程需要必须迁移、拆除的，应当由县级人民政府批准”，拆除权就一下子下放到县级了。这个拆文物的审批权能下放吗？一下放就全完了！现行《文物保护法》第二十二条规定：“不可移动文物已经全部毁坏的，应当实施遗址保护，不得在原址重建”，因特殊情况需要在原址重建的，要经过批准。如果草案改成“文物保护单位全部毁坏的，应当实施遗址保护，不得在原址重建”，那不成了不是文物保护单位的文物就可以随意复建了？这一改，不是把国务院《关于加强文化遗产保护的通知》《关于进一步做好旅游等开发建设活动中文物保护工作的意见》从严控制文物随意复建的规定，也给推翻了吗？[28]

现行《文物保护法》也从来没有禁止过对文物的利用，只要是以保护为前提，充分发挥文物在精神文明建设中的作用的“利用”，就是合理利用，是值得鼓励的。现行《文物保护法》第二十四条规定“国有不可移动文物不得转让、抵押。建立博物馆、保管所或者辟为参观游览场所的国有文物保护单位，不得作为企业资产经营”，这是总结“水洗三孔”等很多沉痛的教训才形成的法条。草案改为“已建立文物保护管理机构、博物馆，或者辟为考古遗址公园等参观游览场所的国有文物保护单位和一般不可移动文物，不得作为企业资产经营，不得转让、抵押”，等于取消了其他国有文物的限制，放得太宽了。

最后，社会文物和馆藏文物方面也要从严。现行《文物保护法》经过反复考虑和充分调研，认为社会文物和馆藏文物有各自不同的特点，必须分开处理。草案把民间收藏文物和馆藏文物合并成“可移动文物”一章，这是不合适的。里面具体的条款，像《文物保护法》第四十四条“禁止国有文物收藏单位将馆藏文物赠与、出租或者出售给其他单位、个人”，就不能随便删掉。像第六十条规定“国有文物、非国有文物中的珍贵文物和国家规定禁止出境的其他文物，不得出境”也应该坚持，不能改成“国有文物、文物收藏单位收藏的文物和国家规定禁止出境的其他文物，不得出境”，难道说私人收藏的珍贵文物就可以出境？！

---

〔28〕《国务院关于加强文化遗产保护的通知》（国发〔2005〕42号）要求：“坚决禁止借保护文物之名行造假古董之实。要对文物‘复建’进行严格限制，把有限的人力、物力切实用到对重要文物、特别是重大濒危文物的保护项目上。”《国务院关于进一步做好旅游等开发建设活动中文物保护工作的意见》（国发〔2012〕63号）要求：“国有不可移动文物已经全部毁坏的，不得擅自在原址重建、复建。”

上一轮《文物保护法》修订是国务院法制办牵头起草的，弄得很好。因此，我建议还是以2002年修订的《文物保护法》为基础，请国务院法制办主持，请文物局的同志和文物专家参与。对现行的《文物保护法》有些条目进行修订确实是应该的，但大删大改是不合适的。对原来规定的一些具体要求和措施，需要进行必要的修订和完善，但绝不是要修改现行《文物保护法》所确定的、实践证明是正确的文物保护基本原则和基本方法。这些原则和方法是遵循文物保护工作规律而制定的，而且大都是国际社会共同确认的原则，是国际社会总结了一百多年来，在文物保护问题上的正反两方面的经验教训而形成的。它所体现的客观规律，并不因为国家、民族和社会制度的不同而有所不同，更不能因为经济体制的改变而改变。法律条文必须是硬邦邦的强制规定，要用法言法语，是结论不是讨论，可以怎么做，不可以怎么做。有的权要放，有的权要收，要具体情况具体分析，不能盲目下放。《文物保护法》修订，只能从严，不能从宽，这个原则必须长期坚持。

第七章　热血丹心护古城

一　“我愿以身殉城”

我一直说，我国文物破坏最严重的是在90年代，甚至超过“文革”。因为从90年代开始，不光是文物盗掘、走私极为猖狂，还有城市化之中发生的乱拆乱建、拆旧建新的问题，到处都有因房地产开发，破坏历史文化名城的问题。本来我们在1987年出台了“101号文件”，1992年和1995年两次在西安召开全国文物工作会议，很好的会议，很好的文件，可惜没有得到很好的贯彻，所以没有抓住这个机会好好整治。结果沉渣泛起，文物盗掘走私日益猖狂，名城破坏愈演愈烈。张文彬是考古专业出身，他上任文物局局长以后把握住了正确的方针，但那时候好好整治的机会已经被错过了，开展工作很艰难。2002年以后，单霁翔任文物局局长，保护文物、保护名城非常坚决，现在在故宫干得也很不错。2013年，我在《中国文物报》上发了篇文章叫《难忘的十年》，对过去十年的文物工作，是充分肯定的，这也是对单霁翔的肯定。

从90年代开始，持续到2002年以前，文物保护的形势非常严峻，一个主要原因就是拜金主义对人们思想的腐蚀。随着市场经济体制的建立，社会环境发生了很大变化，社会思潮也发生了很大的变化，过去是发现文物上缴国家，现在是“要致富，先挖墓”，这都是在市场经济下出现的拜金主义的影响。2014 年 3 月，《瞭望》对我做过一个专访，题为《文化自信的历史源流》。原来谈的时候是说“拜金主义已经腐蚀全社会”，后来登出来的时候被改了一下，变成“不能让拜金主义腐蚀全社会”，实际上确实已经腐蚀得很厉害了。前几年有文章说，现在中国道德获得巨大进步，说现在最好，这都是美化，完全是睁眼说瞎话！否定前头他们可来劲儿了，现在有问题就是不承认，这能前进吗？第三次全国文物普查结果表明，中国登记的不可移动文物共 766722 处，其中约 4.4 万处不可移动文物已经消失。怎么消失的？其中有很多不就是因为搞房地产给拆了么！不都是为了俩钱儿破坏的吗！

中国有一百多个历史文化名城，北京居全国之首。北京是在国际上很有影响的世界级古都。北京城几百年前就按照完整的规划思想建设，在历史的发展中，形成了以“里九外七”（内城九座城门、外城七座城门）为外围，以皇城为中心，南北贯穿中轴线的平面布局，这样完整有序的城市规划在世界上是独一无二的。美国城市规划专家爱德蒙德·培根在几十年前就对北京城给予了极高的评价。他说：“北京可能是人类在地球上建造的最伟大的单体作品。”“它的设计是这样的光辉灿烂，为我们今天的城市提供了丰富的思想宝库。”[1] 他所说的单体作品，就是像徐苹芳先生说的，是“根据一个完整规划设计出来的北京城”，历史文化价值实在是太高了，怎么说都不为过。几十年前，一位丹麦的规划专家罗斯穆森，看到我们一

〔1〕参见 Edmund N. Bacon 所著 *Design of Cities*（New York：Penguin Books，1976）一书第 244 页。

些介绍北京城的宣传品里只讲天坛、八达岭、故宫，而没有谈到北京城本身的价值，他说："整个北京是一个卓越的纪念物，象征着一个伟大文明的顶峰。"

几百年来，北京城留下了极为丰富的历史记忆，连一条条小胡同的名字都是有讲究的，都蕴含着历史的意义。北京民居四合院风格独特，世界闻名。50年代，德国一位著名规划专家到北京看到我们的胡同和四合院，拍案叫绝，他没想到这里会有这么好的居住环境。后来参观了北京市的总体规划展览，感到非常惊讶，他说："为什么要拆城墙？城墙怎么能拆呀！要拆城墙就跟要我们填平莱茵河一样的不可思议！"这是外国人对北京城、对胡同和四合院的看法。我自己出生在胡同，生长在胡同，对北京的胡同是非常有感情的。我小时候住在白塔寺的小水车胡同，回想那时家里一进进的四合院，垂花门、丁香花、藤萝架，那真漂亮！外国人过去把北京叫作Green City（绿色的城），"红墙黄瓦一片绿"，就是因为四合院里面有许多大树，站在景山上往下看，一片绿。我们的四合院里全都有树的，我们的绿化不是铺草坪，而是种树，这是很好的绿化，而且我们的绿化都在胡同里、四合院里，这非常生态。

我认为：北京作为历史文化名城，在全世界是独一无二的；北京作为一座具有重要历史意义和丰富历史文化内涵的历史文化名城，其价值是永恒的；北京是我们国之瑰宝、民族瑰宝，也是全人类的瑰宝。但是，90年代以来，由于错误的危旧房改造方式，对胡同、四合院大拆大建，推平头，盖大楼，对古都风貌造成了相当严重的破坏。最早的典型破坏就是东方广场项目，这是北京城的一大败笔。周总理非常重视保护古都风貌，对旧城中心地带建筑高度

2010年5月16日，谢辰生先生在北京前门东地区的一处四合院（姚远　摄）

做过明确的指示。1985年，经北京市人大常委会批准的、由首都建设委员会颁发的《北京市区建设高度控制方案》规定，王府井至东单之间地区限高是30米。1993年，国务院批复的《北京城市总体规划》中规定，长安街允许建部分高层建筑，建筑高度一般控制在30米以下，个别地区控制在45米以下。“东方广场”的原设计和修改方案，都超过规定限高标准达20米至30米之多，是违反《城市规划法》的。而且这一组庞大的建筑体量，将使城市重心偏移，破坏古都风貌。

1995年，我和郑孝燮、徐苹芳、罗哲文、傅熹年等一批老同志，先后几次给中央写信，建议东方广场项目另行选址，或者降低高度。我们还写信给全国人大常委会，要求人大监督政府，纠正错误。我们认为，法律面前人人平等，《党章》也明确规定，党要在宪法和法律范围内活动，因此，任何部门和个人包括最高领导人也只有依法办事的责任，而无权做出与法律相抵触的决定。至于外商、港商更应当严格服从我们国家的法律。有人担心不同意东方广场的设计会影响改革开放的形象，这是不对的。恰恰相反，如果仅仅为了迁就一个港商投资的商贸大厦的设计，允许破坏驰名世界具有永恒价值的北京古都风貌，这不仅违反了我们国家的法律，也违反了国际社会关于保护历史文化名城共同确认的原则，这才真正是损害了我们国家改革开放的形象。古都风貌的价值是不能再造的，一旦被毁就造成不可弥补的损失，后果是严重的。因此，绝对不能搞“下不为例”。现在亡羊补牢，尚不为晚，这种可能出现的失误，是完全可以避免的。

我们这些呼吁，最后还是没起到作用。更严重的，北京市当时提出了一个很可怕的口号，要在“五年内完成危旧房改造”，是2000年贾庆林在市委会议上讨论决定的。[2]北京那时候搞旧城改造，都是采取以项目带危改的方式对旧城街区进行推平头，盖大楼，而这个五年内完成危旧房改造还是市委会议上通过的，那这样大规模的“危改”就是要全拆光啊！我急了，觉得这是个大问题，这样拆下去还了得吗？

那几年，拆得太厉害了，一年要消失六百条胡同啊！我举几个例子。美术馆后街22号四合院，是著名学者赵紫宸、赵萝蕤的故居，院子很完整，还有很罕见的“象眼”砖雕，说明这个院子是明代的四合院。可是到了1998年，开发商要搞房地产，一定要拆掉

---

〔2〕据《瞭望》报道，2000年北京市提出5年内基本完成全市危旧房改造的计划，目标为：拆除改造危房303万平方米，成片拆除164片，涉及居住房屋面积934万平方米，动迁居民34.7万户。（王军：《新老北京之战》，《瞭望》2004年第28期。）

它。新华社记者王军为这事多方奔走呼吁，写了好几篇报道，组织专家签名。我去现场看了，院子漂亮极了，我是坚决反对拆！这样拉锯了两年多，最后他们找了王世仁搞出来一个鉴定报告，说这个不是明代四合院，结果到2000年还是给拆了。[3]还有像粤东新馆的问题，康有为在这里成立维新派组织“保国会”，是区级文物保护单位，结果也要被“拆除迁建”。我和郑孝燮、罗哲文、俞伟超等联名呼吁，希望留下这一处凝聚民族百年沧桑的见证，慎重对待历史。我们的意见是，这处文物是不能迁建的，它不能离开具体的历史环境而存在，所以希望道路绕行以保护文物，如当年保护北海团城、德胜门、古观象台那样。结果我们发出呼吁之后没几天，竟

---

〔3〕1999年11月26日，《人民日报》第9版发表记者李舫撰写的《救救北京四合院》，内称：美术馆后街22号是否应被拆除一事，曾引得社会各界聚讼纷纭。1998年5月17日，吴良镛、侯仁之、罗哲文、郑孝燮、舒乙、梁从诫六位学者联名呼吁：“近日，受平安大街拆迁工作牵连，一处有巨大价值的小四合院面临彻底拆毁的危险，取代它的将是一座现代商业楼。……房地产商借口此院并非文物保护单位，没有保护价值，企图强行拆除。目前，事态仍在向前发展。”1999年11月9日，罗哲文、郑孝燮、舒乙、梁从诫等七位学者再次联名呼吁：“我们再一次慎重指出，这个四合院有着极高的文化价值，拆掉它，北京将在文化上承受难以估量的损失。”此后，《中国青年报》等新闻媒体也对此作出反应，呼吁“拯救美术馆后街22号”。1990年至1998年，北京市进行了大规模的旧城改造，共拆除老房子420万平方米，其中大部分是四合院，并且不乏保护完好者，许多被拆除的四合院构造之精美、质量之坚固，令拆迁工人都啧啧称奇。在用“危机”两个字来描绘北京四合院的总体状况时，许多建筑学家、规划学家、历史学家不无痛惜，不无辛酸。他们说，我们在四合院文化已经被如此大肆破坏的前提下，再谈四合院的保护问题，不能不让人有“亡羊补牢”之感。近几年来，被疯狂拆除的各个年代的四合院，无论从建筑结构、保存形态，还是从历史价值、文化传承的意义上讲，其中有许多都是无法估量的损失。东岳庙山门被拆掉了，观音院过街楼和粤东新馆被拆掉了，余叔岩故居和尚小云故居也被拆掉了。北京四合院，存在还是毁灭？这已经是一个相当严重、不容人忽视和回避的问题。新中国建国初期，著名建筑学家梁思成先生提出，保存北京明清古城，在北京城西另建新城。可惜这个设想未被采纳，北京古城被破坏得相当严重，成为中国近代文明史上饮恨永远的一大痛事。半个世纪后的今天，人们是否能够清醒地意识到，以北京四合院为代表的历史文化遗存的大规模破坏，其后果不啻拆除了北京城的第二道城墙，也将导致建筑生态环境的进一步恶化呢？

然给拆成了平地。[4]再比如广渠门内大街207号，学术界认定为是曹雪芹的故居“蒜市口十七间半”，这个院子《乾隆京城全图》就有。2000年，北京市因为拓宽广安大街要拆掉，周汝昌、冯其庸等红学家呼吁保护，我也坚决认为不能拆，最后北京市找个理由，说不是文物保护单位，就给拆了。[5]美术馆后街22号等几个四合院的问题，使我感到名城保护面临的形势已经极其严峻了。

---

〔4〕2000年12月13日，北京理工大学教授杨东平在《中华读书报》发表文章《谁来保卫文化北京》，内称：在新时期的“建设性破坏”中，北京的“东方广场”、菜市口大街工程等所起的带头和示范作用，其恶劣影响不可低估。1998年的菜市口南延线工程，道路长仅2.04公里，涉及的文物建筑多达18处，包括一大批清代会馆。这些文物建筑除4处位于道路一侧而得以幸免，其余均被拆毁，如粤东新馆、观音院过街楼、李鸿藻故居，以及休宁会馆、潼川会馆、中州会馆、太平会馆、衡州会馆、镇江会馆、川东会馆、伏魔寺、松柏庵、永乐寺遗址、广和居旧址等，令人痛心不已。著名的清代会馆“粤东新馆”是戊戌变法的重要遗址，宣武区文物保护单位。1898年4月，康有为在此成立了全国规模最大、影响最为深远的维新派组织——保国会。辛亥革命成功后，孙中山到此发表过重要演说。当知道它将被“拆除迁建”之后，著名文物学家罗哲文、俞伟超、郑孝燮、谢辰生等联名向社会发出紧急呼吁，然而，就在专家呼吁三天之后，粤东新馆就在包工队的铁锄下变为一堆瓦砾——没有文物专业人员的指导，没有按规定“易地保护”必须要做的测绘、摄像、建筑构件编号等程序，拆下的砖瓦则被变卖。至今未有任何“迁建”的迹象。当时，我曾在一篇文章中写道：“100年前，六君子血溅菜市口，唤起了民族的觉醒；100年后，粤东新馆和一大批文物建筑捐躯菜市口，我们什么时候觉醒？”

〔5〕2000年4月29日，新华社记者王军在《人民日报》第5版发表文章《请保留曹雪芹故居遗址》，内称：曹雪芹故居遗址的发现者、中国第一历史档案馆研究员张书才认为，“不能说当初的院落已不复存在。能够找到这个院子，就是因为它的格局仍保存完整，能够与历史记载对应上。”张书才1982年在中国第一历史档案馆现存清代内务府档案中，发现一件雍正七年（1729年）的“刑部移会”，其中载明江宁织造隋赫德曾将抄没曹家的“京城崇文门外蒜市口地方房十七间半、家仆三对，给与曹寅之妻孀妇度命”。由此可以确定，曹氏在蒜市口地区有十七间半老宅，曹雪芹从南京回到北京后，就是在这个老宅里，开始了新的“历尽离合悲欢、炎凉世态”的人生旅程，并由家庭和自身的兴衰际遇中磨炼成长为中国历史上最伟大的古典小说家。调查中发现，此院存留的遗迹、遗物，与曹寅、曹雪芹有联系。此院现存“端方正直”四扇屏门，而中院堂屋正中上方曾悬挂“韫玉怀珠”横匾，“文革”初期被毁。张书才最后认定：今广渠门内大街二〇七号院，是他考察过的西起高家胡同东至缨子胡同的院子中，唯一一处有档案可据、有地图可证、有遗迹可寻的与曹氏有一定关联的宅院，应该就是曹雪芹的故居遗址。红学界已公认蒜市口这“十七间半”旧宅为曹雪芹旧居。著名红学家周汝昌提出，“十七间半”房是曹雪芹旧居，这是有文字可考的，应很好地利用这一宝贵文化遗产。专家呼吁，应采取各种措施想方设法保留故居遗址，使其免遭被拆除的厄运。

当时，北京市政府提出保护 25 片历史文化保护区，南池子是 25 片保护区之一。2002 年，北京市启动南池子的所谓“改造工程”，它拆除了大量的老四合院，重建了仿古的新建筑，保存的老院子比重很小，实际上是以推平头的方式进行的拆旧建新。在南池子危改中，好几次采用粗暴手段欺压老百姓。南池子有个居民，给我送了一份材料，后来我转给刘淇了。当时拆迁办、开发商殴打群众，手段极为恶劣，令人难以置信。南池子的做法，根本不是保护，而是彻底的破坏，根本不是成功的经验，而是一大败笔。工程完工后，北京市的媒体一片赞扬，宣传说该保的全部得到了保护，“整体保护，适度更新”，根本就是胡说八道，实际上“适度保护，大片更新”，而且这个“度”也很小。北京市有些人非说南池子模式是正确的典型，还要推广到整个皇城，整个北京旧城区危改都以此为样板，那北京城不就全完了吗？〔6〕

---

〔6〕2002 年 5 月北京第一个历史文化保护区修缮改建试点项目在南池子启动，历经一年多工程告竣，其结果是 240 个院落，仅留下 31 个，其余通过土地重组的方式改建成一批仿古建筑。故宫西侧的南长街历史文化保护区也紧随其后，其大部分也被夷为平地。10 月，数位院士、文物保护专家起草了一份建议书，提出：历史文化保护区应该保持其历史的真实性和完整性。以这个标准来衡量，南池子的做法，不仅不是成功的经验，而且是一大败笔。如果将南池子的做法推广到整个古城区，就是拆掉了一个真实的老古城，新建了一个模拟的仿古城，后果是严重的。而在此前，由建设部门组织的宣传活动中，南池子工程已被称为“宝贵经验，后世之师”。（王军：《新老北京之战》，《瞭望》2004 年第 28 期。）

2002 年 8 月 5 日，《中国青年报》刊发报道《北京南池子文化保护区如何改建引发关注》，北京古建研究所王世仁在接受记者采访时表示：“南池子这样做是可以的。我们应该先谈物质，再谈文化。绝不能以牺牲居住质量来保存历史风貌。”“居民上个厕所都要走上 300 多米，寒冬腊月怎么办？夏天端着尿盆走来走去又像什么样。”“不能说一拆就错了，要看拆的目的是什么，拆掉那些老房，违章建筑是为了改善老百姓的居住环境，提高他们的生活质量。”“老百姓凭什么要付出代价？如果哪个院子胡同发生火灾，几尺宽的胡同，连消防车也进不来，后果由谁负责？”“我们住在高楼里，可以拿南池子作为一种文化来欣赏。但这些居民是每天要忍受这样拥挤不便的环境。假如让我们在这里住三四个月，我们是不是还能轻松地高喊保护？”（转下页）

2002年9月，我和郑孝燮、侯仁之、张开济、吴良镛、罗哲文等25位老专家一起给中央领导写信，题为《紧急呼吁——北京历史文化名城保护告急》，信中说北京以迎接奥运、建设新北京为名，大张旗鼓地违反总体规划，对历史文化名城大拆大建，严重破坏名城格局、风貌。为此，向中央强烈呼吁，“立即停止二环路以内所有成片的拆迁工作，迅速按照保护北京城区总体规划格局和风格的要求，修改北京历史文化名城保护规划”。总理朱镕基批给了北京市和建设部，但是后来成片的拆除仍然没有停止。我们呼吁保护北京城，联名上书远不止一次两次，媒体也有很多报道，但是怎么说都不管用。

就在这个关键时刻，转机来了。2002年，换届了。刘淇、孟学农这一届北京市领导上来了。书记刘淇大概小时候在胡同里住过的，对胡同有感情。市长孟学农，也是从小长在北京。他们俩这个背景很好，都表示要保护文物，所以一上来就非常重视。虽然大的危改项目还在动，但是他们已经认识到旧城保护的问题了。2003年2月，北京市召开了保护皇城的会议，刘淇发表一个讲话，准备把皇城整体保护，申报世界文化遗产。我听广播听到了这个消息，感到很振奋。之后，我又听说整体保护的原则有可能扩大到二环以内的整个北京老城

（接上页）2003年10月23日，北京市规划局原局长刘小石在《南方周末》发表文章《南池子模式不宜推广》，对南池子模式提出质疑：北京市有关部门在南池子历史文化保护区普渡寺地段进行了试点。这个试点原来是计划按照《北京旧城二十五片历史文化保护区规划》实施，即是：保存较好的四合院和可以修好的四合院，这样可以保存大部分传统的四合院，达到保护其历史的真实性和所携带的全部信息的目的。但是，在操作中遇到各种困难，最后，在6公顷多用地，原有建筑面积3万多平方米中，只保留了建筑面积共6000多平方米。其余的2.6万平方米均被拆除，约为原有建筑的80%。新建了居民回迁楼二层的居民楼78幢，共2.1万平方米。这样就把原有的传统住宅的大部分都拆除了。如果这个试点得到肯定并加以推广，那北京的二十几片历史文化保护区的传统四合院大部分都可能被拆除了。这样必然要对于北京这座历史文化名城的核心地区的历史真实性造成严重的破坏。

区。我感到一个很重要的转机来了。

2003年，我连续写了两封信，表示对他这个看法的支持。这年3月4日，我给刘淇写了第一封信。我说四合院是古城的细胞，毁掉四合院，古城的生命也就消失了，因此当务之急是要下决心立即停止在二环以内，特别在皇城区域内仍在继续进行的成片拆除完整四合院的危改活动，必须彻底否定推平头式的危改。建议：一、从战略上重新考虑北京市的总体规划，特别是要调整完善出台不久的北京市历史文化名城保护规划；二、调整老城区的危改政策，推平头式的危改要彻底否定；三、调整对城区的危改时限，应该逐步解决，不一定要赶在奥运之前；四、中央政府也应当在政策、资金上支持北京市保护古城的工作；五、危改中一定要保护老百姓，特别是弱势群体的合法权益，不能采用粗暴手段欺压老百姓。此外，我还建议三眼井的改造不能搞仿古街，不能搞第二个南池子。[7]

这封信刘淇、孟学农都做了批示，而且批得都很好。刘淇批示："此信十分恳切，意见也很中肯，我赞成其中的原则。当前必须停止对皇城内的拆旧改'新'行为。不能鼓励营造新景观的计划。危房要从危房角度解决，住房困难可以给经济适用房解决。但都不得以拆除四合院为前提。请告规划委从严控制，凡旧城内的拆旧必须市级领导批准，请酌。"孟学农批示："将此信及刘淇同志的批示打印分送副市长、秘书长、副秘书长及城四区区长、国土房管局局长、规委主任、

〔7〕三眼井胡同位于北京市东城区景山东街偏北路东，胡同呈东西走向，西自景山东街起，东到嵩祝西巷止。2003年2月21日《北京青年报》报道：据北京市规划委员会的网上公示，三眼井胡同将改建成为"北京市第一个充分体现四合院的原有风韵和格局，具有仿古民居建筑特色的历史文化保护区"。改造区项目总占地面积为45706平方米，据称这是"自建国以来最大的一次四合院群落整体改造方案"，将"适当调整院落及主要建筑尺度，以适应现代人生活的功能要求"。（《北京将进行建国来最大一次四合院群落整体改造》，《北京青年报》2003年2月21日。）

总规划师及文物局长、市开发办主任，请大家认真研究，国土局、开发办提出政策建议，市长办公会议一次，形成共识及今后工作目标。”

3月31日，我又给刘淇写了第二封信，紧急呼吁立即停止拆除四合院，特别是已经列入保护范围的四合院，以前危改的文件要废除。这封信刘淇不仅做了批示，还让副市长给我回了封信。刘淇批了两次：“请学农同志阅。有的建议是可行。如公布保护四合院的名单等。”“又：可以我们的名义回信。”孟学农批示：“请敬民同志阅处并回信。”副市长刘敬民在给我的回信中介绍，4月9日，北京市市委常委会召开了会议，对危旧房改造与四合院保护问题做出重大决定，暂时停止旧城区内未开工的危改项目；责成市文物局对已调查的539处四合院进行核查，同时增补遗漏的四合院名单。在北京市市委常委会的这次会议上，决定要保护北京城，提出拆四合院必须市领导批准，否则不行。[8]

按：2003年3月31日，谢辰生先生就北京历史文化名城保护问题致信时任北京市市委书记刘淇，信中写道：“我不惜付出任何代价，并已作好以身殉城的准备，八旬老朽，死何惧哉！故再冒昧陈词，作舆榇之谏，如蒙考虑，则民族幸甚、国家幸甚、名城幸甚矣！”全文如下：

---

〔8〕2003年7月4日，北京市文物局有关负责人在接受媒体专访时称：“4月9日市委常委开会研究四合院保护问题，市领导的态度很坚决，表示‘四合院一个也不能拆’，要求我们再一次调查四合院情况，后来新增保留四合院700余处，形成一套保护标准，至于具体的拆和保是由区文委负责监督。”“北京市在危改政策方面很快会有一个大的调整。最近市领导有一个指示精神：当前必须停止对皇城内拆旧改新的行为，不能鼓励营建新景观，危房要从危改的角度解决，住房困难可以给经济适用房解决，但都不得以拆除旧四合院为前提。”“市领导指示由文物局会同规划、建设、房地4个部门与东城、西城、崇文、宣武4个区的文化委员会（简称文委）一起，对北京所有危改片里的四合院进行调查。分八批，拍照片，测绘图，把院子的位置、范围都落实下来，情况上报市里。市领导指示，光调查出539个受保护四合院的这些情况还不够，还要有一个管理办法，于是由文物局起草了关于保护四合院的若干意见（市规发〔2002〕1104号）。”（谢光飞：《四合院：是拆是保谁作主？北京市相关部门如是说》，《中国经济时报》2003年7月23日。）

刘淇同志：

您好！前上一函，计邀鉴及。目前古城区内拆除四合院的活动正在加紧进行，特别是拆除的对象不但是危房，恰恰都是由市文物局调查确定需要保护的五百多个四合院中的完好四合院，这也是古城中仅存的精华部分，而且动作极快。如果这些都保不住，您提出的整体保护的原则承诺，就完全落空了。眼看一些精美的砖雕被工人卸走卖掉的情况，实在令人痛心落泪。不久前，锦涛、家宝同志在就职讲话中都明确提出，要求人民群众对政府工作进行监督，现在我正是以一个公民、党员（我曾是党的十三大代表）身份，履行自己合法的对政府进行监督的责任，特向您紧急呼吁：（一）下决心立即停止目前正在继续拆除完好四合院的活动，特别是已列保护范围的四合院；（二）责成市文物局立即公布经调查已确定的五百多四合院的名单，以便于广大人民群众进行监督；（三）根据您的讲话，要求颁布新的危改文件，废止过去不符合您讲话要求的文件。以上意见，肯定会触及一些人的利益而招致他们的不满，这些人又多有其各自的背景，很可能对我进行报复。为了根据中央领导同志的要求，向不良倾向作斗争，我不惜付出任何代价，并已作好以身殉城的准备，八旬老朽，死何惧哉！故再冒昧陈词，作舆榇之谏，如蒙考虑，则民族幸甚、国家幸甚、名城幸甚矣！五内如焚，言不尽意，尚祈见谅为感。此致

敬礼！

谢辰生上

三月卅一日午夜

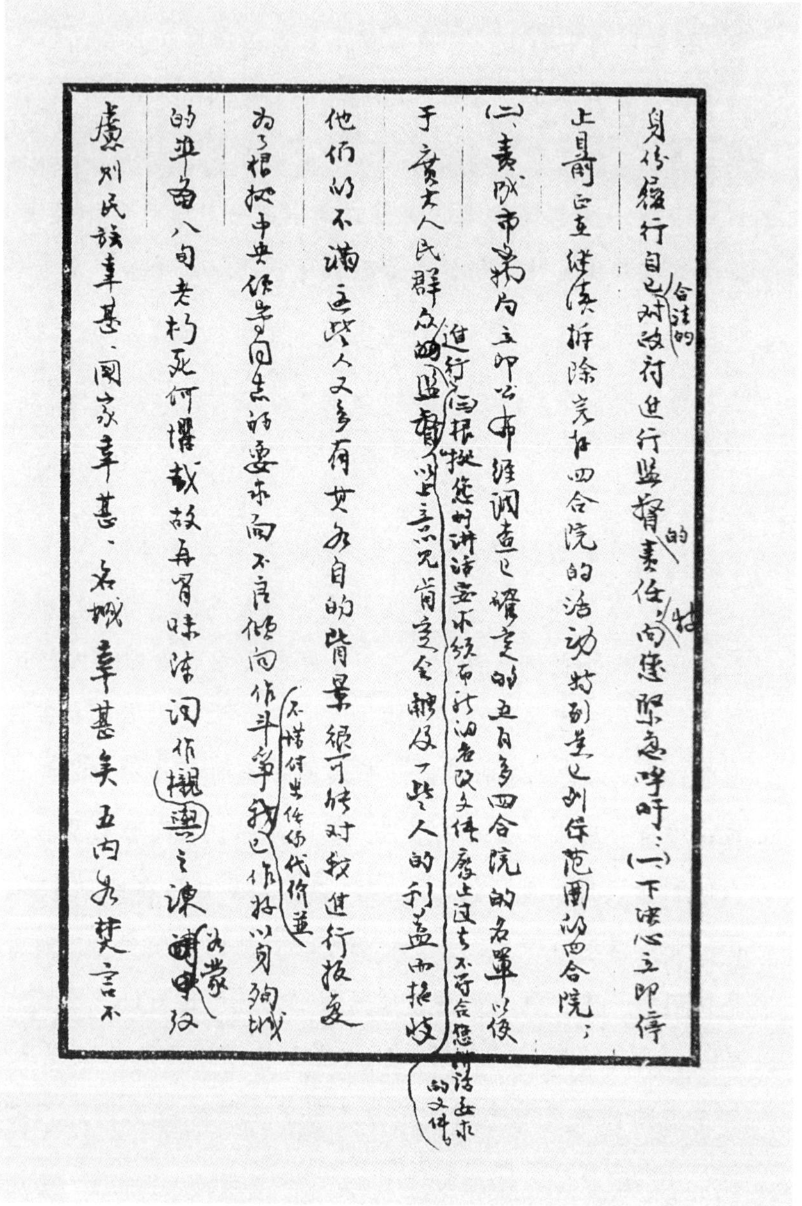

身份强行自己合法的对政府进行监督的责任，特向您紧急呼吁：(一)下决心立即停
止目前正在继续拆除完好四合院的活动，并列入已列保范围的四合院；
(二)责成市规划局立即公布经调查已确定的五百多四合院的名单，以便
于广大人民群众的监督进行；(三)根据您的讲话要求废止过去不符合您讲话要求的文件。以上意见肯定会触及一些人的利益而招致
他们的不满，这些人又多有众多的背景，很可能对我进行报复。
为了根据中央领导同志的要求向不良倾向作斗争，不惜付出任何代价，我已作好以身殉城
的准备，八旬老朽死何惜哉，故再冒昧陈词作棒喝之谏，谢蒙…
虑则民族幸甚、国家幸甚、名城幸甚矣。五内如焚，言不

2003年3月31日，谢辰生先生就北京历史文化名城保护问题写给时任北京市委书记刘淇的信（第二页）

最近在巴黎联合国教科文组织讨论世界文化遗产问题会议上，对我国二十八处遗产中的七处（四分之一）提出批评，并要在今年六月在苏州召开的遗产大会上点名，其中批评的第一名就是北京市的南池子。难道各区的领导同志对此竟丝毫无动于衷吗？言念及此，为之慨然！！！这是关系到党和国家的形象啊！！！又及

收到北京市的回复以后，我特别高兴。恰巧这时候SARS（“非典”）来了，北京胡同的拆除活动全不敢动了，人人都不敢出门了。SARS那时候，我以为是北京市的决议起了作用，是对决议贯彻落实得很好，一两个月真不拆了，让我高兴极了。没想到SARS一完，又拆起来了。市委说了话，区里不理你那一套，继续照干不误。当时的情况是，随着SARS基本结束，北京旧城区的拆除又开始了，东城、西城都在拆，崇文区的花市都在拆，而且不是个别地拆除，都还在成片地拆除。〔9〕开发商又干起来了，他们厉害啊，根本不管，东城

〔9〕 2003年8月7日，《南方周末》发表记者南香红撰写的《四合院，黎明时分》，内称：7月26日早9点，记者来到东城区东总布胡同，看到一辆挖掘机正在拆东总布胡同12号院。挖掘机的铁手拔起一根大红柱子，扔到废墟的边上，那里大红柱子已经堆成了一堆，空气里弥漫着呛人的土味。房子的大部分已经变成了废墟，剩下的半截露出粗大的木质屋梁。7月26日，保护院落、西城区孟端胡同39号、43号正在拆除，43号房顶的瓦全部被揭掉，门窗已全部拆除，民工正在往外运拆下来的木料。同一日，西城区机织卫胡同的苏大妈告诉记者，一家公司刚举行过开工典礼。记者看到，苏大妈家住的1号院和隔壁的3号院都是保护院落，但墙上写着大大的“拆”。而机织卫2号院已经拆没了，4号院只剩下一个门楼。7月30日傍晚6点，记者前往位于崇文门外的花市大街了解拆迁情况。知情人士告诉记者，花市上头条到上四条、中三条、中四条、西花市大街7条胡同里，有54个保护院落被列入了拆迁范围。首先进入花市上三条胡同，记者被眼前的情景吓了一跳：胡同里已经变成了一个大垃圾场，雨水和泥土、瓦砾拌和在一起，让人无法下脚。胡同两面几乎没有完整的房子了，到处是残垣断壁、瓦砾、木头、乱扔的破沙发或者被挑了屋顶的房子。这条胡同里是保护院落最多的。7、9、12、14、19、21、23、25、26、41、43、47、49、58、60、61、69、90等18个院落是在539个受保护四合院名单上的。（转下页）

金宝街、西城金融街，拆得很凶，可谓是直逼皇城！这时候孟学农因SARS辞职，王岐山任北京市市长。王岐山很重视名城保护问题，能够听取我们保护文物的意见。

我只好在2003年6月21日第三次给刘淇写信。我在信里说，这种“推平头”式的危改又卷土重来了，是同刘淇的批示和4月9日市委会议决定精神完全违背的。我还重点说了西长安街民族宫对面的一片旧城街区的保护问题。这一地段是目前保存的唯一能说是从辽、金、元到明、清北京古城五个朝代历史沿革变化发展的地段，是辽金都城东北角与元大都西南角交汇的地方。现在西长安街南侧人行道就是元大都南城墙旧址，朱棣建北京城时才把南城墙移到现在前三门的位置。这一片街区的布局和胡同走向都与这些历史息息相关，像受水河胡同就是元代金口河的河道位置。因此这里是一个很有价值的地方。如果能够搞一个集保护、建设、文化、旅游各方面内容的综合性规划，突出它的历史文化内涵，其价值和意义是建几个大楼所无法比拟的。主张在这里盖大楼的意见，除了大楼业主看中了这个黄金地段之外，有些人很可能是从长安街的现状考虑的，因为目前沿长安街两侧已经是高楼林立了，如果在中间保留这么一块旧街区似乎不太协调了。其实从保护古城的角度来看，长安街现状才是最大的不协调，东方广场就是一个最大的败笔。所以我主张要保护，坚决反对把这片胡

（接上页）之前本报记者掌握的情况是：上三条18个保护院落只有6个被拆，而现场一个个数的结果是这一数字正好倒了过来，12个被拆，只剩下了6个。当日所见，崇文门外的花市头条、花市上二条、上三条、上四条、中三条、中四条、西花市大街等数条胡同都拆除了大半。终于我们找到了一个完整的院子：花市上三条43号院，是保护名单上的院落，里面有人居住，这个院子还活着。但是，就在它的旁边，同是保护院落的41号院再也无法恢复原来的模样了，这个建筑作为保护院落的全部骄傲都零落成一堆瓦砾。

同拆掉盖大楼。[10]

我给北京市写了好几封信，信里问题都说得很清楚，领导也批了好几次，结果还是摁不住。7月16号，北京市在东四给第一批200个挂牌保护院落挂牌，北京市领导去揭牌，我也参加了。刘淇在仪式上讲了话，说得非常好，他说对四合院要成片保护，不允许成片“推平头，盖楼房”，对此态度要坚决，措施要果断。挂完牌第二天，我就跟陈志华、刘小石、梁从诚、李准、沙莲香几个专家，还有媒体记者，一起去胡同调查，看了于谦祠、麻线胡同唐绍仪故居、孟端胡同等，情况很不好。[11]没几天，我又听说西单前老莱街发生了“棒子队”夜袭民宅的事件，把居民打伤了。7月22日，北京市检察院的一个副检察长，深夜带人砸了高检职工的四合院。北

---

〔10〕《三联生活周刊》2002年第45期发表巫昂撰写的《胡同保卫战》，内称：在西长安街民族宫对面这一片胡同中，复兴门内48号，为中国工程学会的旧址。复内大街90号，为一个中西合璧的院落，相当罕见。察院胡同23号，则为旅加著名教授叶嘉莹的祖宅，现在已经有海外上百名知名人士联名呼吁保存这个宅子。文华胡同里有李大钊故居。佟麟阁路36号，则为一个日本人建的小医院，至今可见铺的都是当年的日本人“得胜牌”地砖。在一份民间发起的，通过北京市政协文史委员会交达北京市政府的信中，还指出该区域的历史景观价值：“有自清代保留下来的现复兴门大街（原西单报子街，清代叫泊子街）；有自明清就延续下来的原形、原貌的手帕胡同、察院胡同、铁匠胡同、文昌胡同；石驸马大街后宅及科举之街头发胡同等至今保存完好的整条原封胡同……”

〔11〕2003年7月23日，《中国经济时报》发表谢光飞撰写的文章《北京上演四合院保卫战》，内称：谢辰生一行考察了东总布胡同10号、贡院头条2号钱端升故居、东裱褙胡同于谦祠、麻线胡同3号唐绍仪宅邸、丰盛胡同71号、鲜明胡同4号、大乘胡同1号宋哲元宅邸、孟端胡同45号、孟端胡同39号等四合院。砖塔胡同与兵马司胡同之间已被拆得七零八落，但恰恰又彰显出四合院那特有的一片片绿色。谢辰生说，没有几百年的时间是不会形成这些庭院绿色的。孟端胡同45号、甲45号和45号旁门不是一般的四合院，有皇家官府的气派。专家们一个个屏声静气朝圣般地进入参观，眼睛发亮，赞叹不已，一位摄影记者也被长时间迷在里面了。陈志华与谢辰生交流说：“太好了！格局非常完整，不一般，多好的建筑！多好的绿化！应该请市领导来看看。这样的房子要拆没有任何理由。”但45号院居民说要拆，墙上也写着拆字。麻线胡同3号院内假山门洞曲径通幽，一潭清水倒映林木；长廊连接高大正房，气宇轩昂；百年银杏（二级古树B00677号）参天，掩映清凉世界。等待它的命运也是拆除。

京市领导的意见都很好，就是执行不下去，还有人以“打砸抢”的方式拆四合院。

我只好给中央写信。2003 年 8 月 24 日，我给胡锦涛、温家宝写了封信，我说北京是世界上独一无二的历史文化名城，国际上有极高的评价。北京古城是国之瑰宝、民族瑰宝，也是全人类的瑰宝，必须整体保护，仅存的北京城无论如何不能再继续破坏了。9 月 9 日，胡锦涛在信上批示：“赞成，要注意保护历史文化遗产和古都风貌。关键在于狠抓落实，各有关方面都要大力支持。”国家主席、总书记这样批示，真是太好了，而且他还提出“关键在于狠抓落实”。9 月 8 日温家宝也批了，而且批得更长：“刘淇、岐山同志：谢老作为一名老专家、老党员，所提意见值得重视，应认真研究。保护古都风貌和历史文化遗产，是首都建设的一件大事。各级领导必须提高认识，在工作中注意倾听社会各界的意见，严格执行城建规划，坚决依法办事，并自觉接受群众监督，不断改进工作。”曾培炎副总理批示：“光焘同志：锦涛、家宝同志的批示很重要。在审批城市规划时，要认真把握。并协助北京市抓好落实。”

他们说的都非常好。批示一下来，北京市委连夜开会贯彻执行，一下子把问题给压住了。当然个别的还有，但大规模的拆除算是压下来了。根据中央领导的指示，保护古都风貌提到了重要的日程上来，这是北京历史文化名城保护的一个大转折，名城保护得到了根本性的转变。北京市因此重新制定了《北京城市总体规划》，明确提出古城要整体保护的原则，在全国产生了积极影响。后来名城保护方面的很多重要成果，包括国务院《历史文化名城名镇名村保护条例》的出台，都跟这事有关系，中央开始有了进一步加强名城保护的想法。

按：2003年8月24日，谢辰生先生就北京历史文化名城保护问题致信时任中共中央总书记、国家主席胡锦涛和国务院总理温家宝，信中写道："今后我只要有三寸气在，仍将继续为保护祖国文化遗产而努力奋斗，并向一切危害我们党的事业的种种不良现象作不懈的斗争，鞠躬尽瘁，死而后已。"全文如下：

家宝同志并锦涛同志：

我是八十二年前出生在北京的老北京市公民，又是在文物战线奋斗了半个多世纪的文物老兵，对北京古城的保护问题极为关切。顷阅报载家宝同志在考察北京城建工作时的讲话，明确指出："要在加快旧城改造、改善人民居住条件的同时，十分注意保护好文物和历史文化遗产，保护好古都风貌。"对此，我感到极为兴奋，正如几个月前听到刘淇同志关于要整体保护皇城讲话时一样高兴。但是面对严峻的现实，又使我五内如焚，深为忧虑。

今年四月，北京市委提出要加强对北京古城的保护，并决定公布在古城区内需要保护的四合院名单，以便于广大人民群众进行监督。不久由于非典肆虐，拆除四合院的活动被迫中止。但在抗击非典取得胜利之后，拆除活动又卷土重来，而且一些已列入名单的四合院亦被拆毁。七月十六日，北京市在东四十二条举行了为古城区第一个四合院保护院落挂牌的仪式。北京市主要领导刘淇、王岐山同志亲临现场为四合院揭牌。仪式完成后又召开了由各区各部门主要负责人参加的座谈会。刘淇同志强调指出，"对四合院要成片保护，要加强规划，旧城区内不允许成片'推平头'，盖楼房。对此，态度要坚决，措施要果断。保护好文物，保护好四合院，保护好古都风貌是市委、市政府的历史责任。”这句话讲的是何等的好啊，充分表达了市领导的决心。

但是就在刘淇同志讲话后的第三天，七月十八日午夜，二十几个手持大棒的人分乘小面包和小车闯入西单前老莱街民宅砸了四五个四合院，并打伤群众四人，其中一个小女孩才十五六岁（此事曾见于《北京晚报》）。在此案件发生后的几天内，在城区内又连续发生了同样情况的事件。尤其使人难以理解的是，据说七月廿二日深夜，竟发生了由北京市检察院一位副检察长亲自率人砸了高检职工的四合院宿舍。现随函送上几个老莱街受害群众给中央领导的申诉信，请您一阅。我真诚地期望中央领导能够直接听到来自基层老百姓的声音，以了解下面发生的真实情况。在党中央所在地的人民首都，竟发生这样的咄咄怪事，实在令人感到震惊和愤慨！！！几年来在危改中，开发商、拆迁办以粗暴手段欺压老百姓的事件曾屡见不鲜，但尚未发生过像现在这样聚众持械，夜袭民宅的严重事件。这表明，北京有那么一股力量，明目张胆地向市领导提出的保护古城的正确决策进行挑战，而且还有恃无恐。这是很发人深思的。

也许有人认为已与政府签过合同，程序上是合法的。我想，在合同条文中总不可能允许打砸群众的内容吧？！夜袭民宅的打、砸、抢行为，是对人民群众基本权益的粗暴侵犯，是违反宪法的，是触犯刑律的。现在已在社会上引起强烈的反响，如不采取果断措施，严肃处理，听其继续发展，将直接影响到首都的社会稳定。而且如果任其继续拆除四合院的活动不加制止，则家宝同志关于要十分注意保护文化遗产、保护古都风貌的讲话精神和市委、市政府下决心保护古城的决策就会落空，后果是严重的。但是此事如无中央的关注和支持，只靠基层公安部门侦破和处理是很困难的。过去几年中开发商、拆迁办派人殴打或其他方式欺压百姓的事件，迄今没有一件得到公正的解决，最后总是要以老百姓忍气吞声地接受不公正的现实而告终，有的公安人员也是只能暗暗对老百姓同情。因为对他们办案，来自各方面的压力和阻力实在太多太大了。

北京是世界上独一无二的历史文化名城，国际上给予了极高的评价，是祖先留给我们的一份珍贵的遗产。保护好并使之传至后代，不仅仅是北京市委、市政府的历史责任，而且是我们这一代人的共同责任。你们是当前我们党和国家的最高领导，理所当然地负有这个责任。因此，我写这封信向中央紧急呼吁，恳切请求中央领导同志支持北京市委、市政府关于保护北京古城的正确决策，促其早日实现，并提出以下几点具体建议：

一、最近几年对北京古城格局和风貌的破坏是十分严重的，令人非常痛心，已在国内外引起非常强烈的反响。现在仅存的部分无论如何是不能再继续破坏了。北京市应按刘淇同志讲话在旧城区不允许推平头、盖楼房的意见，立刻停止继续拆除四合院的活动，并尽快公布北京市已确定保护的四合院名单，以便于人民群众进行监督。至少是要正式通知区政府严加保护，禁止拆除。因为名单迟迟不公布，就留给了一些人继续拆除四合院活动的时间和空间，对古城保护极为不利。

二、北京市最近连续发生的夜袭民宅的打、砸、抢事件，性质是严重的。锦涛同志提出“群众利益无小事”的理念，赢得了广大人民群众的赞许和拥护。北京发生如此粗暴侵犯人民群众基本权益的事件，显然不是小事。因此恳切请求中央予以关注并督促北京市进行彻查，依法严惩肇事者，追究幕后指使者的法律责任。处理结果也应公开登报，以平民愤，以儆效尤，以利维护首都的社会稳定。

三、北京皇城申报世界遗产我非常赞成。但是我建议不要把南池子模式作为典型推广到整个皇城区。我认为南池子模式是拆旧建新的典型，不是古城保护的典型。对古城保护来说，是需要我们总结的教训，而不是值得推广的经验。因为，南池子是以推平头的方式拆除了大量的老四合院，重新建了这些仿古的新建筑，保存的老四合院比重很小。媒体宣传说应保的已经全部得到了保护，是不符合实际情况的，这样宣传是很不实事求是的。如果以此为样板推广到整个古城区，其结果就是拆掉了一个老古城，又新建了一个仿古城。这是与国际社会共同确认的真实性与完整性的原则相抵触的。新创造的建筑群怎么可以作为遗产申报呢？整个皇城区如以此模式改造，大量拆旧建新，我有百分之百的把握说，申报世界遗产肯定得不到批准。因此，皇城区的保护还是应当按照市领导同志关于“当前必须停止对皇城内拆旧改‘新’的行为。不能鼓励营造新景观的计划”的意见实行。只有这样才能保持皇城的真实性和完整性，申报世界遗产才是有希望的。看来阻力相当大。

北京古城是国之瑰宝，是民族瑰宝，也是全人类的瑰宝，对它的保护问题是有国际影响的。我正是基于对北京古城重要价值的认知，基于自己毕生从事文物工作的责任感，才坦率提出以上几点意见，绝无任何私利可言，耿耿此心，可誓天日。如蒙考虑，使北京市委、市政府的决策能排除阻力得以完全落实，则北京古城幸甚矣。我认为保护好北京古城是民族利益、国家利益，它反映了广大人民群众的根本利益和长远利益，这恰恰是符合“三个代表”重要思想要求的。

我年逾八旬，早已离开工作岗位。本可以不问世事，在家坐享含饴弄孙之乐。但作为一个共产党员，则必须恪守自己为共产主义事业奋斗终生的誓言，对党的事业绝不应漠不关心。并且我坚定地相信，历史发展的客观规律是不可阻挡的。不管出现什么曲折，不管遇到什么艰难险阻，健康的力量一定会战胜腐朽的势力，正义的事业一定会取得最后的胜利。我们在正确的党中央领导下，就一定会实现中华民族的伟大复兴！正是基于这种信念，尽管酷暑逼人，挥汗如雨，还是坚持写了这封信，不管其效果如何，今后我只要有三寸气在，仍将继续为保护祖国文化遗产而努力奋斗，并向一切危害我们党的事业的种种不良现象作不懈的斗争，鞠躬尽瘁，死而后已。此致

敬礼！

谢辰生谨上

八月廿四日

二　北京旧城的整体保护

党中央、国务院的重视，对我们是很大的鼓舞。当时，北京市已经着手制定《北京市历史文化名城保护条例》，修编《城市总体规划》，开始提出整体保护。北京还打算申报皇城为世界文化遗产。要

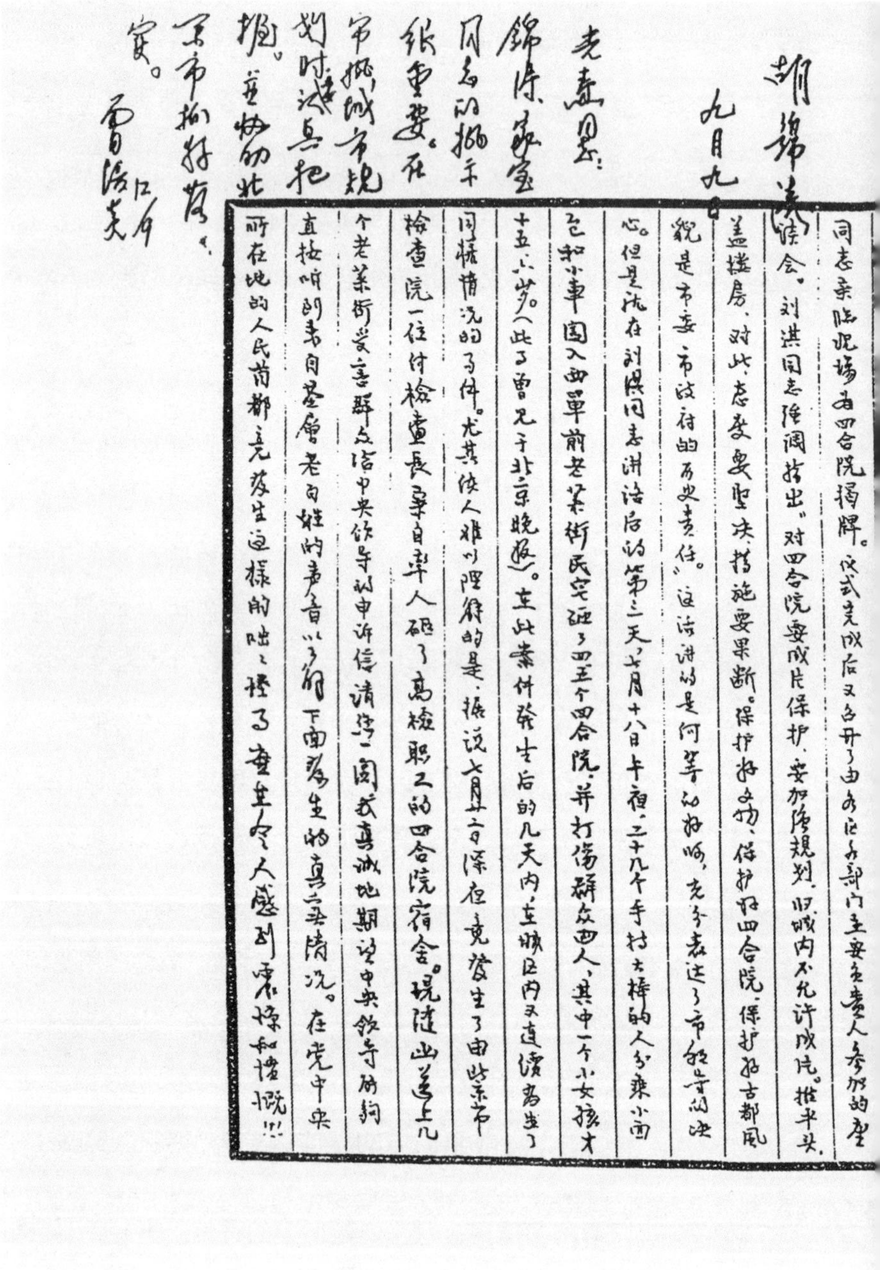

胡锦涛读。九月九

同志亲临现场为四合院揭牌。仪式完成后又召开了由有关部门主要负责人参加的座谈会。刘淇同志强调指出：“对四合院要成片保护，要加强规划，旧城内不允许成片推平头，盖楼房。对此，态度要坚决，措施要果断。保护好文物，保护好四合院，保护好古都风貌是市委、市政府的历史责任。”这话讲的是何等的好啊，充分表达了市领导的决心。但是就在刘淇同志讲话后的第三天，七月十八日午夜，二十几个手持木棒的人乘大和小车闯入西单前老菜街民宅砸了四五个四合院，并打伤群众四人，其中一个小女孩才十五六岁（此事曾见于北京晚报）。在此案件发生后的几天内，在城区内又连续发生了同样情况的事件。尤其使人难以理解的是：据说七月廿六日深夜竟发生了由北京市检查院一位副检查长亲自率人砸了高检职工的四合院宿舍。现随函送上几个老菜街受害群众给中央领导的申诉信，请给予一阅，我真诚地期望中央领导能够直接听到来自基层老百姓的声音以了解下面发生的真实情况。在党中央所在地的人民首都竟发生这样的咄咄怪事，每思令人感到震惊和愤慨！！！

老谢君：

锦涛、家宝同志的批示很重要。在审批城市规划时请予把握。并协助北京市抓好落实。

曾培炎 九日

2003 年 8 月 24 日，谢辰生先生就北京历史文化名城保护问题写给时任中共中央总书记、国家主席胡锦涛和国务院总理温家宝的信（第一页、第二页）

刘淇、岐山同志：谢老作为一名老专家、老党员，所提意见值得重视，应认真研究。保护古都风貌和历史文化遗产，是首都建设的一件大事。各级领导必须提高认识，在工作中注意倾听社会各界的意见，要按规划、依法办事，并自觉接受群众监督，不断改进工作。

湛然室

九月八日

胡建：坚决

赞成，要注意保护历史文化遗产和古都风貌。

家宝同志并

锦涛同志：我是八十二年前出生在北京的老北京市公民，又是在文物战线奋斗了半个多世纪的文物老兵，对北京古城的保护问题极为关切。顷阅报载家宝同志在考察北京城建工作时的讲话，明确指出："要在加快旧城改造改善人民居住条件的同时，十分注意保护好文物和历史文化遗产，保护好古都风貌。"对此我感到极为兴奋。正如几个月前听到刘淇同志关于要整体保护皇城讲话时一样高兴。但是面对严峻的现实，又使我五内如焚深为忧虑。

今年四月北京市委提出要加强对北京古城的保护，并决定公布在古城区内需要保护的四合院名单，以便于广大人民群众进行监督。不久由于非典肆虐，拆除四合院的活动被迫中止。但在抗击非典取得胜利之后，拆除活动又卷土重来，而且一些已列入名单的四合院亦被拆毁。七月十六日北京市在东四十二条举行

2006 年 2 月，陈志华、谢辰生、刘小石、徐苹芳、梁从诫（从右至左）在“中国 21 世纪城镇化发展”战略论坛上（吴力田　摄）

成为世界文化遗产，真实性和完整性是根本前提。我们一批老专家、老同志就提出来，皇城保护不能学南池子。因为南池子的模式，有很多值得总结的教训，而不是值得推广的经验，不能推广到皇城，更不能推广到整个古城区，否则就是拆了真的古城造一个假的出来。2003 年 10 月 18 日，我们起草了一封信，吴良镛、郑孝燮、舒乙、梁从诫、傅熹年、罗哲文、陈志华、徐苹芳、李准，加上我，联名给北京市领导送上去了。当时北京市的媒体对南池子是一片赞扬，建设部有人认为南池子改建方法是对的，还有个别所谓的“古建专家”也说好。因为南池子问题关系到今后北京旧城改造的方向，所以这里面的斗争是很激烈的。

中央领导同志批示后，北京一边在修总规，搞条例，一边胡同的拆除仍然在继续啊！可以说这一年来从未间断。旧鼓楼大街要拓宽，德胜门内大街要拓宽，这都是元朝就有的古街道，直接影响古城固有格局，我和徐苹芳都是坚决反对的。[12]徐苹芳是元大都、金中都研究的权威，对北京城的发展沿革非常了解，他坚决不同意拓宽旧鼓楼大街、德胜门内大街。东西城也在继续拆啊，皇城也在拆，南长街西侧拆了半条街，北池子正在建超高的大楼，都是中央机关的项目，也没经过文物部门的同意。人民日报社在东单要盖个大楼，打算拆掉两个文物保护单位，一个于谦祠，一个是麻线胡同3号，是民国首任总理唐绍仪的故居。[13]虽然名城保护有了转机，

---

〔12〕2004年7月4日，徐苹芳、梁从诫、陈志华、杨东平、刘绮菲等19位人士联名致信苏州举行的第28届世界遗产大会，呼吁关注世界文化遗产北京紫禁城周边环境的保护，停止对北京古城的拆除、破坏。他们指出：就在世界遗产大会在苏州召开之际，北京市又开始拆除古城中轴线鼓楼、钟楼西侧的旧鼓楼大街，要将这条形成于13世纪的元大都古街拓宽至30米，鼓楼西大街的一部分也将被拆除拓宽。同样有着悠久历史的德胜门内大街，将被拆除、拓宽至50米宽。这些街道都在北京市规定的什刹海历史文化保护区内。持续多年的拆除，使得北京成片的胡同、四合院已经越来越少。景山以北至什刹海、钟鼓楼地区是老北京最后的土地之一，如果不采取正确的保护措施，仍然沿用大拆大建、修宽马路的做法，那么，老北京最后的风貌也即将消失！

〔13〕2004年4月23日，《人民日报》刊发记者李舫撰写的《于谦祠："拆"得"清白"在人间？》，记录了2004年4月于谦祠和麻线胡同3号的景象："千锤万凿出深山，烈火焚烧若等闲。粉身碎骨全不怕，要留清白在人间。"这首连小学生都耳熟能详的《石灰吟》，不仅记录了于谦刚毅不屈、忠贞爱国的品格，更记录了人们几百年来对这位民族英雄的景仰和敬慕。于谦祠现为北京市文物保护单位，位于北京市东城区西裱褙胡同23号，原有门匾书"于忠肃公祠"。就在北京市文物部门宣称对于谦祠进行"近百年来第一次全面的修缮和保护"不到一年的今天，于谦祠——这座著名的民族英雄祠堂，已经呈现出一片破败不堪的景象。4月21日中午，记者来到这里，亲眼目睹于谦祠的现状：屋脊塌陷，墙体倾颓，木架糟朽，石构件风化，一半以上的屋顶和墙壁已被掀掉、刨断，石头、泥土和树枝散落满地，还没有拆完的窗台上晾着民工的布鞋，于谦塑像和"热血千秋"木匾已经不翼而飞……院中的一棵古树因为不利于"修缮"工程的进行，而被点燃活活烧死，树上布满了斑斑点点的焦痕。针对当时"于谦祠要拆"的传言，北京市文物部门负责人表示，北京市文物局已指定专门单位予以保护并开始编制抢修方案等前期工作。"无论采取何种方式，于谦祠都将一直保留，绝不会拆除。"并宣称，在抢修中，还将对部分隐蔽位置的破损情况进一步勘察，补充具体方案，以便指导施工。但是，记者失望地看到，于谦祠门前的众多院落都已被夷为平地，拆下来的砖瓦石砾大都清理干净，成为临时的停车场，一辆巨大的推土机等候在停车场一角"随时待命"。距离于谦祠不远的麻线胡同3号大院，为清朝某官所建，北洋军阀统治时期卖给当时的国务总理唐绍仪，后又卖给清末外务部尚书梁敦彦。梁敦彦曾经对此进行大规模的修葺和改建，将宅子改成中西式建筑，共有房屋105间。因其别致优美的建筑样式和风格，1984年被评定为北京市东城区文物保护单位。此时，这个院子也遭遇了同样的命运。

但是要把中央领导关于保护历史文化遗产和古都风貌的批示落到实处，还是有相当大的阻力，这就是当时的形势。2004 年 8 月 19 日，我再次给胡锦涛、温家宝写信反映这些问题。我说北京市总体规划的修编和名城条例的出台要到年底或者更晚，对现实的情况如不采取有力措施，而听任一些项目一片片地蚕食旧街区，等到总体规划和名城条例出来的时候，所谓整体保护的对象已经不存在了。一个举世无双、保存几百年的古城，如果被毁在我们这一代人手里，我们这代人就是在这个问题上犯了历史性的错误，是既对不起祖先，也对不起后代子孙的。

我在信中提出两点紧急建议。一是北京市总体规划修编和名城保护条例出台之前，首都规划委员会不要在旧城区内再审批修建商业大厦、高级写字楼、五星酒店、会议大厦以及成片拆除旧街区的项目，包括中央机关的项目。二是过去已经审批尚未实施的，也要暂时停止，等总规修编和条例出台后，按照新要求进行调整和安排。不采取这样的果断措施，旧城整体保护就根本不可能落实。同时，我还说明专家们从没有反对过危改本身，而是反对以开发商为主导，以开发项目带危改的“推平头、盖大楼”式的危改方式。“以开发带危改”这个提法，本身就没有把危改放在首位，危改反而成了实现开发目标的手段，成了一些人暴发致富的捷径，成了滋生腐败的温床。实践证明，这种不适当的危改方式，既破坏了古都风貌，损害了部分群众特别是基层弱势群体的利益，导致成千上万人不断上访。所以，这种危改方式必须要否定。写这封信的同时，还附上了 2003 年 10 月我和吴良镛、郑孝燮等联名就南池子问题给北京市领导的信。8 月 21 日，温家宝收到信以后批了，“请北京市政府、建设部认真研究，可再直接听取谢老的意见。此件送培炎、王刚、建敏同志阅”。

北京市找了我，我就把对北京旧城保护的意见又说了一遍，后来我要求“整体保护”的意见在“总规”中基本上都被采纳了。2005年，国务院批复了《北京城市总体规划（2004—2020）》，新的《总体规划》非常明确地提出旧城保护必须贯彻“整体保护”的原则。[14]这个新《总体规划》是非常之好，可以说是我们这些年保护北京城的“尚方宝剑”，是很了不起的一大进步。《总体规划》第七章“历史文化名城保护”部分，要求“进一步加强旧城的整体保护，制定旧城保护规划，加强旧城城市设计，重点保护旧城的传统空间格局与风貌”。国务院在批复中指出，“加强旧城整体保护、历史文化街区保护、文物保护单位和优秀近现代建筑的保护”。这是把北京的名城保护分成了三个层次，第一个层次是“旧城整体保护”，这是非常重要的。只保护历史文化街区和文物保护单位还不能全面反映北京历史文化名城的价值。过去是把北京旧城分片来保护，所以有25片历史文化保护区。这25片历史文化保护区，等于是25座文物的扩大品，还是分散的。现在不同了，北京必须贯彻整体保护的原则，在保护区范围内的胡同要保护，不在范围内的胡同也要保护。

---

〔14〕在《北京城市总体规划（2004—2020）》得到国务院批复之前，《北京城市总体规划（1991—2010年）》第47条已提出“要从整体上考虑历史文化名城的保护，尤其要从城市格局和宏观环境上保护历史文化名城”，并提出十条措施，包括：一、保护和发展传统城市中轴线；二、注意保持明、清北京城“凸”字形城郭平面；三、保护与北京城市沿革密切相关的河湖水系，如长河、护城河、六海等；四、旧城改造要基本保持原有的棋盘式道路网骨架和街巷、胡同格局；五、注意吸取传统民居和城市色彩的特点。保持皇城内青灰色民居烘托红墙、黄瓦的宫殿建筑群的传统色调；六、以故宫、皇城为中心，分层次控制建筑高度；七、保护城市重要景观线；八、保护街道对景；九、增辟城市广场；十、保护古树名木、增加绿地，发扬古城以绿树衬托建筑和城市的传统特色。《北京城市总体规划（2004—2020）》相比以往总体规划，在“第61条旧城保护”中进一步明确提出“保护北京特有的‘胡同—四合院’传统的建筑形态”。

北京历史文化名城保护取得历史性转折，我当然是非常高兴。以前谢国桢写过一首《七绝》，2004年我也和了一首，并题：一九八二年，先兄刚主因庸医误诊溘然而去，尹达同志致悼辞引其遗诗云：文章何尝与世争，胸襟辽阔自峥嵘。不求秦宓虚谈论，俯首工农作老兵。刚主此诗盖有所感而发也。余与刚主境遇虽殊，固多同慨，乃反其意步原韵和之以自况。这首《七绝》是：

革命何妨与世争，平生从未竞峥嵘。
惯迎风暴难偕俗，垂老犹能作壮兵。

《总体规划》批复后，我接受《光明日报》专访，记者抓得很好，标题就是《加强北京旧城整体保护是关键》。我说保护北京旧城不能分散保护，必须整体保护，这样才能反映北京历史文化名城的价值。北京的每个历史文化街区都有自己的特点。比如大栅栏，是商业街，要保护它传统的商业特色。再比如成贤街，有孔庙、国子监，有传统的文化特色。什刹海又有另外的特色。每一个街区形成了自己的特色，保护它的特色才有生命力。但是，保护历史文化街区离不开旧城的整体保护，不能分散地只保护历史文化街区，街区是要特色；所有旧城的胡同四合院都要保护，否则就不是整体保护。整体保护跟民生改善不是冲突的，是相辅相成的，你弄好了，名城也保护了，民生也改善了，“危改”的矛盾也解决了。所以《总体规划》第七章提出来“积极探索适合旧城保护和复兴的危房改造模式，停止大拆大建”，“积极探索小规模渐进式有机更新的方法”，特别是“建立健全旧城历史建筑长期修缮和保护的机制。推动房屋产权制度改革，明确房屋产权，鼓励居民按保护规划实施自我改造更新，成为房屋修缮保护的主

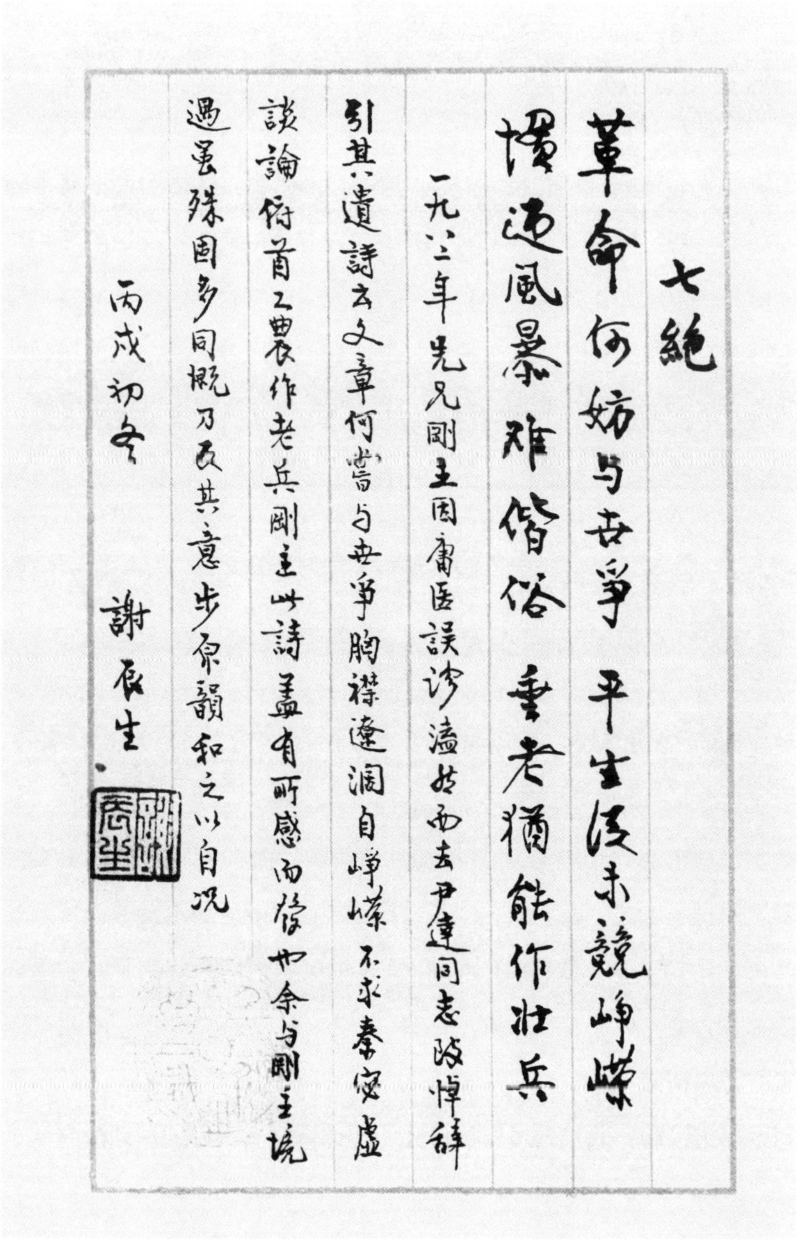
七絕

革命何妨与世争　平生從未競崢嶸

慣遭風暴难隨俗　垂老猶能作壯兵

一九六二年先兄剛主因庸医誤診溘然而去尹達同志陈悼辞引其遺詩云文章何當与世争胸襟遼阔自崢嶸不求秦漢虚談論俯首工農作老兵剛主此詩蓋有所感而發也余与剛主境遇虽殊因多同概乃反其意步原韻和之以自況

丙戌初冬　謝辰生

謝辰生

谢辰生先生手书《七绝》“革命何妨与世争”（时年 83 岁）

体。制定并完善居民外迁、房屋交易等相关政策”。这是说让老百姓成为四合院保护的主体啊，那就不是开发商了，说得多好！这几条都很重要，值得长期坚持。

《总体规划》第七章里面还有具体的要求，比如“保护旧城原有的棋盘式道路网骨架和街巷、胡同格局”，你要保持格局就不能再随便拓宽马路。根据《总体规划》关于“在保持旧城传统街道肌理和尺度前提下，建立并完善符合旧城保护和复兴的综合交通体系的要求”，就得调整旧城原有道路红线规划，不能在旧城区开大马路以解决交通问题。这方面国际上有不少经验可以借鉴。“分区域严格控制建筑高度，保持旧城平缓开阔的空间形态”，你要保持这个平缓开阔的景观，就不能再盖高层建筑。现在有人对复建的永定门城楼有意见，认为那太小了。其实一点也不小，原来就那么大。为什么感觉小了呢？因为环境变化了，周围都是高楼大厦了，自然就把它比小了。你在天安门旁边盖摩天大楼，天安门也小了。所以不仅要保护文物本身，还要保护文物的环境和风貌。过去我反对盖东方广场，东方广场那么一个大家伙往那儿一盖，不是跟天安门在争夺中心吗？

北京市还先于国务院的名城保护条例，搞了《北京市历史文化名城保护条例》。北京市在立法、规划方面做得还是不错的，特别是 2005 年的《总体规划》第七章，从政策层面把问题解决了。如果都按总体规划办，北京旧城的保护就好了，可以说“两金”把北京毁了，金融街毁西城，金宝街毁东城，后头都是有背景的人。《总体规划》出来以后，北京名城保护最大的教训就是有很好的规划没有认真执行。

很多事情是很无奈的。2004 年，在西城金融街项目中被拆掉的孟端胡同 45 号就是一个例子，当然他们也没说“拆”啦，说的是

“迁建”。我小时候住在锦什坊街小水车胡同，对孟端胡同这一带胡同的一草一木都很熟悉。西城区搞金融街，要把这里的四合院全拆掉。我当时想，全力保那些比较好的院子，它们不能动，你不能说这盖一块那盖一块，大楼就盖不成了，那胡同不就保下来了吗？所以我们就全力保护其中最好的一个四合院——孟端胡同45号，据说是清朝的果郡王府，是北京四合院中上品中的上品，花园非常漂亮。我们尽力想保下来，我跟徐苹芳、陈志华、梁从诫都去看了。华揽洪的女儿华新民多方奔走呼吁，媒体都纷纷报道，都呼吁要保护。〔15〕

2004年底，我给北京市文物局写了信，力保孟端胡同45号。我说，孟端胡同45号那一片四合院据说始建于康熙，当然是文物。在我记忆中，除了过去看到过的那家花园，半亩园等著名宅第花园之外，迄今为止这是我见到的最好四合院，而且周边还有宋哲元故居以及近代资产阶级大家族周氏的四合院，属于名人故居范围。我认为这些四合院是古城区内仅存的精华部分，45号院是精华中的精品，于谦祠、麻线胡同也要原地保存，既不能拆，也不能迁，因为园林式的四合院，在技术上是搬迁不了的。后来开发商同意不拆了，我也就放心了。

〔15〕2004年7月22日，《南方周末》发表记者南香红的文章《以迁建的名义，拆？》，记录了孟端胡同45号的原貌：孟端胡同45号原是一个大四合院院落，虽然历史不可考，但因其规模宏大、保存完整而成为北京目前现存的四合院中的上品。朱门绿廊、树高庭阔、雕梁画栋、青砖碧瓦、百年老树枝繁叶茂。45号院里有两棵脸盆粗的百年丁香树，树高过屋，每到春天满树繁花，香气溢得满胡同都是。专家、学者、院子里的居民、保护四合院的社会力量为这所院子坚持了四年之久。“我们一直都以为这所院子能保下来，北京市委领导来看过，谢辰生、罗哲文等知名专家也来过，还有电视报纸的很多记者，每来一拨人，我们就觉得多一分希望，没想到最终还是保不住。”45号院的一位居民说。去年国家文物局局长单霁翔曾来看这个院子，然后打电话给梁从诫说：“我看过北京260多个四合院，这个院子是我所见的院子里的上上品。”为了能保留45号院，梁从诫——老北京坚定的保护者，两次给北京市委领导写信。

结果过了一段时间，开发商又请我们专家去论证。我到现场一看，周围都拆光了，拆成了一片平地，孟端胡同45号成了一个孤岛。到这一步，我签字不签字，胡同都没法保护了，我没有办法，只好同意迁，退而求其次吧。不过，我要求要按原样迁，院子里的两棵老丁香树也要移栽过去。过了几年，他们在历代帝王庙边上说是“迁建”了，请我跟陈志华去看。迁建等于是新建的，当然没什么文物价值，但是北京市也算履行了“迁移”的承诺。这是很无奈的事情。〔16〕

国务院批复《北京城市总体规划》以后，“整体保护”已经明确提出来了，但是在新《总规》出台之前就已经立项或者正在实施的危改项目怎么办？像金融街这样的项目，孟端胡同45号这样的问题就还会发生，所以，你必须把以前已经批的还没动的危改项目都给撤了。也许会使一些开发商在经济上受到一定的影响，但这与保护名城的价值是不能相提并论的。因为保护北京古城是反映了人民的根本利益和长远利益，你那个是局部利益、眼前利益。2005年2月，我和郑孝燮、吴良镛、罗哲文、傅熹年、李准、徐苹芳、周干峙联名给北京市提交了一份建议，除了周干峙都是“十人小组”成员，周干峙是国家历史文化名城保护专家委员会主任，所以，这些人都是有权威性

〔16〕2004年12月31日，《南方周末》发表记者南香红的文章《元大都活在胡同里　胡同停泊在梦中》，记录了孟端胡同45号“迁建”时的场景：一组三所大院“孟端45号”正在迁建中。围绕这所建筑曾进行过长达4年的拆除与保留的争论，它最后的命运仍是迁建他处。2004年12月3日上午11时，天气寒冷，75岁的清华大学建筑学教授陈志华大老远从清华赶来看孟端45号的迁建。一个工人站在3米高的墙头，手拿十字镐，用力刨下去，往外一别，一大片灰色的方砖夹着尘土从3米高的墙上轰然坠下。站在围板外的陈老先生大怒，大吼起来：“快停下来！有这么迁建的吗？老砖的边角要碎的！”没有人理会这位白发老人的呼喊，包工头和工人们连认都不认识他。孟端胡同就这样在一个寒冷的冬日寂灭了。

的。[17]国家历史文化名城保护专家委员会成立得早，周干峙是主任，郑孝燮、罗哲文是副主任，他们现在都不在了。我是里面的委员。[18]

开始北京市的“危改”项目都要经过这个十人小组论证通过，我反对拆，反对得厉害，到后来慢慢地他们也不来找我了。现在这些专家里面，有“保派”，有“拆派”，我跟徐苹芳一直坚持得厉害，有的人就说胡同破破烂烂，为改善老百姓生活拆了就拆了，我们就跟他们辩论。保护古城是原则问题、是非问题，必须要争论，我跟王世仁就当场有过辩论。

我们这次给北京市的联名信，一是建议政府采取果断措施，立即制止目前在北京旧城内正在或即将进行的成片拆除四合院的一切建设活动。既不能“推平头、盖大楼”，也不能成片拆除所有老四合院、重新建四合院，而是要最大限度地保存较好的四合院。对现有四合院进行甄别，采取微循环方式逐步改造危房。二是建议依据宪法及建设部等有关方面的规定，保护私人所有房屋的产权，按照《总体规划》关于推动房屋产权制度改革，明确房屋产权，鼓励居民按规划实施自我改造更新，成为房屋修缮保护的主体的要求，制止目前仍在继续强行拆迁私人所有房屋的违法行为，维护公民基本权益。三是建议对过去已经批准的危改项目或其他建设项目目前尚未实施的，一律暂停实施。要按照《总体规划》要求重新经专家论证，进行调整和安排。凡不宜再在旧城区内建设的项目，建议政府采取用地连动、异地赔偿的

〔17〕“十人小组”是指2004年11月17日成立的北京旧城风貌保护与危房改造专家顾问小组，成员为郑孝燮、吴良镛、谢辰生、李准、罗哲文、宣祥鎏、徐苹芳、傅熹年、王世仁、王景慧。后于2007年调整为北京古都风貌保护与危房改造专家顾问小组。

〔18〕国家历史文化名城保护专家委员会成立于1994年，第一批专家委员26人，主任委员周干峙，副主任委员郑孝燮、罗哲文，委员吴良镛、朱自煊、谢凝高、徐苹芳、杨鸿勋、王健平、安永瑜、傅熹年、李准、黄景略、阮仪三、吴明伟、宿白、谢辰生、陈为邦、王景慧、汪志明、王瑞珠、韩骥、应金华、韩伟、王世仁、麦英豪。

办法解决，向新城区安排，以避免造成原投资者的经济损失。结果不是很理想，旧城的危改项目只是撤销了一小部分，但是大部分还是继续实施了，后来北京名城保护老出问题的一个症结就在这儿。〔19〕今后北京市要把历史文化名城保护好，还是必须下决心解决这个问题，旧城区内拆旧建新的“危改”项目应该全部撤销。

奥运会前夕，北京市制定了《北京旧城房屋修缮与保护技术导则》，我对这个规定是高度评价的。什么样的房子该怎么修，用什么材料、工艺都有很具体很全面的规定，而且完全具有可操作性。它是一个整体配套的方案，房屋外观整体都不能动，主要是加强里头的基础设施，提高居民的生活质量。北京市提出“改善、修缮、疏散”，改善老城区的四合院。如果能坚持政府主导，公益性优先，在房屋外观不动的前提下，改善基础设施，提高保百姓的生活质量，这个思路是对的。把文物保护工程和民生建设工程统一起来，这才是正确的“危改”思路，因为目的是改善老百姓的生活，照顾弱势群体。过去的“危改”是伤害弱势群体，倾向的是那些开发商、那些大款的利益，所以背离了“危改”的初衷，制造了很多的社会矛盾。要坚持政府主导，就必须排斥开发商的介入，真正把保护和民生都做好了，老百姓会赞成，专家也会赞成。这不是说里面没有问题，比如有的院子没有修好，修得太新了，把历史信息弄没了；后来有人利用“疏散”的口号，强行轰老百姓走，这都是不对的。但是这个《导则》的思路和方向，还是正确的，是值得向全国推广的。

我一直说，北京有很好的规划，就是没有认真执行，就是有法不依。《北京城市总体规划》出来以后，既有保护的成果，但仍有破坏

---

〔19〕2005年4月19日，北京市政府对旧城内131片危改项目做出调整，决定35片撤销立项，66片直接组织实施，30片组织论证后实施。

的教训，我举几个例子。一是前门。2005年，前门东侧鲜鱼口历史文化街区启动“危改”，我去了好几次，到正在拆迁的胡同调查，给北京市提过意见。前门也就靠近天安门这段还可以，没有拆，到了南边的鲜鱼口，就跟南池子一样了。原来他们说是“拆而不迁，人房分离”，但后来实施的是“迁而大拆，人房分离”。[20]二是玉河工程。2007年，东皇城根搞玉河工程，为了恢复早就消失的玉河，要拆掉几百个老四合院，这没有道理啊！我跟徐苹芳现场看了，提了意见，叶廷芳等几位全国政协委员都有过提案，也没有效果。[21]三是宣南。宣南是“公车上书”的发源地，那么多会馆、寺庙，那么丰富的宣南文化，现在都给拆没了。北京的志愿者刘征找到我，他写了个保护宣

[20] 2006年3月8日，万选蓉、张文康、冯骥才、叶廷芳等8名全国政协委员联合向大会提交了一份《抢救保护北京前门历史文化街区》的调查性提案，指出：北京前门历史文化保护区内的古建筑及街景布局，正在遭受着一场比拆城墙还要严重的浩劫，如果再不引起有关部门重视并加以保护，北京将会痛失古都的历史风貌。崇文区鲜鱼口地区文物普查单位共有57处，此次列入危改名单的有41处；保护院落原定80处，这次列入拆迁的有61处。按现在危改规划和进度，到2006年年底，鲜鱼口与大栅栏这两片北京老城区保存最为完好的胡同将灰飞烟灭。眼下鲜鱼口地区的长巷头条、大江胡同、草厂三条、十条等保存完好的整片胡同，已在4个月间被夷为平地，整条街的老住户被外迁。提案建议，国家文物局及建设部介入调查，叫停由目前开发商参与的破坏老北京历史文化街区风貌的拆迁行为，针对目前的北京老城区危房改造方案召开专家听证会。(《八委员联合提交提案：前门地区古建筑亟待保护》，《新京报》2006年3月9日。)

[21] 中国社会科学院研究员、第九届全国政协委员叶廷芳回忆，“关于旧城改造，我得益于谢老的指导很多。尤其是2007年夏天，针对东皇城根的所谓‘玉河改造’工程，我几次向谢老请教，应取何种态度？谢老的回答很明确：必须制止！于是我立刻联络13位名望较高的全国政协委员提交了一份提案，事后我也把这份提案改成文章，以《旧城改造不宜伤筋动骨》为题，交《人民日报》发表。《光明日报》和《文摘报》立刻做了转载。老实说，没有谢老的热情支持和撑腰，我不敢那么快发表我刚刚形成的观点。谢老历来怀有高度的社会责任感和政治责任感，近年来他依然一如既往，不顾年事已高，也不在乎顽疾在身，该去的地方照样去，该讲的实话照样讲；始终风尘仆仆，精神奕奕。在与刚才讲的玉河改造工程抗争的过程中，他有一个行动久久难以让我忘怀。2007年7月22日下午，86岁高龄的谢老携79岁的考古学家徐苹芳先生亲自找到玉河改造工程指挥部，规劝他们不要这样搞。指挥部的人也十分感动，答应把他们的意见向上级领导汇报。”(叶廷芳：《“国宝卫士”的精神风貌》，《中国文物报》2010年9月17日第3版。)

南的材料，我给刘淇写了封信，转给了北京市。后来他出了本会馆的书，书名是我题写的。四是钟鼓楼广场项目。前两年，为了所谓“恢复”钟鼓楼广场，拆掉广场周边的老四合院都是不对的。钟鼓楼地区风貌在不同时期不断变迁，究竟恢复到哪一个年代？你有什么依据？乾隆以后的北京城的发展变迁，那也是历史啊！

2009年，北总布胡同梁思成故居拆迁事件，影响很大。保派和拆派两边辩论，要保护的人写文章，跟那些说什么胡同破破烂烂，没必要保的人辩论，最后国家文物局决定保护，列为不可移动文物。[22]

---

〔22〕2009年7月，北京北总布胡同24号梁思成林徽因故居在房地产开发中的存废之争，引发一场规模可观的公众参与活动，北京历史文化名城保护专家顾问组成员谢辰生、徐苹芳通过直接向政府部门提出意见，或公开发表意见的方式要求保留，北京市政协文史委员会组织委员赴故居现场察看，最终导致国家文物局、北京市规划委员会、北京市文物局做出决定，使这处故居得以保留。在此过程中，《新京报》《人民日报》《中国青年报》《光明日报》刊发报道或评论，要求保留这处故居，《北京日报》《北京晚报》等提出或刊登不同意见，两派意见激烈交锋。

7月10日，王军在其博客发表文章《请留下梁思成、林徽因故居》，引起媒体和北京市相关部门的关注。

7月22日，《北京晚报》发表文章《梁思成林徽因故居拆迁续：专家称名人故居是噱头》，内称：北京市文物局文保处人士称，“我们不能凭借简单的口口相传，就认定其应受到文物法保护”。“一位资深文物工作者”认为，“林梁故居只是一个噱头，拿名人说事儿的现在可不在少数”，“所谓‘故居’如今多已沦为大杂院，破败拥挤，上厕所要走出200米，曾经的文化是否能让这里的居民感到自豪？”

7月24日，《新京报》发表王军评论《凭啥说保护梁思成故居是个噱头》，内称“他们的言论，倒使笔者想起几年前陪同一位外国艺术家探访这处故居的情景。看到故居院落保存不善，这位艺术家当场伤心落泪。不知这样的眼泪，在这位文保官员和那位‘资深文物工作者’看来，‘含金量’到底有多大”。

7月24日，《北京晚报》刊出署名“未名”的文章《外国人的眼泪能成为保护的依据吗？》，称“一位‘外国艺术家’的眼泪，被作者津津乐道，并且成为保护梁林故居的借口，由此还要拿来质问中国的专家，这样的道理不能不说是奇谈怪论。在这里，我们除了被‘学者’王军丰富的情感所感动，似乎并不能得出什么‘新鲜’的结论”。“历史上北京各个领域的名人众多，从我们非学者的角度判断，很多人的价值并不比梁林低，是不是他们所有曾经的住处都要保护起来，这本身是需要通过科学的标准和程序来认定，而外国人的眼泪并不足以为据。”

7月25日，《新京报》发表姚远评论《梁思成故居命运预示旧城的未来》，提出“梁思成先生就是中国文化遗产保护事业的大师。开发商不知道梁思成是谁，出于无知，尚可原谅。如果文物部门也认为梁思成算不得什么‘名人’，（转下页）

结果到了2012年1月，梁思成故居突然被拆了，理由是“维修性拆除”，这都胡说八道，《文物保护法》里有这个吗？后来东城区文委找了我，我提出来应该按照《文物保护法》的“特殊需要”的情形，在原址原样复建。因为保护的是名人故居，复建还是梁思成、林徽因原来生活的地方，地点没变，还可以作为梁、林故居旧址纪念馆，同时也是对开发商的一种处理，你拆了也开发不成。这还是有意义的。

这些事情都是《北京城市总体规划》出台以后发生的，问题还是很多。你照《总体规划》第七章办了吗？我不同意你这样拆胡同，是一点儿也不含糊！当然，好的例子也有。一是烟袋斜街，就是原汁原味，没有赶老百姓走，老百姓自己把房子修了，这个机制是很好的。二是成贤街，当地居民还住在这儿，而且修得比烟袋斜街还好。所以烟袋斜街、国子监街都是历史文化名街，这是值得推广的模范。南锣鼓巷本身没问题，没有动，就是商业气氛有点过了，现在不能再扩大，再扩大就不对了。这些年的确也保下了不少，但是很多时候还是挡不住，可是无论如何，能保一点就保一点，一点点进行遭遇战。

（接上页）故而其故居不能列入文物保护范围的话，那就令人费解了”。

7月31日，《北京晚报》刊出署名“卢金忠”的文章《历史可以“凝固” 生活不能“冻结”》，提出“名人故居和古代建筑是‘凝固的音乐’和‘古朴的风景’，但是由此推导出将整个老城区‘原封不动保护下来’，这样的结论是典型的形而上学，无一丝一毫合理性、科学性可言”。“在某些论者的眼里，只有‘冻结对老城区和古建筑的改造’，原封不动保留那些‘凝固的音乐’，才能达致所谓‘阻止中国的消失’的高度，而老百姓的这些生计问题根本不值一提。”

7月31日，《新京报》发表姚远评论《旧城保护和改善民生一定水火不容吗》，提出“欧洲古城完美地体现了保护与发展的辩证法：既在整体上原封不动地保持历史韵味，又在微观层面实现了住房条件和基础设施的改善和更新。那么，中国为何不能用老子‘动起于静’的大智慧，将居民生活条件的改善，房屋的合理维护改造等微观上的‘动’，‘凝固’于完整保护古都风貌的‘静’之中呢？”

7月27日，国家文物局有关负责人通过《光明日报》明确表态：梁思成、林徽因故居具有重要的历史价值，完全符合《中华人民共和国文物保护法》对文物的界定，应该由地方文物部门向同级政府申报公布为文物保护单位，依法严格保护。

回过头来看，20世纪90年代到21世纪初对北京城的大拆大建，真是我们文物保护的一场灾难，对文物的破坏远远超过了“文革”。现在好多人都骂毛主席把北京城墙拆了，城墙拆了是不对，可是拆城墙是扒了层皮啊，你现在是五脏六腑都给掏了，这更不对啊！我总结90年代以来对北京城的破坏，是“一条长安街，腰斩北京城”，长安街两侧都是高楼大厦，把内城和外城的联系都给切断了；接着是“二金”，金宝街毁东城，金融街毁西城，东西二金，直逼皇城。其他地方乱拆乱建更多了。旧城的保护改造本来应该政府主导，坚持公益性，结果让开发商来主导，开发商当然在商言商，追求利益最大化，哪管你什么文物保护。你要么不让人家来，要让人来人家就得赚钱。所以采取开发商主导的“开发带危改”“项目带危改”的方式是绝对错误的，结果是“危改”也没弄好，古城也没保护好，这是我们必须汲取的教训。

一批老专家、老同志多次联名上书，还有新闻媒体、志愿者、社会各界一起共同坚持斗争，还是对名城保护事业起了很好的效果。[23]培根

〔23〕近十多年来，谢辰生先生多次起草或联署关于历史文化名城等保护的呼吁信，其中包括（不完全统计）：

1. 1995年8月29日，先生与单士元、傅熹年、张开济、王定国、杜祥明、郭正谊、毕克官、郑思远、李准、郑孝燮、柴泽民、王建平、罗哲文、张锦秋、徐苹芳等16位人士就北京东方广场问题联名致信江泽民、李鹏（谢辰生起草）。
2. 1995年12月27日，先生与傅熹年、毕克官、徐苹芳、单士元、张开济、罗哲文、梁从诫、郑孝燮等9位人士就北京东方广场问题致信乔石并全国人大常委会（谢辰生起草）。
3. 1998年9月，先生与罗哲文、俞伟超、郑孝燮就北京粤东新馆保护问题发出联名呼吁。
4. 2001年8月31日，先生与彭卿云、沈竹、马自树、黄景略就文物保护法修订问题联名致信文化部（谢辰生起草）。
5. 2002年9月，先生与侯仁之、张开济、吴良镛、宿白、罗哲文等25位人士联名向江泽民、朱镕基发出《紧急呼吁——北京历史文化名城保护告急》。
6. 2003年10月18日，先生与吴良镛、郑孝燮、舒乙、梁从诫、傅熹年、罗哲文、陈志华、徐苹芳、李准等10位人士联名就北京南池子改造问题致信刘淇、王岐山（谢辰生起草）。（转下页）

说，北京是人类在地球上建造的一个最伟大的单体作品。所谓单体作品，我就说像人一样，胡同就是这个人的经络，四合院就是人的细胞，人要活着你不能把经络砍断，你也不能把细胞全消灭，北京生命力太强了，内容太丰富了，所以尽管有这么七零八落，也就是说像人似的断胳膊断腿了，只要故宫还在、皇城还在、古城的心脏就还在跳动。不管还有多少胡同、四合院，我都要尽最大的努力去抢救。在保护北京古城这个问题上，我永不言晚。

从2000年北京市领导提出“五年内完成危旧房改造”，到2002年换届以后，新一届北京市委市政府决定要“旧城整体保护”，这个转变很不容易。现在有好的保护规划，但整体保护到底能不能真正落到实处，北京市领导的重视很关键。原来说好旧城内的拆迁改造必须

（接上页）7. 2004年1月，先生与王定国、郑孝燮、张开济、罗哲文、吕济民、黄克忠等7位人士就改建长城过境公路问题联名发出呼吁（罗哲文起草）。

8. 2005年2月，先生与郑孝燮、吴良镛、罗哲文、傅熹年、李准、徐苹芳、周干峙8位人士就立即停止北京旧城内拆除四合院活动联名致信北京市（谢辰生起草）。

9. 2005年7月19日，先生与郑孝燮、宿白、谢凝高、黄景略、李伯谦、吴良镛、舒乙、徐苹芳、傅熹年、常沙娜11位人士就设立“文化遗产日”联名致信胡锦涛（谢辰生起草）。

10. 2006年8月，先生与侯仁之、郑孝燮、吴良镛、宿白、徐苹芳、罗哲文、梁白泉、蒋赞初、陈志华、舒乙、叶廷芳、李燕等16位人士就南京名城保护问题联名发出《关于保留南京历史旧城区的紧急呼吁》（姚远起草）。

11. 2009年5月5日，先生与张文彬、罗哲文、张忠培、阮仪三、陈志华、马自树、李先逵、张廷皓、杨志军10位人士就天津名城保护问题联名发出《关于加强保护天津五大道历史文化街区的紧急呼吁》（穆森起草）。

12. 2016年6月，先生与宿白、黄景略、张忠培联名提出《关于良渚遗址申报世界文化遗产、标示中华五千年文明的建议》（张忠培起草）。

故宫博物院院长、国家文物局原局长单霁翔在为《谢辰生先生往来书札》所作的序中指出：“进入21世纪以来，在工业化、城市化进程急剧加快，文物保护面临众多矛盾冲突的紧要关头，在大规模基本建设和城市拆迁改造，历史文化名城、街区屡屡遭受人为拆除与破坏的关键时刻，先生总是一马当先，挺身而出，或联合专家借助媒体，或铺纸泼墨秉笔上书，不失时机地为文物保护奔走呼号，建言献策。在他和众多专家的一次次呼吁下，一封封上书中，许多文化遗迹、名城街区得以存世保全，传承后代，许多错误做法得以及时纠正，惠及后人。”

经过专家顾问小组论证的，可是我最近这好几年，都没有参加专家顾问小组的会了。前几年北京城不少胡同，拆得还是很厉害。对古城保护的决策，应当多听听社会各界的意见、专家的意见，要严格实施规划，千万不能“规划规划，桌上画画，墙上挂挂”。

三 “文化遗产日”的诞生

保护文化遗产，增强人民的保护意识很重要。人大代表、政协委员在“两会”上多次呼吁，包括国家文物局局长单霁翔，他也是全国政协委员，大家都建议设立“文化遗产日”。2005 年 7 月 19 日，我和郑孝燮、宿白、谢凝高、黄景略、李伯谦、吴良镛、舒乙、徐苹芳、傅熹年、常沙娜联名致信胡锦涛，呼吁设立“文化遗产日”，信是我起草的。胡锦涛收到信之后就批了，温家宝随即指示国务院办公厅会同有关部门研究提出意见。这样，党中央、国务院主要领导同志采纳了我们这些老专家的建议，决定设立中国“文化遗产日”。

按：2005 年 7 月 19 日，由谢辰生先生起草，11 位专家学者联名致信时任中共中央总书记、国家主席胡锦涛，建议设立“文化遗产日”，全文如下：

尊敬的胡总书记：

您好！

我们在您百忙中不揣冒昧写这封信，是呼吁关于设立“文化遗产日”的事，恳切期望您能予以关注和支持。

中华民族在五千年悠久的历史发展进程中，创造了灿烂的中华古代文明，保存了丰富的珍贵文化遗产，曾对世界文化的进步和发展产生过重大影响。

当今世界有许多国家都把对文化遗产的保护，作为在全球化背景下，保持文化多样性、增强民族认同感，提高社会凝聚力，进行国民素质教育和文化建设的重要内容。每年都定期举办旨在弘扬民族传统文化的“文化遗产日”活动。据我们所知，二十世纪六十年代，为了对法兰西民族历史文化财富进行整理与保护，法国政府将每年六月第二个周日确定为“遗产日”。在这一天，被列入国家文化遗产保护名册的各类建筑物，包括博物馆、教堂以及一部分政府机构所在地等，都免费向公众开放。从一九九二年开始，欧洲许多国家也加入了“遗产日”活动的行列，受到广大社会公众的热烈欢迎。

我们认为，通过设立“文化遗产日”，使人民群众更多地了解祖国文化遗产的丰富内涵以及国家对保护文化遗产的各项政策，关注文化遗产的保护动态，自觉参与文化遗产保护与传承的行动，既是加强文化遗产保护工作的客观需要，也是保障人民群众分享文化资源，参与监督文化遗产保护的权利和义务。

近年来，一些地方也分别设立了自己的“文化遗产日”。例如：内蒙古将在每年九月举办“草原文化遗产日”；苏州在二〇〇四年成功举办第廿八届世界遗产委员会会议之后，将每年的六月廿八日确定为“苏州文化遗产日”。我们认为，设立国家的“文化遗产日”，无疑将会对民族优秀文化遗产的传承和创新产生十分积极的促进作用，既彰显我国政府对文化遗产保护的成就，又有利于促进建立国家保护为主、动员全社会共同参与的文化遗产保护新体制的巩固和完善。同时，也将促使政府在文化遗产保护方面的各项工作更多地得到社会公众的认同和支持。

鉴于近些年来每年人大建议、政协提案中都有关于国家需要设立“文化遗产日”的呼吁。为了使祖国珍贵文化遗产能长期保存，永续利用，我们建议请有关部门负责，参照其他国家的成功经验，提出设立我国“文化遗产日”的具体方案，经国务院同意后实施。在“文化遗产日”的规定日期里，国家所有的文化遗产保护机构都应当积极组织各种活动，博物馆和具备条件的文物保护单位都应当向社会公众免费开放，并发动各新闻媒体围绕文化遗产保护进行集中宣传报导，扩大文化遗产在提高国民素质和民族凝聚力方面的积极作用，为全社会共同关注和参与文化遗产的保护营造良好的氛围。

以上意见是否妥当，敬请指正。如蒙支持，使这一建议得以实现，则祖国珍贵文化遗产幸甚矣。

此致

敬礼！

郑孝燮　宿　白　谢凝高　黄景略　李伯谦

吴良镛　舒　乙　徐苹芳　傅熹年　常沙娜

谢辰生

二〇〇五年七月十九日

2005年底，国务院以国发〔2005〕42号文件，发布了《关于加强文化遗产保护的通知》（以下简称“42号文件”），决定从2006年起，每年6月的第二个星期六为我国的“文化遗产日”。为迎接第一个“文化遗产日”，2006年3月，我参加了“重走梁思成古建之尊敬的胡总書记：您好！我们在您百忙中不揣冒昧寫這封信，是呼吁关于设立"文化遺產日"的事，懇切期望您能予以关注和支持。

中华民族在五千年悠久的历史發展進程中創造了灿烂的中华古代文明，保存了丰富的珍貴文化遺產，曾对世界文化的進步和發展產生過重大影响。

当今世界有許多國家都把对文化遺產的保护，作为在全球化背景下，保持文化多樣性，增强民族認同

2005年7月19日，谢辰生等11位老专家和社会知名人士写给时任中共中央总书记、国家主席胡锦涛呼吁设立文化遗产日的联名信（第一页）

路——四川行”活动，去了营造学社的旧址李庄。在纪念梁思成诞辰105周年座谈会上，我说了一番话。我说，今天为什么参加这个活动？是因为我们国家的“文化遗产日”是从纪念梁思成开始的，而现在危机最大的就是历史文化名城的保护，梁先生的任务我们还没有完成。我和梁先生没有什么交往，但他的思想影响了我半个世纪，在文物保护的方针政策上，我始终没有离开梁先生的思想，他的理念影响了几代人，我从梁思成的身上获得了力量。当年“梁陈方案”没有实现，但是在50年后，国务院批复北京城市总体规划时，明确提出“旧城整体保护”的原则，这正是当年梁思成的观点，这算是告慰梁思成和陈占祥先生了。列宁说过，纪念伟大节日最好的办法，是把注意力集中在还没有完成的任务上面，我们应该继承梁先生的遗志，把北京和全国的历史文化名城保护好。

本来“42号文件”是打算用国务院办公厅名义发的，但是温家宝在国务院会议上说，以国务院的名义发，所以，这次的文件是《国务院关于加强文化遗产保护的通知》。这个通知是新时期关于文化遗产工作非常重要、非常全面的一个文件，里面的内容都很好，像“实施保护工程必须确保文物的真实性，坚决禁止借保护文物之名行造假古董之实。要对文物‘复建’进行严格限制，把有限的人力、物力切实用到对重要文物、特别是重大濒危文物的保护项目上”“相关重大建设项目，必须建立公示制度，广泛征求社会各界意见”“历史文化名城（街区、村镇）的布局、环境、历史风貌等遭到严重破坏的，应当依法取消其称号，并追究有关人员的责任”“教育部门要将优秀文化遗产内容和文化遗产保护知识纳入教学计划，编入教材”，都是非常好的。

“42号文件”第一次提出了要保护非物质文化遗产的要求，扩大了我国保护文化遗产的范围。现在有人认为，国务院下发这个《通知》之后，要用“文化遗产”的概念取代“文物”的概念，还认为“文化遗产”是这个通知提出的新概念。这些看法存在一些误区。第一，1950年新中国颁布的第一批文物保护政令中，就使用了文化遗产的概念。政务院《禁止珍贵文物图书出口暂行办法》第一条第一句就是“为保护我国文化遗产”。政务院颁布《古文化遗址及古墓葬之调查发掘暂行办法》的政令，明确说“查我国所有名胜古迹，及藏于地下，流散各处的有关革命、历史、艺术的一切文物图书，皆为我民族文化遗产。今后对文化遗产的保管工作，为经常的文化建设工作之一”。第二，中国所说的文物，是和国际上通行的物质文化遗产相对应的，而文化遗产包括了物质和非物质两部分，所以，文物是文化遗产的一部分，两者不能等同起来。

在“42号文件”起草过程中，国务院组织专家座谈会，我那时候正在南水北调考古发掘现场，是专程回北京开的会。我在会上提了一些意见，专门提到了旅游企业兼并文物单位的“中坤事件”，根据2002年修订的《文物保护法》第二十四条“建立博物馆、保管所或者辟为参观游览场所的国有文物保护单位，不得作为企业资产经营”，此类旅游企业兼并文物单位是违法行为，必须纠正。[24]后来，国务院

---

[24]据《中国文物报》对“中坤事件”的报道：2003年以来，北京中坤投资集团在整合新疆南疆地区旅游资源时取得了该地区文物景点的部分或全部经营权、管理权，此举引起业内外人士的关注与争议。2006年2月22日，国家文物局在了解到有关情况后即向新疆维吾尔自治区人民政府发函，要求自治区政府核实情况，并依照相关法律、法规纠正将国有文保单位交由企业经营的违法行为。5月2日，新华通讯社记者采写的反映“中坤事件”的报道《一民营企业开发经营新疆文物引发争议》引起了国务院领导的关注，国务院领导为此做出重要批示，要求进行调查研究，并依法处理。5月8日，国家文物局局长单霁翔赶赴新疆，和自治区党委领导及有关部门同志举行座谈，共同研究落实国务院领导的批示精神。5月25日，南疆四地、州文物景点交由企业经营的违法行为全部得以纠正。在有关部门的关注和推动下，涉事各方经过洽谈和协商达成一致——共同维护《中华人民共和国文物保护法》的尊严，中坤集团正式交出文物景点的经营权、管理权，所有违法行为得到了彻底纠正。(《新疆南疆文物景点经营权收归文物部门》,《中国文物报》2006年7月28日第一版。)

通知里写进了“坚决避免和纠正过度开发利用文化遗产，特别是将文物作为或变相作为企业资产经营的违法行为”等内容，吸收了我的意见，重申了《文物保护法》第二十四条的意思。

我后来还专门给国务院秘书长华建敏写了信，谈了我对“42号文件”的起草建议，最后国务院下发的文件里面，我的几条意见都被吸收了。比如，当前文物保护存在最突出的问题，就是法人违法、有法不依、违法不究，所以，我建议文件一定要强调严格执法、依法行政，任何单位或者个人都不得做出与法律相抵触的决定。各级文物行政部门有权依法抵制和制止违反有关法律的决定和行为，并及时向上反映，直至依法提起诉讼。《通知》采纳了我的意见，提出“要严格依照保护文化遗产的法律、行政法规办事，任何单位或者个人都不得做出与法律、行政法规相抵触的决定；各级文物行政部门等行政执法机关有权依法抵制和制止违反有关法律、行政法规的决定和行为”。

我提的第二个方面的建议是关于在城镇化进程中保护名镇名村、乡土建筑的。具体是这么说的，“在发展中国特色的城镇化进程中，一定要坚持保护环境和保护资源的基本国策，切实保护好生态环境和历史文化环境，把保护优秀的乡土建筑文化遗产作为城镇化发展战略的一个内容，纳入全国城镇体系规划、城市总体规划、村庄和集镇规划当中去”。最后出来的《通知》要求，“在城镇化过程中，要切实保护好历史文化环境，把保护优秀的乡土建筑等文化遗产作为城镇化发展战略的重要内容，把历史名城（街区、村镇）保护规划纳入城乡规划”。

在乡土建筑保护方面，浙江的诸葛村、新叶村有过很好的探索。前几年，我和陈志华、徐苹芳看了浙江建德的新叶村，保护得特别好，实在是中国古村落的活标本。他们搞了古村落综合保护工程，很有成效。华西村的集体经济搞得很好，但是华西村都是小洋楼，我们搞新型城镇化，古村、古镇不能按华西村的路子走。新叶村跟华西村不一样，他们坚持发展集体经济，没让旅游公司来承包经营，而是依靠村集体、村民共同保护好文物，大家有了参观游览的收入，惠及全体村民。这就把保护文物和改善民生协调起来了。诸葛村、新叶村坚持集体一起干，坚持村民自治，没让资本进来，保护也保护好了，搞好旅游大家也赚到钱了。

2009 年，我在新叶村开古村落保护的会，提出了古村落保护的四点建议：一要坚持政府主导和公益性原则，鼓励全社会参与，把遗产保护工程跟解决民生课题统一起来；二要健全法制，明确对这一类的文物，哪些可以动，哪些不可以动；三要正确处理文物保护与利用的关系，把保护放第一位，之后才可以合理利用；四要正确处理文物保护与旅游的关系，通过保护带动旅游，通过旅游发挥文化保护的作用，实现两者的相互促进。对于那些实在空心化严重，濒临废弃的古村落，我也有个想法，可不可以办养老院、办度假村，其实花点儿钱修一修住起来很舒服，因为接地气儿。我在《人民日报》上发过一篇文章谈古村落保护，题目是《发挥村民的积极性》。我主张充分发挥普通群众保护乡土文化的积极性，应该让村民自主保护、管理自己的村子。政府不要与民争利或是包办代替，更不要进行纯粹商业性开发。

按：2006 年 11 月 3 日，谢辰生先生在《人民日报》发表文章《发挥村民的积极性》，全文如下：

过去每逢社会大变动或大建设的关键时期，国家有关部门都要针对当时形势提出文物保护对策。这次同样如此。在建设新农村当中，保护乡土建筑等农村文化遗产这个问题又被郑重提了出来，而且被提到构建和谐社会的高度。

保护农村文化遗产与保护一般文物不同，因为它是一个整体的，而不是单纯的文物保护。我国有几千年的农耕文明，中华文明的传承在农村根基最深，覆盖面最广，因此，保护农村文化遗产也是保护中华文明传承的一个非常重要的方面。

保护农村文化遗产是一个非常庞大的综合性系统工程，通过制定科学合理的规划，合理引导城镇化发展的规模、速度、节奏，优化结构和布局。在制定村镇建设规划中首先要注重环境保护，不要破坏了其间的和谐。中国农村文化是几千年来人与自然磨合并达到和谐的成果，因此保护好农村生态环境和历史文化环境很重要。除了要保护物质文化遗产外还要保护非物质文化遗产。文化遗产是全面的，一个村庄就是一个小社会，我们要保护文化就要让它“活”在这个环境中。

文化遗产是人的，因而应该让群众成为保护、管理的主体。我们的传统中本来就包含有一种热爱乡土的情感，应该充分发挥普通群众保护乡土文化的积极性。应该让村民自主保护、管理自己的村子，而政府有关部门则要支持、宣传、帮助，不是与民争利或是包办代替，更不要进行纯粹商业性开发。浙江省兰溪市诸葛村的管理模式非常好，其经验值得推广。

我不赞同大规模合并村庄，因为每个村子的地理、人文环境都有所不同，不同村子的个性其实就体现了中华民族文化的共性。应该以自然村为单位进行分类指导。江西省提出的

“注重依托历史文化遗产建设新村镇，注重保护古村古镇的历史风貌和农村文化风情，做到村村有特色，镇镇有品位，避免求新求洋、千村一面”，实为良策。

“42号文件”提出的“实施保护工程必须确保文物的真实性，坚决禁止借保护文物之名行造假古董之实。要对文物‘复建’进行严格限制，把有限的人力、物力切实用到对重要文物、特别是重大濒危文物的保护项目上”，是非常有针对性的。确保真实性，就要求切实遵守不改变文物原状的原则。如果你再不修的话可能就塌了，修缮是必要的，但能够不大修的就不大修，尽量小修小补，尽量避免扰动。修缮古建筑，当代人尽可能避免所谓的“落架大修”，不能以为什么都可以拆了重建，还以为自己很了不起。即使每一个木构件、每一块砖瓦都有编号，我们还是会丢失很多历史信息，“照葫芦画瓢”也会弄得不像。现在的一些所谓的重建，既不符合法律原则，也不符合文物保护原则，简直是胡闹。

“42号文件”提出来严格限制“复建”，禁止造假古董。《文物保护法》第二十二条有明确规定，不可移动文物已经全部毁坏的，应当实施遗址保护，不得在原址重建。如果有特殊情况确实需要重建的，也要必须经过审批，必须以保护文物为目的。即使重建，也要遵循四个科学原则，即原来的结构、原来的材料、原来的工艺、原来的水平，缺一不可。对今天的人而言，原来的技术已经丢得不少了，原来的材料也不好找。达不到古代的那个水平，就不要随便重建。急功近利的复建是对历史和科学的背叛。重建的东西不可能是原来的，它承载着的历史信息没有了，所以它什么也不是。已经消失的建筑的遗址也没有必要重建。我听说阿房宫的遗址也要重建。这可能吗？谁知道以前阿房宫是怎么盖的？至于拆真建假、拆旧建新的行为，我更是坚决反对。如果一定要说历史，谁拆了它的事实就是历史。如果一定要重建，就立个碑，写明白，是谁拆了真文物，又是谁造了假古董，让他们“流芳百世”！

比如，关于圆明园遗址的“复建”问题，我跟叶廷芳是一致的。主张复建的代表是汪之力，他也是位老同志，初衷也是好的，他的看法和我们有分歧，但这只是认识层面的问题。我们在《人民日报》上写文章辩论。我的主张是，让遗址静静躺在那里，不能盲目复建。我们谈保护圆明园，不是谈历史上的圆明园，而是现在的圆明园遗址。乾隆时代的圆明园的辉煌，已经成为过去了，它的价值已经被帝国主义毁掉了。现在的价值，是被帝国主义侵略军烧毁后的遗址的文物价值，是我们国耻的见证，我们要保护的就是这个价值。过去的圆明园，是无数能工巧匠几代人时间建设的，是中国古代园林艺术的高峰，是后人难以想象的景观。所以我说，“照猫画虎”都不行，你还能“照虎画虎”？你既没有那个技术，也没有那个财力。对于《圆明园遗址保护规划》里面有个数字十分之一，那是可以复建的底线，不是必须完成的复建规模。圆明园是不可能再现辉煌的。我们应当好好在遗址上做考古工作，做研究工作。在复建问题上，我跟罗哲文也有分歧的。他是主张复建的，当然也不是全复建，他认为复建后的建筑可视为文物，这一点我是不同意的，我认为那只是一种标志物。比如地安门复建无法在原址施工，不在原址复建在我看来没有多大意义。我们在大是大非的问题上意见一致，在政治认识上一致，在保护文物的大原则上意见一致，所以我们有牢不可破的友情。当然，在一些具体问题上，我们也会有分歧，也会吵架。

2006年3月底，国务院常务会议开会审议第六批全国重点文物

2015 年 4 月 25 日，谢辰生先生与叶廷芳（右）在“文化自觉与遗产保护学术座谈会暨《城市的自觉》首发式”上（姚远　摄）

保护单位，这批名单一共 1081 处文物单位，差不多是前五批“国保”单位的总和。能不能一次公布这么多全国重点文物保护名单，有些人担心怕弄不成。国家文物局在报国务院审批的名单，里面有涉及袁世凯、陈独秀、胡适等人的文物，但是在有关部门审查的时候给统统删掉了。[25] 我对此有不同的看法，因此在开会之前，给温家宝写了封信，同时附上了我写的一篇文章《对怎样认识文物价值的一点看法》。我就讲了，入选全国重点文物保护的标准，主要取决于它自身的文物价值，而不是看它在政治上是进步还是反动。不论是正面的还是反面的东西都有它各自的价值，不能说反面的就不保护，因为它是

〔25〕河南省安阳市袁林（袁世凯墓）、安徽省安庆市陈独秀墓、安徽省绩溪县上庄古建筑群（含胡适故居）于 2013 年被国务院公布为第七批全国重点文物保护单位。

历史。另外，对于文物保护单位选择的标准，也有个怎样认识文物价值的问题。文物的价值不仅仅是考古的价值，也不仅仅是古建筑的价值，文物的价值还有更广泛的意义，比如黄帝陵，又比如体现了“中华统绪，不绝为线”的历代帝王庙。温家宝收到信以后做了批示，还在国务院常务会议上提到了我的意见。这次会议的审议十分顺利，名单全部通过。党中央、国务院所在地中南海也列入了全国重点文物保护单位，这就意味着中南海的文物也纳入法律轨道，得依照《文物保护法》进行保护管理。后来，国务院办公厅秘书局给我写了封信，说今后公布全国重点文物保护单位的时候，还要继续增加近现代遗迹及代表性建筑。

2013 年 3 月，两届政府交接前夕，温家宝主持最后一次国务会议，公布了第七批全国重点文物保护单位名单，一共 1943 处。从 2006 年起，至本次第七批全国重点文物保护单位获得通过，七年间国务院共公布了两批全国重点文物保护单位 3024 处，占全国重点文物保护单位总量 4295 处的约四分之三，是前五批全国重点文物保护单位之和 1271 处的两倍还多。如近现代建筑群、工业遗产、乡土建筑等新的品类也加入到全国重点文物保护单位的行列，像天津的五大道、新叶村进入了第七批全国重点文物保护单位。新品类的文物进入了名单，表明了我们对文物认识的进步。新中国成立以来，我们没有一个运河被列为文物保护单位，而大运河进入了第六批全国重点文物保护单位，表明我们对大运河作为文化遗产的重要性的认识不一样了。大运河成为全国重点文物保护单位，各级文物部门就可以全面介入保护管理工作，对推动将大运河申报世界文化遗产起到了很好的作用。我们现在也更加重视近现代文物，包括新中国文物的保护。举个最近的例子，北京电影制片厂是全国仅存的新中国电影文化标志，其建筑也是见证了新中国电影发展历史的仅存的实物例证。我给中央领导写信呼吁要保护北影，得到了重视。

按：2006年3月26日，谢辰生先生致信时任国务院总理温家宝，附有《对怎样认识文物价值的一点看法》，全文如下：

> 公布文物保护单位是文物工作的一项非常重要的基础工作。没有这个基础工作，对不可移动文物的保护管理是很难进行的。
>
> 文物保护单位是需要一批一批地不断陆续公布的，这是因为一方面文物普查是一个不断反复进行的工作，在文物普查、复查和配合基本建设考古发掘过程中还会不断有新的发现，其中可能很多都是有重大价值的，应该积极加以保护。
>
> 另一方面就是我们对文物的认识也在不断深化，过去考虑更多的是古遗址、古墓葬、古建筑、石刻等等，但是随着我们认识的深化，文物保护单位应该不仅仅只包括这些。
>
> 从时代上来说，过去的认识仿佛什么都是越古越好，对近现代就注意不够，在近现代又是重点选择革命文物，而忽视了其他方面。事实上，近现代是一个很重要的历史阶段。因为近一百多年来的近代史是中华民族经历的一个巨大历史变革的时代。
>
> 近代史是中华民族灾难深重的一百年，也是中华民族觉醒的一百年，这是两方面的。既是屈辱的一百年，也是为了独立解放奋起斗争的一百年，表现了中华儿女不屈不挠的民族精神，那么这一个历史阶段中有多少可歌可泣的历史事实就是物

化在文物之中，所以这段历史不能忽视、不能弱化，而是应该强化的。

文物是历史的见证，它具有“百闻不如一见”的真实性，最有说服力、最有感染力。文物说明历史、弘扬文化，都是别的教育手段所不可代替的。所以必须加强这方面的工作，从第三批到第四批，公布全国重点文物保护单位就增加了这方面的内容。比如过去主要是选择革命的，后来也逐渐增加了像中美合作所、上饶集中营等。这些地方虽说是反动派残酷迫害共产党人的地方，是罪证，同时也是无数的革命先烈抛洒热血、奋斗牺牲的见证。这是具有双重意义的。这就要我们能以辩证法的眼光来看。不论是正面的还是反面的东西都具有它各自的价值，根本问题是用什么样的立场观点来了解它、分析它、宣传它。

只要我们能正确地运用马克思主义的立场、观点和方法对待文物，就可以“变毒草为肥料”“化腐朽为神奇”。所以重视“反面教员”的作用也很重要。在文物工作中，不能说反面的就不保护；当然这也不是说要把它抬到不应有的位置上。但必要的、典型的，我们一定要保护，因为它是历史。

真善美与假恶丑是相比较而存在、相斗争而发展的，没有比较就没有鉴别，完全排斥反面教材的观点，不是马克思主义的观点。有时反面教材能给人们以更深刻的教育。

从这样的认识出发，文物保护单位增加近现代的内容是十分必要的。而且在内容上也要包括各个方面，因为不同内容的文物，可以从不同侧面真实地反映这一段历史的发展历程。这对于我们教育后一代，对于后代了解过去，了解我们近百年来屈辱的历史、先烈的斗争精神，进行革命传统教育、爱国主义教育，特别是国情教育，是最重要的，也是最直接的，最有说服力的。

另外，对于文物保护单位选择的标准，有个怎样认识文物价值的问题。文物是一个包括内容十分广泛的概念。它的价值不仅仅是考古的价值，也不仅仅是古建筑的价值，文物的价值还有更广泛的意义。

有些虽然列入了古墓葬或古建筑的分类中，但它既不是考古发掘的对象，也不是古建筑的突出代表，但还是要保护。为什么？因为有它特定的含义。它反映了社会、历史的一个方面，对于教育后代很有作用。所以对于文物概念的认识，思路上要放宽，不要狭窄。

比如黄帝陵，如果单纯从考古的角度去进行发掘，那就把这个保护单位给毁了。我有一个观点：现在搞“假古董”绝对要不得，但是历史上形成的一些东西，尽管它是假的，但它又是真的。所谓假，是指它不是真正的那位黄帝的陵寝；所谓真，就是说从汉武帝开始就认定了这里，而且在认定时也是有其政治意图的。到今天，炎黄子孙遍布全世界，黄帝陵一年有不计其数的人来朝拜，也就是说，炎黄子孙有这样一个“祖地”，具有极大的凝聚力和号召力。如果书生气十足地来认识，否定它，就把中华民族历史形成的凝聚力破坏了。

又如，北京历代帝王庙是被列入古建筑类的。但是它的价值绝不能只局限于是一组与故宫同等规格气势宏伟布局谨严的古建筑。正如不久前许伟同志在一篇文章中所说的，“体现我国统一多民族国家一脉相承历史特点的历代帝王庙祭祖体系是它的首要价值”。明清两代的帝王庙都始终把伏羲炎黄摆在主体大殿最为显赫的位置上，作为满族的雍正皇帝在三皇神位前行大礼三上香，乾隆更是强调要“上自羲轩，下至胜国”形成系列，要体现“中华统绪，不绝如线”，一脉相承。这也表明，伏羲炎黄是整个中华民族共同祖先的地位，已经早得到活动在中华大地各族人民的认同了。

如果单纯地从古建筑本身进行研究，是不会涉及到这些内容的。而这一点恰恰是帝王庙除了古建筑价值以外还具有另一种重要的价值。文物工作不能拘泥于仅仅是考古、仅仅是古建筑等等，还要从宏观上，全面地来看待它、认识它。

文物是特定的东西，它本身是物质的，所起的作用却是精神的。它有自己特定的内涵、表现形式、管理方法等，需要进行综合研究。任何一件文物所蕴含的历史信息都不会是单一的，而是多方面的。因而每件具体文物都往往具有多重价值。这就决定了人们对文物价值的认识也不是一次完成的，而是随着社会的发展，各种条件的变化，以及人们科学文化水平的不断提高而不断深化的。

文物的科学研究，涉及社会科学、自然科学、工程技术科学等领域的各种学科，需要广泛地采用多学科的研究方法和手段对文物进行综合研究，只有这样才能从深度和广度上，揭示其蕴含的全部历史信息，从而对文物的综合价值作出全面的评价。

选择文物保护单位的具体标准，也不应该是一成不变的，而是应当随着人们认识的变化而变化。文物保护与研究是一门学问，我们要在对文物认识不断深化的基础上，不断进行理论创新，丰富、发展和完善具有中国特色的文物学。

为落实“42号文件”的精神，2007年国务院开始了第三次全国文物普查。1956年，我们根据《国务院关于在农业生产建设中保护文物的通知》，搞了第一次全国文物普查。那时候人力、物力、财力的条件都很有限，所谓普查还只是初步的调查，全国各省经过普查公布了7000处文物保护单位，国务院在这个名单中挑选公布了第一批全国重点文物保护单位。1981年开始了第二次全国文物普查，经过若干年的普查和复查，登记文物点四十多万处。这次普查的成果，是各省文物部门用了很多年时间分省编了《中国文物地图集》，把几十万处不可移动文物落实到地图上，这是非常重要的参考资料。以第二次普查成果为基础，国务院公布了第三到第六批全国重点文物保护单位。2007年开始的第三次全国文物普查，可以说是新中国成立以来规模最大、领导规格最高、条件最好的一次。国务院专门下发了《关于开展第三次全国文物普查的通知》，在国务院成立全国的普查领导小组，要求各地政府都要建立普查领导小组。这也是历史上的第一次。这次普查，登记不可移动文物76万多处。2012年10月1日，国务院又颁布了《关于开展第一次全国可移动文物普查的通知》，进行全国可移动文物普查也是新中国成立以来的第一次。

还值得一提的是部队营区文物的保护。南京军区要搞一个《南京军区营区文物保护管理暂行办法》，司令员朱文泉请我过去，我帮他们进行了修改。在修订《暂行办法》过程中，我口述意见，由朱文泉的弟弟丹青具体执笔。这是历史上第一个由部队颁布的文物保护的法规性文件。我们一批老同志都很高兴，觉得如果全军能出台一个类似的文件，那么意义更加重大。我们给胡锦涛和温家宝写了信，建议结合部队的实际制定一个统管全军的文物法规，他们都做了批示。总后勤部派人到我家，征求我对部队营区文物保护的意见。[26]但是全军的营区文物管理法规迟迟没有出来，现在南京军区也没了，这个问题今后还得想办法。

我在2013年写《难忘的十年》一文中，回顾过去十年，由于党中央、国务院领导同志对文物工作的高度关注并做出了许多重大决策，制定了一系列重要措施，不仅为今后的工作奠定了基础，也为解决带有全局性的问题提供了政策依据。党中央和国务院如此高密度地关注文物保护工作，不论是予以建设性的意见还是政策指导，从国发文件上看，许多都可以说是第一次，或者说是具有开创性意义的。我国是享誉世界的文明古国，它的悠久历史和文化遗产，离不开传承和传承中的保护工作。为提升国家的软实力，十年来党中央、国务院对文物保护工作的重视和支持，通过上述事例，可以充分证明。回顾以往十年的文物保护工作，我们看到了党中央、国务院对文物工作的支持和关注，特别是当我听说温家宝同志在卸任总理之际，对身边的工作人员说：我们对文物工作的重视还不够。这使我非常感动。

四　历史文化名城保护条例出台记

90年代以来，中国的历史文化名城保护面临非常严峻的挑战，

〔26〕丹青的《首部军内文物保护规定出台的前后》一文介绍了谢辰生参与《南京军区营区文物保护管理暂行办法》的过程。2008年2月18日，中国人民解放军总后勤部受党中央、国务院、中央军委的委托，给谢辰生、侯仁之等12位老专家致函通知，老专家们的致函受到胡锦涛、温家宝的高度重视，并做出重要批示。中央军委及总后勤部有关负责人指示军队有关方面抓紧落实。军委法制局和四总部有关部门，邀请国务院法制办，将专题调研，尽快研究完善军事管理区文物保护管理办法机制。（丹青：《首部军内文物保护规定出台的前后》，中国文物报社编：《我与文化遗产保护》，北京：文物出版社，2009年，第1—4页。）另据《解放军报》2009年3月25日《四总部要求加强军队营区文物保护工作》一文报道：解放军总参谋部、总政治部、总后勤部、总装备部联合发出《关于加强军队营区文物保护工作的通知》，要求全军切实加强宣传教育、组织领导和制度建设，充分认识军队营区文物保护工作的重要意义，严格落实国家和军队文物保护的有关规定，逐步完善军队营区文物保护的法规体系，提高文物保护意识和管理水平。

挑战的威胁主要来自房地产开发，而房地产开发的力量又主要来自当地政府的支持。这不只是北京一个地方的问题，全国各地都在告急。

比较早的一个例子发生在浙江舟山。舟山有个定海古城，保存得非常完整，见证过鸦片战争等很多重要的历史事件，是中国唯一的海岛历史文化名城。2000 年定海古城搞房地产开发，大拆大建，舟山市民强烈呼吁保护。8 月，我和罗哲文、黄景略去定海古城现场调查，还跟郑孝燮、罗哲文去中央人民广播电台做了录音节目向全国播放。媒体有很多报道。但是舟山的市长根本不听我们专家的呼吁，也不管建设部、国家文物局的意见，执意要搞房地产开发，把定海古城拆得七零八落，造成无可挽回的损失。我们在北京开了座谈会，大家认为定海古城事件，就是以权代法、以权抗法的典型。我建议请建设部、国家文物局采取强硬措施，发文请浙江省政府撤销舟山市历史文化名城的称号，摘了帽之后还要追究舟山市领导人的责任，不然，他们还正好可以不保护了。最后还是没有处理下去。〔27〕我们当时已经感到，加强名城保护立法是十分必要的。

---

〔27〕据《南方周末》报道：定海经过历朝历代特别是清代和民国时期的建设，形成了独特的古城风貌。这里的许多民居的建筑风格既保留有汉文化传统，又吸纳了西洋石木结构的建筑特色，形成了一种独特的风格。浙江省政府于 1991 年将舟山市列为浙江省首批历史文化名城之一。舟山《历史文化名城保护规划》在“重点保护整治地区”中，确定东至芙蓉洲路，南至东、西大街以南一带，西至总府弄，北至昌国路一片为古城绝对保护区。1999 年，在“旧城改造”的名义下，北大街、前府街、陶家弄、东管庙弄、芙蓉洲路、东大街和西大街等几条街道上的许多连接成片的深宅大院被拆毁，古城被搞得七零八落，面目全非。舟山市的有识之士和一些群众不断呼吁保护，并在蓝府和刘宅面临被拆毁之际，以产权人为首的十几户老百姓联合向法院提出诉讼申请。1999 年 7 月初，国家历史文化名城保护专家委员会二届一次会议上，与会专家委员一致要求舟山“刀下留城”。7 月 12 日，浙江省人大常委会一致通过决议，要求舟山停止破坏。次日，浙江省副省长鲁松庭批示，由省文物局、省建设厅和省人大教科文卫委员会联合就此事进行调查。随即，建设部、国家文物局联合发文，“责令舟山市立即停止”。为了阻止舟山市继续将名城破坏下去，7 月 25 日，浙江省人大常委会批准通过了《浙江省历史文化名城保护条例》。8 月 25 日，受建设部委托赴舟山调查的全国历史文化名城保护专家委员会部分委员发表意见，一致认为舟山应该得到认真的保护。但来自各方的劝阻、呼吁、批评、指责对舟山市的决策者都没有发生作用，与此同时，那场意义重大的诉讼也以“钉子户”的败诉而告终。（迟宇宙：《定海古城，不见了》，《南方周末》2000 年 6 月 23 日。）

2002年，全国人大常委会修订《文物保护法》的时候，大家一致认为，必须要加强名城保护。这次修订的《文物保护法》提出，历史文化名城保护所在地的地方政府应当组织编制专门的历史文化名城保护规划，并纳入城市总体规划。这次修订特别是在增加了撤销名城称号，追究责任的第六十九条，规定“历史文化名城的布局、环境、历史风貌等遭到严重破坏的，由国务院撤销其历史文化名城称号；历史文化城镇、街道、村庄的布局、环境、历史风貌等遭到严重破坏的，由省、自治区、直辖市人民政府撤销其历史文化街区、村镇称号；对负有责任的主管人员和其他直接责任人员依法给予行政处分”。这个第六十九条非常重要，是追究破坏名城的责任人的法律依据。结果2016年公开征求意见的《文物保护法修订草案》，把这条也删掉了，我觉得很不合适。

到了2005年国务院起草“42号文件”《关于加强文化遗产保护的通知》的时候，我专门提出了历史文化名城保护的问题，应该吸取在城市危房改造中破坏名城的经验教训，在今后城镇化的过程中要注

2004年夏，谢辰生先生与郑孝燮先生（右）在苏州第28届世界遗产大会上

意保护好名城名镇名村。“42 号文件”把加强历史文化名城保护列为了“着力解决物质文化遗产保护面临的突出问题”之一。提出“进一步完善历史文化名城（街区、村镇）的申报、评审工作。已确定为历史文化名城（街区、村镇）的，地方人民政府要认真制定保护规划，并严格执行”。“国务院有关部门要对历史文化名城（街区、村镇）的保护状况和规划实施情况进行跟踪监测，及时解决有关问题；历史文化名城（街区、村镇）的布局、环境、历史风貌等遭到严重破坏的，应当依法取消其称号，并追究有关人员的责任。”

2005 年年底“42 号文件”发下去以后，全国都在贯彻，准备迎接中国第一个“文化遗产日”。但是在 2006 年，江苏省的南京和常州都发生了大拆大建历史街区的问题。我就是常州人，对常州老城很熟悉。其实在 80 年代，常州还是保存很完整的，但是到了 90 年代就不行了，就剩下半个青果巷，还有就是前后北岸。如果把前后北岸等残留下来的老街区完整保存起来，对老房子不要去拆它，修缮起来，常州还是一座很有特色的古城。结果到 2006 年，常州在前后北岸大拆大建，连苏东坡终老的藤花旧馆也遭到破坏。南京对仅存的秦淮河两岸的“老城南”历史街区启动大规模的拆迁，情况非常严重。[28] 8 月，

---

〔28〕中国社会科学院考古研究所原所长徐苹芳对南京老城南的历史文化价值做了如下阐述：南京老城是指明初朱元璋所建的南京城，“老城南”即指明初南京城内的南半部分，这个地区正是南京城自东吴、东晋南朝以来的建业（建康）城的所在地，它的范围包括元代的集庆路城，大概都在今中华门内秦淮河以北至汉中路、中山东路以南的地区。它是南京城孕育发展的原生地，近年的考古发掘证明，“老城南”是南京城古今重叠历史遗迹最丰富的地区，它们的街巷布局尚保留着东吴、东晋南朝以来痕迹，它比北京旧城内城的街道胡同（元大都的街道）要早将近 1000 年。我们要保护的历史文化名城就是要保护包括这些历史痕迹在内的一个整体布局，有规划的城市是中国古代城市的特点，它在世界城市史上是区别于欧洲城市而自成系统的，中国城市是世界文化遗产中不可或缺的内容。我们自己动手，拆毁这些世界文化遗产，尤其是北京城和南京城，造成的严重后果是可想而知的。[徐苹芳：《南京历史文化名城保护的艰难历程》，全国政协提案委员会编：《情系国计民生——政协提案的故事丛书（3）》，北京：新世界出版社，2009 年，第 74—75 页。]

关于保留南京历史旧城区的紧急呼吁

据媒体报道，2006 年 7 月南京市房地产局发布拆迁公告，将南京市秦淮区、白下区的门东、颜料坊、安品街、钓鱼台、船板巷等 5 处秦淮河沿岸的历史街区，列入了基层区政府推动的“旧城改造”的范围，据了解，目前这一地区的民居正在进行拆迁，即将遭受拆除的厄运。

这些秦淮老街的拆与留，关系着老南京的死与生。近年来，南京老城先后已有邓府巷、皇册库、下浮桥、糯米巷、红土桥等多处历史街区被拆除，至 2003 年，据地方政府统计 90%的南京老城已被改造。这次拆除的总面积达数十万平方米的 5 片历史街区，涉及 40 多条历史街巷、十多处文物保护单位、近千座历史院落，这已是老南京仅存的最后的一点种子。如果这些秦淮老街都在旧城改造中荡然无存，南京历史文化名城也就名存实亡了。

一个“拆”字，拆掉的将是秦淮河两岸珍贵的历史街区，是散发着丰富的历史、文学、民俗、建筑等丰厚文化气息的历史遗产。而取而代之的，只是基层区政府为了“投资 40 亿打造新城南”，在“中山南路 G3G4”、“门东 A”等地块之上，增添几处每平方米近万元的房地产项目，或是“打造”拆旧建新的假古董“南门老街”。

“十里秦淮、六朝金粉”。内秦淮河是南京的母亲河，从六朝的王谢世家，一千八百多年来，秦淮之于南京，正如什刹海之于北京，城岛之于巴黎，始终是南京最繁华的历史城区，可谓是南京的城市之源、城市之根、城市之魂。钓鱼台、糖坊廊、长乐街、船板巷、牛市（均在拆迁范围）等处的秦淮河房，牵系的正是曹雪芹、孔尚任、吴敬梓的“画船箫鼓”，朱自清、俞平伯的“桨声灯影”……

南京老城，不仅具有重大的文化价值，也承载着海峡两岸全体中国人的情感和记忆。南京，对于连战而言，这是“一个具有历史联结、感情联结的地方”，它的老城，是属于全体南京市民，同时也是属于全体中国人的共同的历史遗产。

1

2006 年 8 月，谢辰生等 16 位专家学者联名发出的《关于保留南京历史旧城区的紧急呼吁》

划》等法律规划依法决策。我们已经到了历史的关头，我们不应留下永远的遗憾。

呼吁人：

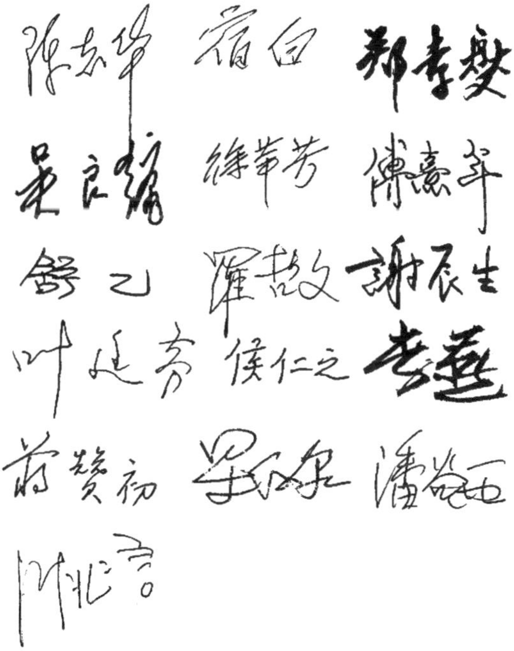

志愿者姚远找到我，王军专门去南京做了调查，回来写了个报道，南京古城破坏的情况的确是触目惊心。我们十几位老同志在姚远起草的《关于保留南京历史旧城区的紧急呼吁》上签名，联名呼吁南京古城不能再拆下去了。[29]呼吁信给国务院主管部门、江苏省都寄去了，但是一直没有消息，拆迁还在继续。南京、常州发生的问题，表明历史文化名城保护立法已经非常紧迫了，我们必须解决历史文化名城保护无法可依的问题。

自国务院1982年公布第一批24座历史文化名城名单以后的20年间，始终没有出台一个名城保护管理的法规文件，致使历史文化名城在各地的旧城改造、房地产开发中，遭到很大破坏。可以说，全国一百多个历史文化名城，90%以上已经名存实亡，名不副实。为什么会遭到破坏？问题的关键就是法制，我们没有出台一个专门的保护名城的法规，以致长期无法可依。我们呼吁要保护，可是地方政府可以不睬你啊，从定海到南京，都是这样！当时我感到当时中央领导对名城保护是非常重视的，2003年批示要保护历史文化名城和古都风貌，2005年又批示同意设立"文化遗产日"。所以我在2006年10月16

〔29〕《关于保留南京历史旧城区的紧急呼吁》由本书撰写者姚远于2006年8月起草，并经谢辰生亲笔修改。《紧急呼吁》提出：2006年7月南京市房地产局发布拆迁公告，将南京市秦淮区、白下区的门东、颜料坊、安品街、钓鱼台、船板巷等5处秦淮河沿岸的历史街区，列入了基层区政府推动的"旧城改造"的范围，据了解，目前这一地区的民居正在进行拆迁，即将遭受拆除的厄运。这些秦淮老街的拆与留，关系着老南京的死与生。近年来，南京老城先后已有邓府巷、皇册库、下浮桥、糯米巷、红土桥等多处历史街区被拆除，至2003年，据地方政府统计90%的南京老城已被改造。这次拆除的总面积达数十万平方米的5片历史街区，涉及40多条历史街巷、十多处文物保护单位、近千座历史院落，这已是老南京仅存的最后的一点种子。如果这些秦淮老街都在旧城改造中荡然无存，南京历史文化名城也就名存实亡了。《紧急呼吁》还提出了保护私人合法财产的问题："很多秦淮老宅既承载着历史文化，也是房产所有人的不可剥夺的合法财产。应当根据《宪法》和其他法律法规，充分保障房产所有人的房屋所有权、土地产权和居住权等合法权利。"

日，又给温家宝写了封信，反映南京、常州旧城改造的问题，同时附上联名信《关于保留南京历史旧城区的紧急呼吁》。信里专门谈了历史文化名城保护条例的问题，我写得很清楚，条例最早是文物局起草的，耽误了十年，又交到建设部起草，又耽误十年，结果报到国务院了，三年还没出台。我说第一次停滞不前，是文物局负责，建设部接手后，是他们两家负责，现在那就是你国务院要负责了。

按：2006 年 10 月 16 日，谢辰生先生就南京、常州历史文化名城保护问题致信时任国务院总理温家宝，全文如下：

家宝同志：

您好！最近，南京旧城改造直接危及历史文化名城的保护。我们一些老同志联名写了一个《关于保留南京历史旧城区的紧急呼吁》书，现随函附上，恳请您予以关注和支持。值得注意的是，与此同时，江苏省常州市也正在对名城历史街区进行大拆大建，甚至未按法律规定程序报批，即动手拆除省级文物保护单位。这两个城市的拆迁都是以开发商为主体，得到当地政府的支持。在拆迁中都动用了警力对居民强行拆迁，在社会上引起了强烈反响。最典型的例子是，常州市强行拆除省级文物保护单位藤花旧馆门楼，这里是苏东坡终老遗址，在拆除中发现了宋代构件，进一步证实了确系东坡终老的地方。此处产权现为私人所有，房主人为保护文物，不同意拆迁，在强行（拆）除雕花门楼时，竟将房主人一位七十多岁的老太太，从住处在地上拖拉至警车上，致使老人被惊吓，突发脑梗塞送往医院。当时有一位新华社记者正在采访，也被带上警车。人民警察竟如此粗暴对待人民，实在令人无法容忍。我很怀疑在有些地区，我们党和政府的领导究竟是在市场经济条件下驾驭资本和开发商，为巩固和发展社会主义制度服务，还是为资本和开发商的要求所左右？如果发生后者的情况，则是很危险的。因为它会进一步滋生腐败，直至动摇、破坏我们社会主义制度的基础，这是令人深感忧虑的。

目前，南京、常州改造历史街区的拆迁活动正在紧张进行，情况十分紧急。如不采取措施加以制止，恐怕连亡羊补牢的机会都没有了。为此，我恳切地请求，甚至是哀求您予以关注。我建议，请两市政府立即暂停正在进行的拆迁活动，由建设部会同国家文物局派员，偕同名城保护专家委员会的专家到现场考察论证，根据中央关于科学、民主、依法执政和去年国务院四十二号文件《关于加强文化遗产保护的通知》中有关名城保护的要求，与地方政府共同协商，提出具体解决的方案，严格遵照法律规定的审批程序，报请批准后再组织实施，应纠正的必须坚决依法纠正。一个时期以来，在房地产开发过程中，如何保护私人产权的问题是一个需要解决的突出问题。一些地方政府在批给开发商土地使用权的时候，对这片土地上的私人所有房产，根本不征求产权人的意见，就把产权也批给了开发商处理。在一些城市的开发项目，往往是要把项目用地上的所有居民统统赶走。如私房主提出异议，协商不成就强行拆迁，甚至是由法院出面。保护私人生活资料所有权，从我国第一部《宪法》到既行《宪法》都有明确的规定。现在这种做法是违反《宪法》的。这个问题不解决，很可能会成为社会不稳定的因素，而且也是与六中全会提出构建和谐社会的精神相抵触的。

我国历史文化名城的保护，目前面临的形势十分严峻。在我国现有一百零三个名城中，除几个极少数城市保留较为完整外，绝大多数都遭到不同程度的破坏。形成这种局面的一个重要原因就是缺乏法律的规范。从一九八二年公布第一批廿四个国家历史文化名城至今，已经廿四年了，迄未出台一个名城保护条例。对此，主管部门是有责任的。前十年文物局与建设部都有责任，第一批名单公布后长达十年之久，才由文物局会同建设部于一九九二年起草了一个《名城保护条例（初稿）》。当时，因国务院已明确名城保护管理由建设部负责，因此条例起草工作即移交建设部负责了。之后，每次名城保护专家委员会开会，大家都一再催促条例应尽快出台，部领导也多次承诺，但还是一拖再拖，一拖又是十年。直到本世纪初，二〇〇二年才由建设部上报国务院，转眼又是四个年头了，还是渺无消息。法制办对此是有责任的。我迫切地期望国务院法制办能遵照四十二号文件的要求，抓紧条例的制定工作，争取早日出台，否则再拖下去，恐怕大多数名城就已经有名无实了。

我今年已八十有五，而且经过两次癌症手术，来日已经不多了。但作为共产党员，只要一息尚存，就应当始终关心党的事业，关心国家大事。因此又写了这封信，所提意见敬请予以考虑为感。

此致

敬礼！

谢辰生

十月十六日

信送上去第二天，温家宝就批了。10月17日，温家宝批示："请培炎、建敏同志阅批。辰生同志及各位专家反映的南京、常州旧城改造问题，可由建设部会同国家文物局、江苏省政府调查处理。法制办要抓紧制订历史文化名城保护条例，争取早日出台。"副总理曾培炎批示："光焘同志：请建设部按家宝同志批示要求，抓紧进行调查处理。"国务院秘书长华建敏批示："请适时阅转康泰同志，按家宝同志指示抓紧办。"适时是国务院副秘书长李适时，康泰是国务院法制办主任曹康泰。过了几天，温家宝给我写了一封亲笔信，连信封都是他亲自写的。他信里说："函示及专家联名呼吁书均已收到，所反映的问题，我已责成建设部会同国家文物局、江苏省政府调查处理，并要求法制办抓紧制订历史文化名城保护条例。先生多次赠给我的关于文物保护的大作，拜读后深受教益。先生为国家建设，特别是文物保护事业，殚精竭虑、呕心沥血，其精神令人感佩。先生年事已高，甚望珍重身体。"温家宝要求加快制定历史文化名城保护条例的批示，就是批在这次呼吁保护南京的信上，一下子把条例的问题解决了。

后来终于在2008年，经过温家宝的一再督促，国务院颁布了《历史文化名城名镇名村保护条例》(以下简称《名城条例》)，使名城保护有了法规的依据。由于名城保护工作由建设部牵头，所以这个条例的起草也是由建设部的人牵头。一开始的草案，是没有规定历史文化名城要"整体保护"的。我们不同意，坚持要把"维护历史文化遗产的真实性和完整性""历史文化名城、名镇、名村应当整体保护"写进去。如果《名城条例》没了这两条，历史文化名城大拆大建、拆旧建新、大造假古董的问题就无法得到遏制。国务院法制办很不错，采纳了我们的意

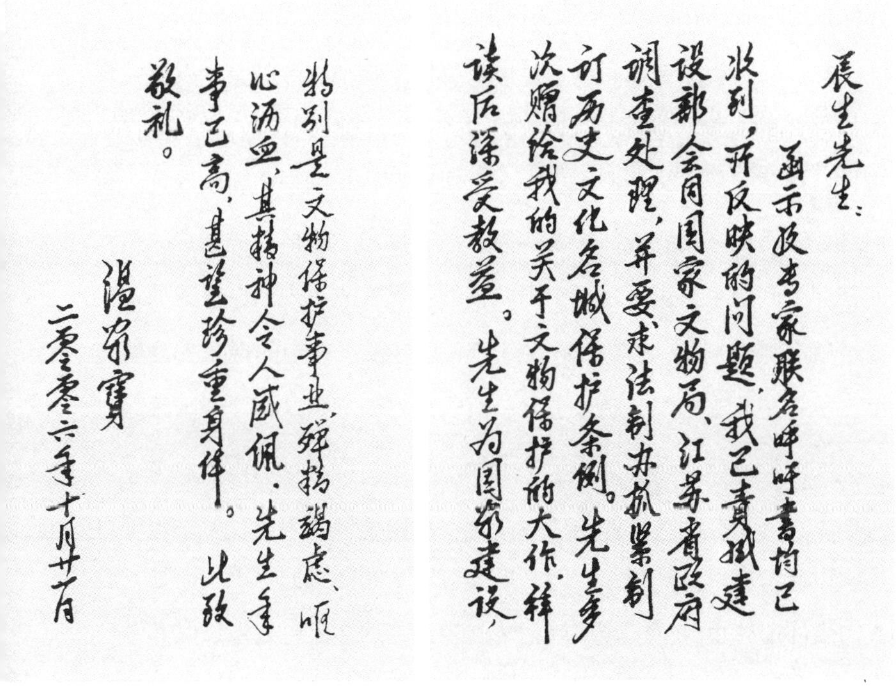
辰生先生：

函示及专家联名呼吁书均已收到，所反映的问题，我已责成建设部会同国家文物局、江苏省政府调查处理，并要求法制办抓紧制订历史文化名城保护条例。先生多次赠给我的关于文物保护的大作，拜读后深受教益。先生为国家建设，特别是文物保护事业，殚精竭虑，呕心沥血，其精神令人感佩。先生年事已高，甚望珍重身体。此致

敬礼。

温家宝

二零零六年十月廿一日

2006 年 10 月 21 日，时任国务院总理温家宝给谢辰生先生的亲笔回信

见。[30] 建设部还有人在《名城条例》通过以后，已经规定“整体保护”了，还说“整体保护不是保护整体”，这都不对的。保护名城首先是整

---

〔30〕2007 年 4 月 17 日，徐苹芳在国务院法制办召开的《历史文化名城名镇名村保护条例（征求意见稿）》专家论证会上，对《条例》没有写入“整体保护”表示强烈反对，他认为：这个条例很不成熟，无视两年前国务院批复的《北京城市总体规划》中对历史文化名城保护的指示和原则，理念不清，缺失历史文化知识，在一些关键问题上出现误导。对历史文化名城要“整体保护”是根据中国古代城市的特点总结出来的，是唯一正确的保护方针。这一点已在 2005 年国务院对《北京城市总体规划》的批复中被确认了。中国历史上没有“历史街区”的概念，这是近年从欧洲引入的，是做保护规划的人圈定的，不是历史的真实，更不能以“历史街区”来代替和肢解历史文化名城的“整体”。虽然公布的《历史文化名城名镇名村保护条例》加上了要“整体保护”一词，却在各章条文的具体表述上增强了对历史街区保护的力度，这与建设部内部有人坚持以“历史街区”代替历史文化名城整体保护有密切关系。[徐苹芳：《南京历史文化名城保护的艰难历程》，全国政协提案委员会编：《情系国计民生——政协提案的故事丛书（3）》，北京：新世界出版社，2009 年，第 77、78 页。]

体保护，不能分散保护，不能用历史文化街区保护代替整体保护。[31]

我们保护历史文化名城，是保护单体文物的概念的一个发展。从保护单体的文物，到保护文物的历史环境，然后到整个古城、古镇、古村，这是我们文化遗产保护理念从实践到认识的一个新的发展。我们过去在历史文化名城保护工作中，没有提出“整体”的概念，是我们在这个问题上认识不足。中国城市的发展首先有规划，从我们古代很早就有城市规划，《周礼》就有了。它是根据一定的规划去修建城市，不管是北京也好、南京也好、西安也好，都是这样。中国跟西方不一样。很多西方城市最初是个堡垒，然后自由发展出街区，不像我们是事先规划好的。他们是自由发展，我们是规规矩矩，所以中国古代城市在全世界是独树一帜的。过去对这个问题我们认识不清楚，造成的破坏很严重。每一座古城就是一个完整的作品，如果只保其中一部分，其他部分都可以拆掉，就不是整体保护了。整体保护就是整体保护，是实打实的，从古城的风貌、肌理，到胡同、院落，到一切有价值的历史建筑都要保护，但不是说一点儿都不能动，历史建筑损坏

---

〔31〕徐苹芳认为：建设部内部有人坚持以“历史街区”代替历史文化名城整体保护，表面上承认整体保护是对历史文化名城保护的原则，但在落实具体保护措施时，用“抽象肯定，具体否定”的手法，架空“整体保护”的措施，在《条例》里埋的这个“暗桩”，成为在各地历史文化名城中大面积拆迁的护身符。从事南京老城南拆迁工作的人心领神会，2008年下半年《历史文化名城名镇名村保护条例》公布后，他们也加快了老城南拆迁的力度，其中的奥秘即在于此。[徐苹芳：《南京历史文化名城保护的艰难历程》，全国政协提案委员会编：《情系国计民生——政协提案的故事丛书（3）》，北京：新世界出版社，2009年，第78页。]

王军在《名城保护条例出台之后》一文中指出：“整体保护”与“历史文化街区”概念皆被写入了《保护条例》，对二者的关系，《保护条例》未做解释。由此，徐苹芳的担忧成为了现实——在土地财政的驱使下，“分片保护”得到诸多城市的欢迎，少量历史文化街区被划定之后，其外围仍有珍贵价值的古城区被大规模拆除，其结果，不但整体保护落空，在一些城市，甚至“分片保护”亦落空。2012年11月住房和城乡建设部、国家文物局公布的名城大检查结果显示，全国共有历史文化街区438处，13个城市已经没有历史文化街区，18个城市只保留一个历史文化街区。（王军：《名城保护条例出台之后》，《瞭望》2015年第18期。）

了可以重新修，只是保护的方式不一样。

不是说“整体保护”什么都不能动了，像保护有些文物保护单位似的。整体保护有三个层次：第一是旧城的整体保护；第二是历史文化街区的保护；第三是文物保护单位、不可移动文物的保护。整体保护主要是保持它原来的格局、风貌、街道肌理，最大限度地保存原来遗留的老房子，这样才能留住城市的记忆。保护街区主要是突出街区固有的传统特色，比如北京的大栅栏、南京的秦淮河，对有特色的街区的保护要循序渐进，有机更新，最大限度地把历史建筑和历史街区的肌理都保护下来，这才符合条例的要求。除了文物保护单位，老百姓住的房子里头可以现代化，但是外部风格、外部建筑形态一定要与传统相协调。这个传统还不只是笼统说的中国的传统，更多是指中国地方的传统。名城是先人与自然长期磨合的一个和谐结果，是“天人合一”的体现，因此还要对其生态和人文环境进行整体保护。

作为一个名城来说，人民的习俗、非物质文化遗产也应该保护。作为一个名城，必须既保护它的物质文化遗产，又必须保护它的非物质文化遗产，比如说老字号就应该保护，比如饮食文化、音乐戏曲，像泉州的南音。有的地区把老百姓都赶跑了，光留一个空壳，这种做法是完全错误的。你只有让原来的老百姓还住在那儿，历史名城的生命才能持续下去。我们要保一个活城，不是保一个死城。你比方说丽江，如果光保一个丽江城，里面的人全变了，那就失去了它的价值。为什么？丽江主要是纳西人传承千年的东巴文化，你把原来的老百姓都弄走了，那就没特色了。保护文物保护单位主要是静态的，保护历史文化名城是既有静态的，也有动态的。需要让名城活下去，是保活城，不是保死城。

名城保护和名镇、名村的保护是有共性的，但是同时也有差异。一开始我是主张名城和名镇、名村分开立法，现在出来的《名城条例》更多地体现了它们之间的共性，有的地方还比较笼统。比如名城与名镇、名村都要整体保护，但是名城的整体保护和名镇、名村的整体保护其要求就不完全一样。所以我提出过建议，建设部会同国家文物局，搞一个文件，说一说各自的“个性”，把名城、名镇、名村保护的差异做一些说明。但是，名城保护与名镇、名村保护的基本原则是一致的。古村落要在既保护好文物的同时，注意改善民生，绝不能搞项目带“危改”，开发带“危改”那一套，这是一个大的前提。我们现在搞新型城镇化，一定要有中国特色，而且各个地方还要有地方特色。我去温州看那些古村，也没有什么大师规划，都是老百姓自己盖的，你盖你的我盖我的。但是我盖的时候看你怎么盖，结果非常协调，还非常有地方特色。一代代积淀下来，很自然地形成了审美观，这就是文化基因。老百姓字是不识多少，但是中国几千年的智慧就在这儿。因此，在城镇化过程中，保护好优秀的乡土建筑文化遗产就特别重要，必须要按照国务院“42 号文件”和《名城条例》办事。

不管是名城保护，还是名镇名村保护，都在实际工作中面临如何认识保护与发展的关系的问题。我举几个例子。像北京地铁 6 号线，原来规划从朝阳门修到阜成门，中间要穿过故宫，这就有矛盾了。地铁带来的震动会对故宫造成损害，我和徐苹芳、傅熹年坚决反对，最后地铁向北绕行，避开了故宫。如果地铁修得深，对地上地下文物没什么影响，那我们不管，但是包括故宫、景山、中南海就不能允许地铁从底下穿过去。这里面就是一个如何理解保护和发展的关系的问题。我接受《瞭望》采访时候谈过我的看法，你不能把保护和发展对立起来。比如故宫是世界文化遗产，但地铁在北京也很重要，这两个发生矛盾了，怎么办？在这个时候，就得权衡到底哪个更重要。地铁避开了故宫，在这个时候是服从了故宫，但并不等于经济发展服从了保护，而只是在这个具体问题上服从了保护。再比如三峡工程，关系国计民生，但三峡里面有大量文物，你说全保护，一点儿都不能动，那三峡工程甭干了。那只有采取各种不同的方法，文物有的搬迁了，有的发掘了，这也是保护。但有的非原地保护不可，像白鹤梁水文题刻，坚决原址保护，盖个博物馆。虽然在整体上三峡工程是主要的，但在这个局部上，白鹤梁变成主要的了。所以，要具体情况具体分析，不要一上来就把保护与发展对立起来。

如果你把握不好保护与发展的关系，就会付出很大的代价。南京明故宫的皇城遗址的保护就是教训。我参加过《南京历史文化名城保护规划》的审议，明故宫皇城格局受重点保护，既然你早就发现了西安门皇城城墙的遗址，当初就应该通过土地置换的方式，建设皇城遗址公园，这不是很好的事？南京市政府明明知道那是地下文物重点保护区，还要整体开发，这都是没有依法决策的恶果。几十年前建厂盖房、地基较浅，对地下遗址不会造成太大破坏，但现在搞建设，打地基要打几十米，还要搞地下室和停车场，地下遗迹将荡然无存。我们等了几十年才等到一个保护皇城遗址的机会，现在地块全部开发，毁掉了一大段城墙，这是置遗址保护于何地？镇江的“宋元粮仓事件”也是这样，明知是京杭大运河上的重要遗址，镇江市还是把它毁掉盖了大楼。这样的例子太多了。我们的城市不缺高楼大厦和 GDP，但是缺乏对历史和文化的敬畏。

五　南京古城的历史转折

《名城条例》出台之后，国家文物局召开过座谈会。我在会上说，每一个历史文化名城、名镇、名村体现的都是中国特色，同时也都有各自的地方特色，它们的存在都是先人与自然长期磨合的一个和谐结果，因此我们对其保护很重要的一点，就是对其生态和人文环境进行整体保护。我们必须宣传整体保护的原则，而且要推广保护名城与民生改善相统一的一些好做法，比如名村保护中像诸葛村那样的典型。《名城条例》出来以后建设部也开了座谈会，请专家们说了说，但光开专家座谈会不能解决问题啊。我建议在全国召开市长大会，对他们好好宣传一下这个条例，让整体保护深入人心，好的典型要推广，坏的典型则要处罚，立个标准。但是建设部对这个《名城条例》的贯彻谈不上多积极，文物局干着急，但不能越俎代庖啊，因为名城保护是建设部会同文物局管的，他们不积极我们也没办法。

南京的问题暂时被摁住了，我们以为总理都批了，问题应该解决了，不会再拆了。但是南京完全是言而无信。比如南京老城南的颜料坊，据南京大学蒋赞初同志讲，那里是清代云锦业集中的地方，是真正有代表性的秦淮人家。结果这么一大片很好的历史街区在 2006 年被拆，留下了一个云锦老艺人的黑簪巷 6 号老宅，一个云锦业的行会云章公所，都是文物，南京市答应说不拆了。到了第二年春天，突然传出消息，云锦老艺人的老宅马上又要拆。我对云锦很有感情，80 年代就是我找南京云锦研究所复制的定陵龙袍。当时南京云锦正在申遗，你留下这几个织锦业的历史遗迹不是很好的事情吗？我马上打电话给南京方面，要求他们不要拆，结果也没保住。[32]最后就留下来一

---

〔32〕据新华社记者蒋芳《南京：为了命悬一线的老城南》一文：黑簪巷 6 号是中国云锦大师、“最后的云锦艺人”吉干臣的故居，也是秦淮区的区控文物。吉氏后人吉承叶至今难忘 2007 年春节前后的遭遇。当时，吉氏家族老宅门口被挂上了一条红幅，上书“严格依法实施强拆”，墙上还贴着一张宣传单，上印“丢掉幻想，认清现实，务实谈判，老实搬迁”字样。吉承叶 1949 年出生，除了去苏北农村插队落户那 6 年，他从未离开老宅。自清咸丰年间起，吉氏家族就一直在黑簪巷繁衍生息。吉承叶不得不选择搬离。“留不住啊，”他说，“一会儿有线电视被人剪断，一会几十块雕花栏板不翼而飞。隔壁家都有人放火了，我哪敢不搬？”在他搬出之后，2007 年 4 月，黑簪巷 6 号遭到拆除。在这里平地而起的，将是由英国特易购公司开发的高档购物中心。（蒋芳：《南京：为了命悬一线的老城南》，《瞭望》2009 年第 19 期。）

个云章公所。2012年，我在南京开老城南历史文化街区保护规划的专家论证会，英国人想在这儿盖商场。费了那么大劲儿，颜料坊最后才保下来的这么一个文物，你迁了怎么成？在会上我和好多人一致要求绝对不能迁，南京市答应得好好的，说我们不迁。结果第二年又被杨卫泽下令拆了。那帮小子真是坏透了！

2006年到2008年，围绕南京历史文化名城保护问题多次召开整改会议，郑孝燮、吴良镛、周干峙、徐苹芳、陈志华、罗哲文、蒋赞初、梁白泉等文物界、建筑界的老专家都参加了。[33]大家一致要求南京必须要整体保护，不能再对南京老城南进行大拆大建，南京市政府、区政府的态度也非常好，一再说他们错了，一定改，一定改！南京市政府承诺，一定按照“整体保护，有机更新，政府主导，慎用市场”的十六字方针，好好保护历史文化名城。我在2008年3月召开的《南京历史文化名城保护规划》修编会议上，反复讲名城保护要贯彻“整体保护”，要维护历史文化遗产的真实性，不要继续拆真建假。我还提出来八个字，南京名城保护不能“厚今薄古、嫌贫爱富”，就

---

〔33〕时任南京市文化局局长张年安、市文物局副局长杨新华主编的《南京文物大写真　精彩2006》介绍：2006年夏，谢辰生等16位专家发出《关于保留南京历史旧城区的紧急呼吁》以后，国家文物局立即致函江苏省政府，同意并支持专家们的意见，要求在南京立即停止所谓的“旧城改造”。同年11月，根据中央领导批示，国家文物局和建设部联合调查组赴南京进行了督察，南京市政府和南京市秦淮区政府就此事进行了汇报，并着手进行整改。2006年12月20日，在建设部会议室召开了由建设部、国家文物局组织的南京市、常州市历史文化名城与文物保护工作专家座谈会。参加会议的专家有郑孝燮、谢辰生、罗哲文、陈志华、徐苹芳、蒋赞初。听取名城保护整改方案汇报后，蒋赞初等专家认为南京市对名城保护的整改方案准备不足，整改措施不够明确和具体，在对名城保护的认识上也不够清楚，对南京市进行了“暴风骤雨”式的批评，要求继续整改。2007年1月9日，南京市有关领导再次赴京召开座谈会，邀请了谢辰生、徐苹芳两位老专家，向他们汇报了2006年12月20日建设部会议后南京市政府下一步整改的措施。两位专家听取汇报后，认为南京市政府对历史文化名城保护的认识有所提高，下一步的措施也是可行的，但关键是要落实。两位专家还对南京市如何做好历史文化名城的保护提出了具体的指导性意见。（张年安、杨新华主编：《南京文物大写真　精彩2006》，南京：南京出版社，2007年，第143页。）

是不能只重视保护那些民国大员的洋房，反而把历史遗存极其丰富的老城南都给拆了，要不然就是“抓了七八十年，丢了六七百年”。老城南是南京历史文化名城的根基，家底儿就剩这么一点儿了，绝对不能再拆去了。南京的一个副市长陆冰一再表示，今后一定保证按《名城规划》办，保证不会再拆老城南了，绝对不会再拆了。那说的都是好极了。与会专家看南京市态度很好，规划编得也不错，我们就放它过关了。

结果到了第二年，风头刚过去，南京打着“危旧房改造”的旗号，又干起来了，而且势头还很猛！他们说这叫“镶牙式保护”，还是搞拆真造假那一套。我们后来去南京调查，都是成片拆平，哪里是“镶牙”，明明是“拔牙”！比如甘熙故居周围的那些仿古商业区，还是80年代韩克华搞旅游那个年代的思路，是“今产”而不是“遗产”，根本就不是历史文化名城保护。本来在2008年南京市规划部门按照“整体保护，有机更新，政府主导，慎用市场”的方针，编制了很好的保护规划，吴良镛、周干峙、阮仪三、徐苹芳等很多权威专家一致同意。结果到了2009年，南京市市长蒋宏坤为了搞“危改”，把当时我们一致同意的保护规划又给否了，把很多保护区从保护规划里给撤掉了！你原来有一个规划为什么要改？你要反悔也没有理由啊，如果你说破坏了，那是你弄坏的，你来承担责任，毁了的你得恢复，没毁的不许再毁，这不就完了吗？你修改规划等于把错误变成正确了！

我当时收到了南京的梁白泉、蒋赞初等29位专家的联名信《南京历史文化名城保护告急》，反映的情况实在令人震惊。真没想到南京市政府能如此不守信用！联名信是这么说的——“最近，南京白下区、秦淮区连续发生了一系列违反《文物保护法》和《历史文化名城名镇名村保护条例》，破坏历史文化名城的严重事件，值得高度关注。

据了解：在安品街，以清代杨桂年故居为代表的多处文物保护单位惨遭拆除，用于房地产开发；在南捕厅，以民国建筑王炳钧公馆为代表的老街区被拆毁殆尽，用于建设‘总部会所’及‘独栋公寓’；在秦淮河西段，以清代北货果业公所为代表的五华里古河房被成片推平，用于建造‘假古董’；在三条营，省级文物保护单位蒋寿山故居被擅自拆迁改造，用于打造高档‘会所’；在中华门东，多处明清文保建筑连遭人为纵火，地块用于房地产开发；在三山街，江苏酒家、张小泉刀剪店等多家著名老字号即将在‘危改’中消失……”南京的专家还反映，这次改造宣称采取了“镶牙式改造”的新模式，但从此前实施的“南捕厅三期”“秦淮河西段”“安品街地块开发”等项目的拆迁现场来看，事实是除了极个别省市级文物保护单位之外，根本没有留下一处明清古民居，如此“拆迁式改造”，完全置《文物保护法》和《历史文化名城名镇名村保护条例》于不顾，再这样拆下去，南京历史文化名城就要名存实亡了！

同时，天津的名城保护也发生了类似的问题。天津我太熟悉了，我是天津的秀山小学毕业的，我到现在还能说天津话。天津作为历史文化名城，主要两个部分，一个是天津卫老城，一个是租界。经过多年的旧城改造，老天津卫基本拆没了，八大家的大院基本拆光了。五大道是租界的代表，原来保存得还可以，一栋栋的小洋楼都很有特色，实在是不应该拆。结果五大道启动了一个叫“聚客锚地”的项目，搞大拆大建，一些本来应该保护的建筑被拆毁，要搞吃喝玩乐一条龙的娱乐项目。天津的志愿者找了我，我跟陈志华、张文彬等去拆迁现场看了，张文彬、罗哲文、张忠培、阮仪三、陈志华、马自树、李先逵、张廷皓、杨志军，加上我，一起联名发出了一个《关于加强保护天津五大道历史文化街区的紧急呼吁》。

这份《紧急呼吁》说：2008年7月1日《历史文化名城名镇名村保护条例》正式实施，“整体保护”理念被进一步以法律法规的形式贯彻。然而作为天津历史文化街区重点保护对象的五大道地区，从2007年至今，却屡屡遭到破坏。黄家花园历史建筑群被拆除大半，原址建起和历史文化街区极不协调的超高层大厦；陶氏旧居（天津市文物保护单位）周边建筑被拆除，环境恶化，文物本体受到严重威胁；保护区范围内的友善里地块、贞源里地块、鹏寿里地块、永兴里地块和林崧旧居（天津市历史风貌建筑）、云南路34号（天津市历史风貌建筑）等也被全部拆除。自2008年开始，五大道地区开始了一项备受社会关注的开发工程——“聚客锚地”工程。五大道核心保护区的小光明里（山西乔家建）、润兴里（著名水利专家关富权房产和居所、满清遗老金梁也曾居此）、先农大院（天津市历史风貌建筑）、义生里、湖南路地块及马占山旧居等处亦相继贴出了拆迁通知，大量珍贵的历史建筑面临灭顶之灾。

2009年南京、天津出现的问题，都是典型的违反2008年国务院颁布的《历史文化名城名镇名村保护条例》的违法行为。两封专家呼吁信等材料，都已送给当地政府和中央有关部门，但是一直没有回应，我只好在5月18日再给总理写信。我在信里说：南京的问题您做过重要批示，拆迁工作曾一度暂停，南京市政府曾经表示，今后一定要严格实行《名城规划》，保证对老城南不再拆迁，按照规划保护好。但是从2009年初开始，又突然开始拆迁，来势甚猛，使南京仅存的旧街区面临全部拆光的危险。天津的情况也很严重。南京和天津的问题有几个共同点。一是都是在国务院《历史文化名城名镇名村保护条例》公布之后进行的，如此拆迁是完全违反《名城条例》规定的。二是在拆迁过程中，都拆除了不少原来已经明确要保护的建筑物，特别是南京还擅自就拆除不少文物保护单位，是直接违反《文物保护法》的。三是近些年来，现在拆迁的对象，都是它们最后仅存的旧街区，如果这再破坏了，名城也就彻底拆光了。

我提了两条建议。第一，责成建设部会同国家文物局立即派人分赴两个城市进行调查处理，首先是立即制止他们正在进行的拆迁活动。第二，我还建议建设部会同文物局要抓紧筹备召开一次全国历史文化名城保护工作会议，主要是学习讨论如何贯彻《名城条例》，在此基础上形成一个有针对性和可操作性的贯彻《名城条例》的文件。在会议上，好的城市要表扬，差的进行批评，该亮黄牌就亮黄牌，甚至取消名城的称号，要赏罚分明，否则法律的尊严就树立不起来。第二天，5 月 19 日，温家宝批给了建设部和文物局，“请伟新、霁翔同志酌处”。但是批到建设部、文物局之后，不知道什么原因，建设部迟迟没有动静，南京、天津告急依然不断，拆迁还在继续。[34]

---

〔34〕2009 年 5 月 18 日，国家文物局向城乡和住房建设部发出《关于南京历史文化名城保护问题的函》（办保函〔2009〕289 号），内称：最近，我局收到梁白泉等 29 位专家的联名信，反映在白下区、秦淮区连续发生一系列违反《文物保护法》和《历史文化名城名镇名村保护条例》，破坏历史文化名城的严重事件，呼吁政府有关部门采取有效措施停止对历史街区的大规模拆迁，切实加强南京历史文化名城的保护。为此，我局已致函南京市人民政府，请其对信中所反映问题进行核查，并依据《文物保护法》和《历史文化名城名镇名村保护条例》等法律法规，加强对南京历史文化街区的整体保护，对老城南重点区域实行重点保护。现将来信转你部研处，并建议近期与我局就信中反映的情况组成联合调查组赴南京进行现场调查。

5 月 20 日，国家文物局向南京市政府发出《关于南京历史文化名城保护问题的函》（文物保函〔2009〕587 号），内称：最近，我局收到梁白泉等 29 位专家的联名信，反映在白下区、秦淮区连续发生一系列违反《文物保护法》和《历史文化名城名镇名村保护条例》，破坏历史文化名城的严重事件，呼吁政府有关部门采取有效措施停止对历史街区的大规模拆迁，切实加强南京历史文化名城的保护。现将来信转去。请你府高度重视，对信中反映的情况进行调查核实，依据《文物保护法》和《历史文化名城名镇名村保护条例》等法律法规，责成有关部门立即停止对南京历史文化街区的违法拆迁活动，对历史文化街区实行整体保护，对老城南重点区域实行重点保护。对历史城区的改造，应探索一种小规模，渐进式的整治和日常养护方式，实现历史城区有机更新。我局将商住房和城乡建设部适时对南京历史文化街区保护工作进行调查。（转下页）

在南京、天津的问题发生的同时，北京因为要搞国庆60周年庆典，要从新华门前西到六部口的长安街向南拓宽20米，还要把长安街南侧的石碑胡同、东西安服胡同、西文昌胡同等近十条胡同全部拆光。这一带已经是长安街南侧最后依然保存新中国成立前老北京风貌的地段，是长安街南侧仅存的北京老城的痕迹。我给胡锦涛、温家宝写了信，认为不应该拆，也没必要拆。我听说都有批示，但是我没见到。首规委的同志告诉我还是要拓宽，长安街的两百多米花墙南移。我还是不同意，因为新华门和对面的花墙是老长安街的原貌，新华门是乾隆年间为安抚香妃建的宝月楼，花墙以南是“回回营”，保存有清真寺的遗迹。民国初年，袁世凯把宝月楼改成新华门，朱启钤修了对面的花墙，跟新华门的尺度比例非常协调。你如果把花墙拆迁，长安街拓宽，反而把新华门变小了，因为空间关系变了。

5月18日，我第二次就花墙的问题给胡锦涛、温家宝写信，谈了上述这些观点。第二天温家宝就批了：“请刘淇、金龙同志阅。还是要直接听一听谢老的意见。”胡锦涛也圈阅。刘淇批示：“请金龙、陈刚同志阅。落实温总理指示，再次直接听取谢老的意见，做好工作。”郭金龙批示：“请陈刚同志与谢老联系，我们共同听取意见，落实好首长批示精神。”5月24日，北京市政府请我去谈了花墙问题，为了

（接上页）据《瞭望》报道，5月27日上午，国家文物局局长单霁翔走访了南京城南被当地规划部门划为历史文化保护区的南捕厅、安品街。站在已被拆光的安品街地段，单霁翔向当地官员提问：“这就是‘镶牙式保护’吗？‘牙’在哪儿呢？”同日下午，单霁翔在南京召开的中国近现代建筑遗产保护论坛上，对“镶牙式保护”做出评价，表示他与当地官员在历史街区保护的一些基本概念上“沟通困难”。单霁翔说，历史文化街区的保护不同于文物建筑的保护，不能只留下一些孤零零的文物保护单位，认为它们才是“牙”，其他的都可以拆掉，“历史文化街区的保护，还要保护老民居、原住民及当地的非物质文化，不能只保护个体的文物建筑。可是我今天在现场看到，镶上去的多是‘假牙’，‘真牙’太少了！”（王军：《历史街区的生死瞬间》，《瞭望》2009年第24期。）

增加两条车道，还是打算整体南移17米。回去以后，我跟几位老专家通了气。大家认为新华门前的200米花墙，是整个长安街唯一仅存的保存原貌的地段，又是中南海整体环境的重要组成部分，对这个具有双重价值的地方应该原址保下来。如果要拓宽马路，新开两个车道，可以把花墙取直，从它南面开路，这是个两全之策。第二天，我给北京市刘淇、郭金龙写信，转达了我们一致的意见。

5月27日，我再次给温家宝写信，一是再次谈了我们不同意花墙南移方案，同时附上我们给北京市的书面意见；二是关于南京、天津两地名城保护，他在19日批示之后，两个部门迟迟不动，请他继续关心。6月1日，温家宝批示："请国办将谢老的意见转告北京、天津、南京市政府并建设部、国家文物局，督察办理情况。"这个批示就厉害了，是国务院督察啊！此后，国家文物局局长单霁翔亲自去天津调查，建设部、文物局的调查组也去了南京，听取专家意见。[35]南京方面是断断续续还在拆，直到南京的市长蒋宏坤调走，才彻底停下来。后来南京的书记、市长对名城保护确实还可以，制定了新的名城保护

[35] 2009年6月6日，在住房和城乡建设部、国家文物局调查组在南京举行的座谈会上，与会多位专家发表激烈意见。据《瞭望》报道，当地一位著名作家（薛冰——整理者注）在发言中表示，如果这件事解决不好，他会把这件事从头到尾，原原本本写成一本书，"我用我的方式把某些人钉到历史的耻辱柱上去"。在专家座谈会上，"镶牙式保护"遭到多位专家批评。"你把牙都拔了叫什么镶嵌式呢？那就是拔牙式的。"一位专家不留情面地指出。一些专家的支持，是当地政府有关部门实施"镶牙式保护"的理由。东南大学建筑学院教授刘叙杰就如何发挥专家作用提出意见，认为专家必须接受群众监督，不称职的要定期予以处罚，"这个专家必须要有道德，不屈从于权力和金钱"，"我开了很多会，就看到有些专家，在会场上领导怎么讲他就怎么讲，我看这种专家实在是很糟糕的，有的还是共产党员，简直是不像话"。

2009年6月8日上午，单霁翔率队对天津五大道地区的保护问题进行调查。在事后与当地官员的座谈中，单霁翔说他在五大道黄家花园的部分地段拍到的是一张"经典照片"，跟他5月27日在南京拍到的一样。单霁翔说，与这块被彻底拆毁的历史街区相比，旅游"聚客锚地"已是一大进步，但是历史文化街区的保护，不只是保护它的壳，还要保护它的根，保护它的魂。（王军：《历史街区的生死瞬间》，《瞭望》2009年第24期。）

规划、名城保护条例，明确了整体保护，也说鼓励居民按保护规划修房子。这个思路就把保护文物和改善民生统一了。后来南京的书记朱善璐调走了，杨卫泽来了，没几年又拆起来了。天津也是这样，五大道整体保护还可以，列入了全国重点文物保护单位，但是零零星星的拆除还是不断。像盛锡福大楼，最后还是给拆了一半。但是总体上，南京也好，天津也好，大方向终于给扭转过来了。

南京的破坏比北京还厉害，但是南京后来保护规划做得是很不错的，一步步在往前进，有的地方比北京规定得还要好。南京的几次规划论证我都参加了。2008 年，我在南京参加南京历史文化名城保护规划论证，2010 年，我在北京参加南京老城南历史城区保护规划论证，2012 年 4 月，在南京参加门西等历史文化街区保护规划论证。保护规划制定得很好，提出了老城整体保护，也规定了鼓励居民按照保护规划自我修缮，关键是要落实到位。要接受群众监督，在整个名城保护和改善的过程中，权力必须要在阳光下运行，制定规划、实施规划全过程都要公开透明。越公开矛盾越容易解决，越闷着越容易出问题。老城南不同地段，对待的方式也不一样，像夫子庙的仿古建筑，80 年代建的，不能算历史建筑，但是还可以继续保留下去。夫子庙文化内涵太丰富了，贡院多了不起，江苏出了多少状元！现在是商业气氛太浓、品位太低，所以要压低商业气氛，提升文化气氛。

南京历史文化名城保护的重点，还是要按照“整体保护，有机更新，政府主导，慎用市场”的方针，保护好现存的仅有的历史街区。我跟他们讲，南京的老城南历史街区主要都在秦淮区，省里、市里都要统筹支持。名城保护要投大笔钱，现在花钱没有效果，但是将来保护好了，将来的回报是不可估量的，效果是永恒的。要做社会调查，像人口的问题，像消防的问题，像交通的问题，小胡同不能开汽车，都要想办法解决。应该借鉴北京的经验教训，着力解决民生问题，推进基础设施小型化。保护名城、改善民生都是政府的责任，要用民生促保护，用保护促民生。老城南好多居民是弱势群体，你政府不管谁管？北京“保护、修缮、疏散”的思路，在南京是值得参考的。但是疏散也不能过了，不能搞强制，把居民全迁远郊区去了也不成啊，还会带来就业、医疗、教育的新问题。老城的老居民还要保持，后来的外来户可以另行安置，这样才是活的古城。我说的这些意思，南京市的会议纪要都写进去了，下面就看能不能亡羊补牢了。

北京、南京的名城保护，国家领导人多次批示，是这十年文物工作的大事。如果能把南北两京保护好了，意义非常重大，这段历史应当好好回顾一下，经验教训要好好总结。

一是如何惩治法人违法的问题。为什么国务院颁布《名城条例》之后有的名城还是在拆？现在的问题不是无法可依，而是执法不严，违法难究。你想究，可是究不了啊，因为权大于法。新中国成立以来，我们在文化遗产保护法制方面，已经形成了一套法律体系。特别是国务院《名城条例》明确提出“整体保护”，可是，这部条例 2008 年颁布以来，仍不能彻底制止对名城的大拆大建，有的城市，天天拆，到现在还在拆！在利益驱动下，有法不依，以权代法，最突出的例子就是南京。2006 年和 2009 年南京市两次对老城南历史街区进行大规模拆迁改造，国务院领导几次批示才把问题解决。当年下令拆的那几个南京官员不都因为腐败问题落马了吗？没有利益驱动，他们犯得着跟文物过不去吗？

前 30 年的破坏，可以说主要是由于认识问题，但是在今天，主要是利益问题。现在我们处理的破坏名城、破坏文物的案件，绝大多数都是法人违法，以权代法造成的。问题的关键是权大于法，权钱勾结，以权压法，说到底还是拜金主义对全社会的腐蚀啊！如果没有利益驱动，那些个市长、区长哪有那么大的劲头去拆啊？所以，名城的破坏跟“四风”问题也有非常深刻的联系，官风正则民风淳，官风不正则民风难淳。我们现在讲“四个全面”，依法保护名城就是“四个全面”的体现，必须把权力搁在制度的笼子里，必须依法行政，违法必究，法人违法，依法处理，坚决杜绝一切权大于法、以权代法的行为。

二是如何提高文物部门执法权威的问题。文物局是政府部门里面不折不扣的“弱势群体”。地方上的文物局是市政府、区政府下面的职能部门，你当局长，你跟我唱对台戏，我把你撤了，你有什么办法啊？区文物局管不了区长，市文物局管不了市长。国家文物局权力也不够大，也管不了一个市。像以前南京市的大拆历史街区，人家可以不理你文物局啊！所以，文物局可不可以独立出来，或者提高规格？如果提高不了规格，可不可以赋予文物部门执法的权威。你真敢破坏我就真整你，执法能动真格的，这样才有震慑力。所以我在给“42号文件”的建议信里说，各级文物部门要严格执法，有权制止一切违反法律的决定和行为，同时文物部门不作为、有问题不反映不处理造成文物损失的要追究责任。国务院“42号文件”给了各级文物部门这个权力，如果我给你这个权力你不抵制错误的决策，就要追究你的责任。谁破坏名城，谁就要负责任。我主张对那些濒危的名城要警告，先发黄牌，如果一下子就发了红牌，摘了名城的牌子，那得慎重，因为你摘了牌子，那些个市长正好不保护了怎么办？所以还是一开始悬而不发更好，实在不像话的坚决摘牌。

三是保护名城必须跟改善民生结合，这都是政府应该承担的责任。无论是解决民生问题，还是保护历史文化名城问题、保护历史文化遗产的问题，都是政府的责任，所以必须是政府主导，公益性原则优先——这是保护历史文化名城很重要的一个前提。过去北京那种以开发商的项目带危改的方式是错误的。把危改放在项目里，突出了项目，实际是危改服从项目了。项目是什么？项目就是利润。开发商当然要赚钱，要谋取个人利益，你不能赖人家。你让他这么干，他就这么干，他用不着赔本赚吆喝。这种方式绝对不符合“政府主导，公益性原则优先”这个原则。要时时想着老百姓，不要时时想着经济利益。几十年来，因为种种原因，造成群众的住房困难，这是政府欠老百姓的债，政府应当负责任的。为老百姓排忧解难，是政府的责任，不能让老百姓负责。这又是一个根本性的问题——以人为本。什么是以人为本？人是以群分的，以广大人民群众，特别是弱势群体为本，而不是给开发商谋取利益提供方便——那不是以人为本呐！保护名城、保护文物必须是在惠民的前提下，绝不能扰民，这是最根本的问题。

四是保护名城必须尊重居民产权。北京、南京、常州等很多地方，都出现过当地政府或者开发商以“修缮”的理由，强行让老百姓迁出的问题。按照《文物保护法》的规定，文物属于私有财产的，应该尊重私人的产权，这是为了体现宪法精神特意写进去的。《文物保护法》第六条说得很清楚，属于私人所有的纪念建筑物、古建筑和祖传文物以及依法取得的其他文物，其所有权受法律保护。归个人所有的文物，个人有能力并且愿意自己修缮的可以自行修缮；没有修缮能力的，国家应该协助修缮，但不能剥夺人家的所有权。《文物保护法》第二十一条也有明确规定，“非国有不可移动文物由所有人负责修缮、保养。非国有不可移动文物有损毁危险，所有人不具备修缮能力的，当地人民政府应当给予帮助”。[36]政府无权违反宪法，也无权违反《文物保护法》。市政府不行，省政府也不行。

习近平同志说得很清楚，要记住乡愁。广大群众所固有的爱护乡土积极性，是可以通过文物调动起来的。你把居民全赶走了，名城保护也就完了。我曾经去北京前门东侧地区走访，看到很多独门独院的挂牌保护院落也被要求限期搬迁，搞“人房分离”。[37]保护院落不拆了算是有了进步，但是“人房分离”不能一刀切，你必须按照宪法保护公民合法的私有财产。北京鼓楼、中轴线的保护，因为修地铁，也遇到过类似的问题。还有钟鼓楼广场的所谓恢复工程，拆了大片胡同和四合院，也驱散了原住民。留住原住民也是保护名城的重要原则，没有原住民古城就没有灵魂。老百姓住得差和所谓的危改完全是两码事，根本没有因果关系可言。保护私人生活资料所有权，是新中国成立以来历部宪法一以贯之的，而且北京《城市总体规划》鼓励居民成为房屋修缮保护主体，南

---

〔36〕2001年提请全国人大常委会审议的文物保护法修订草案第十八条中原来规定，“非国有不可移动文物具有损毁危险，所有人拒不依法履行修缮义务的，县级以上人民政府可以征购”。一些常委委员提出，对非国有不可移动文物的维修，应区别所有人情况的不同做出规定，对不具备修缮经济能力的，当地政府应当给予帮助，不宜笼统做征购处理。全国人大常委会法律委员会采纳了这些意见，最终修改为现行《文物保护法》第二十一条：“非国有不可移动文物有损毁危险，所有人不具备修缮能力的，当地人民政府应当给予帮助。所有人具备修缮能力而拒不依法履行修缮义务的，县级以上人民政府可以给予抢救修缮，所需费用由所有人负担。”[《全国人大法律委员会关于〈中华人民共和国文物保护法（修订草案）〉修改情况的汇报》，2001年12月24日。]

〔37〕时任北京市文物局局长梅宁华针对正在实施的玉河、三眼井、白塔寺、大栅栏、鲜鱼口等北京历史街区所谓“整治”试点，曾经表示“房子不拆，房户分离，然后对四合院地区统一规划、改造和使用”。他提出，北京四合院“完全不拆也不行”，现存的“大量的四合院形式简陋”，尤其是清末民初建造的房子，多且杂，院子不标准，主要是平民居住。平民百姓盖的四合院，不属挂牌文保单位。盖的时候因为财力不够用的材质不好，墙缝里甚至塞满了旧棉花，加上年久失修，已成危房。对这一类四合院，修复的计划是“在保留部件和结构的基础上，拆掉一个危机重重的四合院，重盖一个形式相似的四合院”。(《随着北京市“十一五”规划的明朗化和北京市建委2005年撤销55片旧城改造计划，四合院保护再次受到各方关注　破解四合院保护三大难题》，《人民日报》2006年2月24日第14版。)

京的名城保护规划也有类似的要求，所以名城保护应该鼓励居民参与，不能只见物不见人。政府是应该为改善民生投入资金的，因为改善民生不能简单地依靠市场经济，搞市场经济解决不了民生问题。在政府主导，公益性原则优先的前提下可以搞市场运作，可以吸取社会资金，但必须保证在这个前提底下，不能够完全市场运作。你只能在自愿基础上，适度疏散，政府工作要做到家，不能一刀切。

五是保护名城必须鼓励公众的参与，支持志愿者。现在民间的文物保护志愿者的作用是很大的，像哈尔滨的曾一智，那可以说是女中豪杰，是文物保护志愿者的杰出代表。她为保护哈尔滨、北京的文物，发挥了非常重要的作用，像黑龙江中东铁路、霁虹桥，像北京梁思成故居等许多胡同、四合院的保护，还有大同的问题、洛阳的问题，她都是冲锋在前，把个人的利益、个人的安危置之度外。曾一智的事迹，真是应该好好写一写，她很了不起，很值得后人学习。[38]有

---

〔38〕2017年2月1日，黑龙江日报原记者、文物保护志愿者曾一智在生命的最后日子里，向本书撰写者回忆了她与谢辰生共同参与的抢救北京胡同、四合院的部分活动。她在邮件中写道："我想到就先写好发给你，还是不求全了，陆续发。免得哪一天我忽然走了，该留下遗憾了。"她有关"谢辰生先生参与的文保事件（2005—2016）"的回忆截止于2007年5月，结尾注有"待续"二字。2017年2月19日曾一智因病在哈尔滨逝世，这个未完成的回忆，成了永久的遗憾。

1. 2005年6月，我向谢老反映王世仁在黑龙江参与违法破坏省级文保单位哈尔滨关道衙门一事。我给国家文物局递交的举报材料《专家有超越宪法和法律的特权破坏文物吗？》很快获得单霁翔局长的批示。

2. 2005年10月，我在西安参加国际古迹遗址理事会第十五届大会时，向谢老反映北京东城区未定级文物霞公府街13号葡萄牙领事馆旧址，及霞公府仅存的北半条街，均将为奥运会建设拆除，谢老回京后立即去现场调研。但后来仍然拆了，新建整幢大楼并非奥运场馆或奥运相关设施。

3. 2005年12月初，我给国家文物局写信呼吁保护前门东片数十处未定级文物，同时给北京市规划委员会写信呼吁整体保护鲜鱼口历史文化街区及数十处挂牌保护院落，同样的信也发给了谢老。谢老找了有关领导，并几次跟王军一起去现场调研。当时根据我统计的资料，发现崇文区普查登记在册文物有41处（包括刚被拆除的3处）列入拆迁名单（全区共计57处）；挂牌保护院落有61处列入拆迁名单（全区共计80处）。这个数据同时给了国家文物局、北京市规委和谢老，（转下页）

2010年5月16日，曾一智陪同谢辰生先生在北京鲜鱼口历史街区考察（姚远　摄）

志愿者奔走呼吁，有媒体轰他们几下，有时候那些人也会收敛收

（接上页）还给了全国政协委员万选蓉，万找了冯骥才、叶廷芳，才有了8委员提案。谢老对此非常重视，要求"一个不许拆！"。

4. 2006年7月，前门东片西兴隆街救世军东南队礼拜堂面临拆除，我在哈尔滨给谢老和新华社记者打电话求助，他们一起去了现场。谢老强调整体保护，依法保护，坚决反对推平头式的改造。后来谢老多次去现场踏查。本来说不拆了，但很快还是拆了。
5. 2006年7月，玉河南北段改造工程启动。我写了反对大拆大建的建议书并寄给谢老。谢老和徐苹芳先生去了几次现场调研，也跟东城区的文物部门一起去过。叶廷芳先生找了在京的共13位全国政协委员递交提案表示反对，还在《人民日报》发文，但没能起到什么作用。
6. 2006年7月，位于东总布胡同以南，顶银胡同以北的桥苑艺舍项目启动拆迁，我和华新民找了谢老。谢老找了东城区政府，但没能挡住拆迁。
7. 2006年8月，东堂子胡同4号、6号伍连德旧居开始为金宝街项目动迁，已经迁走4户居民。我向谢老求助，最后在谢老找了不知哪一级领导后停了下来，在2009年9月被东城区政府公布为区级文物保护单位。
8. 2007年5月，地铁五号线在旧城沿线贴出拆迁公告，拆迁范围不仅涉及多处各级文保单位，还有胡同格局和整体保护问题。我逐项统计后把建议书递交国家文物局和谢老，我记得谢老当即给北京市规划委员会打电话表示坚决反对。最后在国家文物局局长单霁翔和北京市规划委员会干预下停止拆迁。

敛，不至于拆得那么肆无忌惮。居民拿起法律武器也很重要。像无锡市小娄巷46号的居民一直想保住自己的家，那是一处省级文物保护单位，杨卫泽千方百计想拆了它。这几位老人就针对江苏省撤销省级文物保护单位的决定向国务院申请行政复议，我也跟国务院法制办谈了我的看法，最终法制办裁决，决定将小娄巷46号整体保护下来。

为了保护名城，我写了很多封信，费了多大的力气，打了好几个大胜仗，总算把大方向给扭转了过来。我凭什么？我官儿也不大，到头了也就是文物局顾问。你不用我，我自己用我，我这里面没有私心啊！我没为我自己啊，我哪件事也没为我自己啊，而且都是得罪人的事，还有风险。还是那句话，无私才无畏嘛！当时整王冶秋，我给胡耀邦写信，给王冶秋叫屈。我说康生让文物局成立了，对事情有好处，跟他自己的错误没关系。我说，“四人帮”说煤球是黑的，我们就要说是白的吗？我的信说得很尖锐，这么多年来，有几个干部敢像我这样说话的？胡耀邦还是很不错的，能够公正看待王冶秋。我给负责的人写信，很多人我都不认识，胡耀邦后来认识了，但写信的人里面不认识多了，康生我就从来没见过。我的《往来书札》出来不容易，写的就是“康老”，那时候都这么叫，这就是历史。你当官儿，你管文物这事儿，我就找你说这事儿，谈我的意见，一视同仁。如果谁破坏文物，破坏名城，不管是谁，我就跟你斗，也是一视同仁。开发商找我也没用，他们给我送过钱，我就上交给纪委就完了。

2007年，我读到《参考消息》转载英国《金融时报》题为《中国发展须破除腐败铁三角文章》，很有感触，步鲁迅七律诗原韵和了一首七律。郑欣淼、彭卿云也各和了一首。[39]我的《七律》是这样写的：

而今垂老尚何求？维护原则敢碰头。
污吏奸商榨民脂，精英文痞泛浊流。
群邪肆虐犹梼杌，正气驱霾贯斗牛。
蒿目层楼忧社稷，坚持信念度春秋。

八九十年代那些叫“国家”的局，后来都升上副部级。有的人到处找人，给自己弄了一个副部级，我一辈子就正局级顾问。我不是说，我这人要怎么样，不是说想升官，六十几年，我在文物界干了多少工作，但你说说这怎么个比法，怎么去说公平？我从来没去为自己的事找人，为自己我找人也能成啊，找胡耀邦可以，找邓力群、找谷牧、找李瑞环都行啊，他们对我很好，可我从来都谈工作，从没说过个人的事儿啊。我这个人什么都不要。王冶秋争取都没争取下来的文博人员高级职称问题，是我在1986年给胡耀邦写信批下来的。上海博物馆馆长马承源给我写信，说王冶秋同志办不到的事，现在竟能办到，不能不说是奇迹。我是高级职称评委会评委，他们让我报一下，我拒绝报，所以我到现在没职称，因此国务院津

[39] 2007年9月，时任文化部副部长、故宫博物院院长郑欣淼先生题“谢辰生先生以七律见贶，抒文物保护之心志，谨步韵奉和”《七律》一首：皤然老叟复何求？为续文明敢碰头。古物保全誉侪辈，名城守护抗凡流。人生风雨识途马，世事苍黄孺子牛。春草池塘思小谢，登高自是笑清秋。

国家文物局原副局长彭卿云又以“谢辰生先生七律诗抒怀，郑欣淼副部长步韵奉和。拙笔无文，亦以同韵和之”为由，再和《七律》一首：年临耄耋又何求？志续文华力正遒。赶场城乡平险患，书通上下解危忧。观时洞达知微著，论事清明辨劣优。事业有为人再少，老当益壮最风流。

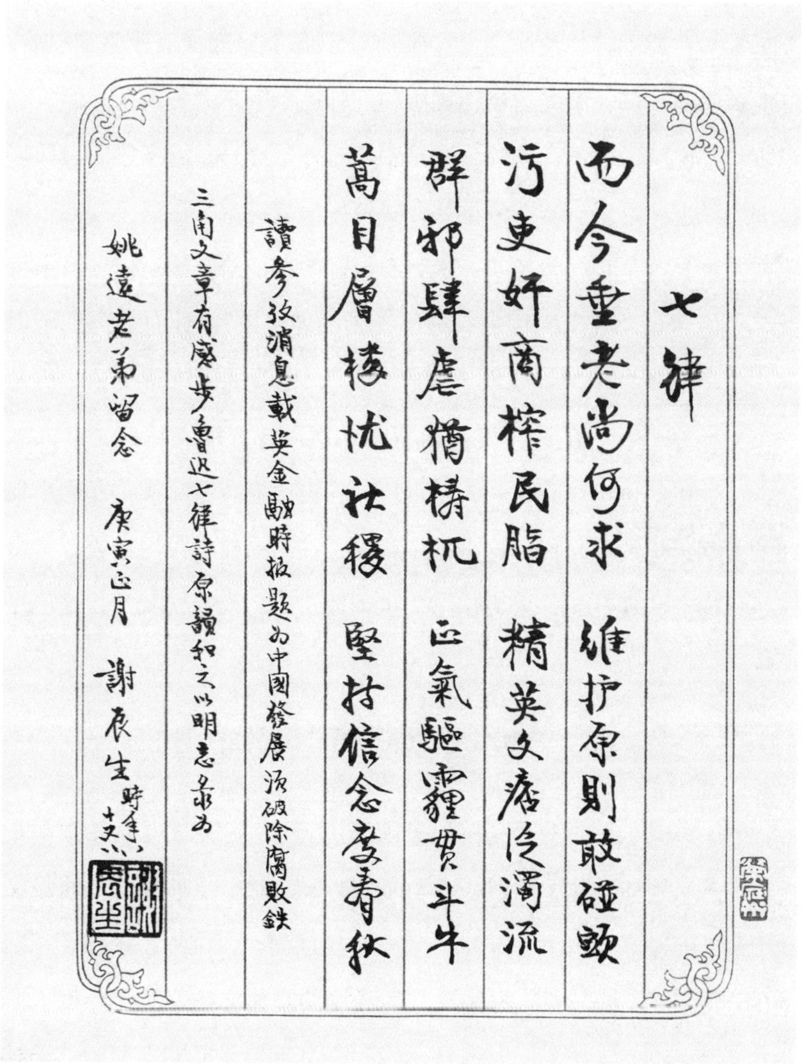
七律

而今垂老尚何求 維护原則敢碰頭
污吏奸商榨民脂 精英文痞泛濁流
群邪肆虐猶梼杌 正氣驅霾貫斗牛
蒿目層樓忧社稷 堅持信念度春秋

讀參考消息載英金融時报題为中国發展須破除腐敗鉄三角文章有感步魯迅七律詩原韻和之以明志亦为

姚遠老弟留念 庚寅正月 謝辰生 時年八十又八

谢辰生先生手书《七律》“而今垂老尚何求”（时年 88 岁）

贴什么的我都没有，我什么都不要。

前几年因为治疗癌症，需要在协和医院住院。在其他医院我没怨言，其他都有单间，局级就可以了，但是协和住院得住两人间，晚上睡觉实在睡不着，没法住。2008 年，我做完第四次癌症手术以后，发现转移到肺部，大夫建议我找协和的肺癌专家李大夫看病，但是我跟协和好说歹说也不让挂号，说是不“对外”挂号，后来才明白原来是部级以上才给看。实在没办法，我只好给胡锦涛、温家宝写信，说我有困难，这是我一辈子头一次为我自己的事情给组织写信。温家宝批了，说我是“我国文物界有突出贡献的老专家”，让有关部门予以解决，胡锦涛批示“赞成家宝同志意见”，把我的困难解决了。可是这个批示是一次性的，第二次再找协和医院，人家不认账了。人家说，你住单间也可以啊，一天八百块，你自己掏。我哪掏得起啊！现在的人啊，想的都是钱。这个批示我的《往来书札》没用上去，觉得这是私事。我现在想，要再出书，也得放进去，人家说我好，这也是历史。

六　文物不是“绊脚石”“摇钱树”

2010 年，我在《人民日报》上发过一篇文章，叫《文物不是“绊脚石”“摇钱树”》。我说文物的主要价值绝非经济价值，而是文化价值、历史价值和科学价值。对一个民族而言，文物是一棵“家门前的老松树”，是一棵扎根民族文明沃壤的文化之树，不是一些人眼里废弃无用的“枯树”，也不是一些人眼里可随意摆弄支配的“摇钱树”。但是由于利益的驱动，一些人把文物当成“绊脚石”，当成“摇钱树”，导致文物保护面临两大威胁。

一是“建设性破坏”，在一些地方，城市建设和工程项目压倒一切，文物“让道”成为惯例，破坏历史文化名城。这些年的古城改扩建之风，也是“建设性破坏”的表现。

二是“开发性破坏”，就是把文化遗产作为旅游观光、商业项目等的托底资源，用商业思维来搞文物工作，出现了一些政企不分、官商合一的管理“怪胎”和开发实体，在利益驱动下，往往像野蛮开采一样，对文物进行过度开发利用，甚至把原本取之不竭的“富矿”毁于一旦。比如，由旅游公司来兼并文物保护单位，以所谓“所有权与经营权分离”的名义将文物资源作为普通资产纳入企业进行市场化管理和经营，结果导致文物破坏。

先谈“开发性破坏”的问题。发展旅游和保护文物根本不是水火不容的关系。80 年代，国务院要大力发展旅游，这和文物工作有很密切的关系。1986 年，国务院设立了一个旅游协调小组，谷牧任组长，成员都是有关部门的同志，我是小组成员，代表文物局。当时的旅游局局长韩克华，在国外当过很多年的大使，对国际上如何处理旅游和文物的关系的做法比较了解。他很重视文物保护，旅游部门支持文物部门，文物部门也尊重旅游部门，所以那段时期旅游部门和文物部门合作得非常好，甚至兵马俑坑馆 2 号坑场馆建设、杭州的丝绸博物馆、胡庆余堂的保护项目，是从国务院发展旅游专项经费中解决的。所以，在 80 年代的时候，文物工作跟发展旅游，相辅相成，互相促进，没有什么矛盾。那几年是文物部门同旅游部门的合作的黄金时期。为什么文物和旅游关系能处理得很好？一方面，文物部门要有旅游意识，应当在文物保护的前提下，最大限度地为发展旅游创造条件；另一方面，旅游部门也应当认真贯彻《文物保护法》，尊重文物工作的客观规律性。不是一切文物都是旅游资源。真正能够成为旅游对象的文物只是其中的一部分，因此，旅游和文物保护相结合必须要有个“度”，即必须以文物保护为前提。

到了90年代以后，随着一些人越来越只关注经济利益，成天想着对文物如何搞开发，如何通过文物赚钱，文物和旅游的矛盾就起来了。很多地方为了旅游需要，对文物大拆大改，或者改变周边历史风貌，山东威海卫的刘公岛就想引进20个亿修一个索道。《人民日报》的老漫画家毕克官，也是老政协委员，找到我说了这事儿。2006年7月，我给国务院秘书局写了信反映这个问题，总算解决了。但是更严重的是，旅游公司要兼并文物单位的情况愈演愈烈，像陕西、山东都是旅游公司在直接管理文物单位，以致曲阜发生了“水洗三孔”的严重事件。2002年修订《文物保护法》，增加了第二十四条，规定国家所有的文物保护单位不得作为企业资产经营，一度遏制了这股兼并风。

可是很多地方没有遵守这项法令，又有了旅游公司来兼并文物单位的苗头，都是利益驱动。2009年，出了一个少林寺要上市的新闻，国内外一片哗然。河南少林寺要由香港中旅集团与当地政府合作，成立嵩山少林文化旅游有限公司来统一经营，然后两年内上市。我国是文明古国，拥有极其丰富的文物资源，她不仅是中华民族优秀传统文化的重要载体，也是旅游业可持续发展的重要基础。我认为发展旅游，文物部门当然支持，但对文物管理经营不能由旅游公司来越俎代庖。不要把管理权和经营权分离，这是根本不对的做法。文物部门应该有旅游意识，因为文物资源要通过旅游发挥作用，反过来旅游也离不开文物，没有文物资源支撑人文旅游肯定是不行的。旅游业不是资源型产业，不应掌握资源。实践证明，旅游公司兼并文物单位的做法是十分有害的，必须纠正。我对文物和旅游两个部门的关系的基本看法是，两家应该是只能合作，不能合并。合作则两利，执行国家法律和文物工作方针，彼此密切合作，相互促进，共同发展。反之，合并则两不利，既不利于文物保护，更不利于旅游业的可持续发展。政府应该协调好这两个部门，而不能由旅游公司统管天下。

我认为少林寺上市这个事情值得警惕，绝对不能再次出现旅游公司兼并文物保护单位的风气，必须得严格执法，按《文物保护法》办事。2009年12月底，我给温家宝写信，反映发展旅游和文物保护的问题。我提出，如果对此种愈演愈烈的风气不加制止的话，恐怕全国重要的文物单位，只要是收入好的都将陆续被旅游公司兼并，那整个文物行业岂不被肢解了吗？旅游公司是以谋求利润为目的的经济实体，文物单位则是以促进社会主义精神文明建设为宗旨的公益事业，把两个性质根本不同的事物捆绑在一起，只能是把事情弄乱。我还建议文物部门和旅游部门进行协商建立起互相通气、加强合作的机制，促进旅游发展与文物保护形成良性循环的局面。

2010年1月10日，温家宝在此信上批示："谢老反映的问题具有普遍性，应该引为重视。建议关于正确处理发展旅游与文物保护的关系问题，由旅游局与文物局协商提出原则和办法；关于城市拆迁条例修订需重视和加强文物保护问题，由法制办研处。"副总理王岐山批示："旅游局应采取有效措施落实家宝总理的批示要求。在文物古迹的保护上尊重专家意见，依法规办事。"国务委员刘延东批示："请文物局等相关部门落实好家宝同志批示精神。"

2010年7月，国家旅游局和国家文物局签了一个《旅游发展与文物保护战略合作框架协议》，以落实温家宝的批示。但是这个协议没有涉及当前存在的问题，以及采取什么原则和办法解决问题。我认为很可能是在一些问题上还存着不同认识，过去，旅游界有的同志就提出妨碍旅游大发展的一个重要原因，就是"九龙治水"，因而提出了“一龙治水”，所以在起草《旅游法》时就提出了旅游资源应统一管理的意见，意思就是全拿到旅游部门来管理，对此，我是不赞成的。7 月 26 日，我给温家宝又写了封信。第一是讲了山西碛口古镇附近要建火车站的问题，是山西省一位老同志找我反映的。碛口古镇，我跟陈志华一起去看过，窑洞民居很有特色，而且古镇与周围环境天人合一，很值得保护。第二是谈旅游和文物关系的问题，希望旅游局和文物局共同出文件的时候，把旅游公司兼并文物保护单位的问题重点加以解决。同时，附上我在《人民日报》刚发的文章《文物不是“绊脚石”“摇钱树”》。

8 月 1 日，温家宝批了：“请岐山、延东同志阅示。山西事我已批处。鉴于谢老信还涉及文物工作与旅游部门的关系，建议批转两个部门参阅、研究。”王岐山批示：“旅游局要落实家宝总理批示要求，要提高文物保护与旅游业发展的辩证关系的认识，从当前实际出发，会有关地方和部门提出有针对性的保护文物促旅游业发展的政策措施。”刘延东批示：“请认真落实总理批示精神，充分听取和吸收专家学者的意见，商旅游局进一步完善有关规定，做好文物依法保护和科学利用，防止对文物过度商业开发造成的永远不可弥补的损害。”

按：2010 年 7 月 15 日，谢辰生先生在《人民日报》发表文章《文物不是“绊脚石”“摇钱树”》，全文如下：

作为一个为文物奔走了大半辈子的人，我既为我国文物工作取得的各项成就感到欣慰，也为当前文物保护工作面临的巨大挑战忧心忡忡。我认为，对文物工作而言，今后的 20 年，是事关我国文物古迹存亡绝续的关键20年。文物是最宝贵的不可再生资源，一旦毁损，难以修复，就“过这村，没这店”了。我们每一个炎黄子孙，应对此多一点清醒，多一份责任，多一些行动。

“建设性破坏”和“开发性破坏”威胁文物生存

今天，我们很痛心地看到，许多文物古迹正陷入各种不当利益的重重围困中，要么被拆毁，要么被侵蚀，要么被占用，风雨飘摇，岌岌可危。总的来说，我国文物面临两大主要威胁。

一是“建设性破坏”，在一些地方，城市建设和工程项目压倒一切，文物“让道”成为惯例，甚至不经过科学论证和合理规划，直接就把珍贵的文物古迹一拆了之。

二是“开发性破坏”，就是把文化遗产作为旅游观光、商业项目等的托底资源，用商业思维来搞文物工作，出现了一些政企不分、官商合一的管理“怪胎”和开发实体，在利益驱动下，往往像野蛮开采一样，对文物进行过度开发利用，甚至把原本取之不竭的“富矿”毁于一旦。比如，由旅游公司来兼并文物保护单位，以所谓“所有权与经营权分离”的名义将文物资源作为普通资产纳入企业进行市场化管理和经营，结果导致文物破坏。这类问题十分严重。

不管是“建设性破坏”，还是“开发性破坏”，都有不正当利益在作怪，既违反文物保护的相关法律，更违背邓小平理论和科学发展观。

以旅游企业经营文物单位现象为例，文物保护法第24条规定，国有文物保护单位不得作为企业资产经营。不管是旅游企业还是各种改头换面的“管委会”乃至当地政府，都无权将文物作为或变相作为企业资产经营，否则就是违法行为。小平同志早就指出，“思想文化教育卫生部门，都要以社会效益为一切活动的唯一准则，它们所属的企业也要以社会效益为最高准则”，科学发展观也提出了全面协调可持续的基本要求。总之，文物事业是公益事业，绝不能产业化；文化遗产是全民财产，绝不能私有化。

在保护好的基础上利用好文物

大量事实告诉我们，文物保护需要统筹解决好两个问题：文物保护和文物利用的问题，文物的社会效益和经济效益问题。正确的方向是坚持保护第一位，在这个基础上对文物进行合理利用；同时，以社会效益为最高准则，在这个前提下争取实现两个效益的统一。

参照世界经验，法国、西班牙等国家是文化遗产保护得好的国家，也是世界旅游大国。这说明，只有保护得好，才能利用得好。反之，若片面地追求眼前利益，不但损害社会效益，而且归根结底还会损害长远的经济效益。

从这个意义上说，保护文物就是践行科学发展，毁坏文物就是违背科学发展，转变经济发展方式，也需要增强文物保护观念，改变文物“让道”的思维和做法，统筹协调，让文物与经济建设在科学发展的轨道上同道而行。

从根本上，我们应意识到，文物的主要价值绝非经济价值，而是文化、历史和科学价值。文物的作用在于对人民进行教育，在于向社会提供精神力量和智力支持。对一个民族而言，文物是一棵“家门前的老松树”，是一棵扎根民族文明沃壤的文化之树，不是一些人眼里废弃无用的“枯树”，也不是一些人眼里可随意摆弄支配的“摇钱树”。

尊重规律，依法办事，加大问责力度

做好文物工作，急需深入贯彻落实科学发展观，按规律做事，依法办事，顺从民意谋事。第一，高度重视文物保护工作，树立文物部门执法权威，尊重专家意见和文物工作规律。哪些文物可以开发，如何开发；哪些不适宜开发，都应由文物部门根据相关政策法律、文物专家经过严密论证后决定。

第二，严格依法办事，加大问责力度。《国务院关于加强文化遗产保护的通知》明确指出，严厉打击破坏文化遗产的各类违法犯罪行为，重点追究因决策失误、玩忽职守，造成文化遗产破坏、被盗或流失的责任人的法律责任。建议重点抓一批破坏文物、过度开发的典型案件，对相关责任人尤其是有关干部依法严厉问责，对一些文物部门监守自盗、遇事不作为的行为，也要从严从重处理，以端正风气，树立保护文物、科学发展的正确导向。

第三，依靠群众，公开透明，加强监督。文物工作，不能由少数政府部门、个别领导拍脑袋、说了算，而要建立完善决策程序和公开制度，利用社会力量加强对文物开发利用的规范和监督。

唐代诗人孟浩然游览古迹曾写下了“江山留胜迹，我辈复登临”的诗句。今天，江山的变化天翻地覆，胜迹的命运令人担忧。中华文明生生不息的历史，科学发展的时代潮流，都要求我们守护民族文化精魂，为江山、为后人留得胜迹在，这是我们这个古老民族走向复兴进程中必须迈好的重要一步。

根据国务院领导的批示要求，针对正确处理文物与旅游关系等问题，2012年12月19日，国务院以国发〔2012〕63号文件，发布《国务院关于进一步做好旅游等开发建设活动中文物保护工作的意见》（以下简称“63号文件”）。这是在温家宝卸任总理之前的几个月发的，而且规格也很高，用的是国务院而不是国务院办公厅的名义。文件对当前的文物保护、旅游开发和建设活动等，提出了八点具体意见。在文件起草过程中，旅游局和文物局派人上门听取过我的意见，我说必须贯彻落实《文物保护法》第二十四条国有文物不得作为企业资产经营，同时要制止大拆大建历史文化街区、村镇的问题。最后出来的文件强调了这两个方面。国务院一锤定音，对与文物保护交叉发生的各种问题给予了明确的规定，使文物保护工作有了保障，使旅游活动得到了规范，使假借文物之名行不法之事能够被及时制止。

“63号文件”的八点意见非常好，再次强调了“国有不可移动文物不得转让、抵押，不得作为企业资产经营”。文件要求，“辟为参观游览场所的国有文物保护单位，所在地人民政府应当依法设立专门机构负责管理，不得将文物保护单位管理机构作为企业的下属机构或交由企业管理。国有其他文物也要按照文物保护法律法规严格管理，不得赠与、出租或者出售给其他单位、个人，也不得抵押或作为企业资产经营”。而且提出来依法纠正违法违规行为，“对于将国有不可移动文物转让、抵押的，要限期改正，予以回购、终止抵押。对于将国有不可移动文物作为企业资产经营的，要限期将其从企业资产中剥离；暂不具备剥离条件的，可以设定过渡期，并由省级人民政府向国务院报告”“对于把历史文化街区、村镇整体出让给企业管理经营的，要予以纠正。暂不具备条件的，应当由省级人民政府向国务院说明情况”。

关于处理好文物保护和旅游的关系，文件提出，“各地编制旅游等开发建设规划要符合城乡规划，并与文物保护单位的规划相衔接，坚持文物保护优先，把文物安全放在首位。”“对于古遗址、古建筑、石窟寺等易受损害的文物资源，要通过预约参观、错峰参观等方式调节旅游旺季的游客人数，防止背离文物旅游景区实际、片面追求游客规模”。文件还重申，文物古迹和历史建筑应当尽可能实施原址保护，不得擅自拆除、迁移；对于历史文化街区、村镇，要逐步改善基础设施、公共服务设施和居住环境，不得擅自拆除；国有不可移动文物已经全部毁坏的，不得擅自在原址重建、复建；历史文化街区、村镇遭到严重破坏的，由批准机关撤销历史文化街区、村镇称号。这些都是当前文物工作面临的突出问题，非常有针对性的意见。

我有一个基本的观点——文物是国家的历史文化遗产，保护文物是政府行为，对文物的保护管理只能由政府分工的职能部门负责，而不能由其他任何部门特别是旅游企业或改头换面的“管委会”来越俎代庖。这个问题在《文物保护法》第二十四条、在2012年的这个“63号文件”、在法律和政策层面得到了很好的解决。令人奇怪的是，“63号文件”下发以后，还有个别地方搞国有文物“认领”“认养”，比如山西的曲沃县搞了一个古建筑认领办法，县人大常委会通过的，企业家捐钱就可以拿到国有文物几十年的经营权或者使用权，就是改头换面搞以前的那一套。这种明显跟《文物保护法》第二十四条、国务院“63号文件”相抵触的做法，竟然在这几年有的人，包括文物部门的领导，还认为这是值得提倡的创新。而且2016年的《文物保护法修订草案》想把第二十四条改掉，放开国有文物经营权，给“认领”“认养”松绑，鼓励“社会资本”进军国有文物。我在各种场合多次提出我的意见，现在不要提倡“认领”“认养”，不能开这个口子。你放开国有文物经营权，只会可能导致破坏更有“自主权”，留下严重的隐患。

国外确实有企业、团体、个人也参与了文物事业，但是不能简单地从表面进行比较，还要看各国的社会制度和现实条件的差异。国外许多国家公益事业和非公益事业界限分得很清楚，他们在经营、管理文化遗产时严格按照公益事业性质来运作。而在我国现阶段，公益事业和非公益事业并没有这样明确的划分，保护文化遗产主要是国家行为，政府为此投入了大量资金，但如果企业在这方面并未投入多少，却只想拿文化遗产赚钱，这不是做"无本生意"吗？有些地方把文化遗产当作"摇钱树"，一个劲儿强调"营利"，甚至化公为私，这从指导思想上就是错误的。在文化遗产保护领域，"泛市场化"是不正常的。

"建设性破坏"方面，除了历史文化名城大拆大建的威胁，还有古城改扩建之风是愈演愈烈，值得我们警惕。"曲江模式"就是这类现象的一个源头。前几年，陕西省西安市经省政府同意，批准成立了一个曲江管委会，同时还决定将西安地区的一些全国重点文物保护单位从文物行政管理部门转交曲江管委会管理经营。这个管委会是政企合一的，一套人马，两个招牌：管委会是西安市市政府的派出行政机构，另外一个招牌是陕西省文化产业投资控股有限公司和西安临潼旅游投资（集团）有限公司。单位负责人段先念一身四任，西安市副市长、管委会主任和两个公司的董事长。据他们自己说，所谓"曲江模式"，主要是依托文化遗产整合历史资源，通过创意包装和策划，实施一些重大项目带动其他产业部门的发展，最终提升城市价值。曲江自己承认就是"包装""文物搭台、经济唱戏"，其实就是利用文物为房地产服务。这么做绝对是错误的，第一是政企合一，同中央一直要求的政企分开的精神相违背；第二是把国有文物保护单位交由企业经营管理，违反了《文物保护法》第二十四条的规定，违反了国务院2005年“42号文件”，这是典型的将文物作为或者变相作为企业资产经营的违法行为。

这些“曲江模式”搞的项目，比如在大雁塔开发了亚洲的音乐喷泉广场，使历史环境全然改变；在法门寺周围新建扩建，体量很大，喧宾夺主。大雁塔、法门寺都是全国重点文物保护单位，而这些项目都没有征求过文物部门的意见，以致改变了文物的历史环境，损害了文物的真实性和完整性。又比如大明宫遗址公园，计划投资一百多亿，实际上让这个具有重大考古价值的文化遗址变成了迪士尼式的游乐园。这种做法违反了文物保护原则，也违反了《文物保护法》的规定。遗址公园的一切设施和活动要服从和服务于保护遗址的真实性和完整性，而不是根据公园的要求改造遗址。这是一条基本原则，做不到这一点，就不要建考古遗址公园。我们几位专家一直呼吁把西安的这些全国重点文物保护单位交还文物部门管理，但是阻力很大。

陕西韩城是全国保存非常完整的古城，如果不是现在城墙没了，完全可以跟平遥媲美，是有资格成为世界文化遗产的。结果韩城还是被曲江一系的陕西文化产业投资控股有限公司破坏了。该公司跟当地政府合作，投资50亿，打造韩城的旅游景观，计划除了古城内的庙宇、重点建筑外，其余全部实施拆除，建一个全新的旅游景观。这么大规模拆真建假还得了？我赶紧找了建设部，请他们管一管，总算紧急叫停，但是据建设部调查，古城有八分之一已被拆除。据建设部和文物局对全国历史文化名城的调查，确定了一批破坏严重要黄牌警告的名城，同时还选出了唯一一个保存完整要表扬的名城，就是韩城。本来要把这个调查结果向社会公布的时候，韩城被破坏了，现在我们已经找不到第二个像韩城一样完整保存的历史文化名城了。这就是坚持实施“曲江模式”所付出的巨大代价！

曲江管委会还著书立说，向全国推广“曲江模式”的经验。2014年，我整理了一组数字，情况令人触目惊心。自2010年以来，全国共有四十多个城市启动了古城镇改扩建项目，累计计划投资超过4900亿元，规划占地194万多亩。现在不少地方兴起了重建古城之风，动辄斥资百亿元甚至千亿元，占地少则几十亩多则几千亩，表面上以城市发展“反哺文物保护”，实则大拆大改、拆古建新、拆真造假，以“地产风暴”摧残文物，占用大量土地，损害群众合法权益，必须坚决制止或调整。这些项目，在陕西、河南、河北、山西、山东、甘肃、湖北、湖南、四川、浙江、辽宁、江西、安徽、天津等十几个省份都有，包括古城镇本身的复建、重建、扩建、拆建、改造，还包括附着于其上的各类产业园、创意园、旅游项目、景观设计、安置小区等。比如，山西大同再造“大同古城”、湖北武昌复建“首义古城”、河北滦县复建“滦州古城”、甘肃金昌复建“骊靬古城”、宁夏银川复建“西夏古城”、云南晋宁重建“古滇王国”、辽宁海城重建“牛庄古城”、江西浮梁重建“浮梁古城”……

古城重建之风的源头，就是“曲江模式”。“曲江模式”的推广，助长了各地大拆大建、拆古建新、拆真造假之风，影响十分恶劣。所有这些项目都表明，“曲江模式”根本不是文化产业，而是“文物搭台，经济唱戏”，利用对文物的包装，为房地产开发服务。其所采取的方式，又都对文物造成了不同程度的损害。如果不加制止，任其发展，我国的很多大遗址和历史文化名城将面临一场“地产风暴”带来的大破坏。世界上万事万物都是相互联系、相互制约的，此风不解决，会产生大量占用耕地，影响国家粮食安全的问题，还会诱发拆迁征地的矛盾，影响社会稳定。第一，古城古镇如此大拆大建，已经有可能冲击18亿亩耕地红线，危害国家粮食安全；第二，在拆建过程中可能影响到老百姓利益，有引发群体性事件的隐患。

为什么古城镇改扩建之风愈演愈烈？我们保护古城，不是无法可依啊，有《文物保护法》，有《历史文化名城名镇名村保护条例》，规定非常清楚。他们开发古城镇的模式是违法的，他们的两个口号，一是旅游开发，二是文化产业，实质都是为了房地产开发。我们必须科学界定文化产业的内容，文物保护是文化事业，不是文化产业，把国有文物、古城古村拿去作为企业资产经营，是违反《文物保护法》的，也是违反国务院2012年"63号文件"的。破坏的根源就是有法不依，一切向钱看！

所以我给中央领导写了封信，呼吁必须制止盲目重建古城的劳民伤财的项目。对古城改扩建，发改、国土、建设、文物等有关部门应亮明原则，对盲目上马、缺乏科学论证及违法占地的项目，发现一个制止一个，先叫停，要上马必须严密论证。这封信上去以后，中央领导同志做出批示，支持了我的意见。这就把"曲江模式"给否了，而且还要去调查其中的问题。国土资源部对这个问题非常重视，国土资源部主办的《中国国土资源报》，在2014年8月26日专门用整版发了报道《古城镇"如此包装"能走多远》，而且说"有关部门了解到，中央领导同志已就此信做出重要批示，国家发改委正就古城镇现状的摸底核查向各部委征求意见"。可以说，我们反对"曲江模式"，反对重建古城，打了个大胜仗！有人可能会说只是曲江这个案例是不对的，可是你必须提高到模式的高度，因为这个模式到处宣传，就必须要否定，否则怎么会出这么多问题？所以，我们一定要让大家认识到"曲江模式"的错误。

“建设性破坏”“开发性破坏”，反映的都是市场经济条件下怎样正确认识文物工作的问题。文物事业是公益事业，只能坚持保护为主，坚持公益性，你可以办产业，可以运用市场的手段，但是绝对不能搞产业化、市场化，绝对不能卖文物，不能把文物当摇钱树。这是必须要始终坚持的底线。邓小平理论什么时候认为文物是商品了？从来没有啊！对市场经济和计划经济，小平同志也从来没有完全肯定一个，完全否定另一个。我找金冲及，说你给我查查，邓小平同志还有没有别的什么话。他说小平同志对两者关系问题说得很清楚：“计划经济不等于社会主义，资本主义也有计划；市场经济不等于资本主义，社会主义也有市场。计划和市场都是经济手段。”〔40〕这是完全正确的。邓小平专门对文物工作有句话：“有些混迹于文艺界、出版界和文物界的人，简直成了唯利是图的商人。”〔41〕他还说过：“思想文化教育卫生部门，都要以社会效益为一切活动的唯一准则，它们所属的企业也要以社会效益为最高准则。”〔42〕《邓小平文选》三卷里，你能找出一句卖文物的话，我就服了。

我们对市场经济，现在是不是得反思反思？如果不谈社会主义只谈市场经济，那就是指向资本主义，如果是搞自由市场经济，那就是资本主义啊！如果谈市场经济归根结底就是谈钱，那肯定好不了。1929 年，全世界发生经济危机，大萧条期间美国实行罗斯福新政，搞凯恩斯主义，学习社会主义的手段，巩固了资本主义的发展。80 年代时，里根推翻了凯恩斯主义，又重新实行新自由主义的市场经济。

〔40〕邓小平：《在武昌、深圳、珠海、上海等地的谈话要点》（一九九二年一月十八日——二月二十一日），《邓小平文选》（第三卷），北京：人民出版社，1993 年，第 273 页。

〔41〕邓小平：《思想战线不能搞精神污染》（一九八三年十月十二日），《邓小平文选》（第三卷），北京：人民出版社，1993 年，第 39 页。

〔42〕邓小平：《在中国共产党全国代表会议上的讲话》（一九八五年九月二十三日），《邓小平文选》（第三卷），北京：人民出版社，1993 年，第 142 页。

这一放开到了2008年，美国又出现经济危机了，当然美国肯定会向外转嫁危机。教皇批评自由市场，都说看来马克思主义说得对。市场经济是万能的，绝对是谬论。以阶级斗争为纲，是错的，以市场经济为纲，也是错的，这都是形而上学。现在回过头来看，原来有一段时间提的所谓“文化搭台、经济唱戏”，实践证明，这根本不对。把市场经济泛原则化、泛社会化是完全错误的。文化能产业化吗？文化可以办产业，文化绝对不能产业化。教育能产业化吗？绝对不可以。文物都市场化了，教育都产业化了，那这个国家就完蛋了。

英国《金融时报》登过一个消息。这是一个英国人写的，说有那么一个超人叫毛泽东，派了赤脚医生到农村，干得很好，结果被一个叫市场经济的妖怪给赶跑了，结果中国农村的医疗大成问题了。〔43〕这是《参考消息》登的，不是我说的，你要找找《参考消息》去。回想一下，我们在当时卫生保障覆盖面是全世界前列的，赤脚医生被赶跑了，结果看不起病了。看不起病，上不起学，买不起房子，这样的市场经济是不行的，市场经济是用来巩固和发展我们社会主义制度的，不能搞大撒把。习近平同志有个讲话非常好，他说中国特色社会主义理论体系之所以完全正确，之所以能够引领中国不断发展进步，最根本的就在于它既破除了对马克思主义的教条式理解，又抵制了抛弃社会主义基本制度的错误主张。他这说到点子上了，教条式的、老一套

〔43〕2007年11月22日《参考消息》刊登英国《金融日报》11月19日文章《为卫生保健诊断》（作者：加布里尔·维尔道），内称：在中国童话般的卫生保健史上，一个叫毛泽东的超人曾经向农村派去了“赤脚医生”，为他们配备了疫苗、药品、现代卫生学和中西医基本治疗方法，让他们去给中国的农民治病。赤脚医生干得特别成功，直到一个叫市场力量的妖精出现并把他们全都赶走为止。自那以来，中国的卫生保健不断恶化，特别是在乡村地区，瘟疫疾病一再出现。这个童话对中国医疗卫生改革辩论有着强大的影响力。但是，统计数字掩盖了中国医疗卫生体制的现状。中国医疗卫生现状堪比上个世纪90年代的俄罗斯：预期寿命下降，死亡率上升，结核病及其他疾病流行。

的“左”的认识，现在不行了；认识必须要发展，但不能出格啊，不能否定社会主义制度。

十八届三中全会通过的《中共中央关于全面深化改革若干重大问题的决定》指出：“处理好政府和市场的关系，使市场在资源配置中起决定性作用和更好发挥政府作用。”我在《光明日报》上谈了我的看法，我提出来，文物保护工作者在学习贯彻《决定》时，应认识到：这句话绝不是说市场决定一切。社会的各个领域都有各自的规律，很多问题是市场决定不了的，所以要更好地发挥政府的作用。市场经济条件下，绝不是要用市场经济规律取代文物工作规律，而是要更加坚定地遵循体现文物保护自身发展规律的基本原则和方法，研究发展社会主义市场过程中变化了的社会环境和出现的新情况、新问题，从实际出发，有针对性地把这些原则和方法具体化，提出更明确、更具体、更具有操作性的新措施。因此，在文物保护的指导思想上绝不是放松、放宽，而是要更加严格、更加严密。我们必须科学地界定文化事业与文化产业的范围，不能把文化事业变成文化产业。

现在一提保护，有人就说我们“保守”。我这里先说两个故事。1988 年 9 月 21 日，我把复制的万历龙袍送给原国家主席李先念过目。我跟李先念说，当前文物存在破坏性“开发”的情况，文物部门被一些人认为是“保守”。李先念当场说：“我比你们还‘保守’，不要怕人家说你们‘保守’，该怎么办就怎样办，应当坚持的，就要坚持。”李先念还说他反对主动挖帝陵、挖大墓。他谈到文物市场时说：“卖文物要分析，对那些存量大、复品多的如铜钱等可以卖，但珍贵文物不能卖。过去马王堆发掘后，我对王冶秋同志说出土的文物卖一件行不行？这是开玩笑的话，真要卖，我就不干！”第二个是在 50 年代，我们反对拆城墙、反对拆牌楼，吴晗公开说我们文物局

"保守"。后来是1960年陈毅在国务院105次会议上说了一句名言，在保护文物上要"宁可保守，不要粗暴"。陆定一在50年代末保护故宫的会上，还说自己就是"保皇派"，故宫就是要封建落后，就是地广人稀。几十年过去了，现在历史已经证明了谁是正确的！

保护是最先进的概念。为什么最先进呢？因为地球的环境被破坏，就是因为人类的无知，对地球认识远远不够，造成了气候变化，过度开发造成了很多生态灾难。这才有学者提出来可持续发展的概念。"勤俭节约"是一个永恒的主题，只要地球与人类同在，地球资源的有限性同人类发展的无限性就永恒存在。所以我们要为子孙考虑，不能只考虑我们自己，浪费污染是不行的。可持续发展是先进的概念，保护资源、保护环境，只有全面、协调才有可持续。我们要坚持可持续发展，怎样正确理解经济建设的中心和其他社会领域的关系？如果你说经济建设是中心，那么就是说有非经济的社会领域，服务于中心，但是怎么服从服务于这个中心？就要通过它的特点，来衬托、支持中心，如果你要把其他的文化、教育、卫生工作都变成了经济行为，都变成了产业化，那你就没中心了。以经济建设中心，它是中心，不是唯一，不是全部，经济工作之外还有别的工作，还有精神文明建设，生态文明建设，不能全民皆商。我们做文物工作，就是要发挥文物在精神文明上的作用，以社会效益为重，不能各行各业全去做买卖了，满脑子想着开发，想着赚钱。

还有人提出来要"积极保护"。保护就是保护，保护就是要贯彻"保护为主、抢救第一、合理利用、加强管理"的方针，坚持把保护放在第一位。只有保护的态度是积极还是消极之分，没有积极保护和消极保护之分。既然说了要保护，就要以积极的态度做好保护工作。我们现在说，要让"文物活起来"，是把文物的价值发掘出来，通过媒体等各种手段去传播，发挥文物在文化、教育等精神文明上的作用。活起来的

2013年初冬，谢辰生先生在北京安贞里家中（吴澍　摄）

前提是科学研究，而不是让你只想着用文物开饭馆！我不是说文博场所里面不可以开饭馆，有些博物馆里面也可以开啊，但是博物馆目的是为了服务群众，不是为了赚钱。以赚钱为唯一目的的对文物的利用，绝对不是"活起来"，绝对谈不上是积极保护。为了宣传文物、服务群众，文博单位可以办一些第三产业、文化创意产品，比如搞书刊、纪念品、文物复制品。还是那句话，文物事业可以办产业，但不能产业化。

说到底，问题还是在于我们怎样认识保护与发展的关系。习近平同志提出的"经济发展与保护文化遗产同等重要"的原则，实在太重要了。现在一些人一谈发展，就想到发展经济。确实经济是基础，是工作的中心，但光有经济，没有其他方面的发展，经济工作也是做不好的。我们要有物质文明建设，也要有精神文明建设，既有政治文明建设，也要有生态文明建设。几个建设，都要全面发展，还要相互协调。只有全面、协调，才能可持续，你不全面、不协调，就无法做到可持续，就得摔跟头。这就是科学发展观。发展与保护有的时候是会有一些矛盾的，但矛盾不是绝对的，而是相对的，它是具体的项目之间的矛盾。这里面也有一个政绩观的问题。盖高楼大厦是发展、是政绩；保护历史文化也是发展、是政绩。不过高楼大厦被毁掉还可以再建，甚至建得更好，历史文化遗产一旦被毁，就是无法弥补的损失。如果建高楼大厦是以破坏历史文化遗产为代价，就不但不是政绩，而且还是错误，甚至是历史性错误。我们从长远来看，不能只抓经济而忽视文化，如果把文物建筑、历史街区都毁掉了，是无法挽回的。所以各级党委和政府，都应该切切实实地牢固树立习近平同志提出的“保护文物也是政绩的科学理念”，按照“两个同等重要”的原则，真正把对历史文物的“敬畏之心”落到实处。

党的十八大以来，习近平同志提出的“要增强对历史文物的敬畏之心”“树立保护文物也是政绩的科学理念”“像爱惜自己生命一样保护好城市历史文化遗产”“在保护中发展，在发展中保护”“保护文物与发展经济两者同等重要”，说得都是何其之好啊！[44]这表明党中央

---

〔44〕2016年4月12日，新华社报道习近平对文物工作做出指示强调：“各级党委和政府要增强对历史文物的敬畏之心，树立保护文物也是政绩的科学理念，统筹好文物保护与经济社会发展，全面贯彻‘保护为主、抢救第一、合理利用、加强管理’的工作方针，切实加大文物保护力度，推进文物合理适度利用，使文物保护成果更多惠及人民群众。各级文物部门要不辱使命，守土尽责，提高素质能力和依法管理水平，广泛动员社会力量参与，努力走出一条符合国情的文物保护利用之路，为实现‘两个一百年’奋斗目标、实现中华民族伟大复兴的中国梦作出更大贡献。”(《习近平对文物工作作出重要指示强调　切实加大文物保护力度　推进文物合理适度利用　努力走出一条符合国情的文物保护利用之路　李克强作出批示》，新华社北京2016年4月12日电。)

2014年2月25日，习近平在首都北京考察工作时强调：“历史文化是城市的灵魂，要像爱惜自己的生命一样保护好城市历史文化遗产。北京是世界著名古都，丰富的历史文化遗产是一张金名片，传承保护好这份宝贵的历史文化遗产是首都的职责，要本着对历史负责、对人民负责的精神，传承历史文脉，处理好城市改造开发和历史文化遗产保护利用的关系，切实做到在保护中发展、在发展中保护。”(《习近平在北京考察工作时强调　立足优势　深化改革　勇于开拓　在建设首善之区上不断取得新成绩》，新华社北京2014年2月26日电。)

2002年4月，习近平在《〈福州古厝〉序》中指出：“发展经济是领导者的重要责任，保护好古建筑，保护好传统街区，保护好文物，保护好名城，同样也是领导者的重要责任，二者同等重要。”(习近平：《〈福州古厝〉序》，《福建日报》2015年1月6日第一版。)

对文物工作的重视上升到了前所未有的高度。抗美援朝时候，我在朝鲜战场上听祖国慰问团唱的几句歌：“我保卫什么？保卫家乡，保卫家门前的老松树，叫它千年绿来、万年青。”我一直都记得。这是对家乡最真切、最具体的记忆。一个城市有一个城市的独特印记。就好比提起苏州，你会想到古典园林；提起杭州，便是西湖、六和塔；提起海口，想起骑楼老街……文化遗产犹如城市的一张名片，是创造与建设现代特色城市的基础。中央提出城市发展要延续城市历史文脉、保护文化遗产，给我们所有的文物工作者带来信心和鼓励。文物是民族历史的不可替代的象征与见证，承载着珍贵的历史信息，一旦被毁就不可追回了。在城市快速发展的今天，是该放缓脚步、重温民族文化，守住我们城市历史文脉的时候了。

附录一
文物——《中国大百科全书·文物卷》前言[1]

谢辰生

文物是人类在历史发展过程中遗留下来的遗物、遗迹。各类文物从不同的侧面反映了各个历史时期人类的社会活动、社会关系、意识形态以及利用自然、改造自然和当时生态环境的状况，是人类宝贵的历史文化遗产。文物的保护管理和科学研究，对于人们认识自己的历史和创造力量，揭示人类社会发展的客观规律，认识并促进当代和未来社会的发展，具有重要的意义。

文物的保护管理，涉及社会不同职能的各个部门；文物的科学研究，涉及社会科学、自然科学、工程技术科学等领域的多种学科。保护管理和科学研究是相互联系、相互促进、相辅相成的。因此，文物

---

〔1〕本文系谢辰生先生为《中国大百科全书·文物卷》（1993年版）撰写的前言。国家文物局原局长、故宫博物院院长单霁翔认为，该文“以广阔的视野，平实的论述，系统阐述了中外文物保护和研究发展的历史，第一次系统、明确地阐述了‘文物’的定义。时至今日，其中的许多观点论述依然价值不衰，仍有现实指导意义”。国家文物局原副局长彭卿云认为，该文“是新中国文物事业从实践到理论、从开创到成熟的全面总结，是对文物工作的方针、政策、法规发展历程的理论阐述，被人称为文物工作者必读的名篇”。国家文物鉴定委员会原主任启功认为，该文“了不得！一篇上下几千年、纵横几万里的总结，看了增加无数知识”。中国考古学会原理事长苏秉琦认为，“《文物》条通读一遍，很好。‘文物与考古’的框架结构体系基本具备了，几年的时间没白过，值得庆祝”。上海博物馆原馆长马承源认为，该文“于‘文物卷’之涵盖极为全面，而于内容之分析研究正确、深刻，用之于序言并无原则性之问题，宜及早印行出版，以飨读者”。上海博物馆原副馆长汪庆正认为，“说实话，此条目撰写之难度极大，非阁下积数十年之学术理论高水平不能承担此重任。环顾宇内，恐亦非君莫属”。

的保护管理和科学研究，是一项系统的综合性科学。

一 文物的定义

在中国，“文物”二字联系在一起使用，始见于《左传》。《左传·桓公二年》记载：“夫德，俭而有度，登降有数，文物以纪之，声明以发之；以临照百官，百官于是乎戒惧而不敢易纪律。”之后，《后汉书·南匈奴传》有：“制衣裳，备文物。”以上所说的“文、物”原是指当时的礼乐典章制度，与现代所指文物的含义不同。到唐代，骆宾王诗：“文物俄迁谢，英灵有盛衰”，杜牧诗：“六朝文物草连天，天淡云闲今古同。”这里所指的“文物”，其含义已接近于现代所指文物的含义，所指已是前代遗物了。北宋中叶（11 世纪），以青铜器、石刻为主要研究对象的金石学兴起，以后又逐渐扩大到研究其他各种古代器物，把这些器物统称之为“古器物”或“古物”。在明代和清初比较普遍使用的名称是“古董”或“骨董”。到清乾隆年间（18 世纪）又开始使用“古玩”一词。这些不同的名称，含义基本相同，但在很多场合，古董、骨董和古玩，是指书画、碑帖以外的古器物。

中华民国时期，古物的概念和包括的内容比过去广泛。1930 年（民国十九年）国民政府颁布的《古物保存法》明确规定：“本法所称古物是指与考古学历史学古生物学及其他与文化有关之一切古物而言。”说明其概念已远远超出过去所称“古物”“古董”的范围。

20 世纪 30 年代中，“文物”一词又重被使用。1935 年北平市政府编辑出版了《旧都文物略》，同年成立了专门负责研究、修整古代建筑的“北平文物整理委员会”。这里“文物”的概念已包括了不可移动的文物。

中华人民共和国建立以后，由中央人民政府政务院以及后来的国务院所颁布的一系列有关保护文物的法规，都沿用了“文物”一词。直到 1982 年全国人民代表大会常务委员会公布了《中华人民共和国文物保护法》，才把“文物”一词及其所包括的内容用法律形式固定下来。其范围实际上包括了可移动的和不可移动的一切历史文化遗存，在年代上已不仅限于古代，而是包括了近、现代，直到当代。

世界各国对不同类别的文物，各有其通常使用的名称，但尚无概括所有类别文物的统称。欧洲在 17 世纪英文和法文中都使用 Antique 一词，此词一说源于拉丁文 ante，原意是古代的、从前的。另一说则认为英文这个字是直接来源于法文，开始作为名词使用时，主要是指古希腊、古罗马的文化遗物，后来才逐渐发展成泛指各个时代的艺术品，其词义接近于中国所谓的古物、古董。日文所说的“有形文化财”，近似于中国所指的文物，但其含义和范围又不尽相同。在国际社会，由联合国教育科学文化组织（UNESCO，以下简称教科文组织）会议通过的一些有关保护文物的国际公约中，一般把文物称为“文化财产（Cultural Property）”或者“文化遗产（Cultural Heritage）”，二者所指的内容并不是等同的。从公约所列举的具体内容来看，前者是指可以移动的文物，后者是指不可移动的文物。埃及使用的阿拉伯文 أثر（单数），آثار（复数）一词，与中国所称文物的概念是基本相同的。1983 年埃及颁布的《埃及文物保护法》规定，在埃及国土上出现的或与其历史有联系的，凡一百年以前的，包括可移动的和不可移动的，具有历史意义和价值的实物，都属于文物（أثر）。同时，还规定在一百年以内的有价值的实物，可根据文化主管部门的建议指定为文物。

关于文物的年代下限，在国际上起初曾定为 1830 年，起源于 1930 年美国的关税条例。该条例规定凡 1830 年以前制作的艺术品可以免税。以后在国际上，不少国家把这一年定为文物的年代下限。后来美国在1966年通过了新的关税条例，又规定“自免税进口报单提出之日起，凡一百年以前制作的文物”概予免税进口。因而目前按国际上一般惯例，文物是指一百年以前制作的具有历史、艺术、科学价值的实物。但是也有的国家根据自己的具体情况另作规定，如希腊就把1450年作为文物的年代下限。

目前，各个国家对文物的称谓并不一致，其所指含义和范围也不尽相同，因而迄今尚未形成一个对文物共同确认的统一定义。

文物是指具体的物质遗存，它的基本特征是：第一，必须是由人类创造的，或者是与人类活动有关的；第二，必须是已经成为历史的过去，不可能再重新创造的。

当代中国根据文物的特征，结合中国保存文物的具体情况，把“文物”一词作为人类社会历史发展进程中遗留下来的、由人类创造或者与人类活动有关的一切有价值的物质遗存的总称。

二　文物的价值和作用

文物的价值是客观的，是文物本身所固有的。总的来说，文物主要有历史价值、艺术价值和科学价值。文物的作用，是文物价值的具体体现。文物对社会所能起到的积极作用主要有教育作用、借鉴作用和为科学研究提供资料的作用。文物的价值和作用，其间有联系，又有区别。人们对文物价值的认识不是一次完成的，而是随着社会发展，人们科学文化水平的不断提高而不断深化的。文物作用的大小，取决于文物价值的高低，因而文物的作用也会随着人们对文物价值认识的深化而变化。有时同样的文物，在不同时间、地点、条件下，其价值也会发生变化。这种变化通常不是改变或降低了它的固有价值，而是增添了新的价值。这种情况只有在特定的条件下才会发生。

文物是一定历史时期人类社会活动的产物，无不具有时代的特点。一切文物都具有历史价值。不同类别的文物，从不同的侧面分别反映了当时社会的生产力、生产关系、经济基础、上层建筑以及社会生活和自然环境的状况。各种类别文物的产生、发展和变化的过程，反映了社会的变革、科学技术的进步、人们物质生活和精神生活的发展变化。总的来说，文物是帮助人们认识和恢复历史本来面貌的重要依据，特别是对没有文字记载的人类远古历史，它成了人们了解、认识这一历史阶段人类活动和社会发展的主要依据。

历史文献资料和文物都是历史科学的研究对象，二者可以相互印证，比较研究，促进历史科学的发展。由于历史文献的作者、辑录者往往受到时代和他们本身认识甚至主观上偏见的局限，因而不可能全面地科学地记录当时的一切社会现象和史实。文物则是在历史长河中突破了时间和空间的局限而遗留下来的幸存者，是说明当时历史的具体而真实的实物见证。它可以证实历史文献的正确记载，纠正文献记载的讹误，补充文献记载的缺佚。恩格斯在《论日耳曼人古代历史》中指出："在塔西佗和托勒密以后，关于日耳曼尼亚内地情况和事件的文字史料便中断了。但是我们得到了其他一系列更明确的史料，这就是可以归入我们研究的各时代的许多古代文物……凡是托勒密的证明中断的地方，出土的文物都能接下去加以证明。"这充分说明了文物可以补史的重要作用。但是，文物的历史价值并不限于它能起到证史、正史和补史作用，更重要的是文物反映了当时人类的各种活动，不仅反映了人类是怎样活动的，以及在什么历史背景和思想支配下进行这些活动的，而且还反映了这些活动之间的社会关系和产生的社会效果。

每个国家和民族都有自己独特的文化传统，而且这些文化传统往往成为人们为维护民族独立和争取解放而斗争的精神支柱。各个国家和民族的文物体现了各自长期形成的共同心理素质、意识形态、生活习俗等特点，在一定意义上说，文物是民族文化的象征。因此，文物对于一个国家及其各族人民能产生强大的凝聚力和激励作用，这也是文物价值的一个重要内容。

文物的价值是通过科学研究认识的，发挥文物作用的一个重要方面是通过教育手段实现的。文物具有直观、形象、生动的特点，其教育作用和感染力是其他教育手段所难以代替的。当中国人民面对凝结着先人劳动和智慧的丰富历史文物，看到他们在当时的社会条件下所表现的惊人创造力，看到他们在科学技术、文化艺术等方面的许多辉煌成就时，必然会激起为振兴国家而斗争的巨大爱国热情。因此，文物就成为对人民进行爱国主义教育的生动教材。同时，运用文物，通过各种形式，开展广泛的文化交流，也有利于促进各国人民之间的了解和友谊。

在各种类别的文物中，有大量的文物具有艺术价值。这些文物不仅有人类进入文明社会以后的绘画、雕塑等造型艺术作品，而且远在早期人类活动中就已经出现了艺术创作和带有审美意识的萌芽。在欧洲发现的旧石器时代的洞穴壁画和象牙或兽骨的雕刻品，被称为“洞穴艺术”。在中国的原始社会，人类在为自己生存需要而制作具有实用功能的生产工具、生活器皿时，同时也就孕育了艺术，这些生产工具和生活器皿在造型和纹饰上都具有了一定的艺术价值，如彩陶纹饰不仅有写实的图像，而且有像水纹、旋涡纹、三角形等抽象的几何纹。尽管对这些纹饰的变化和它反映的社会内容与观念形态，有不同的见解和解释，但它毕竟是以艺术形式来表现的。以后青铜器的造型和纹饰以及各时代的陶瓷器、不同质地的各种各样的装饰、美术工艺品等，无不具有艺术价值。甚至作为居住或其他用途的，如宫殿、庙宇等各种建筑物，也在注意实用功能的同时，力求适应人们美的要求而形成了建筑艺术。所有这些都是美术史研究的重要资料，同时，在现实生活中，它们还可以供人们鉴赏，给人们以美的启迪、美的享受，丰富人们的精神生活。

任何一个国家和民族的文化艺术创作，只有继承自己文化艺术传统，创造出具有民族形式的文化艺术，才会被人民群众所易于并乐于接受。在中国丰富的古代文物中，有大量巧夺天工、绚丽多彩的艺术珍品，是人们认识和了解中华民族文化艺术传统的重要资料。因为各种传统的艺术形式，尽管有文献记载的描述，但它不可能有具体的形象。只有文物才能具体地把各种传统艺术形式形象地展示出来。如果没有各个时代遗留的绘画、雕塑和古建筑，我们就无从真正认识这些中国古代艺术传统形式的特点。因此这些文物可以为今天进行艺术创作活动提供有益的借鉴。充分发挥文物在这方面的作用，是今天继承优秀历史文化遗产，创造社会主义的、民族的新文化的必要条件之一。

文物还是古代的科学技术遗产的宝库。文物的科学价值，主要是指文物所反映的科学、技术水平，它所体现的是在自然科学或者工程技术科学方面的价值。各种类别的文物都是人们利用当时所能得到的材料和所掌握的技术创造出来的，它们从不同的侧面标志着它们产生的那个历史时期人们认识自然、利用自然的程度和科学技术与生产力的发展水平。大量的商代青铜器和战国时期的铁器，分别标志着这两个时代的整个社会生产力和科学技术的水平。河北藁城和北京平谷刘家河出土的商代铁刃铜钺，虽然利用的是天然陨铁，但它毕竟与铜有质的区别，说明早在公元前 14 世纪前后的商代人就已经开始对金属铁有所认识，并且加热锻打之后制成器件而加以利用。这些文物既具有历史价值，又具有科学价值。

马克思曾高度评价火药、指南针、印刷术的发明，他说："这是预告资产阶级行将到来的三大发明。"中国古代有许多重大科技成果，曾长期湮没、失传，今天又在出土文物中被重新发现，如浙江余姚河姆渡新石器时代遗址发现的木建筑构件，把中国应用榫卯的技术提早到七千年以前；河南淅川的春秋楚墓和湖北随县的战国曾侯乙墓出土的青铜器，说明早在两千多年前中国已成功地应用了失蜡法这种精密的铸造技术；甘肃天水放马滩出土的汉初的书写用纸，说明中国发明的这一已知最理想的书写材料，远在公元前2世纪前期，就已具有一定的成熟性；河南荥阳汉代冶炼遗址发现的与现代球墨铸铁类似的标本，表明当时已掌握了与现代工艺不同而取得相同效果的高强度铸铁工艺。

大量有关科学、技术方面的出土文物，为天文、地理、冶金、农业、医学、纺织等各个方面的专门史研究提供了丰富而重要的资料，打破了许多传统的观点。这些新发现的文物使研究科技史的学者们不得不考虑重写某些专门史，这说明不断发现的文物对于促进科学技术等专门史的研究具有何等重要意义。

文物的科学价值，不只是体现在文物本身反映的科学技术水平上。有些文物并不能反映当时的科学技术，而是反映了当时人类活动与自然环境或者生态环境的关系，通过对这些文物的考察可以了解千万年来自然环境或生态环境的变化，这些文物同样具有很高的科学价值。

20世纪60年代以来，中国文物考古工作者，运用考古学手段，通过一些古建筑、古遗址、古墓葬等文物，考察历史地震、古代水文和沙漠变迁，取得了一定成果，为文物研究开辟了新的领域。

文物的价值和作用，不只是表现在对具体文物的研究、说明个别方面的个别问题上，更重要的是把微观研究的成果，综合起来，在宏观上研究各个历史时期人类社会活动的各个方面及其相互联系、相互制约的社会关系，从而从不同的侧面探索和揭示人类社会发展的客观规律。同时，通过文物所反映的历史上人类利用自然、改造自然的状况，可以探索和揭示人类社会活动与自然界生态环境之间相互关系、相互作用的演变规律，运用人们不断认识的客观规律自觉地、能动地协调人类社会系统与自然界环境系统的关系，有利于促进当代和未来社会的发展。充分发挥文物在社会发展进程中的积极作用，是文物保护管理和科学研究的最终目的。

三　文物保护与研究的历史发展概况

中国和世界各国均有着各自的文物保护和研究传统，其共同点是在古代大都是出于不同动机和目的保护了文物，在客观上使一些文物被保存下来。对文物研究的目的、范围、方法和理论，也都有个发展的过程。现代意义的、科学的文物保护和研究，是在历史发展进程中逐渐形成的。

古代对文物的收集和保存，大都是从对文化艺术珍品的收藏开始的。在欧洲，从古希腊、古罗马时代到中世纪，皇室、贵族和教会收藏各种古代珍品和宗教遗物之风甚盛，但其动机和目的是有区别的。皇室、贵族的收藏，是把物质财富的占有，扩大到对精神财富的占有和享受；而教会的收藏则与天主教对宗教遗物的崇拜有关，因而中世纪十字军东征，使大量的宗教遗物涌向欧洲，当然其中也夹杂着不少非宗教的遗物。许多国家的中世纪大教堂都设有为收藏和陈列各种珍品的专室。

14—16 世纪新兴的资产阶级开始出现在人类社会发展的历史舞台。欧洲的文艺复兴促进了人们对早期的语文和美术史研究的兴趣，开始注意收集古希腊、古罗马时代的雕刻和铭刻。之后，又扩大到巴勒斯坦地区，直到近东地区的埃及、两河流域等地的古迹、古物。在此期间，文化珍品的收藏，开始从皇室、贵族和教会扩大到社会上的市民阶层，于是在欧洲的德、法、意、荷等国家数以千计的收藏家出现了。此后许多古物爱好者搜集文化珍品的活动日趋频繁，其中一些人主要是以攫取珍宝为目的，采取非科学性的手段，对一些著名古遗址进行发掘。直到 18 世纪末和 19 世纪初期乃至更晚一些时候，还有人为挖取珍宝对希腊罗马的古城址和墓地以及埃及的古墓葬滥肆挖掘，掠走大量的文化珍品。甚至还有人任意拆掉古建筑上的浮雕石刻。1816 年被运往伦敦的著名的所谓“埃尔金大理石刻”就是埃尔金从雅典巴特农神庙上拆下来的。这种搜集和保存古物的方式，虽然使一些重要的古代文化珍品得以保存下来，但是，运用这种非科学性的手段而取得的文化珍品，却是以对一些古遗址、古墓葬和古建筑造成了很大的破坏为代价的。在此期间，有的学者对文物研究取得了很有价值的成果。1822 年法国 J. F. 商博良对埃及罗塞塔石碑上的三体文字的研究，释出了古埃及象形文字。也有一些学者以研究为目的，对一些古城址进行了发掘，如法国 P. E. 博塔、英国 A. H. 莱亚德对古亚述帝国的尼尼微城址的发掘，就取得重要的成果，虽然采取的发掘方法还缺乏科学性，但这是科学发展过程中很难完全避免的缺憾，与完全以收藏甚至出售为目的而单纯挖宝的性质毕竟不同。

17—18 世纪，欧洲资产阶级的民主革命进入了高潮。资本主义的文明，促进了科学、技术和文化的发展。特别是到 19 世纪中叶，进化论逐步成为欧洲思想界的主流。科学的进步，把人们的思想从上帝造人的神话桎梏中解放出来，人们开始重新认识宇宙、认识自然，也重新认识人类自身发生发展的历史。正是在这个历史背景下，考古学首先是史前考古学产生了。也正是在19世纪，以收藏为主要职能的博物馆在类型和职能上都有了新的发展。一种兼备收藏、科研、教育三种职能的现代形态的博物馆在欧美各国普遍发展起来。同时，对古建筑的保护作为一门专业科学，也是从19世纪中叶才开始的。这绝不是偶然的巧合，而是科学的进步导致人们观念形态变化的反映，是人们对文物价值认识的觉醒。

考古研究对象、古建筑和博物馆藏品（纯自然科学的标本除外），都是属于文物的范围。从过去把文物视为古董的观念，发展到把文物作为人类社会历史发展的见证，标志着人们对文物价值的认识发生了根本性的变化，也扩大了文物概念的范围。这种新概念的形成，才把文物的保护和研究真正建立在科学的基础上，从而进入了一个崭新的发展阶段。

考古学作为一门严谨的科学的出现，特别是进入20世纪以后，在理论上、方法上有了很大发展，田野考古发掘技术有了显著提高，使人们认识到对地下埋藏的文物进行非科学性的发掘的破坏性和危害性。从而促使各个国家在制定文物保护法规的时候，都严格禁止对地下文物的非科学性发掘。1956年联合国教科文组织还通过了《关于考古发掘的国际原则的建议》，从而加强了对地下文物的保护。同时，现代考古学对田野工作的科学要求，决定了在进行考古工作的全过程中，都必须始终坚持文物保护和研究的统一。保护是研究的前提，对保护的任何疏忽和失误，都会造成对研究工作的损失。作为考古研究对象的遗物、遗迹，它所蕴含的历史信息是丰富的，它所展示的现象是复杂的，考古发掘的任务就是采取各种现代科学手段，忠实地把发掘的遗物、遗迹保存下来，把它所展示的一切现象记录下来，形成完整的科学资料。对重要的遗址还需要在原地长期现场保护以便于进一步发掘并进行科学研究，这也有利于把今天我们还认识不到的问题留待后人去研究解决。从这个意义上说，科学的考古发掘，是文物保护的一种特殊手段。因此，现代考古学的诞生和发展，对于埋藏在地下的文物的保护和研究，是一个很大的促进和提高。

20 世纪，现代博物馆在世界范围内的蓬勃发展，对于文物的保护和研究发挥了重要作用。现代博物馆的出现使许多私人收藏逐步转移成为博物馆的馆藏，博物馆藏品日益丰富。博物馆科学研究的职能也在不断加强，因而现代博物馆已成为对可移动文物的保护和研究的重要场所。同时，博物馆的类型正在日新月异，对于一些古遗址、古墓葬等不可移动的文物，经过科学发掘之后，还可以建立各种形式的博物馆进行保护和展出。博物馆对保护、研究文物以及发挥文物作用具有越来越重要的意义。

关于古建筑的维修和保护，在 18 世纪以前，欧洲还没有形成一定的理论和方法。第一个提出把古建筑修复置于科学基础之上的是 19 世纪中叶法国人 V. L. 杜克。1844 年，他在为巴黎圣母院进行修复设计的时候，提出了“整体修复”古建筑的原则。他主张一座建筑及其局部的修复，应保持原有的风格，不仅在外表形式上，而且在结构上也必须如此。在修复之前，一定要确切地查明每个部分的年代和特点，并以此为依据拟定修复的逐项实施计划。他的这些主张对于促进修复古建筑工作的科学化是有积极作用的。但是，他过分强调了恢复原状和风格统一，实际上是用“创作”代替了“修复”，因而给古建筑修复工作也带来了有害的影响。

在同一个时期，英国 J. 拉斯金提出了一个完全不同的见解，他从根本上否定了对古建筑的“修复”，认为“修复”即意味着破坏，而且是最彻底的破坏，对古建筑只能是加强经常性的保护。以后，持这一派见解的莫里斯于1877年创建了“古建筑保护协会”，他在撰写创建《宣言》中，继续强调古建筑根本不可能修复，修复后的古建筑只不过是一个毫无生气的假古董，因而只能用保护代替修复，加强经常性的维护来防止它的破坏，并且提出为保护而进行的加固措施要使人看得出来，绝对不能改变古建筑本身和装饰的原貌。这些观点有其积极的意义，但是他的主张，几乎排斥了一切为延长古建筑寿命而进行的干预，因而也是片面的。

1880年意大利人C.波依多对古建筑的保护和修缮，提出了新的见解，既反对V. L.杜克的主张，也反对J.拉斯金的观点。他认为古建筑的价值是多方面的，而不仅仅是艺术品，必须尊重建筑物的现状。20世纪初期，继波依多之后的G.乔瓦诺尼补充和发展了波依多的理论。以波依多、乔瓦诺尼为代表的理论主要是：古建筑是历史发展的活的见证，要保护建筑物所蕴含的全部历史信息，包括它所在的原有环境，对历史上的一切改动或增添的部分都要保护。1933年，由国际联盟倡议成立的“智力合作所”在雅典召开国际会议，通过了以乔瓦诺尼的理论为基础而形成的《雅典宪章》。1964年5月31日在意大利威尼斯，由联合国教科文组织领导下的国际文物建筑和历史地段工作者协会（ICOMOS）第二次会议通过了保护古建筑及历史地段的《威尼斯宪章》，这正是《雅典宪章》的继承和发展。它进一步明确了古建筑的概念，即它不仅包含建筑物本身，并且包含着与之相关的环境，因而，“不得整个地或局部地搬迁古建筑”，并且强调利用一切科学和技术来保护和修复古建筑，使它能传之永久。

考古学、博物馆和文物建筑保护的发展历史，有一个共同点，就是表明人们对文物价值的认识在不断深化。现代文明越是发展，文物保护的意义就愈益显示出来，从而促使人们在文物保护的问题上，采取了越来越谨慎的态度。这种谨慎的态度，绝不意味着思想的保守，而是表明了人们思想认识的进步和提高。

文物不仅是各个国家珍贵的历史文化遗产，而且也是全人类的共同文化财富。20 世纪中叶以后，现代文明促进了世界各国工业化、城市化的迅速发展和科学技术的突飞猛进。伴随而来的是人为的、自然的各种破坏或损坏文物的因素急剧增长，从而使文物保护成为国际社会面临的一个普遍关注的共同问题。联合国教科文组织于 1964 年 6 月发起了历时 6 个月的保护文物古迹的国际运动，要求各成员国扩充和改进保护文物的技术和法制措施，同时要求各成员国要在此期间广泛宣传，使文物的价值观念家喻户晓。1972 年 11 月联合国教科文组织第十七届会议通过了《保护世界文化和自然遗产公约》，提出了整个国际社会有责任通过提供集体性援助来参与保护具有突出普遍价值的文化和自然遗产。1978 年 11 月 28 日在巴黎的第二十届会议上又通过了《关于保护可移动文化财产的建议》。在此以前，为防止文物走私及因此而诱发的各种造成文物破坏的行为，1970 年联合国教科文组织还通过了《关于禁止和防止非法进出口文化财产和非法转让其所有权的方法的公约》。这些国际公约的制定，促进了文物保护国际化的进程。

世界各国在文物保护和研究方面，经历了一个多世纪的不断探索和总结，逐步形成了一些为国际社会普遍确认的共同原则和方法。他们的经验和教训，都为当代中国的文物保护和研究，提供了有益的借鉴。

中国对文物的保护和研究，有自己的特点。与西欧早期首先着眼于文物的艺术价值不同，中国古代不仅重视艺术价值，更重视文物的历史价值。奕世相承的敬天法祖思想和推重史学的学术传统相结合，形成了中国古代社会中普遍存在的历史意识。中国古代对文物的保护和研究，从多方面反映了这种意识。商周时期，皇室、贵族宗庙中“多名器重宝”，保存着青铜器、玉器以及其他前代的遗物。春秋时孔子考证肃慎的楛矢、秦始皇派千人打捞没入泗水的九鼎、汉代武库中收藏孔子履及刘邦斩蛇剑等文物，都是这种意识的反映。

汉代皇室收藏十分丰富，汉武帝刘彻（前140—前87）创置秘阁，以聚图书，其中既有典籍，也有绘画。东汉明帝刘庄（58—75）更是“雅好丹青、别开画室”，创立鸿都学，以集奇艺之士。汉唐以来历代王朝，包括地方政权如西蜀孟氏、南唐李氏都有丰富的收藏。但是每当王朝更替，往往大部分毁于兵燹水火，剩余部分或为新的王朝所接收，或散佚于民间。唐裴孝源撰《贞观公私画史》、张彦远撰《历代名画记》，记载了唐大中（847）以前皇室收藏的几次大聚大散的情况。以后各代皇室收藏也大都有类似的遭遇。

对于地下文物保护，据《淮南子》记载，汉代就有“发冢者诛”的规定，以后大明律还规定了“若于官私地内掘得埋藏之物者，并听收用；若有古器、钟鼎、符印异常之物，限三十日送官，违者杖八十，其物入官”。说明早在明代就已明确规定地下文物概归国有了。这些法律规定虽然不能完全杜绝盗掘地下文物的现象，但是在客观上起到了保护的作用。

中国古代对出土文物历来十分重视，如汉代在孔子旧宅壁中发现的古文经书和晋代发现的汲冢竹书，因为记载着古代的“经”“史”而受到高度重视，经过大力整理研究，使它们得以长期流传。汉代许慎，收进不少出土的鼎彝等文物上记录的“前代之古文”，从而编撰了中国第一部字典《说文解字》。

东汉“碑碣云起”，灵帝熹平至光和年间并刊刻石经，南北朝时又发明了拓墨技术，石刻文字可藉拓片流传。陕西凤翔的秦石鼓于唐代出土后，便有人根据拓片进行研究。韩愈在《石鼓歌》中所说“张生手持石鼓文”，指的就是石鼓的拓片。重要的石刻通过拓片获得众多的研究者，所以到了宋代，青铜器研究与石刻研究盛行，遂形成中国特有的金石学。

宋代是中国古代文物保护和研究的鼎盛时期。首先是金石学的兴起。宋刘敞在《先秦古器记》中说研究古器的方法是“礼家明其制度，小学正其文字，谱牒次其世谥”；宋吕大临在《考古图》中说，要“探制作之原始，补经传之阙亡，正诸儒之谬误”。说明金石学的产生从一开始就重视了文物的证史和补史作用。赵明诚的《金石录》著录了先秦至北宋多达1900余种石刻，并援碑刻以正史传，对新、旧唐书多所订正。特别是吕大临除了强调文物作为史料所起的功能之外，还强调“探制作之原始”，并注意研究文物本身的发展与演变。所以《考古图》中不仅摹录出所收器物的图像、铭文，且大都标明其尺度、容量、重量与出土地点，并以相当严谨的态度进行考证、定名和分类等方面的研究。此书与宋代其他金石学著作所取得的成果，有不少为后世所遵循，青铜器中若干器形与花纹之通用的名称，就是在这时考定的。

金石学的研究提高了对古文物的认识水平，同时也促进了收藏古物之风。《宣和博古图》著录的皇室在宣和殿一处所藏青铜器就达839件；《宣和画谱》著录收藏魏晋以来的名画凡231人，计达6396轴；《宣和书谱》著录有190多名书法家作品1198件；《考古图》中著录了38家私人藏品，其中仅庐江李氏（伯时）一家所藏就有62

件；著名学者欧阳修收集的金石铭文真迹拓本，皆装裱成轴，多达千卷。古文物既为藏家所珍爱，自然加意保护。对散处郊野的碑刻这时也开始进行调查。南宋时王象之的《舆地碑记目》、陈思的《宝刻丛编》等书，将各地碑刻按行政区划和年代顺序列出，编成大型的碑刻目录。这种实地调查古文物的学风，北宋已启其端。宋敏求的《长安志》将唐长安城的布局和遗迹叙述颇详；吕大防将勘查的结果制成地图上石；游师雄且将唐凌烟阁功臣图与昭陵六骏摹绘刻石，这些都为古文物的研究与保护作出了贡献。

元、明时代，金石学的领域扩大，不仅注意文献与实物的结合，而且重视以实地勘查之所见，核检历史记载。玉器、漆器、瓷器等这时均有专著问世。元朱德润的《古玉图》是研究玉器类文物的开创之作；元蒋祁的《陶记》详尽地叙述了景德镇瓷的原料产地、制瓷工艺和各窑口所产瓷器的特点；元葛逻禄乃贤的《河朔访古记》对中国北方各地的古城、古建筑以及陵墓、碑刻等，在调查的基础上参据文献做出记述，均较翔实可信。明曹昭的《格古要论》则是当时研究古文物的集大成之作，此书除金、石、漆、玉、陶瓷外，且涉及书画、法帖、象牙、犀角、珠宝、锦绮、异木、异石等多种门类，其中提出的辨伪标准，要言不烦，灼具真知，至今仍有重要的参考价值。

清代对文物的研究和保护有了更大的发展，收藏的规模不断扩大，研究亦日益精密。这时皇室收藏之富，远远超越前代。以青铜器而论，“西清四鉴”著录的器物共达4105件，为《宣和博古图》所难以望其项背。从著录皇室所藏书画的《秘殿珠林》《石渠宝笈》中，可以看出明、清许多著名收藏家如梁清标、孙承泽、耿昭忠、卞永誉和安岐等人的收藏已大部归入内府。这是宋代以后的一次最大的集中。虽然如此，私家所藏仍不乏精品，刘喜海、吴式芬、陈介祺、吴大澂等人的收藏尤为世所艳称。以丰富的收藏为基础，清代出现了许多卷帙浩繁的金石学研究著作。在青铜器方面，徐同柏的《从古堂款识学》、吴式芬的《捃古录金文》、吴大澂的《愙斋集古录》所收铜器铭文均在千件以上，方濬益的《缀遗斋彝器款识考释》以印本与稿本合计，所收共达1733器；孙星衍的《寰宇访碑录》收集各地碑刻8000余种，成为全国性的碑刻总目。这些煌煌巨制，反映出清代金石学研究的盛况。这时，若干类前代未予充分重视的文物也得到深入研究，比如古玺印，虽自宋代以来已在金石书中收录，但清瞿中溶的《集古官印考证》一书，才专门著录古官印并作出翔实的论述，将古印的收集和研究推向高潮。其后，陈介祺的《十钟山房印举》收印达万方以上。再如古钱币，亦自宋代始见著录，但也直到清李佐贤的《古泉汇》问世后，才形成较有系统、较可信据的中国古钱学。至于像反映古代玺印之使用情况的封泥，以前曾被误认为陶文或铸印的印范，清代才判明为封泥。吴式芬、陈介祺合著的《封泥考略》收封泥849件，是研究封泥的第一部专书。

明清以来私人藏书也达到了极盛时期，如明代范钦；明末清初的毛晋、钱谦益、钱曾；乾嘉时期的孙星衍、黄丕烈；直至晚清的瞿氏铁琴铜剑楼、杨氏海源阁、丁氏八千卷楼和陆氏皕宋楼等四大藏书楼等，出现了许多著名的藏书家。虽然有的收藏家如钱谦益的绛云楼藏书已全部被焚，但今天留传下来的善本古籍很多仍然是靠私人收藏家保存下来的，特别是这些收藏家多数是知识渊博的学者，他们不仅为保存古籍做出了贡献，而且也促进了目录学、版本学、校勘学的发展，为今天对古文献的研究奠定了基础。

清代对不可移动的文物也注意保护。清初曾明令保护南京明孝陵和北京明十三陵。全国各地现存之古代桥梁、寺庙，几乎绝大部分均在清代进行过修葺。毕沅任陕西巡抚时，对关中古代陵墓要求“料量四至，先定封域，安立界石”，并设专人负责保护管理，就是很著名的事例。

1840年以后，由于列强入侵，掠夺中国的文物成为帝国主义文化侵略的重要内容。1860年英、法联军侵入北京，火烧圆明园，并进行了疯狂的抢劫。1900年德、日、俄、英、法、美、奥、意八国联军攻占北京，对宫廷收藏的珍贵文物和古籍又大肆掠夺，文源阁《四库全书》《永乐大典》就是这两次被先后焚毁和洗劫的。在19世纪末和20世纪初，帝国主义者还纷纷派遣探险队，到新疆等地进行掠夺性的考古发掘。同时，有些外国人还采取各种方式对中国文物进行巧取豪夺。有很大一部分著名的甲骨文、敦煌遗书就是在这种历史背景下被外国人囊括而去的。又如，1907年著名藏书家陆心源的皕宋楼藏书全部被盗往日本，以后还有大量其他珍贵文物不断流往国外，给中国的历史文化遗产造成了巨大的损失。但是，在文物研究方面，由于清代末期，西方科学文化开始传入中国，对中国知识界产生了强烈影响，新的思想方法和研究方式逐渐被具有深厚学术根基的传统金石学者接受，从而使得传统金石学的研究方法有了改变，研究的深度、广度都有所拓展。

甲骨文、居延等地的汉代简牍、敦煌藏经洞遗书是中国近代三大重要发现。罗振玉和王国维对这方面的研究做出了很大的贡献。他们对新发现的甲骨、汉简、敦煌遗书、墓志以及青铜器、玺印、碑刻、符牌等大量文物进行了科学性的汇集整理，并结合历史文献深入研究，对商、周、秦、汉乃至隋、唐、宋、元的历史、文化、制度做了大量崭新的科学论断。这些研究，不仅继承了传统金石学的著录、汇集、考证等研究方法，而且综合了古文字、古文献、器物学、地理学等方面的研究方法。罗振玉还曾亲自到甲骨出土地点踏查，确证安阳殷墟的所在。罗振玉等人在扩大研究对象的基础上，提出了古器物学的新概念，扩展了传统金石学的研究内容。

王国维将西方的近代研究方法与乾嘉学派的考据学成功地加以结合，创立并大力提倡了“二重证据法”，即以地下新出土的文物材料与文献史料并重，把古文字古器物学的研究和经史之学相结合。他的重要著作《殷卜辞中所见先公先王考》《殷周制度论》等充分体现了这一先进的研究方法。这使得文物研究由传统金石学以经史小学为主要研究内容的狭窄范围内脱离出来，成为既包括文字史料考释，又进行器形、纹饰、分期断代等综合研究的新型学科，为进一步揭示古代社会的真实面貌拓宽了道路。

叶昌炽对石刻的综合研究也突破了传统金石学的著录、考证格式，转而从石刻的类型、形制、文字的体例、时代特征等一系列新的角度对历代石刻进行了全面研究，使传统金石学达到了新的高度。

1911 年辛亥革命以后，西方考古学的研究方法传入中国。1921 年以来瑞典人安特生等人在河南渑池和甘肃、青海等地进行科学考察和发掘。1927 年起裴文中、德日进等中外科学家在北京周口店对古生物古人类化石进行发掘。1928 年起中央研究院李济、梁思永、董作宾、石璋如、郭宝钧等人在殷墟开展了多次科学发掘。1928 年吴金鼎等在山东章丘城子崖的龙山文化遗址发掘，使文物研究结合考古学的研究方法，增添了新的应用手段，开拓了新的研究领域。这一时期的文物考古学者，大多吸收了这些新的方法、手段，使文物的科学研究更加深入，更加系统化、科学化，新的成果不断取得。

郭沫若将马克思主义唯物史观引入文物研究，结合了考古学的类型学等方法，编著出版了《两周金文辞大系》《卜辞通纂》《卜辞中的中国社会》等，开拓了文物研究的新方向，产生了深远的影响。

在文物保护方面，1930 年国民政府公布了《古物保存法》，并决定成立了中央古物保管委员会。这是中国历史上由中央政府公布的第一个文物保护法规和第一个国家设立的专门保护管理文物的机构。

中央古物保管委员会成立之后，在文物保护方面做了一些有益的工作。但是因为它没有形成一个长期稳定的管理实体，而且各个地方都未设置与之相应的文物管理专门机构，因而保存在各地的各种类别的文物，基本上仍处于无人管理的状态。珍贵文物外流，也未得到有效的制止。在此期间，有些学术团体进行了一些文物调查、保护工作。1929 年由朱启钤等创建的中国营造学社，在 30 年代组织专家对各地古建筑进行了一系列实地调查研究和文献资料整理等工作。著名的唐代建筑佛光寺大殿，就是建筑学家梁思成等在山西五台山进行调查时发现的。营造学社的成立，对于中国古建筑的保护和研究起了重要作用。

20 世纪 30—40 年代，在中国共产党领导和管辖的各根据地和解放区人民政府，十分重视文物保护工作。1939 年 11 月 3 日陕甘宁边区政府训令各分区行政专员和各村村长调查保护古物、文献及古迹。1942 年为保护山西赵城广胜寺收藏的金代大藏经免遭日本侵略军的掠夺，八路军战士献出了宝贵的生命。1947 年 9 月 13 日中国共产党全国土地工作会议通过的《中国土地法大纲》规定：名胜古迹，应妥为保护。之后相继成立了胶东文物管理委员会、山东古代文物管理委员会和东北文物管理委员会，并颁布了《东北解放区文物古迹保管办法》。1949 年，在中国人民解放军即将南下进军的时候，华北人民政府高等教育委员会印发了《全国重要文物建筑简目》，提供部队注意保护，以免这些古建筑毁于战火。

1949年10月1日中华人民共和国成立，使中国对文物的保护和研究进入了一个新的历史阶段。50年代初中央人民政府政务院就颁布了一系列保护文物的法令和法规。首先颁布了《禁止珍贵文物图书出口暂行办法》，制止了1840年以来中国大量珍贵文物外流的现象。同时，在中央和地方都设置了负责文物保护管理的专门机构，在中国科学院设置了考古研究所，从此在郑振铎、王冶秋、梁思永、夏鼐等人的主持下，开始了中国历史上从未有过的由国家进行的大规模文物保护管理和考古发掘工作。1961年国务院公布了《文物保护管理暂行条例》，1982年全国人民代表大会常务委员会又公布了《中华人民共和国文物保护法》，使中国的文物保护管理工作走上了法制管理、稳步发展的轨道。

新中国成立四十多年来，中国文物保护和管理工作虽然经历了曲折的道路，但总的说来，取得了旧时代所不能比拟的巨大成就，不仅使大量的重要文物得到了保护，而且在宣传教育、科学研究等多方面都发挥了重要的作用，取得了显著的成果。

对流散在社会上的传世文物进行收集和保护，是早在50年代就已开始的。在建国伊始百废待举的时候，周恩来总理即批准以重金从香港购回著名的王献之《中秋帖》和王珣《伯远帖》，使两帖免于流散国外。之后，又陆续从海外购回如唐韩滉《五牛图》、五代顾闳中《韩熙载夜宴图》、宋司马光《通鉴》手稿等不少书画珍品和善本图书。50年代以来，许多爱国的著名收藏家出于爱国热忱，竞相把自己珍藏的文物捐献给国家，如刘肃曾捐献的“虢季子白盘”、潘达于捐献的“大盂鼎”“大克鼎”等著名西周重器；张伯驹捐献的晋、唐名人手迹：陆机《平复帖》、杜牧《张好好诗》等十余件珍贵书画。在善本图书方面有著名收藏家傅增湘双鉴楼收藏的宋刻本《资治通鉴》和宋抄本《洪范政鉴》。此外还有铁琴铜剑楼瞿济苍兄弟、潘氏宝礼堂、翁之熹、刘少山、邢之襄、赵世暹、赵元方等捐赠的大批宋元精本名刊以及明、清以来抄校题跋的善本，特别是周叔弢捐赠的毕生辛勤收集的名刻精抄数百种，都反映了新时代人们精神面貌的深刻变化。

加强在废旧物资中拣选文物是收集传世流散文物的一个重要方面。多年来，在这方面做了大量工作，拣选出大批各个时代的各种类型的重要文物，例如西周前期的班簋是见于《西清古鉴》著录的著名青铜器，就是 1972 年在北京市物资回收公司有色金属供应站拣选出来的。

由于通过各种方式进行了对传世流散文物的收集工作，因而极大地丰富了博物馆的馆藏文物。以故宫博物院为例，1949 年故宫收藏的文物精华悉数运往台湾，书法、绘画仅存万余件，目前所藏书画已达 9 万多件，增加了近 9 倍。其中展子虔《游春图卷》、张择端《清明上河图》、王希孟《千里江山图》等绝大多数珍品都是近四十多年中收集的。

对石窟寺、古建筑的调查、修缮和研究，也取得了显著的成绩。目前中国著名的石窟寺大都已设置了研究所或保管所，并且分别进行了加固和维修。如云冈石窟进行了防止岩石崩塌、风化的工程；麦积山石窟进行了全面加固工程，并新修了栈道，使 1200 多年前因中部崖面崩落而隔断的东西崖两部分洞窟重新连接起来；敦煌莫高窟由于崖壁裂隙，严重危及石窟安全，为此而进行了大规模的崖壁加固工程和防沙治沙的有效措施，并且在工程进行中，全面实测了莫高窟崖面遗迹，同时对窟前建筑遗址进行了考古发掘；80 年代在对南响堂寺石窟进行维修过程中，清理出开凿时期的原貌和重要的纪年摩崖碑刻。多年来，对石窟寺还陆续在四川、云南、陕西、河南、河北、山西、山东、江苏、浙江、宁夏、内蒙古、新疆等省和自治区进行了广泛的调查工作。据不完全统计，在全国范围内，已发现各个时期的石窟寺达 2198 处。这些内容丰富、分布很广的石窟寺为历史、宗教、艺术、中外文化交流等方面的科学研究，提供了丰富的资料。

以木构建筑为主的中国古建筑，以其独特的风格和完整的体系而见称于世界。经过 50 年代和 80 年代的文物普查和复查，已在全国发现各个时期的古建筑 81360 处。其中有不少重要的发现，仅汉阙即新发现 6 处。木构建筑方面，山西五台山发现的唐代建中三年（782）所建南禅寺大殿，是中国现在所知最早的木构建筑。在山西、河北等省还发现了多处五代、辽、宋时期的古建筑，如山西平遥镇国寺、平顺大云寺、河北涞源阁院寺等。在长江以南也发现了浙江余姚保国寺大雄宝殿、莆田元妙观三清殿等宋代建筑。在元代建筑中，山西永济永乐宫是一重大发现，这是中国现在保存最完整的元代建筑组群，并保存了精美的元代壁画。目前已发现的各个时期古建筑代表性实例，已经可以组成一部形象的中国古代建筑发展史。

四十多年来，对古建筑还进行了大量的维修和修缮工程，其中重要的有著名的、世界最早的敞肩拱桥——隋代安济桥，唐代建筑南禅寺，宋代建筑正定隆兴寺慈氏阁转轮藏殿，山西太原晋祠等。对一些大的建筑组群如北京故宫、承德避暑山庄等不仅历年都有维修，而且还进行全面规划，有计划、分期分批地进行修缮。

四十多年来还在全国范围内开展了空前规模的考古调查和田野发掘工作。1949 年以前，中国旧石器和新石器时代的遗址，虽然有所发现，并且发现了著名的北京猿人化石、“仰韶文化”、“龙山文化”等，但数量很少，空白点很多。目前除新疆和海南以外各个地区都已发现了旧石器时代遗存，一些地区还发现了古人类化石多处。这些发现对中国旧石器时代人类、文化和自然环境的演变提供了一条连贯的线索，不仅扩大了中国原始人类文化的分布范围，而且也为地质学、古地理学、古气象学提供了研究资料。特别是云南“元谋人”等东亚地区最古老的人类远祖遗存的发现，为认识人类起源问题提供了重要资料。

新石器时代遗址的发现更是遍及全国各地，不仅在黄河流域，而且长江、淮河、珠江流域和东南沿海地区都有重要发现。粤北和赣南地区石灰岩洞穴中的距今约万年左右的新石器时代初期遗存和长江中游到黄河中下游七八千年以前的早期新石器时代文化的发现，把中国境内的人类从穴居走向平地定居以及陶器、农业、原始畜牧业的起源这一人类进步史上的重大问题，在认识上推进了一大步。遍及全国的一系列新发现，已经筑起了一个新石器到青铜文化的发展谱系的基本框架，使人们开始认识在距今五千年到四千年左右，至少在东起海滨，西至陇东的大片土地上，已进入文明曙光的时代。从中国最早的夏、商、周三个王朝到封建后期的宋、元、明各个时代的考古新发现更是层出不穷，而且对许多朝代的都城遗址，进行了长期的勘察和发掘。商时期的四川广汉三星堆和江西新干的重大发现，早周的陕西周原遗址、战国时期的湖北随县曾侯乙墓、西安秦兵马俑、长沙马王堆、河北满城和临沂银雀山的汉墓以及广州南越王墓等发现都引起了国内外的强烈反响。四十多年来大量的考古调查和发掘工作，正日益清晰地揭示出中华民族共同体的形成和发展的具体过程，并进一步证明了从原始社会经奴隶社会而到封建社会这一历史发展的规律性。

1840—1949年是中华民族经历的一个巨大历史变革的时代。中国人民特别是无数的爱国者和革命先烈，为拯救多难的祖国，争取民族独立和解放，前赴后继，在进行长期英勇而艰苦的斗争中，留下了许多反映这一伟大斗争的遗迹和遗物，是这一历史时期具体生动的实物见证。目前已经保护了从鸦片战争到辛亥革命，从五四运动到中华人民共和国成立各个时期与重大历史事件和重要人物活动有关的遗址或纪念建筑。其中特别重要的都已由国务院核定公布为全国重点文物保护单位。通过对大量近、现代直至当代这一历史时期有关的珍贵文献和实物的保护、收集、整理和研究，突破了对文物概念的传统认识，扩大了文物保护管理的范围和科学研究的领域。

四　文物的科学研究

文物科学研究对于认识文物价值、发挥文物作用和进行文物保护管理具有决定性的作用。

文物分类和文物鉴定是开展文物科学研究的前提，也是文物科学研究的内容。由于文物的时代不同，质地不一，种类繁多，功能各异，因而需要从不同的角度，采取不同的分类方法。从管理的角度，中国把文物分为不可移动和可移动文物两部分。前者包括古遗址、古墓葬、古建筑、石窟寺及石刻、近现代重要史迹、近现代典型建筑等；后者包括古器物、古文献、古书画等。在上述各类文物中，有的又分为若干小类，如古器物即按文物质地分为青铜器、玉器、铁器、陶器、瓷器等。此外，还可以根据不同的功能和属性进行分类。目前有的文物科学研究，已经发展成为专门的学科如钱币学、铭刻学等，今后有些类别的文物，随着科学研究的深入和发展，还将会形成一些新的专门学科。

文物鉴定就是确定文物的年代、真伪和价值。首先需要进行的是断代和辨伪，如果文物的时代不明，真伪莫辨，就无从确定文物的价值。只有在断代、辨伪的基础上，才能通过科学研究，不断深化对文物价值的认识。

一切文物都需要断代，但不是所有文物都需要辨伪。辨伪有特定的涵义，主要是辨别由于文物作为商品流通以后，有人以牟利为目的，以真文物为蓝本而故意制造的假古董及一些历代的文物仿制品。至于辨别古建筑在历代维修过程中增添和改动部分，或者后代仿制构件的年代，是对古建筑整体和局部的分别断代问题，而不属于辨伪的范围。考古发掘出土的文物，一般不存在辨伪的问题，但也有文物鉴定的问题。因为有时一座墓葬也会埋葬了前代遗物，如妇好墓中就有红山文化的玉器。有时由于地层扰乱，在一个文化层中也可能有后代文物混入，都需要进行鉴别。

文物鉴定的方法，主要有传统方法和现代科学方法两种。在各类文物中，有相当一部分是考古学研究对象，是经过科学发掘出土的。对于这些文物主要是依靠考古学的地层学和类型学进行断代，对史前时期或者年代比较久远的历史时期的文物，还可以运用碳14、热释光、古地磁等现代科学技术手段测定年代。所有这些都属于现代科学鉴定年代的方法。传统的鉴定方法主要是对传世文物年代的鉴定和辨伪。传统方法经过长期的经验积累，已经形成了比较系统的对各种不同类别文物进行鉴定的方法，但是传统方法过去主要侧重在经验的积累上，需要运用科学方法进行总结，才能不断发展和提高。著名书画鉴定家张珩就是在总结他长期积累的丰富经验基础上，在《怎样鉴定书画》一书中，提出了书画鉴定的主要依据，即时代风格和个人风格及其他辅助依据，从而把书画鉴定的方法论提高到一个新的水平。比较分析是文物鉴定的基本方法，即对同一类文物在广泛考查的基础上，总结出各种特点，选定若干比较可信的、有时代特征或绝对纪年的标准器作为依据，再对照其他待鉴定文物，进行比较分析作出判断。标准器的确定有时也是相对的，随着资料的不断积累，认识的不断深入，标准器的确定就会越来越精当。因此，文物鉴定也需要反复地进行，以不断提高文物鉴定的科学水平。近年来考古学已在大量考古发掘出土的文物中，建立起比较系统的发展谱系，因而改变了过去用传统方法对一些文物断代的认识。对于有些传世古器物，则可以运用考古发掘出土的标准器对照比较鉴定。传世的古书画有时也可以借助于现代科学技术。例如利用红外线、软 X 射线摄影，可以显示出人们视觉观察不到的墨迹和印迹。这对鉴定可以起到辅助的作用，但不能完全取代比较分析的鉴定方法。随着现代科学技术的不断发展，现代科学手段，将会在文物鉴定工作中发挥越来越大的作用。

文物资料的整理和汇集是开展文物科学研究的重要环节。整理汇集的过程，也是科学研究的过程。人们对事物的认识，总是从对个别事物的认识开始的。对于文物的科学研究，同样也是如此。对某一类文物的研究，也总是从分析个别器物的个案研究入手，然后在此基础上，发展到对这类文物的系统研究。因此，文物资料的分类整理汇集是十分重要的。历史上流传下来许多各种类别文物的著录，大都是当时研究的成果，同时，又对文物研究起了推动作用。这些著录至今仍有不同程度的研究和参考价值。近年来，文物研究机构和各博物馆编辑出版了大量文物图录和资料汇编，都是文物整理汇集的成果，特别是《甲骨文合集》《殷周金文集成》《中国古籍善本书目》《中国历代货币大系》《中国美术全集》以及反映 9 年文物普查成果的《中国文物地图集》几乎集中了已知的大部分重要资料。1982 年开始的中国古代书画巡回鉴定，经过 8 年努力，完成了对全国收藏古书画的鉴定工作。经过鉴定为真迹的，正编辑成《中国古代书画图目》陆续出版。

这些集大成的汇篇，既是研究成果，又将对今后文物的科学研究起积极的促进作用。

自然科学方法的应用，是促进文物科学研究发展的重要条件。50年代以来，应用碳14、热释光、古地磁的方法测定年代，为第四纪以来人类进化史的研究提供了年代依据，为建立史前考古学的年代体系奠定了基础。孢子、花粉、植物种籽、动物骨骼的鉴定，为了解古代地理和古气候等自然环境提供了科学资料。另外，为了解古器物和其他文物的制造方法和原料成分而进行的模拟试验，也必须借助于自然科学方法。例如曾侯乙编钟复制的成功，不仅达到形似而且达到声似的效果，正是采取多学科联合攻关，运用激光等各种现代科学手段进行测试分析研究的成果；马王堆出土的素纱禅衣的复制则是从养蚕试验开始的。严格意义的文物复制和考古学模拟试验的目的、要求和方法是一致的。编钟和素纱禅衣的复制都是运用现代科学的方法，再现了古代的科学技术和工艺水平。文物复制的过程，是不断深化对文物价值认识的过程，因而也是文物科学研究的一个组成部分。

60年代以来，地震考古、水文考古、沙漠考古、农业考古的出现，以及正在形成的实验考古、环境考古等，无不是自然科学和技术科学方法渗入的成果。

文物的科学研究，必须重视文物的综合价值。一切文物都是一定历史时期的社会产物，任何一件文物所蕴含的历史信息都不会是单一的，只有重视文物的综合价值，才可能从深度和广度上，揭示其蕴含的全部历史信息。文物的科学研究，面对的是整个古代社会，这就决定了文物研究必须广泛地与各个科学领域的有关学科相结合，综合各有关学科有助于文物研究的方法和成果，从而对文物的价值作出全面的评价。现在已经有越来越多的有关学科的研究者重视了利用文物作为本学科研究的对象，以充实他们的研究内容。但是他们着眼点是从本学科研究的需要出发的，而不会考虑文物的综合价值。例如曾侯乙墓的编钟发现，引起音乐界的强烈反响，同时，也得到了冶金史研究者的重视，他们都各自从本学科的角度对编钟进行了研究，但都不会对编钟价值作出全面的评价；又如上海博物馆藏原题为赵孟頫所作《百尺梧桐轩图》，1985 年书画鉴定组的多数意见认为，画为元人手笔，而赵孟頫款则系伪作，1991 年《文物月刊》第四期载傅熹年《关于元人绘〈百尺梧桐轩图〉研究》一文，除肯定此图在元代绘画中堪称佳作的艺术价值外，并考订出图中主人为元末在平江建立割据政权达 11 年之久的张士诚之弟张士信。张士诚为朱元璋之劲敌，失败后，其僚属多被杀戮，曾与张氏政权有关系者，亦陆续被陷之于法。因而此图收藏者当时显系为避免株连而截去原款，补加赵孟頫款以掩人耳目，并非故意作伪欺人。通过对此图的考证，从一个侧面反映了朱元璋滥杀无辜和张氏政权末期昏庸沉湎的史事。所以此图既具有艺术价值也具有历史价值。这只是对一件具体的，而且也不是十分重要文物的研究，并不能解决什么重大的历史问题。但却说明即使是一件具体文物，也往往具有多重价值。从美术史或美学角度研究这幅画，就不会注意到这段历史背景。因而这种研究方法正反映了文物科学研究的特点。

文物科学研究，包括考古学研究都是历史科学的组成部分，这是不容置疑的。因此文物研究，特别是历史时期的文物研究，必须与历史文献相结合。对文物的研究要区别不同的类别、不同的目的、不同的层次采用不同的方法，并且需要应用人文、社会科学、自然科学以及技术科学等有关学科的方法和手段，进行综合研究。从文物科学研究总体上看，各种方法都不是彼此孤立的，而是相互补充，相互促进的。对于其中任何一种方法的贬低或否定，都会给文物的科学研究带来不利的影响。只有把它们结合起来，才有利于揭示文物的综合价值。

在马克思主义的指导下，加强对文物研究的理论建设，对于文物的科学研究发展具有重要的意义。20世纪50—80年代苏秉琦把考古类型学方法从单种器物的研究推到包括成组遗物在内的以遗迹为单位的研究，并进而推进到研究整个考古学文化发展谱系的高度，提出了研究考古学文化的“区、系类型”的理论，从而使大量考古学资料能放在一个幅度不太大的时、空界限内，研究其来龙去脉和相互关系，引起了中国考古工作者的重视，并已在研究、工作实践中加以运用。

加强文物科学研究的理论建设，必须坚持“百家争鸣”的原则，只要是言之成理，持之有故，都是可以讨论的。无论是过去的，或者是现在的学派，都应当既承认它们在一定时、空范围内存在的合理性，又要继续向前发展。“百家争鸣”的过程，应当是相互补充、共同提高的过程，而不应该相互排斥、扬此抑彼。

文物科学研究的最终目标，是把历史上遗留下来的一切有价值的物质遗存，放在人类全部知识所能了解的已逝年代的文化背景下，去认识和解释古代社会，揭示人类社会发展的客观规律，进而预测未来的合理道路。这是一项综合的系统工程，要实现这个目标，从认识到实践都需要经历一个艰巨而漫长的过程。

五　文物保护和管理

当代世界，保持民族文化特性，保护人类共同创造的文化遗产，是国际社会各个国家的共同要求。许多国家都为此而制定了保护文物的法律和法规，加强了文物的保护和管理。

文物保护和管理是国家文物行政管理部门的基本职能。国家通过法律、行政、经济、教育和科学技术等手段，协调、处理文物保护与国家各部门、各社会团体以及人民群众的关系，并通过全面规划、综合治理，制止和防止人为的与自然力对文物的破坏和损害，达到保护文物的目的。

1982年中华人民共和国全国人民代表大会常务委员会公布的《中华人民共和国文物保护法》，是在总结新中国成立后33年文物保护管理工作正反两方面经验的基础上，对1961年国务院公布的《文物保护管理暂行条例》进行较大修改和补充而制定的。《中华人民共和国文物保护法》明确规定了文物保护的对象、范围和处理各部门之间相互关系的基本原则，以及国家机关、企事业单位、社会团体和公民在文物保护方面的行为准则和违法的责任，为文物保护和管理工作，提供了法律依据。

根据法律规定，国家把文物保护规划和计划，作为国民经济和社会发展规划及计划的组成部分，把文物保护管理经费，分别列入国家和地方财政预算。对于重大的文物维修工程、考古发掘项目、珍贵文物收购、捐献珍贵文物奖励等，由国家另行拨款补助，这是开展文物保护管理各项工作的经济保证。

中国文物的保护和管理有其自己的特点。文物的普查、复查和确定文物保护单位，是文物保护管理的基础工作。通过文物普查和复查，掌握地上地下文物分布和保存的状况，以便进行科学鉴定，从而评定文物价值，区分文物等级和决定文物保护单位级别。在此基础上，按照轻重缓急，确定文物保护的目标、重点和步骤，制定长远规划和近期计划。文物复查是定期反复进行的，以便于根据复查了解的新情况，取得的新成果，调整文物保护单位的级别和文物保护的规划和计划。城乡建设规划部门，根据法律的规定，把这些文物保护单位的保护管理，作为一项工作内容进行研究，在布局上做出合理安排，纳入各地区城乡建设的总体规划，加以保护。

配合各项基本建设工程，进行考古发掘工作，是文物保护的一个重要手段。在中国这样一个历史悠久、地下遗存极为丰富的国家，进行现代化建设，除了按照国家规定不允许进行建设工程的已知重要文物保护地区以外，还有大量地下埋藏的遗存尚未发现。因此，除了有重点地进行一些为解决学术问题而发掘的项目外，大量的考古发掘工作，主要是配合国家各项建设工程进行的。早在50年代，国家就提出了“重点保护，重点发掘，既对基本建设有利，又对文物保护有利”的方针，正确处理了文物保护和基本建设之间的矛盾。四十多年来，中国考古工作有了很大发展，许多重大考古新发现，都是在配合各项建设工程中发现的。

古建筑的保护和维修是文物保护管理工作的一个重要方面。关于古建筑修缮的原则，1961年《文物保护管理暂行条例》规定了“保持现状或者恢复原状”的原则，但是对恢复原状的理解和看法却存在着不同的意见。同时，由于主客观各方面的因素，在实际工作中，又确定了古代建筑的修缮实行“保养为主，重点修缮，维持不塌不漏”的方法，事实上，是要求“保持现状”。1982年《中华人民共和国文物保护法》规定，对古建筑修缮“必须遵守不改变文物原状的原则”。这里指的原状，就是指古建筑发现时的“现状”。对于历史上增加或改动的有价值的部分都要保护，因为它同样是一种历史的痕迹。新中国成立四十多年来根据上述原则，采取了现代技术和传统技术相结合的方法，修缮了大量古建筑，在实践上积累了丰富的经验，在技术上取得了新的进展。山西五台山唐代建筑南禅寺，就是用现代技术对原有木构件进行加固的，而没有采用新的材料来代替。永乐宫搬迁，成功地进行了壁画揭取和复原的工作，这一技术也已被广泛应用，并有了发展和提高。

丰富多彩的文物古迹，作为人文景观，是开展旅游活动的必要条件，因此正确处理文物管理和旅游的关系，也是文物保护管理工作的重要内容。根据国家文物保护法规规定的原则，一切旅游活动，都要服从国家保护文物的规定，在保证文物安全的条件下进行，而且要严格控制在名胜古迹和文物保护单位附近兴建旅游设置，以免造成对环境风貌的破坏。此外，为切实防止因开展旅游而可能给文物保护带来的有害影响。对于易损坏的珍贵文物，都不作为一般性的旅游参观内容。

运用科学技术手段控制和防止自然力对文物的损害和破坏，是文物管理工作的一个重要环节。在中国对于开展保护科学技术的研究，是采取利用现代科学技术手段与传统文物保护技术相结合的方针，既要充分利用现代科学技术，又要研究总结和提高行之有效的传统技术，并及时推广文物保护科学技术新成果，对重点项目组织各学科联合攻关。同时，积极开展国内外科学技术信息的交流和国际间文物保护科学技术的合作。

确定历史文化名城是文物保护管理工作的一个新发展。目前世界上许多国家都公布了各自的历史文化名城。中国确定历史文化名城是从 20 世纪 80 年代开始的。1982 年由国务院公布了第一批历史文化名城。对于历史文化名城保护管理的指导思想是：根据各个历史文化名城的传统特点和在国民经济中的地位及作用，确定它的城市性质、发展方向和规划原则。名城的建设规划，既要符合现代化生产、生活的要求，又要保持其优秀历史文化传统的风貌。要保留这些名城固有的合理的总体布局，注意整个城市空间的协调，把一些有典型意义的地段、街区成片地保存下来，确定为重点文物保护区，划出一定范围的建设控制地带。通过规划，有机地组织到城市的整体环境中去，以显示历史文化名城的历史连续性。

随着现代化建设的发展，科学技术的突飞猛进，文物的保护管理正面临着许多新情况、新问题。因此，不仅要在实践上采取各种手段解决好实际存在的问题，而且必须从理论上加强探索，认识文物保护管理本身与各有关方面相互关系的规律，并且要充分运用现代科学手段，加强信息交流，逐步形成网络，使在保护管理中产生的问题，得到快速反应，及时处理，不断促进文物管理的科学化，建立起完整的文物保护科学管理体系。

文物的科学研究，已经形成了一些专门学科。当代世界，系统论的科学体系知识被广泛应用，是科学发展的新特点，多学科相互交叉，逐步发展成为各种新的边缘科学，是科学发展的新趋势，文物的科学研究，也需要改进传统的研究方法，充分运用有助于文物研究的各个学科的理论与方法，把微观研究同宏观研究结合起来，对有些文物还要把静态研究和动态研究结合起来，从而把文物的科学研究工作提高到一个新的水平。

文物保护管理和科学研究，在一定意义上，二者是互为目的、互为手段的，是一个不可分割的整体。要在马克思主义的指导下，结合文物本身特点，使文物保护管理和科学研究逐步形成自己系统的基础理论和研究方法，发展和完善以文物为研究对象的文物学。这是社会和科学发展的客观要求，也是文物保护和科学研究自身发展的必然趋势。

附录二
谢辰生先生参与制定的重要文物法规文件

序号	名称	颁布时间	颁布文号	备注
1	中央人民政府政务院禁止珍贵文物图书出口暂行办法*	1950年5月24日	政文董字十二号	见第二章第一节
2	国务院关于在农业生产建设中保护文物的通知*	1956年4月2日	国二文习字第6号	见第二章第四节
3	国务院文物保护管理暂行条例*	1961年3月4日		见第三章第二节
4	国务院关于进一步加强文物保护和管理工作的指示*	1961年3月4日	国文习字39号	见第三章第二节
5	中共中央关于在无产阶级文化大革命中保护文物图书的几点意见*	1967年5月14日	中发〔六七〕158号	见第四章第二节。本书简称“158号文件”
6	国务院关于加强文物保护工作的通知*	1974年8月8日	国发〔1974〕78号	见第四章第四节
7	国务院关于加强历史文物保护工作的通知*	1980年5月17日	国发〔1980〕132号	见第五章第一节
8	中华人民共和国文物保护法*	1982年11月19日		见第五章第二节
9	国务院关于进一步加强文物工作的通知*	1987年11月24日	国发〔1987〕101号	见第五章第三、四节。本书简称“101号文件”
10	国务院关于加强和改善文物工作的通知	1997年3月30日	国发〔1997〕13号	见第六章第一节

续表

序号	名称	颁布时间	颁布文号	备注
11	国务院关于加强文化遗产保护的通知	2005年12月22日	国发〔2005〕42号	见第七章第三节。本书简称“42号文件”
12	国务院历史文化名城名镇名村保护条例	2008年4月2日		见第七章第四节
13	国务院关于进一步做好旅游等开发建设活动中文物保护工作的意见	2012年12月19日	国发〔2012〕63号	见第七章第六节。本书简称“63号文件”

注：带*号是指谢辰生先生为主要起草人。

附录三
谢辰生先生文物著述要目

1.《赴平原、河南、山东提选及考查文物工作报告》，载《文物参考资料》1950 年第 12 期。

2.《从朝鲜前线寄给祖国人民的一封信》，载《人民日报》1951 年 3 月 19 日。

3.《配合基本建设，做好文物保护工作》，载《文物参考资料》1953 年第 7 期。（与孙家晋合著）

4.《群众支持了文物保护工作》，载《文物参考资料》1954 年第 9 期。

5.《发展博物馆事业，为科学研究和广大人民服务》（社论），载《人民日报》1956 年 6 月 4 日。（与沈之瑜、曾昭燏共同起草）

6.《提高博物馆工作的质量》（社论），载《光明日报》1956 年 6 月 7 日。

7.《有关地志博物馆的两个问题》，载《文物参考资料》1957 年第 3 期。

8.《关于“保存什么，如何保存”的争论》，载《文物参考资料》1957 年第 7 期。

9.《再论有关地志博物馆当前的中心任务问题》，载《文物参考资料》1957 年第 9 期。

10.《学习苏联，使文物事业更好地为社会主义建设服务》，载《文物参考资料》1957 年第 11 期。

11.《保护文物》，载《人民日报》1959 年 5 月 7 日。

12.《坚持政治挂帅，积极发展文物、博物馆事业》（社论），载《人民日报》1960 年 3 月 7 日。

13.《关于保护革命文物和古代文物的倡议书》，图博文物局劲松战斗队、中国科学院考古研究所东方红公社、革命历史研究所文革小组等 13 个群众组织联合发出，1967 年 2 月 15 日。

14.《在联合国教科文组织第二次世界文化政策大会第二委员会上的发言》（1982 年 7 月 30 日），载《谢辰生文博文集》，北京：文物出版社，2010 年。

15.《认真执行文物保护法，开创文物工作新局面》，载《文物》1983 年第 1 期。

16.《文物有哪些价值和作用？》，载《文物天地》1984 年第 3 期。

17.《在考古发掘工作汇报会闭幕式上的讲话》，载《四川文物》1984 年第 3 期。

18.《关于当前文物工作的几点意见——在中宣部、文化部文物工作座谈会上的发言》（1984 年 10 月），载《谢辰生文博文集》，北京：文物出版社，2010 年。

19.《在陕西文物工作会议上的讲话》，载《文物工作》1986 年第 2 期。

20.《深切怀念王冶秋同志》，载《中国文物报》1988 年 2 月 5 日。

21.《也谈文物保护与旅游开发》，载《中国文化报》1986 年 7 月 16 日。

22.《文物工作必须纳入法制管理的轨道》，载《文物工作》1987 年第 1 期。

23.《把保护文物提高到保持民族文化特性、民族生存的高度》，载《文物工作》1987 年第 1 期。

24.《在文化部召开贯彻落实国务院〈通告〉电话会议上的讲话》，载《文物工作》1987 年第 4 期。

25.《端正文物工作的指导思想》，载《人民日报》1987 年 12 月 11 日。（署名本报评论员）

26.《〈文物保护管理概要〉序》，载李晓东：《文物保护管理概要》，北京：文物出版社，1987 年。

27.《继承传统，坚持开放，古为今用，为社会主义服务》，载《文物工作》1987 年第 1、3 期。

28.《亲切的关怀　永恒的思念：缅怀周总理对文物工作的亲切关怀》，载《中国文物报》1988 年 3 月 11 日。

29.《采取果断措施加强文物保护案》，在全国政协第七届第一次会议上的提案，1988 年。

30.《加强故宫博物院的保护管理案》，在全国政协第七届第一次会议上的提案，1988 年。

31.《建议北京图书馆善本古籍仍在文津街旧馆保存案》，在全国政协第七届第一次会议上的提案，1988 年。

32.《建议焦枝铁路洛阳段避开龙门石窟保护区，以利文物保护案》，在全国政协第七届第二次会议上的提案，1989 年。

33.《新中国第一号文物法令》，载《中国文物报》1989 年 9 月 29 日。

34.《在文物历史学家谈〈河殇〉座谈会上的发言》，载《中国文物报》1990 年 1 月 25 日。

35.《历时八年的中国古代书画巡回鉴定》，载《瞭望》1990 年第 47 期。

36.《坚持以社会效益为最高原则》，在全国政协第七届第三次会议上的小组发言，1990 年。（与徐苹芳联合发言）

37.《建议采取果断措施，严厉打击盗掘古墓犯罪活动》，在全国政协第七届第四次会议上的提案，1991年。
38.《应当高度重视三峡工程淹没区的文物保护工作》，在全国政协第七届第五次会议上的提案，1992年。
39.《纪念〈文物保护法〉颁布十周年座谈会上的发言》，载《文物工作》1992年第6期。
40.《正确处理文物保护与基本建设矛盾》，载《人民日报》1993年11月1日第3版。
41.《积极保护祖国文物　发扬民族文化传统》，载《中国文物报》1989年9月29日。
42.《文物》，载《中国大百科全书·文物博物馆》，北京：中国大百科全书出版社，1993年。
43.《新中国文博事业的主要开拓者和奠基人》，载《回忆王冶秋》，北京：文物出版社，1995年。
44.《〈文物保护法〉释义》，载孙琬钟等主编：《中华人民共和国法律释义全书》，北京：中国言实出版社，1996年。（与李晓东合著）
45.《完善文物法律　加大执法力度》，载《法制日报》1997年12月20日。
46.《祝贺〈文物〉月刊出版500期》，载《文物》1998年第1期。
47.《纪念郑振铎先生诞辰一百周年》，载《郑振铎文博文集》，北京：文物出版社，1998年。
48.《我对文物市场和文物单位上市问题的意见》，载《文物世界》1999年第4期。
49.《文物市场存在与否不取决于经济体制》，载《中国文物报》2000年11月5日。

50.《祝福与期望》，载《文物天地》2001年第1期。
51.《〈文物保护法〉没有禁止文物买卖的规定》，载《中国文物报》2001年2月4日。
52.《必须正确处理保护文物与发展旅游的关系》，载《中国文物报》2001年3月7日。
53.《呕心沥血构建名山事业——二十四卷本〈中国古代书画图目〉的诞生》，载《中国文物报》2002年1月4日。
54.《文物行业不能走市场化道路》，载《社会科学报》2002年6月27日。
55.《新中国文物保护工作五十年》，载《当代中国史研究》2002年第9期。
56.《北京“迎奥”应当打什么牌？》，载《群言》2002年第9期。
57.《善待祖先留下的历史文化遗产》，载《中国文物报》2002年9月6日。
58.《文物保护工作应注意的四个倾向》，载《中国文物报》2002年9月20日。
59.《新中国文物保护法制建设发展历程的回顾》，载《中国文物报》2002年11月6日。
60.《保护名城的历史文化内涵》，载《中国文物报》2002年11月6日。
61.《〈文物保护法概论〉序》，载李晓东：《文物保护法概论》，北京：学苑出版社，2002年。
62.《认真贯彻〈文物保护工程管理办法〉》，载《中国文物报》2003年5月23日。
63.《南越遗珍　华夏之光》，载《中华遗产》2004年第1期。

64.《拯救最后的老北京》，载《瞭望》2004 年第 28 期。

65.《坚持敦煌精神　弘扬敦煌文化》，载《中国文物报》2004 年 9 月 17 日。

66.《商老保护文化遗产二三事》，载《2004 年安阳殷商文明国际学术研讨会论文集》，北京：社会科学文献出版社，2004 年。

67.《〈文物保护法通论〉序》，载刘晓霞等：《文物保护法通论》，北京：中国城市出版社，2005 年。

68.《在“京杭大运河保护与申遗杭州”研讨会上的发言（2006 年 5 月）》，载《谢辰生文博文集》，北京：文物出版社，2010 年。

69.《法律支撑不可少》，载《人民日报》2006 年 6 月 9 日。

70.《对怎样认识文物价值的一点看法》，载《瞭望》2006 年第 23 期。

71.《大运河申遗的几点意见》，载《中国文物报》2006 年 9 月 1 日。

72.《发挥村民的积极性》，载《人民日报》2006 年 11 月 3 日。

73.《关于〈历史文化名城名镇名村保护条例〉的修改建议（2006 年 11 月 30 日）》，载李经国编：《谢辰生先生往来书札》，北京：国家图书馆出版社，2010 年。

74.《拍卖有“界限”　收藏讲“情操”》，载《人民日报》2007 年 3 月 23 日。

75.《在〈文物保护法〉修订实施五周年座谈会上的发言》，载《中国文物科学研究》2007 年第 4 期。

76.《科学发展　法律是关键》，载《中国文物报》2007 年 11 月 9 日。

77.《纪念中国文化遗产研究院成立七十周年》，载《中国文物报》2008 年 2 月 20 日。

78.《认识圆明园真正价值　盲目复建是对历史和科学的背叛》，载《人民日报》2008 年 2 月 29 日。

79.《〈历史文化名城名镇名村保护条例〉非常适时》，载《城乡建设》2008 年第 6 期。

80.《文物不是“绊脚石”“摇钱树”》，载《人民日报》2010 年 7 月 15 日。

81.《申遗成功路更长》，载《人民日报》(海外版) 2010 年 8 月 3 日。

82.《在保护好的基础上利用好文物》，载《中国建设报》2010 年 8 月 6 日。

83.《也忆质斌同志二三事》，载《谢辰生文博文集》，北京：文物出版社，2010 年。

84.《忆谢老》，载《谢辰生文博文集》，北京：文物出版社，2010 年。

85.《保护也是发展——〈中国历史文化名街〉第三卷序》，载《中国文物科学研究》2011 年第 2 期。

86.《保护也是发展》，载《中国文化报》2011 年 5 月 11 日。

87.《当前我国文物工作的方针》，载《中国文物科学研究》2012 年第 1 期。

88.《念往事，忆故友》，载《中国艺术报》2012 年 2 月 29 日。

89.《〈文物保护理论与方法〉澄清的两个误解》，载《中国文物报》2012 年 5 月 18 日。

90.《他是柔中有刚的人》，载《中国文物报》2012 年 5 月 25 日。

91.《历史是根　文化是魂》，载《北京规划建设》2012 年第 6 期。

92.《我们国家一切工作中首要的任务》，载《中国文物报》2012 年 12 月 12 日。

93.《文物工作要防止四种错误倾向——在全国人大常委会召开的纪念〈文物保护法〉颁布 30 周年座谈会上的发言》，载《中国文物科学研究》2013 年第 1 期。

94.《难忘的十年——国务院批准通过第七批全国重点文物保护单位有感》，载《中国文物报》2013 年 5 月 8 日。

95.《文化自信的历史源流》，载《瞭望》2014 年第 11 期。

96.《文物保护要更好地发挥政府作用》，载《光明日报》2014 年 3 月 3 日。

97.《怀念干峙同志》，载《城市规划》2014 年第 38 卷。

98.《我为文物报“牵线搭桥”》，载《中国文物报》2015 年 1 月 2 日。

99.《关于民族文物的几点看法》，载《中国文物科学研究》2016 年第 1 期。

100.《文物局名称的历次变更》，载《中国文物报》2016 年 5 月 20 日。

101.《保护必须是第一要务》，载《光明日报》2016 年 7 月 22 日。

后　记

2010年6月，我应邀到无锡参加“中国文化遗产保护年度杰出人物”表彰活动。主办方要我在会上做一个发言，我打算讲公众参与如何促进文化遗产的保护。发言稿写好后，我请谢辰生先生过目，他指出：“你的观点很好，但不能认为公众参与保护是21世纪才出现的新事物。实际上，早在1956年，‘国二文习字第6号’文件（即《国务院关于在农业生产建设中保护文物的通知》），就提出发挥广大群众所固有的保护乡土文物的积极性。这个文件就是我起草的。”

这个文件，我过去闻所未闻，所以非常感兴趣。先生向我详细讲述了20世纪五六十年代文物保护的若干重大事件，使我对共和国史产生了很多全新的认识。当晚，我就将先生的口述整理成文，并请他审定，作为研究资料保存。此后，因博士论文研究需要，我经常向先生请教，并留下了一批访谈记录，成为本书最初的基础。

2011年，我从北京大学毕业后，到南京大学政府管理学院工作，“文物保护与政治”是我的研究方向之一。而要研究现当代中国文物保护的决策史、法制史，先生是最关键的历史见证者和当事人。每次向先生致电请教，都会有重要的新发现、新收获。有一次，我和王军先生（故宫博物院研究馆员，时为新华社记者）聊起来，他说：“谢老的经历，见证了新中国文物保护史一系列重大事件，他老人家真是一个大宝库，应当有人给他做个口述史。”我当即表示：“这事情太重要了，我愿意马上开始做这件事！”在王军的鼓励和支持下，我得到了先生的同意，正式展开口述史的工作。因此，这件事情能够做成，王军先生是第一个要感谢的人。

从2012年到2015年，我先后八次赴京，在安贞里先生家中对他进行了二十多次访谈，并辅之大量的电话采访。他在接受访谈之前做了充分准备，每次口述通常围绕一两个专题展开，持续一个小时左右，一气呵成。先生已是九十多岁高龄的人了，但思路极为清晰，回忆极有条理，时间、人物均相当准确，令我叹服不已。访谈基本完成后，我从2015年5月起，开始进行整理。2016年8月，我赴哈佛燕京学社任访问学者，使我有更集中的时间，全力以赴做这项工作。在成书前的半年时间里，我又通过数十次越洋电话对先生进行补充采访，谢老均不厌其烦，详加介绍。书稿整理完成后，先生又逐字逐句审定，对涉及的重要史实一一斟酌核定。

在整理过程中，我按谢辰生先生提示，查阅了《谢辰生先生往来书札》《谢辰生文博文集》《文物参考资料》《中华人民共和国文物博物馆事业纪事》《郑振铎文博文集》《王冶秋文博文集》等相关资料。更令我惊喜的是，在哈佛燕京图书馆，我找到了不少稀见资料，如1954年由先生负责编印出版的珂罗版《全国基本建设工程中出土文物展览图录》，又如1967年由先生起草、13个群众组织发出的《关于保护革命文物和古代文物的倡议书》。参考这些文献资料，并根据谢老的提示或建议，我在书中做了一些力所能及的注释，以助读者理解。

今年3月书稿初步完成后，承蒙三联书店决定出版，唐明星女士精心编辑，本书得以顺利面世。已届八十七岁高龄的金冲及先生欣然为本书作序。他仔细审阅了书稿，提出宝贵意见。金冲及先生和谢老有着极其深厚的友谊，彼此非常敬重。读了金序之后，谢老深受感动，特嘱我在此记下他对金老的谢意。

正如金先生在序言中所说的："在郑振铎、王冶秋两位前辈之后，人们称辰生同志为'祖国文物的守护人'，他当之无愧。""他自己说：'我一辈子都在从事文物工作，可以说一辈子就做这一件事。'能有这样经历的，今天无第二人。他的丰富经验和深刻识见，是我国文物工作的一笔重要财富。这绝非夸张之词。"这样的评价，我相信一定会得到全国文物工作者和关心中国文物事业的读者的高度认可。

谢辰生先生是新中国文物事业许多重大决策的见证者和当事人，也是保护和传承中华文化的一大功臣。20 世纪 50 年代，他亲笔起草了文化部报请国务院建议保护北京城墙和西安城墙的报告。1967 年，他不顾个人安危，上书"中央文革小组"呼吁保护文物，执笔起草了《中共中央关于在无产阶级文化大革命中保护文物图书的几点意见》，在当时的环境中，为保护文物发挥了不可替代的作用。在改革开放之初，他仗义执言，坚决抵制"以文物养文物"的谬论，在《国务院关于进一步加强文物工作的通知》的起草过程中，他坚持"加强文物保护，是文物工作的基础，是发挥文物作用的前提"的正确原则。20 世纪 90 年代，他发起了保护三峡文物的政协联名提案，致信时任总理朱镕基，加快了三峡文物保护规划的通过和实施。

进入新世纪以来，他老当益壮、老而弥坚，倡议推动了 2006 年中国第一个"文化遗产日"的诞生，国务院就此发出《关于加强文化遗产保护的通知》。他上书时任总理温家宝，不仅促进了南京的古城保护工作，更促成了国务院《历史文化名城名镇名村保护条例》的出台，使得古城保护实现了有法可依。在致北京市领导的信函中，他为保护北京城发出了“我不惜付出任何代价，并已做好以身殉城的准备，八旬老朽，死何惧哉！”“故再冒昧陈词，作舆榇之谏”的誓言，赤子之心、铮铮铁骨，真是气壮山河！正因为先生锲而不舍的坚持，北京、南京等地城市总体规划明确规定了“旧城整体保护”“鼓励居民按照保护规划自我保护修缮”等重要原则，不计其数的文物古迹和名城街区从推土机下得以保存。

按先生的话说，“我国文物保护的方针，排除了来自各方面的干扰，始终坚持保护为主的正确方向，依靠群众来保护文物，依靠法制来保护文物。”七十多年来，先生在祖国文物的生死存废关头，始终不改初心，挺身而出，以惊人的勇气、担当与历史使命感，展现了真正的共产党人的情怀，也体现了使中华民族得以生生不息、源远流长的“士”之精神。

谢辰生先生的这份回忆，不仅是先生一个人的文物保护史，也是他与郑振铎、王冶秋、任质斌、梁思成、夏鼐、谢稚柳、郑孝燮、宿白、徐苹芳、罗哲文、张忠培、沈竹、宋木文等先生共同守护民族文化遗产的记录。

还要特别强调的是，先生在回忆历史人物与事件时，从不因人废事、因人废言，坚持了实事求是的客观态度。

对我而言，写好出好这本访问记，还是对曾一智女士最深切的怀念。这本书的撰写和出版，是曾一智女士的遗愿。在今年2月1日，在曾老师生命的最后日子里，她在身体状况极为艰难的情况下，还给我发来她撰写的《谢辰生先生参与的文保事件》。当代中国历史文化名城保护的许多成就，不仅是谢老的功绩，也是曾老师的功绩。这本书记载的名城保护史，也铭刻着曾老师的贡献。

感谢北京大学袁明教授、许振洲教授、潘维教授、唐士其教授、王逸舟教授、印红标教授、连玉如教授、李安山教授，早稻田大学天儿慧教授、唐亮教授，哈佛大学裴宜理（Elizabeth Perry）教授，南京大学张凤阳教授、孙江教授、闾小波教授、孔繁斌教授、魏姝教授等师长对我进行“文物政治”研究的理解和支持。各位老师的指点，使我从文化治理、公共记忆、国家建构、政策过程等角度，更加清晰了这项口述史研究的学术意义。

感谢《光明日报》记者吴力田女士、《谁在收藏中国》作者吴树先生欣然为本书提供珍贵的照片。

感谢北京大学党委政策研究室任羽中同志的支持，他是我的同门学长，始终鼓励我全面、客观地记录历史原貌，努力澄清真相。清华大学社会科学学院博士生陈维在第一时间帮我校阅书稿，并提了很多重要的修改建议。此外，清华大学建筑学院王南老师、哈佛大学政府系王裕华老师、佐治亚大学公共与国际事务学院韩荣斌老师、北京外国语大学丝绸之路研究院吴浩老师、哈佛大学历史系许亮博士以及新华社的乐艳娜女士和王飞先生，对我的相关研究也提出了不少宝贵意见。

感谢北京大学硕士生马逸凡上门为先生逐字逐句朗读全书，并记录谢老的修改意见。南京大学硕士生侯乐尧为整理先生年谱等资料付出了很大心力。

感谢哈佛燕京学社提供极其便利的研究条件，使我心无旁骛地完成撰写工作。感谢国家社科基金的资助，我承担了国家社科基金课题“城市政治学视域下的城市遗产保护机制研究”，这本书的整理出版，是重要的收获之一。

感谢我的妻子王晓白。她在写作博士学位论文的忙碌之中，仍然付出了很多时间和精力，在第一时间审读书稿，提出意见。感谢我的四岁小女儿紫陌。虽然因为书稿的撰写，少了些对她的陪伴，但每每想到一起和她登上南京城墙时，她脱口而出的一句“这里好美呀”，总是让我这个做爸爸的感到无比的欣慰。

“江山留胜迹，我辈复登临。”谢辰生先生曾引过孟浩然的这两句诗，撰文疾呼：“今天，江山的变化天翻地覆，胜迹的命运令人担忧”“守护民族文化精魂，为江山、为后人留得胜迹在，这是我们这个古老民族走向复兴进程中必须迈好的重要一步。”

谢辰生先生为之奋斗终身的中国文物保护事业必将薪火相传。

姚远

2017 年 5 月 14 日

于哈佛燕京学社